Alfred Stenzel

Seekriegsgeschichte

REPRINT – VERLAG
LEIPZIG

Die zum Teil geminderte Druckqualität ist auf den
Erhaltungszustand der Originalvorlage zurückzuführen.
Vorliegender zweiter Teil des fünfbändigen Gesamtwerkes ist in sich
abgeschlossen und behandelt den Zeitraum von 400 v.u.Z. bis 1600 u.Z.

Die Deutsche Bibliothek – CIP-Einheitsaufnahme

Ein Titeldatensatz für diese Publikation ist bei
Der Deutschen Bibliothek erhältlich.

© REPRINT-VERLAG-LEIPZIG
Volker Hennig, Goseberg 22-24, 37603 Holzminden
ISBN 3-8262-1911-2

Reprintauflage der Originalausgabe von 1909
nach dem Exemplar des Verlagsarchives

Lektorat: Andreas Bäslack, Leipzig
Einbandgestaltung: Jens Röblitz, Leipzig
Gesamtfertigung: Westermann Druck Zwickau GmbH·

Seekriegsgeschichte

in

ihren wichtigsten Abschnitten

mit Berücksichtigung der Seetaktik.

Von

Alfred Stenzel

weiland Kapitän zur See à la suite der Marine.

Von 400 vor Christus bis 1600 nach Christus

Unter Mitwirkung des Admiralstabes der Marine

bearbeitet durch

Hermann Kirchhoff

Vize-Admiral z. D.

Mit 13 Tafeln (Karten und Schlachten-Skizzen).

———————

Hannover und Leipzig.

Hahnsche Buchhandlung.

1909.

Seekriegs-Geschichte, II. Teil.

von 400 vor Christus bis 1600 nach Christus.

I. Karthogo und Rom.

1. Vorgeschichte bis zum ersten punischen Kriege.

2. Erster punischer Krieg; 264—241 a. Chr.

2. Die Vorbereitungen zur Schlacht bei Actium.

3. Die Schlacht bei Actium am 2. September 31 a. Chr.

4. Schluß-Betrachtungen.

VII. Die Zeit der Armada.

1. Die Vorgeschichte des Armada-Seezuges.

2. Der Seezug der Armada.

3. Die Gefechte der Armada im Kanal.

Verzeichnis der Tafeln.
(Karten und Pläne.)

Ergänzungen.

S. 52, zweite Zeile von oben, füge hinzu: 149—146 a. Chr.
S. 59, am Rande, hinter „Allgemeines", füge hinzu: 149—146 a. Chr.
S. 60, am Rande, hinter „Ende", füge hinzu: 146 a. Chr.
S. 76, am Rande, hinter „geschlagen", füge hinzu: 37 a. Chr.

I. Karthago und Rom.

1. Vorgeschichte bis zum ersten punischen Kriege.

Die zweite große Seemacht der Geschichte ist Karthago; von besonderem Interesse ihr Entscheidungskampf um die Weltherrschaft mit Rom. Einleitung.

Karthago ist eine uralte phönizische Pflanzstadt, vermutlich schon im 13. Jahrhundert a. Chr. angelegt, dann durch Elissa und alte tyrische Geschlechter 814 a. Chr. neu gegründet und verhältnismäßig schnell zur Blüte gelangt. Ich habe die Phönizier (Kanaaniter) früher geschildert, sie waren zur Seefahrt hervorragend veranlagt und haben darin Außerordentliches geleistet; schon in den frühesten Zeiten fuhren sie durch die Straße von Gibraltar bis nach England und dem Golf von Guinea; später um Afrika. Aber nicht, um selbständige Gemeinwesen zu gründen, die Macht des Staates zu vermehren, oder, wie Herodot, um die eigenen Kenntnisse zu erweitern und durch Mitteilung dann auch die ihrer Zeitgenossen und der Nachwelt, solche ideale Ziele lagen ihnen fern; sondern als Handelsleute des persönlichen materiellen Gewinnes wegen. Nur zu dem Zwecke haben sie viele Handels-Niederlassungen angelegt, — aber, da sie nicht militärisch gerüstet waren und keinen Sinn für den Seekrieg hatten, so haben sie diese Niederlassungen beim Andringen militärisch tüchtiger Gegner ohne großen Widerstand wieder aufgegeben. Phönizische Flotten als Faktoren im Seekrieg treten erst auf, nachdem das Land seine Freiheit verloren hatte; erst im Dienst fremder Gewalthaber, auf deren Geheiß sie hergerichtet und zu Zwecken, die ihrem Vaterlande ganz fernlagen, denen sie alsdann zur Verfügung gestellt wurden.

Die zahlreichen phönizischen Pflanzstädte sind ähnlich, wie die Phönizier selbst, im Laufe der Zeit von andern Völkern unterworfen worden, ohne daß über den Vorgang Näheres bekannt ist. Die einzige Niederlassung, die zu staatlicher Selbständigkeit gelangt ist und sich zur Macht emporgehoben hat, ist Karthago.

Karthagos Lage. Zum Teil hat es dies seiner außerordentlich günstigen Lage zu danken: nahe der Spitze des weit ins Mittelmeer hineinragenden Vorsprungs von Afrika, der mit Sizilien und Unteritalien dies Meer, das Meer der Alten, in zwei große Teile trennt, gelegen; sodaß von dort aus der Verkehr

1) nach Westen hin leicht verhindert werden kann,

2) das reiche Sizilien und Sardinien ganz in der Nähe liegt,

3) es einen vortrefflichen Hafen hat,

4) eine zwar kriegerische, aber nomadisierende, nicht staatlich organisierte, also militärisch schwache Bevölkerung im Rücken wohnt,

5) dies für die Phönizier die gegebene Position zum Beherrschen des Mittelmeeres, oder wenigstens des mittleren und westlichen Teils desselben war [s. Karte zu S. 70, Teil I und ferner Tafel I, Teil II]. (Darin liegt die große Bedeutung der Erwerbung von Tunis, Biserta.)

Der in Karthago herrschende Geist. Aber nicht diese natürlichen Vorzüge allein waren es, die Karthago, als die einzige der Hunderte von phönizischen Handels-Niederlassungen zu einem mächtigen Staat und namentlich zur herrschenden Seemacht haben emporblühen machen, — denn viele andere waren, wenn auch nicht so bevorzugt, doch auch sehr günstig gelegen; dafür ist vielmehr das geistige und sittliche Element ausschlaggebend gewesen. Nach der Familie der Barkas, der Hamilkar und Hannibal angehörten, zu schließen, müssen mit Elissa einzelne besonders tüchtige Geschlechter aus Tyrus nach Karthago gekommen sein. Daraus erklärt sich der schnelle Niedergang der ersteren und das schnelle Emporkommen der letzteren Stadt, die nicht lange nachher schon eine herrschende Stellung im West-Meer und über alle westwärts von Karthago liegenden phönizischen Pflanzstädte einnahm.

Übergreifen auf Sizilien. Auf Sizilien waren schon in der frühesten Zeit phönizische Ansiedelungen, desgleichen auf Sardinien und den Balearen usw. Bereits im 7. Jahrhundert kommen Griechen nach Sizilien und in die West-See, gründen z. B. schon 628 a. Chr. Selinus im Westen der Insel und verdrängen die Phönizier von derselben, haben auch

Lilybaeum am West-Ende besetzt. Um dieselbe Zeit wird Massilia
von Phokäern gegründet, also die Griechen drohen auch den Handel
und die Herrschaft im West-Meer an sich zu reißen, — da erwacht,
gegen alle phönizische Gewohnheit von Karthago ausgehend, um
600 a. Chr. ein starker Widerstand, der das Fortschreiten der
griechischen Kolonisation nicht bloß aufhält, sondern zum Teil
rückgängig macht. Das abgelegene Massilia zwar wird nur im
Handel zur See, da aber unausgesetzt behelligt; auf Sizilien aber
werden die Griechen aus Lilybaeum hinausgeworfen und es entsteht
nun auf der Insel zwischen den beiden Völkern ein nur zeitweilig
unterbrochener Kampf um ihren Besitz, der mit wechselndem Glück
fast 400 Jahre lang geführt wird. Syrakus ist dort und bleibt der
Hort des Griechentums und die einzige bedeutende große Seemacht Weitere
Ausdehnung
des Macht-
[s. Karte zu S. 262, Teil I und Tafel I, Teil II]. Das starke Auf-
treten Karthagos beschränkt sich jedoch nicht blos auf Sizilien, es bereichs von
Karthago.
erstreckt sich auch auf die übrigen Inseln des westlichen Mittel-
meers bis einschließlich Malta, ferner auf Spanien und das ganze
nördliche Afrika von Ägypten bis zum Atlantischen Ozean.

Aus Lybien werden die Griechen, die dort Kolonien gegründet
hatten, vertrieben und auch sonst alles Fremde ferngehalten; die
Syrten durch Schreckbilder verpönt und das Land so wirksam
isoliert, daß die phönizische Sprache sich dort erhalten hat, nachdem sie im Mutterlande und sonst überall längst verloren gegangen
war, bis ins 5. Jahrhundert nach Christus.

Im Westen unterwarf Karthago sich alle phönizischen Niederlassungen bis nach dem Grünen Vorgebirge, ebenso in Spanien,
und machte sie sich tributpflichtig. Unabhängig blieben nur die
von Tyrus selbst gegründeten Städte in Afrika, wie Utica (das
älter war als Karthago selbst) und andere. (Stark ausgeprägtes
Gefühl der Pietät.)

Der afrikanischen Völkerschaft, auf deren Gebiet Karthago
stand, hatte die Stadt bis dahin nach phönizischer Art Bodenzins
gezahlt; das hörte jetzt auch auf, die Umgegend bis auf weite
Entfernung hin wurde unterworfen, das Land ihr fortgenommen
und von Karthagern erworben. Die Bestellung des Landes wurde
durch Sklaven bewirkt, deren einzelne reiche Leute bis zu 20000
besaßen.

So wurde Karthago im Laufe des 6. Jahrhunderts a. Chr. zu Karthago
eine
Weltmacht.
einer großen Land- und Seemacht, die von Kyrene bis zum Atlantic
reichte; und das Mittel dazu war hauptsächlich eine den Gegnern

überlegene **Kriegsflotte**, über die Näheres nicht bekannt ist, da Karthago nichts hinterlassen. Das Heer bestand, wie bei Handelsstädten und namentlich bei Semiten üblich, aus Söldnern aller Nationen. (Absichtlich.) Das westliche Mittelmeer beherrschte Karthago bis auf das gallische, wo seine Schiffe sich mit denen von Massilia schlugen und bis auf das thyrrenische, wo die Etrusker stark zur See waren. Auch mit diesen lagen sie oft in Streit, aber gegen Griechenland hielten beide zusammen, wie gegen die Phokäer in der Schlacht bei Alalia oder Aleria auf Corsica, 536 a. Chr. Corsica blieb den Etruskern, Sardinien fiel an Karthago, d. h. nur die Ufer. Die **Etrusker** trieben Seehandel und Seeraub nicht allein im thyrrenischen Meer, sondern auch in der Adria, da sie sich an der Po-Mündung angesiedelt hatten. Dort waren sie und die Illyrier auch den Griechen überlegen, deren nördlichste Kolonie Epidamnus war.

(margin: Die Etrusker.)

Ihre seemächtige Stellung nutzten die Karthager denn auch gründlich aus, indem sie allen anderen Völkern das Befahren der Meere, in denen sie herrschten, verboten und den fremden Handel möglichst in Karthago konzentrierten.

Monopol! Das bringt Schätze ein; dazu sind die Karthager Meister im Geldwesen, sodaß sie z. B. ausländische Staatsanleihen vermitteln. Infolgedessen war **Karthago** im 5. Jahrhundert und länger noch die **reichste Stadt** der Welt.

(margin: Syrakus' Machtstellung.)

Auf Sizilien hielt Syrakus ihnen dauernd das Gegengewicht. 480 a. Chr. unternahmen sie im Bunde mit Xerxes mit großer Macht einen Angriff, wurden am Tage von Salamis bei Himera aber völlig geschlagen. Viermal waren sie im Besitz der ganzen Insel bis auf Syrakus, aber an den Mauern der Stadt scheiterten ihre Angriffe stets. Bei dem Angriffe der Athener 415—413 schien es, als sollte dies festeste griechische Bollwerk fallen, aber es erstand daraus mächtiger, als je zuvor.

Auch die Etrusker wurden von Syrakus in Schranken gehalten, die Straße von Messana ihnen gesperrt und wurden sie 474 a. Chr. bei Kyme in einer großen Schlacht geschlagen; trotzdem behielten sie noch lange Zeit große Bedeutung zur See in den Meeren westlich und östlich von Italien.

(margin: Rom als neuer Machthaber.)

Diesen drei Seemächten erstand nun in Mittel-Italien, in **Rom**, der Feind, der ihnen allen dreien verderblich werden sollte, obgleich den Römern wie den Spartanern, mit denen sie überhaupt viel Ähnlichkeit haben, die See von Anfang an unsympathisch war und immer geblieben ist. Kennzeichnend dafür ist der Ausspruch des Cato: Unter drei Dingen, die er in seinem Leben bereue, sei das eine: daß er einmal zu Schiff gefahren sei, wo er hätte zu Fuß gehen können. Die Römer hatten ausgezeichnete Soldaten, ihre innere Organisation war vortrefflich; sie hatten die allgemeine Dienstpflicht vom 17. bis 45. Jahre, es galt für eine Ehre, Soldat zu sein. Daher waren Freigelassene, Sklaven und Bestrafte davon ausgeschlossen; sie hielten viel auf körperliche Übungen, Einfachheit und strenge Sitte, gutes Familienleben, strikten Gehorsam gegen die Gesetze, Vaterlandsliebe. Es ist dies von hohem Interesse, würde aber hier zu weit führen, daher nur wenige Worte über ihre geschichtliche Entwicklung.

Die Königszeit nach der Gründung Roms, die etwa 240 Jahre gewährt haben soll, gehört der Sage an, aber es steht fest, daß Rom sich damals in vielen Fehden die Hegemonie unter den Städten Latium's erkämpft hat. Nach der Vertreibung T a r q u i n 's (511 a. Chr.) begann dann die Bekriegung der Etrusker, die sich unter vielen Wechselfällen über 240 Jahre lang hinzieht. Den Römern kam dabei sehr zustatten, daß in dieser Zeit die Etrusker teils zu Lande von keltischen, über die Alpen gekommenen Völkerschaften, teils zur See von Syrakus wiederholt angegriffen und geschlagen wurden und zwar nicht blos im thyrrenischen Meer, sondern auch in der Adria, wo Dionys von Syrakus ihnen (Anfangs des 4. Jahrhunderts) die Insel Issa (Lissa), Ancona und Hatria an der Po-Mündung wegnahm. 385 a. Chr. wurde die etruskische Seemacht durch Wegnahme von Pyrgi, dem Hafen von Caere, gebrochen. *Zeit der Könige.*

Wiederholte Züge der Kelten (Gallier) von denen nur der eine im Jahre 390 a. Chr. unter Brennus Rom berührte, die übrigen aber die Stadt rechts liegen ließen und durch die Halbinsel bis Campanien gingen, gereichten derselben zum Nutzen, indem sie die italienischen Völkerschaften schwächten, mit denen sich die Römer fast ununterbrochen im Kriege befanden.

Von 500 ab werden die bis dahin unabhängig dastehenden latinischen Städte unterworfen, aber nicht so hart und empörend behandelt, wie die Genossen des delischen Bundes von Athen, sondern zu römischen Bürgern gemacht und dadurch an die Stadt gefesselt. Ihre endgiltige Unterwerfung erfolgt auch erst nach 160 Jahren, die von Campanien durch Erstürmung von Capua 11 Jahre später, im Jahre 329 a. Chr. *Roms Ausbreitung.*

Hierauf begann mit der stark gewachsenen Macht die Bekriegung der Samniter, die sich 37 Jahre lang bis 190 a. Chr. hinzog und unter furchtbaren Opfern an Menschen mit der den Römern charakteristischen Konsequenz und dank ihrer überlegenen Kriegskunst siegreich bis zum letzten Ende durchgeführt wurde.

Groß-
Griechen-
land.

Danach beherrschte Rom das ganze mittlere Italien, nur der Süden, das sogenannte Groß - Griechenland (wegen der vielen griechischen Kolonien), war noch unabhängig. Jetzt standen die Römer also vor der unmittelbaren Berührung mit dem ältesten Kulturvolk, den Griechen.

Griechen-
lands
Niedergang.

Griechenland aber war schon längst von der Höhe seiner Macht herabgesunken. Nach dem peloponnesischen Kriege, der beide Teile aufs äußerste erschöpfte, hatte Sparta die wiedergewonnene Hegemonie 33 Jahre lang (404—371) behauptet, dann war sie durch den Sieg des Epaminondas bei Leuktra auf Theben übergegangen, daß sie jedoch nur neun Jahre lang (371—362) behielt. Nachher hatte der Einfluß Philipp's von Macedonien sich stetig vermehrt, bis er durch seinen Sieg bei Chaeronea am 3. August 338 a. Chr. zum völligen Herrn von Griechenland wurde. Durch seines großen Sohnes Alexanders Taten zur ersten Macht der Welt erhoben, behauptete Macedonien auch nach dessen Tode und während der aus dem Zerfall des ungeheuren Reichs entstandenen Wirren die erste Stellung in Europa. Jetzt stand Rom neben ihm und Karthago als dritte Macht der Welt da.

Durch die Zertrümmerung des persischen Weltreichs und den schnell darauf folgenden Zerfall des noch größeren Reiches Alexanders des Großen, war eine Zersetzung der Völker eingetreten, die zu Abenteuerlichem führte. Das allgemein üblich gewordene Söldnerwesen trug dazu bei.

Agathokles,
361 a. Chr.
Tyrann von
Syrakus.

Ein merkwürdiger Mann der damaligen Zeit war Agathokles, 361 in Rhegium geboren, Töpfer seines Handwerks nach. In jungen Jahren kam er nach Syrakus, wurde Soldat und zeichnete sich aus. Durch einen reichen Gönner kam er schnell vorwärts und gewann sehr an Einfluß, als er nach dessen Tode die Witwe heiratete. Nach mancherlei veränderlichen Schicksalen setzte er es durch, 317 a. Chr. zum Heerführer gewählt zu werden und nun bemächtigte er sich mit einer Bande demokratischen Gesindels der Herrschaft, ließ 4000 wohlhabende und angesehene Bürger umbringen, 6000 mehr verjagte er und schaltete nun als Zwingherr. Seine Absicht, ganz Sizilien zu erobern, setzte er größtenteils durch, geriet aber natürlich in Krieg mit den Karthagern, die ihn bei Gela völlig schlugen und in Syrakus belagerten.

Nun faßte er den Plan, wegen dessen ich ihn hier erwähne. Um die Karthager von Syrakus abzulenken, beschloß er, sie in Afrika anzugreifen. Im Jahre 310 durchbricht er die karthagische Blockadeflotte, landet glücklich in Afrika und führt den Krieg dort mit soviel Geschick und Glück, daß die Karthager nach drei Jahren fast nur auf ihre Stadt beschränkt sind. Der Gedanke eines belagerten Führers, aus einer eng eingeschlossenen Stadt heraus, unter Durchbrechung der Blockadeflotte, eine große überseeische Expedition nach dem fernen feindlichen Lande zu führen, steht durch die Originalität und Kühnheit seiner Auffassung und Ausführung einzig in seiner Art da! Aus der Defensive zur verwegenen Offensive gegen die feindliche Hauptstadt! *Agathokles' berühmter Zug nach Afrika, 310 a. Chr.*

Sein erster Zweck, die Karthager von Syrakus abzuziehen, war erreicht; die Eroberung von Karthago konnte er nicht durchführen, konnte nichts Dauerndes begründen, weil seinen Truppen der sittliche Gehalt fehlte; sie sind treulos, hinterlistig, grausam im höchsten Grade. Er muß nach Syrakus zurückkehren, das durch Agrigent hart bedrängt wird. Er rettet die Stadt, macht sich zum König (wie unter den Nachfolgern Alexanders üblich), schließt Frieden mit Karthago und herrscht dann ruhig noch 16 Jahre, bis er von seinem Enkel vergiftet wird. Sein Tod fällt also mit dem eben genannten Zeitpunkt der Herrschaft Roms über Mittel-Italien zusammen.

Das dem römischen Volke innewohnende Streben nach Ausdehnung seiner Herrschaft bezw. seine Herrschsucht liess einen Frieden mit Groß-Griechenland nicht lange bestehen. 285 a. Chr. begann schon der Krieg gegen Lucanier und Bruttier und zwei Jahre später folgte das Einlaufen eines römischen Geschwaders von zehn Schiffen in Tarent, der wichtigsten und größten Stadt, dem besten Hafen von Groß-Griechenland. *Rom in Süd-Italien, erstes Auftreten zur See.*

Dies ist das erste Auftreten der Römer zur See. Es wird oft angenommen, daß sie vor dem ersten punischen Kriege keine Flotte gehabt hätten, aber das ist ein Irrtum; Rom liegt nicht weit von der See, Latium hat eine lange Küste, dadurch waren die Römer auf die See hingewiesen und legten schon 633 den Hafen von Ostia an. Die Römer liebten allerdings die See nicht, daher sind sie auch nicht mächtig zur See, aber zu verständig. — Kennzeichen: ruhige, sachliche, verständige Anschauung und folgerichtige praktische

Behandlung der Dinge, um sie ganz zu vernachlässigen. Jedoch wie schwach sie auf See sind, dafür ist ein Beweis, daß die Küste von Latium durch eine griechische (syrakusanische) Flotte schon 349 geplündert wurde. Wohl infolgedessen schloss Rom einen Handels- und Schiffahrtsvertrag mit Karthago, in dem die Überlegenheit der seebeherrschenden Stadt sich allerdings in sehr bestimmter Weise äusserte: Rom durfte nicht über Hermaeisches Gebiet hinausfahren, in karthagischen Häfen nur unter staatlicher Aufsicht handeln; die Karthager dagegen erhielten freien Verkehr, nur durften sie keine Festungen anlegen und ihre Raubzüge nicht ins Binnenland ausdehnen. (Also die Küste war ihnen freigegeben.)

Ebenso war der Vertrag mit Tarent: Die Römer durften nicht jenseits des Lacinischen Vorgebirges fahren. Mit der Eroberung einer größeren Strecke der Küste von Etrurien und Lucanien wird zunächst die Küstenverteidigung organisiert; die Küstenbewohner sind vom Heeresdienst frei, sie müssen aber Schiffe stellen zur Handels-Schiffahrt, namentlich griechische in Campanien. Gegen Ende des 4. Jahrhunderts wird aber auch eine römische Flotte gebildet; duoviri navales werden bestellt für ein Geschwader, welches das auf der Landseite eingeschlossene Nuceria in Campanien auf der Seeseite einschließen hilft.

307 sollte ein Geschwader von 25 Schiffen nach Corsica gehen, aber Karthago untersagte das und die Römer waren so schwach zur See, daß sie sich durch einen neuen Vertrag mit Karthago noch viel engere Beschränkungen auferlegen lassen mußten.

Im Jahre 283 ging ein römisches Geschwader nach Tarent, das war gegen den Vertrag und auch an sich verdächtig nach den verschiedenen Vorgängen und da die Römer sich mit den Bruttiern im Kriegszustande befanden. Es ist daher nicht zu verwundern, daß große Aufregung darüber entstand. Die Tarentiner sind so erbittert, daß sie das Geschwader im Hafen angreifen, den Chef töten, fünf Schiffe wegnehmen und die Besatzung hinrichten; die Übrigen entkommen. Es ist ein Beweis von dem Ungeschick der Führung, daß sie die Schiffe solcher Gefahr aussetzt.

Tarent. Pyrrhus von Epirus, 280 a. Chr. Damit war der, vermutlich von Rom absichtlich gesuchte Kriegsfall gegeben. Tarent ruft Pyrrhus von Epirus 280 herbei, von königlichem Stamm, aber infolge einer abenteuerlichen Jugend und der Verwirrung aller Verhältnisse auch zum Abenteurer geworden. Epirus ist seinem Ehrgeiz zu klein, so folgt er dem Rufe von Tarent, will ein großes Weltreich gründen und geht mit einem großen Heere (25500 Mann u. s. w., auch Elefanten) nach Tarent (griechische Phalanx gegen römische Legionen); er siegt bei Heraklea, denn er ist besser gerüstet und die Elefanten sowie die Phalanx sind den Römern neu; dann bei Ausculum, aber mit schweren Verlusten; darauf marschiert er bis nahe vor Rom, jedoch fast Niemand schließt sich ihm an. Hierüber enttäuscht, erhält er einen Ruf nach Syrakus, das von den Karthagern belagert wird und ihm die Herrschaft anbietet; da läßt er die italienischen Griechen, seine Landsleute und Genossen im Stich und versucht sein Glück 278 in Sizilien.

Nun schließen R o m u n d K a r t h a g o e i n e n B u n d gegen Pyrrhus: wenn einer von ihnen angegriffen wird, soll der andere helfen; Karthago soll Transportschiffe, wenn erforderlich, auch eine Kriegsflotte stellen, jeder sein Heer unterhalten. Rom mit Karthago im Bunde.

Pyrrhus landet ohne Widerstand auf Sizilien, entsetzt Syrakus, das zu Lande und zu Wasser eingeschlossen ist; alles Griechische fällt ihm zu, er erobert die Insel bis auf Lilybaeum, das kann er nicht nehmen ohne F l o t t e, er kann auch nicht sicher nach Tarent, nach Epirus ohne F l o t t e. Er baut deshalb in Syrakus eine Flotte, die 276 fertig ist; inzwischen entsteht die übliche Uneinigkeit zwischen den Griechen, die er nicht zu behandeln versteht, kurz: Pyrrhus kehrt nach Tarent zurück, statt Lilybaeum zu nehmen, und läßt seine griechischen Landsleute und Syrakus im Stich.

Unterwegs hat er ein Gefecht mit einer karthagischen Flotte, die diesmal besser aufgepaßt hat, er verliert viele Schiffe, landet mit den übrigen in Italien und nimmt den Krieg gegen Rom wieder auf; im Jahre 275 aber bei Beneventum durch die Römer völlig geschlagen, überläßt er Groß-Griechenland seinem Schicksal und geht nach Epirus zurück (nur Milo bleibt in Tarent); einige Jahre später fällt er vor Argos.

Die Römer belagern Tarent, können es aber nicht nehmen, weil sie keine Marine haben, bis 272 die karthagische Flotte einläuft (um Rom zu helfen?), die Flotte entscheidet sofort die Kriegslage. Die Stadt ist nicht zu halten; die Tarentiner wollen sie den Karthagern übergeben, da liefert Milo (Pyrrhus) die Burg an die Römer aus, denen damit auch die Stadt zufällt. Die karthagische Flotte muß unverrichteter Dinge wieder abziehen, mit einem, dem beabsichtigten gerade entgegengesetzten Erfolge, sie hat gewirkt, wie eine „römische" Flotte nur hätte wirken können, indem sie die sofortige Übergabe der Stadt herbeiführte, die die Römer schon seit

Jahr und Tag vergeblich belagert hatten und die sie vom Lande aus bei ihrer geringen Erfahrung in der Belagerungskunst nicht hätten bezwingen können. Die „karthagische" Flotte hatte also Roms Geschäfte besorgt! (Dieser Vorgang zeigt klar, wie das Erscheinen der Flotte gleich von entscheidender Bedeutung ist.)

Trotzdem hatte der römische Senat die Unverfrorenheit, sich über den karthagischen Seebefehlshaber in Karthago zu beschweren.

Tarent mußte seine Mauern schleifen, Schiffe und Waffen ausliefern. Das war für Rom ein großer Gewinn, da Tarent die größte und reichste Stadt von Groß-Griechenland und damit von ganz Italien war und der einzige gute Hafen an der Südküste sowie in Italien überhaupt.

Noch in demselben Jahre ergaben sich die im Vertrauen auf Pyrrhus nochmals aufgestandenen Samniter den Römern endgiltig, ebenso die Lucanier und Bruttier. Nun war blos noch Rhegium im fremden Besitz, wo die römische, aus Söldnern bestehende Garnison schon vor Jahren gemeutert und sich der Stadt bemächtigt hatte, in der sie seitdem als Freibeuter hauste; ebenso wie das in dem gegenüberliegenden Messana von Seiten der Mamertiner, einer ehemaligen Söldnerbande des Agathokles, schon geschehen war, auch ein Beweis von der völligen Zersetzung der staatlichen und gesellschaftlichen Verhältnisse: vaterlandslose Söldnerbanden, die sich dem Meistbietenden verkaufen, gleich für welche Sache; wenn keiner sie in Sold nimmt, auf eigene Hand das Räuberhandwerk im großen Stil betreiben.

Rom gegen Rhegium. Die Römer konnten Rhegium gleichfalls trotz langer Belagerung nicht nehmen; da kam ihnen König Hiero von Syrakus mit einer Flotte 270 zu Hilfe. Hiero war ein junger Mann aus vornehmer Familie mit vielen vortrefflichen Eigenschaften, der sich im Kriege ausgezeichnet hatte und allgemein beliebt war; daher hatte man ihn zum Könige ausgerufen. Dem gemeinsamen Angriff von Heer und Flotte konnte auch das feste Rhegium, obwohl es mit verzweifelter Tapferkeit verteidigt wurde, nicht widerstehen. Die übrig gebliebene Besatzung wurde nach Rom gebracht, öffentlich ausgepeitscht und hingerichtet.

Rom im Besitz von Mittel- und Unter-Italien. Damit war ganz Italien (das heutige Oberitalien wurde damals zu Gallien gerechnet als Gallia cisalpina), den Römern unterworfen; sie hatten ihr Gebiet in endlosen Kämpfen zuerst ganz allmählich, in den letzten 50 Jahren aber außerordentlich schnell erweitert und fruchtbare, reich kultivierte Landschaften mit fremden Bevölkerungen gewonnen, sodaß man hätte annehmen sollen, sie würden hier, wenn nicht ganz, so doch für längere Zeit, stehen bleiben, zumal sie an der Grenze des ihnen unsympatischen Meeres angekommen waren.

Aber hier galt auch: l'appétit vient en mangeant; ihre Herrschsucht war nicht zu stillen, sie waren ganz davon erfüllt. Und Sizilien lag zu nahe, als daß sie es nicht bald ebenfalls hätten besitzen wollen, es war zu fruchtbar und reich, um sie nicht stark zu reizen. Zwar lag es jenseits des Meeres, aber nur durch einen schmalen Meeresarm getrennt; zweifellos mußte das Überschreiten desselben zum Kriege mit dem seemächtigen Karthago führen, aber davor schreckten die Römer nicht zurück, wie nie vor einem Feinde. Sie mußten die Karthager schon ziemlich gut kennen, denn der Berührungen waren schon viele gewesen, freundliche und unfreundliche; zum Kriege indessen war es vorher noch nie gekommen. Jetzt gingen sie über's Meer und führten den Kampf gegen die seebeherrschende Macht herbei, ohne sich zu überlegen, wodurch die Entscheidung gegeben werden solle.

Die Sachlage war eine eigentümliche. Auf der einen Seite ein lang an der nordafrikanischen Küste hingestreckter, mächtiger Staat, der auf den Seehandel basiert ist; zu dessen Schutz, sowie zur überseeischen Erweiterung seiner Handelsbeziehungen und seines Gebiets unterhält er eine starke Flotte, die das Meer fast unumschränkt beherrscht, da der einzige Gegner, Syrakus, durch innere Wirren und beständige Kriege zu sehr geschwächt ist, um ihr die Spitze bieten zu können.

Dem Heer fällt die zweite Rolle zu. Es ist ganz aus Söldnern zusammengesetzt und zwar aus solchen aller Nationen, mit denen Karthago im Handelsverkehr steht. Wie das bei Söldnern allgemein ist, werden die Soldaten nur durch materielle Rücksichten oder Zwang bei den Fahnen gehalten; der Staat, dem sie dienen, der Zweck, für den sie fechten, ist ihnen gleichgiltig.

Zur Unterhaltung eines solchen Heeres und einer großen Flotte bedarf es dauernd großer Geldmittel; für diese sorgt der mit großem Fleiß, Umsicht und Geschick betriebene Welthandel. Dafür aber herrscht in dem, einem wollüstigen und grausamen Gottesdienst hingegebenen Volke, der Mammon mit allen seinen verderblichen Folgen: Schwelgerei und Ausschweifung der oberen Klassen, Mißtrauen untereinander, rücksichtslose Härte nach unten. Grausame Sklaverei wird geübt und eine Knechtung der unter-

Marginalien:
Gründe des Zusammenstoßes von Rom und Karthago.

Karthagos Heer.

worfenen Völkerschaften, die sie den Augenblick sehnlichst erwarten läßt, in dem sie ihr Joch abwerfen und sich frei machen oder einem milderen Herrscher unterwerfen können.

Das Mißtrauen äußerte sich auch mit Bezug auf die Kriegführung nachteiligst. Die Anführer wurden aus der Zahl der karthagischen Bürger vom Volke gewählt, aus solcher Wahl gingen bei Parteiungen nicht immer die geeignetsten hervor; sie waren aber auch nicht frei in ihrem Handeln, sondern es waren ihnen Abgeordnete des 30 Köpfe starken Senats beigegeben, um sie zu überwachen. Auch den Kriegsplan hatten sie nicht zu entwerfen, das geschah vielmehr durch eine besondere Behörde der 100 Richter, die außerdem vielfach in die Operationen eingriff, die Führer absetzte und sie zur Rechenschaft zog. Daher wechselten die Führer häufig und es war nicht selten, daß ein unglücklicher Führer hingerichtet wurde, mitunter auf grausame Weise durch Kreuzigung. Diese Hinrichtungen waren einer erfolgreichen Kriegführung überaus ungünstig. Das galt ferner auch für das Verhältnis zwischen Führern und Söldnern; es fehlte das feste Band gegenseitigen Vertrauens und Zuneigung. Der Staat und auch der Anführer hatte keine anderen, als materielle Gründe, seine Leute zu schonen, denn er konnte für Gold immer beliebig viele andere bekommen; und es kam vor, daß Führer ihre Leute im Stich ließen oder preisgaben, um sich selbst zu retten. Bemerkenswert ist, daß die Karthager immer besondere Anführer für das Heer und für die Flotte hatten, während bei den Griechen, Römern usw. darin kein Unterschied gemacht wurde.

Karthagos Flotte. Die Flotte der Karthager bestand um diese Zeit hauptsächlich aus Penteren (Quinqueremen, 5 Lagen-Schiffen), daneben aus Trieren, die bisher üblich waren. Die größeren und höheren Penteren hatte zuerst Demetrius Poliorketes gebaut, ein technisch sehr begabter Mann; ihm, bezw. den Griechen, hatten die Karthager sie nachgeahmt. Marquards in: „Römische Staatsverwaltung" gibt die Abmessungen so:

1) **Pentere:** 51,2 m lang; 5,5—8,0 m breit; 4,1 m Tiefgang; 534 Tonnen; 310 Mann am Remen; 18 Soldaten; 47 Offiziere und Sklaven = 375 Mann Besatzung;

2) **Triere:** 45,4 m lang; 4,3—5,5 m breit; 2,6 m Tiefgang; 232 Tonnen; 174 Mann am Remen; 10 Soldaten; 41 Offiziere und Sklaven = 225 Mann Besatzung.

Roms Heer. Der Römer dagegen ist eine einfache, kernige Natur (Ackerbauer), der sein Land selbst bestellt; an strenge Zucht und Gehorsam von jung auf gewöhnt, stolz darauf, Waffen tragen und für seine Vaterstadt kämpfen zu dürfen, das ganze Heer von „einer" Nationalität und einheitlicher Organisation und Kampfesweise, durch fast nie fehlende Kriege kriegsgewohnt, Vorgesetzte und Mannschaft aneinander gewöhnt und durch gegenseitiges Vertrauen verbunden. Die Führer (Consules) wechselten zwar auch alle Jahre, aber sie waren meist kriegserfahrene Männer und in bedenklichen Zeiten war ein Diktator als der beste Führer vorhanden.

Darin liegt die ungeheure Überlegenheit des römischen Heeres über das karthagische. Und dazu kommt ferner, daß die römische Politik die unterworfenen Völkerschaften milde behandelt und sie der Stadt fest anzugliedern versteht, je näher räumlich, um so fester, sodaß die beiderseitigen Interessen gemeinsame werden; daß sie mithin alle an der Erhaltung der Stadt interessiert sind. Aber die Hauptsache für den Krieg gegen Karthago fehlte — die „Flotte". Daher ist die wichtigste Stadt in Sizilien für die Römer Messana, das in der Hand der Mamertiner ist. Vom Jahre 270 ab, wo Rhegium fiel, hat Hiero sie belagert, nachdem er die Söldnerschaaren der Mamertiner im Felde geschlagen. In größter Not, nach fünf Jahren, bitten die Mamertiner die Römer um Hülfe. Diese sind zwar mit Hiero verbündet, der ihnen Rhegium hat nehmen helfen, dessen Besatzung sie als Raubgesindel verdientermaßen schmählich hingerichtet haben. Jetzt mit gleichem Gesindel sich verbünden und Hiero die Treue brechen? Bei politischem Anstand konnte kein Zweifel darüber sein, aber Herrschsucht und die Aussicht, die wichtige Stadt zu gewinnen, überwog; sie sagten ihre Hilfe zu. Im Innern sind sie sittenstreng, aber in der auswärtigen Politik ist kaum ein Mittel zu schlecht, sofern es Vorteil verspricht, die Rückwirkung bleibt nicht aus.

Im Jahre 264 (?) sammeln die Römer die Schiffe der griechischen Städte in Neapel und Tarent und die Vorhut des Heeres zum Übersetzen in Rhegium, da kommt die Botschaft: Karthago hat zwischen Hiero und den Mamertinern vermittelt und die Burg von Messana besetzt, die karthagische Flotte unter Hanno liegt im Hafen; unter diesen Umständen danken die Mamertiner für die beabsichtigte Hilfe. Aber der Konsul Gagius Claudius läßt sich dadurch nicht abhalten, sondern beschließt, nach Sizilien überzusetzen. Der erste Versuch wird durch die Karthager vereitelt; sie nehmen die römischen Schiffe weg, schicken sie aber, um keinen Anlaß zum Kriege zu geben, zurück. Gagius Claudius

Rom gegenüber Sizilien, Mangel einer Flotte.

Wegnahme von Messana. Rom sammelt eine Flotte.

indessen besteht auf seinem Vorhaben. Der zweite Versuch gelingt, Gagius Claudius kommt mit dem Heere vor Messana an und veranlaßt eine Besprechung mit den Mamertinern, Hanno wird auch dazu aufgefordert, verräterischerweise gefangen genommen und gezwungen, seinen Truppen den Befehl zur Räumung der Burg zu geben. So gelangen die Römer in den Besitz von Messana!

2. Erster punischer Krieg.

264—241 a. Chr.

Beginn des Krieges. Hanno geht zurück nach Karthago, wo er hingerichtet wird. Die Karthager erklären den Römern den Krieg, verbinden sich mit Hiero und schicken eine Flotte und ein Heer nach Syrakus, das zu Lande und zu Wasser eingeschlossen wird. Aber dem zweiten Konsul, der nun mit dem Hauptheere nach Rhegium kommt, gelingt es, in einer dunklen Nacht nach Sizilien überzusetzen! Die Belagerung von Syrakus wird aufgehoben und die Römer gehen siegreich gegen die Karthager vor!

Rom nimmt Sizilien. Im Herbst ziehen die Römer das Heer ungehindert nach Italien zurück und schicken im Frühjahr 263 ein doppelt so starkes ebenso hinüber, das einen glänzenden Sieg über die Karthager und Hiero davonträgt. Letzterer fällt darauf von Karthago ab und geht zu Rom über, ebenso sämtliche griechische Städte der Insel; so kriegen sie siegreich weiter, bis Karthago auf Sizilien nur noch einige feste Hafenstädte, namentlich Panormus, Drepanum und Lilybaeum im Besitz hat.

Was tut Karthagos Flotte? Die karthagische Flotte hat den Transport der römischen Heere nach und von der Insel nicht zu hindern verstanden, aber sie wird anderweitig ausgenutzt. Sie unternimmt Streifzüge nach den italienischen Küsten, verheert diese und richtet großen Schaden an; aber noch schwerer wiegt die Störung bezw. Sperrung des Seeverkehrs, des Handels. Jetzt erst merken die Römer am eigenen Leibe die Bedeutung der Seeherrschaft!

Rom entschließt sich zum Bau einer Flotte. Mit der ihnen eigenen kühnen Entschlossenheit fassen sie den Beschluß, den Karthagern auch zur See entgegenzutreten und gehen sofort daran, ihre Flotte um ein Mehrfaches zu vergrößern. Dabei bewährten sie in eminenter Weise ihren richtigen Blick und gesunden, praktischen Sinn. Sie fingen nicht damit an, alles dazu Erforderliche von Grund aus selbst erfinden und aufbauen zu wollen;

mit solchem Eigendünkel hätten die Römer viel Zeit und Geld vergeudet, ehe sie Karthago gewachsen gewesen wären, sondern ihrer Gewohnheit gemäß, nichts bei fremden Völkern zu übersehen, sondern alles für ihre Zwecke Brauchbare und Nützliche von ihnen anzunehmen, entlehnten sie in Bezug auf Bau, Ausrüstung usw. der Schiffe das Meiste den tüchtigsten Seeleuten der Zeit, den Griechen, Illyriern und Karthagern; aber sie ahmten es nicht mechanisch und gedankenlos nach, sondern paßten ein jedes ihren Verhältnissen an.

Vortreffliche Maxime, besonders für eine neue, aufstrebende Seemacht! Dadurch, daß man das Vorgehen anderer, erfahrener Marinen aufmerksam verfolgt und sich selbst nicht für zu weise hält, von ihnen zu lernen und ihre Erfahrungen sich zu Nutze zu machen, wird man schweres Lehrgeld sparen!

Der Zufall spielte den Römern eine gestrandete karthagische Pentere in die Hände und sie benutzten dieselbe gern als Modell, um danach auch ihrerseits Schiffe solcher Art herzustellen. Bei den großen persönlichen und materiellen Mitteln, über die sie verfügten, und bei ihrer charakteristischen Energie wurde das Werk schnell gefördert und Anfang des Jahres 260 a. Chr. war eine Flotte von 100 Penteren und 20 Trieren bereit.

Zur Bedienung der Remen wurden Sklaven und Freigelassene, oder auch Bürger der niederen Klassen verwendet; und mit ihrer Einübung wurde schon v o r Fertigstellung der Schiffe am Lande begonnen, indem man entsprechende Gerüste aufstellte, die Leute nach Schiffen und Schiffsrollen verteilte und die Bewegungen des Rojens im Takt üben ließ. Sobald die Schiffe klar waren, wurde dies an Bord emsig fortgesetzt. Als Soldaten nahm man Legionäre, und zwar in möglichst großer Anzahl. *Ausbildung von Besatzungen.*

Wenn in letzterer Hinsicht die Römer den Karthagern überlegen waren, so kamen sie ihnen doch in anderer Hinsicht nicht gleich. Ihre Schiffe waren erheblich schwerer und langsamer, teils weil sie den karthagischen in den Linien nachstanden, teils weil sie aus ganz frischem Holz erbaut waren, — ein Mangel, dem die Römer später sorgfältig Rechnung trugen —, und nicht zum wenigsten, weil die karthagischen Remer — Sklaven, die ihr ganzes Leben lang zu dieser Arbeit verwendet wurden — darin naturgemäß eine Übung und Ausdauer erlangten, die unter andern Umständen nicht erreicht werden konnte. Dahinter mußten die erst jetzt dazu verwendeten römischen Sklaven und Freigelassenen entschieden zurückstehen. Lange Dienstzeit und dauernde Verwendung

in derselben Funktion sichern einer Flotte ohne Zweifel das leistungs-
fähigste Personal, — wie damals, so gilt das auch heute noch! —

In jeder Hinsicht kam eben den Karthagern als alten Seefahrern ihre seemännische Erfahrung zu Gute, auch im Manövrieren
und Evolutionieren, wie in Betreff der Navigierung. Auf das Gefecht
hatten sie diese Eigenschaften anzuwenden zwar nur wenig Gelegenheit gehabt, denn seekriegsgeübte, starke Feinde waren ihnen schon
lange nicht mehr entgegengetreten; auch war bei ihnen als Semiten
der Sinn nicht auf die Kriegsführung, am wenigsten auf eine
Kriegsführung im großen Stil gerichtet und eine seetaktische
Tradition scheint nur in ganz allgemeinen Umrissen vorhanden
gewesen zu sein. Immerhin war ihnen auch auf diesem Gebiet
die seemännische Erfahrung von großem Nutzen, namentlich in
strategischer Hinsicht, bezüglich der Navigierung; den Römern
sollte der Mangel daran im Laufe des Krieges schwere Verluste
verursachen.

Auf taktischem Gebiet aber gelang es ihnen, durch klaren
Blick und praktischen Sinn das Fehlen der seemännischen Erfahrung
auszugleichen.

In dem bisher allgemein üblichen und ausschlaggebenden
Spornkampf sicherte die Schnelligkeit der Schiffe im Fahren und
Drehen, in Verbindung mit dem Geschick der Kommandanten (bei
sachgemäßer Oberleitung), den Erfolg im Gefecht, sie alle waren
auf Seiten der Karthager.

Die Römer beschlossen nun die einzige Eigenschaft, in der
sie den Karthagern überlegen waren, zur Geltung zu bringen: die
Tüchtigkeit ihrer Legionäre, der besten Soldaten der Welt. Sie
ließ sich auf See aber nur im Enterkampfe verwenden, und um
diesen — entgegen der üblichen Fechtweise — zur Anwendung zu
bringen, versahen sie ihre Schiffe mit einem neuen, bis dahin ganz
unbekannten Mittel, einer Fallbrücke zum Entern.

Diese Enterbrücken hatten den sonderbar klingenden Namen
„die Raben" (Corvi); die Römer scheinen sie indessen auch „manus
ferrata" (eiserne Hand) genannt zu haben.

Über die Konstruktion derselben, welche Polybius nicht ganz
klar beschreibt, gehen die Ansichten auseinander; die wahrschein-
lichste ist die folgende: im Bug des Schiffes, etwa gleich weit vom
Vorsteven und der Bordwand an beiden Seiten entfernt, stand senkrecht ein Balken von 23 cm Dicke, welcher $7^3/4$ m hoch über Deck
und oben mit einer Blockscheibe versehen war, über die ein starkes

Tau lief. Der Balken stand unten auf dem Kielschwein auf und war um seine Längsachse drehbar. Die eigentliche Enterbrücke bildete ein Steg von 11 m Länge und 1,2 m Breite, mit Querhölzern benagelt, der an beiden Seiten kniehohe Geländer oder Schutzwehren hatte. Das innere Ende desselben war mit einem Durchbolzen scharniergelenkartig an dem Balken etwa in Tritthöhe über Deck befestigt. In Höhe der Blockscheibe war das erwähnte Tau angesteckt, mittelst dessen der Steg demnach aufgezogen und fallen gelassen werden konnte wie eine Fallbrücke. Um ihn nahezu senkrecht stellen und an beiden Seiten an dem mastartigen Balken fest anlehnen zu können, war in dem Boden des Stegs ein Schlitz von $3^2/_3$ m Länge angebracht. Immerhin behielt die Brücke, auch wenn sie ganz aufgeholt war, eine etwas schräge Stellung, sodaß sie beim Loswerfen des Taues von selber niederfallen mußte. An dem äußeren (oberen) Ende des Stegs war ein schweres eisernes Gewicht angebracht, oben breit und dick, mit einem Ringe zum Anstecken versehen, nach unten hin scharf und spitz, mit leichter Krümmung auslaufend. Im Querschnitt könnte man eine Ähnlichkeit mit einem Rabenschnabel finden, was vielleicht zu der Bezeichnung „Rabe" Anlaß gegeben hat.

Bis zum Gebrauch blieb der Steg aufgezogen, dann wurde er nach dem feindlichen Schiffe zu gedreht und beim Zusammenstoß mit demselben, bezw. bei solcher Annäherung, daß er bis auf das feindliche Deck hinüberreichte, durch Loswerfen des Taues plötzlich fallen gelassen. Der Rabenschnabel durchschlug dann das Deck oder grub sich wenigstens so tief in dasselbe ein, daß er vermöge seiner gekrümmten Form gut fest hielt; gleichzeitig drangen die Soldaten zu zweien über die Brücke; das erste Glied hielt die Schilde nach vorn, die weiteren Glieder setzten die Schilde auf die kniehohe Schutzwehr. Auf dem feindlichen Schiffe begann nun das Handgemenge, in welchem die Römer allen überlegen waren.

· Von wem der Gedanke ausging und wer ihn wirksam praktisch ausgeführt hat, ist nicht bekannt; der Erfolg knüpft ihn aber an den Namen des Cajus Duilius.

Der entscheidenden Schlacht gingen der Überlieferung zufolge zwei kleinere Aktionen voran. Um die Führung der Flotte und des in Sizilien stehendes Heeres sollen die beiden Konsuln gelost haben und danach dem Cajus Duilius das letztere, die Flotte dem Cneius Cornelius Scipio zugefallen sein. Letzterer wollte aber

Vorkämpfe zwischen den beiderseitigen Flottenteilen.

die Fertigstellung des Gros nicht abwarten, sondern ging mit 17 Schiffen (die jedenfalls nicht mit den Enterbrücken versehen waren) voraus, an der italienischen Küste entlang und kam glücklich nach Messana; ließ sich dort durch die falsche Nachricht des mit der Flotte in Panormus liegenden karthagischen Admirals Hannibal: daß die Einwohner von Lipara nur auf seine Ankunft warteten, um sich für Rom zu erklären, dahin locken, wurde am nächsten Morgen von einem stärkeren karthagischen Geschwader überfallen und mit der ganzen Streitmacht gefangen — davon Beinamen „Asina" (?).

Hannibal soll dann mit 50 Schiffen dem Gros der römischen Flotte, die an der Küste von Italien entlang fuhr, entgegen gefahren sein, aber ohne irgend welche Sicherheitsmaßregeln zu beobachten. Infolgedessen und der Ungunst des Zufalls halber, soll dies Geschwader, — vermutlich zu Anker liegend, jedenfalls nicht fürs Gefecht rangiert, — von der geordnet herankommenden römischen Flotte überrascht worden sein und eine Anzahl Schiffe verloren haben.

Wie dem auch sei, das Gros der römischen Flotte kam heil nach Messana. Dort übernahm Konsul Cajus Duilius, indem er das Kommando des Heeres den Tribunen übergab, den Oberbefehl und ging, — vielleicht hatte er noch nie zuvor seinen Fuß an Bord eines Schiffes gesetzt —, mit der den römischen Führern kennzeichnenden festen Entschlossenheit auf den seemächtigen Feind los, — an der Nordküste westwärts auf Panormus zu. Seesieg der Römer bei Mylae. 260 a. Chr. (Flotte nach vorigem = 130 Schiffe.) Die Karthager kommen ihm schon entgegen, — er traf sie bei dem Vorgebirge Mylae (Milazzo) — ihre Flotte zählte 120—130 Schiffe und bestand fast durchweg aus Penteren, das Flaggschiff war sogar eine Heptere (Septireme) die die Karthager dem Pyrrhus weggenommen hatten.

Ihr Führer war noch derselbe Hannibal, der nicht lange vorher durch seine unverantwortliche Sorglosigkeit den Verlust einer größeren Zahl Schiffe verschuldet hatte, — aber wenn das der Fall, so war er durch den Schaden um nichts klüger geworden. Die Karthager fühlten sich damals auf Grund Jahrhunderte langer, fast unbestrittener Beherrschung des Meeres völlig sicher auf See; ein irgend ebenbürtiger Gegner fehlte schon lange; dadurch neigten sie zu Überhebung und glaubten alle, auch die einfachsten taktischen Maßregeln vernachlässigen zu dürfen; ihre Annäherung allein sollte den Feind schon erschrecken und verjagen. Das ist eine Gering-

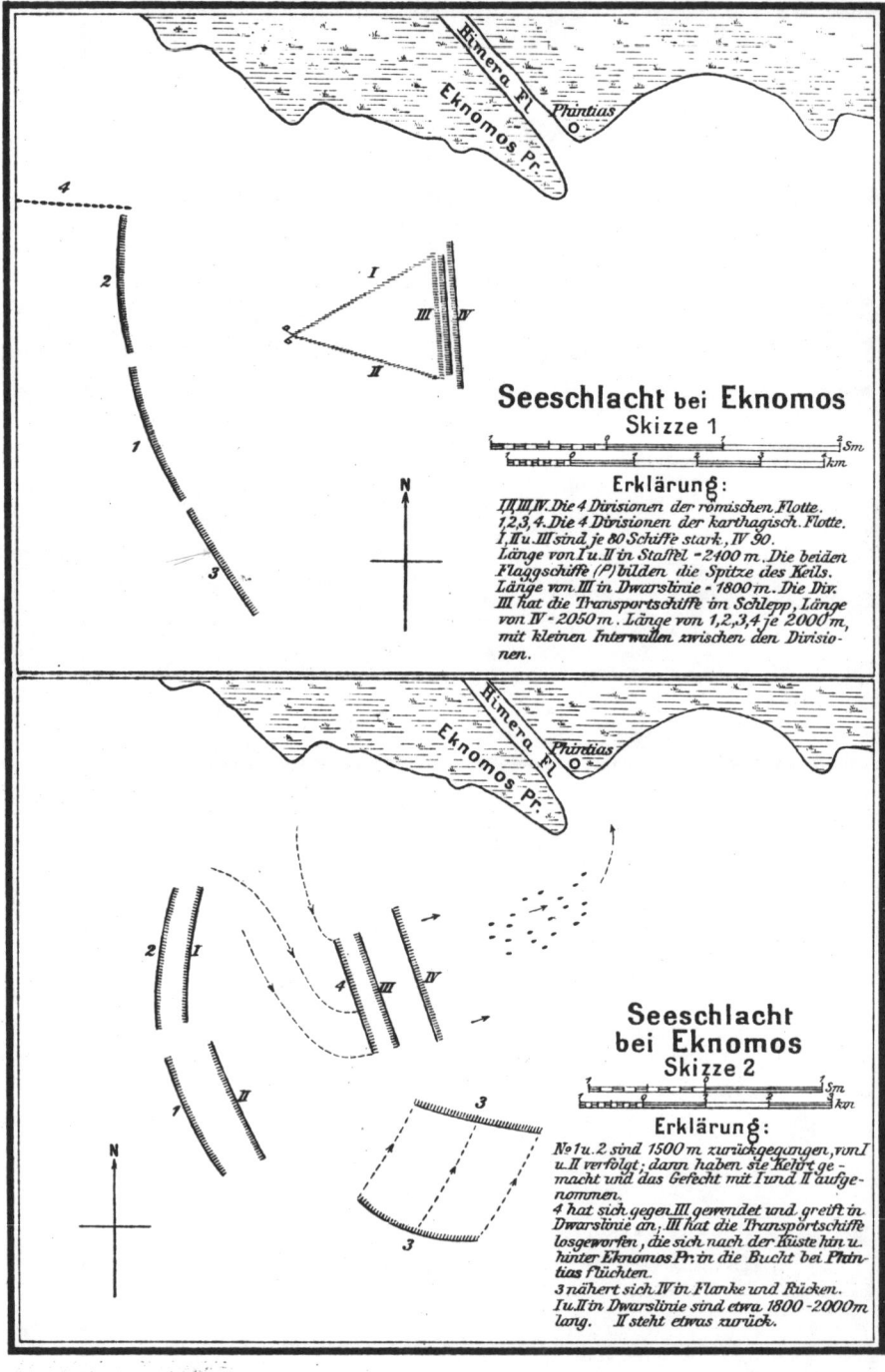

Seeschlacht bei Eknomos
Skizze 1

Erklärung:

II,III,IV. Die 4 Divisionen der römischen Flotte.
1,2,3,4. Die 4 Divisionen der karthagisch. Flotte.
I,II u.III sind je 80 Schiffe stark; IV 90.
Länge von I u.II in Staffel - 2400 m. Die beiden
Flaggschiffe (P) bilden die Spitze des Keils.
Länge von III in Dwarslinie - 1800 m. Die Div.
III hat die Transportschiffe im Schlepp, Länge
von IV - 2050 m. Länge von 1,2,3,4 je 2000 m,
mit kleinen Interwallen zwischen den Divisio-
nen.

**Seeschlacht
bei Eknomos**
Skizze 2

Erklärung:

No 1 u. 2 sind 1500 m zurückgegangen, von I
u. II verfolgt; dann haben sie kehrt gemacht und das Gefecht mit I und II aufgenommen.
4 hat sich gegen III gewendet und greift in
Dwarslinie an; III hat die Transportschiffe
losgeworfen, die sich nach der Küste hin u.
hinter Eknomos Pr. in die Bucht bei Phintias flüchten.
3 nähert sich IV in Flanke und Rücken.
I u.II in Dwarslinie sind etwa 1800 -2000 m
lang. II steht etwas zurück.

schätzung des Gegners, die sich fast immer bestraft, wofür hier ein augenfälliges Beispiel.

Hannibal hatte hier wieder keine Aufklärer vorausgeschickt, er ließ seine Flotte auch ohne Ordnung fahren. Als die Römer in Sicht kamen, war er mit etwa 30 Schiffen dem Gros weit voraus; statt nun aber dieses herankommen zu lassen oder auch nur die Schiffe, die er bei sich hatte, zum Gefecht zu ordnen, ging er sofort tollkühn auf den verachteten Feind los.

Ich habe das Wagen für besonders wichtig für den Krieg, namentlich für den Seekrieg bezeichnet, Kühnheit ist das Element der Offensive, die Vorbedingung für positive, für alle großen Erfolge. Wo sie nicht vorhanden ist, muß man sie zu wecken suchen; sie kann beim Soldaten kaum groß genug sein, auch beim Offizier in untergeordneter Stellung, wo sie durch die Disziplin in Schranken gehalten und vom Vorgesetzten geleitet wird; selbst Tollkühnheit, d. i. Wagen ohne richtige Überlegung ist dort zu verzeihen, bezw. milde zu behandeln. Anders aber bei dem Führer in selbständiger Stellung; je höher er steht, je mehr er aufs Spiel setzt, um so weniger darf er beim Wagen die verständige Erwägung der vorliegenden Verhältnisse außer Acht lassen! *Bedeutung des Wagens.*

Dem Hannibal ging Duilius mit ruhiger Entschlossenheit entgegen, die gleichsam die äußerste Kühnheit in sich barg. Daß er mit der neugeschaffenen Flotte den Feind gleich auf dessen eigenstem, bisher unbestrittenen Element aufsuchte, das mußte man in der Tat ein großes Wagnis nennen. Aber Duilius unternahm es im Bewußtsein seiner Kraft, im Vertrauen auf die Kaltblütigkeit und strenge Disziplin seiner Kommandanten und die Leistungsfähigkeit seiner Soldaten, die mittels der neuen Vorrichtung der Fallbrücken entern und im Handgemenge ähnlich kämpfen sollten, wie sie es am Lande gewohnt waren; in verständiger Abwägung seiner Chancen gegen den see-erfahrenen, aber schlecht geführten, übermütigen Feind. Als die Karthager bei Annäherung auf den in geschlossener Ordnung — welche? ist nicht gesagt — herankommenden römischen Schiffen die ihnen unbekannten, schwerfälligen „Raben" bemerkten, staunten sie zwar, gaben aber nichts darauf, sondern spotteten darüber. Wohl möglich, daß „Rabe" von einem Spottwort herstammt. Als sie aber und zwar Bug gegen Bug, angriffen, machten die Römer sofort den ausgiebigsten Gebrauch von denselben. Mag der Angriff Steven auf Steven erfolgen, oder mögen die Karthager beim Versuch, dem Gegner die *Duilius' Entschlossenheit.*

Römische Kampfesweise.

Remen abzubrechen, dicht an ihm entlang fahren — immer fallen die schweren Enterbrücken auf ihr Deck, das von den scharfen Haken durchschlagen wird und darüberhin drängen sofort in doppelter Reihe die Legionäre in großer Zahl auf das durch den „Raben" festgehaltene Schiff, gegen Wurfgeschosse durch das Geländer, die Schilde und Helme gedeckt.

Durch diese unerwartete Angriffsweise wurden die Karthager völlig überrascht und bestürzt, im Handgemenge waren ihre Söldner den römischen Soldaten nicht gewachsen und obendrein waren die letzteren in großer Überzahl; so konnten sie nicht lange Widerstand leisten, und die 30 karthagischen Schiffe, mit denen Hannibal den ersten Angriff machte, wurden sämtlich in kurzer Zeit genommen, einschließlich des Flaggschiffes. Dem Admiral gelang es nur so eben, sich in einem Boote zu seinem Gros zu retten.

Er wollte jedoch das Gefecht noch nicht verloren geben. Da der Angriff Bug auf Bug unglücklich verlaufen war, so ließ er durch seine, an Schnelligkeit und Manöverierfähigkeit überlegenen Schiffe die römischen umschwärmen, um sie von der Seite oder von hinten anzugreifen. Die Römer waren jedoch gewandt genug, um sich dagegen zu wehren und dem Angreifer stets den um ca. 300 Grad drehbaren, nach beiden Seiten drohenden Raben zuzukehren. (Vermutlich Kreis gebildet, der den Spartanern bei Rhium so verderblich wurde.) Nach erheblichen weiteren Verlusten gab Hannibal infolgedessen und da keine Aussicht auf Erfolg war, das Gefecht auf und trat den Rückzug an, auf dem Duilius ihn mit seinen langsameren Schiffen nicht behelligen konnte.

Karthagische Verluste. Der Verlust der Karthager belief sich auf nicht weniger als 50 Schiffe, 3000 Tote und 7000 Gefangene, derjenige der Römer war geringfügig. Duilius hatte also gleich beim ersten Zusammentreffen einen vollständigen, großartigen Erfolg davongetragen, — allerdings, was nicht außer Acht zu lassen ist, war ihm der Zufall günstig gewesen, er hatte gutes Wetter und glattes Wasser getroffen, was freilich im Mittelmeer zur Sommerzeit die Regel ist. —

Folgen des römischen Sieges. Eine Folge des Sieges von Mylae war, daß Duilius sein Heer durch die Mannschaften der Flotte verstärken und das schon hart bedrängte Egesta entsetzen konnte und danach die Karthager wieder auf ihre befestigten Häfen beschränkte. Jedoch wichtiger noch als diese materiellen Erfolge war die moralische Wirkung der Schlacht. Die erste Seemacht der Welt, das seefahrende Volk par excellence, das damals eine ähnliche Stellung einnahm, wie

heute England, — eine das Meer beherrschende, allen andern
weit überlegene Flotte, feste Häfen an allen wichtigen Punkten,
Kolonien in großer Zahl über den ganzen bekannten Erdkreis verbreitet, ausgedehnter und einträglicher Seehandel und daher großer
Reichtum, Geschütztheit gegen kontinentalen Angriff, weiter auch
ein Söldnerheer u. s. f., — war auf seinem Elemente von einem
auf See bis dahin unbekannten Feinde und durch eine schwächere
Flotte, als die ihrige, beim ersten Zusammentreffen völlig besiegt.
Wie das Prestige der athenischen Flotte durch die vier aufeinander
folgenden Schlachten in der Bucht von Syrakus nach und nach, so
wurde das der karthagischen Seemacht hier mit einem Schlage
gebrochen.

Hierdurch ist die Schlacht bei Mylae besonders bemerkens- **Bedeutung**
wert. Und hier wie dort liegt die Entscheidung nicht auf dem **des**
Gebiet der eigentlichen Flotten-Taktik, d. i. der Anordnung und **Enter-**
kampfes.
Verwendung der Streitkräfte nach Raum und Zeit, sondern in der
Kampfesweise von Schiff gegen Schiff. Die Athener in der letzten
Schlacht hatten es auch auf's Entergefecht abgesehen, bei dem
von den Karthagern angebrachten Angriff Bug gegen Bug; aber
sie hatten keinen Erfolg, weil die Syrakuser von ihren Vorkehrungen,
den Enterhaken, vermöge guten Nachrichtenwesens rechtzeitig erfahren und sich (durch nasse Felle) dagegen gesichert hatten. Bei
Mylae dagegen fand völlige Überraschung des Gegners statt, der
sich in seiner Überhebung um das Tun und Lassen der Römer
garnicht gekümmert hatte.

Die Haupt-Aufgabe der Taktik: sich Übermacht an entscheidender Stelle zu verschaffen, das geschieht bei der Flotten-Taktik durch
eine Überzahl von Schiffen, im Kampfe von Schiff gegen Schiff durch
überlegene Massenwirkung. Letztere wurde hier vermittelst der
„Raben" durch tüchtigere und zahlreichere Legionäre in Verbindung
mit Überraschung erreicht.

Wollte man dem ein Beispiel aus der Neuzeit an die Seite
stellen, so wäre das: Sporn und Panzer des „Merrimac" der das
große Blockadegeschwader in Hampton zerstreute, teils vernichtete,
teils in fassungslosen Schrecken setzte und den Krieg hätte entscheiden können, wenn nicht „Monitor" zufällig gerade fertig gewesen und sofort angekommen wäre. Die französische Flotte Mitte
der 60er Jahre war der englischen überlegen an Panzerschiffen mit
Sporn — hätte große Aussicht gehabt. Oder Torpedo — eine Flotte
mit Torpedos gegen eine solche ohne!

Bedeutung technischer Neuerungen. Man sieht aus der Betrachtung der Schlacht bei Mylae, von welcher entscheidenden Bedeutung die Technik für das Seegefecht sein kann und wie notwendig es ist, die Fortschritte derselben in allen Ländern aufmerksam zu verfolgen!

Endlich: Wie es in der Kriegskunst keine festen Formen gibt, um sich den Erfolg zu sichern. Bei Rhium I. bildeten langsamere Schiffe mit weniger geübten Besatzungen und nicht seekriegserfahrenen Führern einen Kreis gegen die feindlichen Sporne und wurden völlig geschlagen, bei Mylae unter ganz ähnlichen Verhältnissen errang die betreffende Flotte einen völligen Sieg.

Die richtige Beurteilung der Verhältnisse in jedem einzelnen Falle und entsprechende Verwendung der Streitkräfte ist es, die dem Führer Aussicht auf Erfolg verleiht.

Ehrungen des Duilius. Die Wichtigkeit des Sieges bei Mylae wurde in Rom voll anerkannt; dem Duilius außer andern Ehren ein Triumph, d. h. festlicher Einzug nach Rom, bewilligt; zum ewigen Andenken ferner eine Säule, mit Schiffsspornen verziert, errichtet, columna rostrata, die, nachdem sie viele Jahrhunderte lang unter dem Schutt des alten Rom verborgen gelegen, im Jahre 1565 wieder zu Tage gefördert wurde und mit der alten Inschrift noch vorhanden ist. Duilius ist in neuester Zeit dadurch geehrt worden, daß eines der großen italienischen Panzerschiffe den Namen „Duilio" erhalten hat.

Weitere Vorgänge. Hannibal rettete sein Leben in Karthago durch eine List. „Sollte ich angreifen?" „Ja." „Nun, dem entsprechend ist das Ergebnis."

Nachdem die Römer so zur See siegreich waren, stand ihnen die Wahl der weiteren Kriegsführung frei, nämlich

a) die Karthager durch Eroberung der großen Inseln Sizilien, Sardinien und Corsica so zu schwächen, daß sie sich zum Frieden veranlaßt sahen, oder

b) Karthago selbst geradewegs anzugreifen und die Karthager dadurch zum Frieden zu zwingen, wenn sie es nicht ganz unterwarfen.

Die Römer greifen Corsica und Sardinien an. Aus welchen Gründen, ist nicht bekannt, aber der Senat entschied sich für erstere Form der Strategie, der wir im Seekriege häufig begegnen. Die Römer unternahmen einen Zug nach Corsica, Aleria wurde erstürmt und die Insel in Besitz genommen. Aber der Angriff auf Sardinien 258 mißlang; im folgenden Jahre wurde er wiederholt, hatte aber ebenfalls kein durchschlagendes Ergebnis. Auch auf Sizilien wurden keine weiteren Fortschritte gemacht, die festen Hafenstädte Panormus, Drepanum und Lilybaeum trotzten allen Angriffen und die Karthager fochten nun unter einem vortrefflichen Führer, Hamilkar Barkas.

Gelegenheitskämpfe kamen vor, die aber nichts Großzügiges Seeschlacht am tyndarischen Vorgebirge. an sich hatten, so am tyndarischen Vorgebirge 257 a. Chr. westlich unweit Mylae. Die Römer lagen in der Bucht und sahen die Karthager ohne Ordnung vorbeifahren; der Konsul ließ schleunigst Schiffe bemannen und fuhr mit den ersten zehn auf den Feind los, wurde aber umringt, die Schiffe wurden versenkt, nur er selbst entkam, da sein Schiff besonders schnell und vorzüglich bemannt war. Ihm kommt das Gros seiner Flotte entgegen und greift die Karthager an, bohrt acht in den Grund, nimmt zehn Schiffe; beide Teile schreiben sich den Sieg zu.

Bei dieser Art der Kriegsführung ist keine Entscheidung abzusehen, der Seehandel der Römer bleibt dabei gestört, sodaß ihr Schaden größer ist, als derjenige der Karthager; da endlich beschließen sie, dem Beispiele des Agathokles zu folgen, nach Afrika überzusetzen und geradenwegs auf Karthago loszugehen.

Dies Unternehmen wollen sie aber nicht, wie Agathokles, mit Zug nach Karthago. geringen Kräften durchführen; sie rüsten zu dem Zweck vielmehr eine ungeheure Streitmacht aus und stellen sie unter den Befehl von beiden Konsuln, L. Manlius Vulso und M. Attilius Regulus. . Die Flotte zählte nicht weniger als 330 Kriegsschiffe, lauter Penteren, nur die Flaggschiffe der beiden Konsuln waren Hexeren, ferner eine Menge Transportschiffe; mit dieser gingen sie im Frühjahr nicht südwärts direkt über die offene See auf Karthago los, kurz und sicher vor dem Feinde, da sie die Navigierung nicht verstanden, sondern nahmen den doppelt so langen Weg an der italienischen Küste entlang nach Messana. Dann gingen sie auch nicht an der Nordküste von Sizilien hin, weil sie dort die karthagischen Häfen Panormus u. s. w. zu passieren gehabt hätten, sondern um das Pachynus-Vorgebirge längs der Südküste. An der Mündung des Himera-Flusses unweit Eknomos trafen sie das für den Feldzug bestimmte Heer von 40 000 Mann und nahmen es an Bord, meistens auf die Kriegsschiffe, sodaß, außer 300 Mann am Remen, 120 Legionssoldaten auf jede Pentere kamen. Die Besatzung der Flotte, ausschließlich der Transportschiffe, zählte demnach 140 000 Mann.

Die karthagische Flotte ging im Frühjahr nach Lilybaeum. Karthagos Streitkräfte. Sie hatte Kunde von den Rüstungen der Römer, ihre Stärke wird zu 350 Schiffen mit 150000 Mann angegeben. Letzteres ist jedenfalls übertrieben, da sie kein Heer an Bord hatten und mit der üblichen Besatzung von 375 Köpfen nur 131000 Mann herauskommen. Sie hörten von der Fahrt der römischen Flotte, gingen ihr entgegen und trafen sie bei Eknomos. Nächst Salamis waren es die größten Seestreitmächte, die je miteinander gefochten haben, 680 Schiffe und 290000 Mann bezw. 650 Schiffe mit 270000 Mann.

Stärke der Flotten bei Eknomos. Die Römer hatten ihre Flotte nach den vier Legionen in vier Geschwader geteilt, das vierte stärker als die andern drei, etwa 80 und 80 und 80 und 90 Schiffe, das erste und zweite Geschwader wurde von den Konsuln kommandiert. Diese beabsichtigten bei Einrichtung der Schlachtordnung

1) die überlegene Schnelligkeit und Manöverierfähigkeit der Karthager nicht zur Geltung kommen zu lassen und ihre eigenen Schiffe gegen Sporn-Angriffe von der Seite und vom Heck zu sichern;

2) die Transportflotte zu decken.

Fehler des Mitführens einer Transportflotte. Einer Kriegsflotte die Aufgabe zu stellen, eine Transportflotte auf einer Fahrt über See, namentlich auf einer Fahrt nach dem feindlichen Lande zu decken, bevor die Seeherrschaft völlig gesichert ist, muß prinzipiell als unrichtig bezeichnet werden. Denn das Wesen des Seegefechtes ist die Bewegung und die Offensive; und um eine Seestreitmacht im Gefecht voll ausnützen zu können, muß der Führer ungehindert über die volle Bewegung seiner Schiffe zu verfügen in der Lage sein. Daran wird er aber durch die Aufgabe, gleichzeitig eine Transportflotte zu schützen, wesentlich behindert; zwischen der in der Natur der Sache begründeten Offensive und der ihm auferlegten wenigstens teilweisen Defensive besteht ein Widerspruch.

Seeschlacht beim Berge Eknomos. Schlachtordnung der Römer. Hier suchten die Konsuln beides zu vereinigen, indem sie auf schnelle Fahrt und den Spornkampf, also für damalige Zeit auf eine vehemente Offensive verzichteten; sie wählten eine Aufstellung, die bei stetiger Innehaltung die kräftigste Offensive im Vorwärtsgehen gewährleistet und dabei doch die beste Deckung gegen Sporn-Angriffe bietet, den Keil, in dessen Schutz die Transportflotte gestellt wurde; mit der Nachhut dahinter, also gegen jeden bisherigen Gebrauch eine Aufstellung in der Tiefe [s. Tafel II und Tafel III, Skizze I].

Die beiden Flaggschiffe bildeten die Spitze des Keils, an die sich das erste Geschwader als rechte, das zweite als linke Seite in

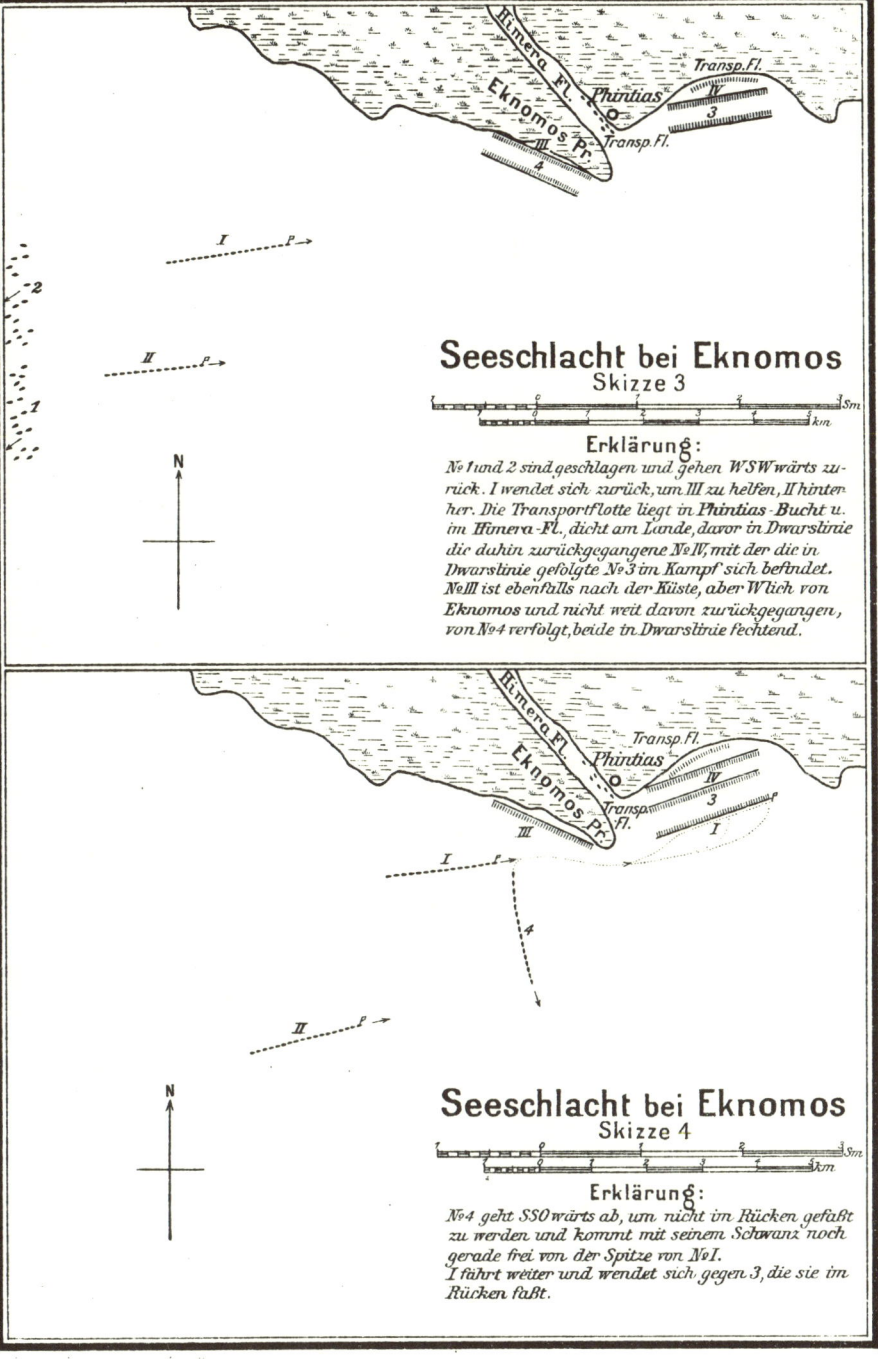

Seeschlacht bei Eknomos
Skizze 3

Erklärung:

№ 1 und 2 sind geschlagen und gehen WSW wärts zurück. I wendet sich zurück, um III zu helfen, II hinterher. Die Transportflotte liegt in **Phintias-Bucht** u. im **Himera-Fl.**, dicht am Lande, davor in Dwarslinie die dahin zurückgegangene № IV, mit der die in Dwarslinie gefolgte № 3 im Kampf sich befindet. № III ist ebenfalls nach der Küste, aber W lich von Eknomos und nicht weit davon zurückgegangen, von № 4 verfolgt, beide in Dwarslinie fechtend.

Seeschlacht bei Eknomos
Skizze 4

Erklärung:

№ 4 geht SSO wärts ab, um nicht im Rücken gefaßt zu werden und kommt mit seinem Schwanz noch gerade frei von der Spitze von № I.
I fährt weiter und wendet sich gegen 3, die sie im Rücken faßt.

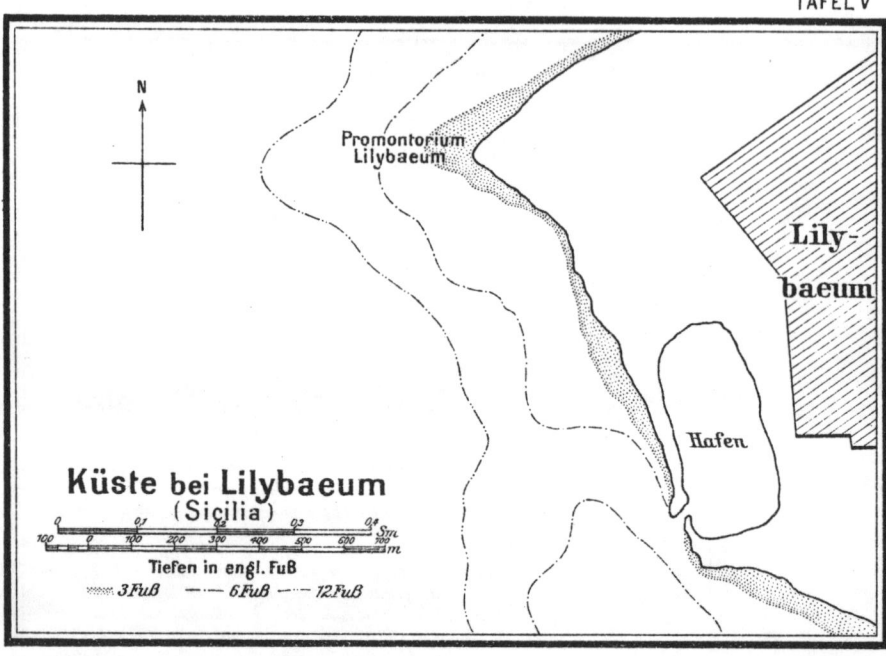

N

Promontorium
Lilybaeum

Lily-
baeum

Hafen

Küste bei Lilybaeum
(Sicilia)

Tiefen in engl. Fuß

.... 3 Fuß ——— 6 Fuß —·— 12 Fuß

Von hier liegt der Mons.
Eryx 4500 m nach Nord-
osten.

Drepanum

N

x

d   b
   f   y

e

c

a   f

e

z

Schlacht bei Drepanum
(Sicilia)

Tiefen in engl. Fuß

.... 3 Fuß ——— 6 Fuß —·— 12 Fuß

Erklärung:

a ➞ Anmarsch der römischen Flotte, 123 Schiffe, je 40 m lang, Abstände 15 bis 40 m.

b ➞ Einlauf der röm. Flotte in den Hafen.

c ..... Die zum Gefecht aufgestellte römische
Flotte, Bug nach See, von x über y nach z.

d ➞ Auslauf der karthagischen Flotte, Stärke wie die römische Flotte.

e ➞ Die karth. Flotte läuft bis etwas über z
hinaus.

f ooooo Die karth. Flotte macht „links um" und
bildet der röm. Flotte gegenüber die
Schlachtlinie.

Staffel anschlossen; geschlossen wurde der Keil hinten durch das
dritte Geschwader in Dwarslinie, dahinter mit den Transportschiffen
im Schlepptau; den Schluß des Ganzen bildete hinter diesen, ebenfalls in Dwarslinie und parallel damit, das vierte Geschwader, das
als das stärkste die Transportflotte nach beiden Seiten überragte
und sich mit dem rechten Flügel zur Deckung gegen Umgehung
an die Küste lehnte. Die Absicht ist offenbar, die Mitte der feindlichen Linie mit dem Keil zu durchbrechen und mit der durch die
tiefe Aufstellung dort gegebenen Übermacht zu schlagen, während
die Reserve die Formation gegen Umgehung bezw. Angriff vom
Rücken her sichern soll und das dritte Geschwader die Transportflotte deckt oder in Sicherheit bringt.

Die Aufstellung hat auch anscheinend manches für sich:

1) den Vorzug der Massigkeit und der Tiefe, gegenüber den
üblichen langen, dünnen Dwarslinien, also ein besseres Zusammenhalten der Kräfte;

2) den, daß sie am Angriffspunkt den Römern die Übermacht
sichert;

3) daß Staffel gegen Sporn-Angriff die beste Deckung bietet;
endlich

4) ist die Transportflotte verhältnismäßig gut gedeckt.

Aber das sind nur scheinbare bezw. nicht aufrecht zu er-
haltende Vorteile; dagegen sind wirkliche große Schwächen vorhanden, indem

a) die Formation eine viel zu künstliche ist, die Ordnung bei
Staffeln von 75—80 Schiffen, selbst bei schönem Wetter und
glattem Wasser von sehr geübten Schiffen kaum einzu-
halten ist;

b) weil sie die ganze Flotte an das Fahrt-Maaß (Marsch-Tempo)
der geschleppten Transportflotte bindet;

c) weil sie den einzelnen Schiffen, wie den Divisionen und
sonstigen Unter-Abteilungen die freie Bewegung nimmt.

Der Charakter der Formation ist offensiv, aber die
Beschränkung der Fahrtgeschwindigkeit und die für das Seegefecht
nicht passende Starrheit stehen damit nicht im Einklange. (Die Einschließung des Trains zwischen das dritte und vierte Geschwader.)
Dies und die Zurückbehaltung einer Reserve lassen erkennen, daß
der Entwurf von Führern herrührt, die im Landkriege Erfahrung
haben mögen, die aber den Seekrieg nicht verstehen.

Schlacht-
ordnung
der
Karthager.
Die Karthager, deren Flotte gleichfalls in vier Geschwader geteilt war, formierten drei derselben in einer langen Dwarslinie (bezw. Halbmond), deren rechter, aus den schnellsten Schiffen bestehender Flügel (drittes Geschwader), die kompakte römische Aufstellung nach See hin weit überragte; das vierte Geschwader dagegen ließen sie als äußersten linken Flügel in Kiellinie (oder Staffel?) nahe der Küste entlang fahren [s. Tafel II und Tafel III, Skizze I].

Hamilkar's
taktisches
Vorgehen.
Sobald nun die Spitze des massigen römischen Keils sich dem karthagischen Zentrum näherte, ließ der karthagische Admiral Hamilkar dasselbe — erstes und zweites Geschwader — kehrt machen und nacheinander die Flucht ergreifen. Konsul Regulus, ein eifriger und hartnäckiger Mann, setzte ihnen mit dem ersten Geschwader nach, im Eifer der Verfolgung bald mit voller Fahrt; sein Kollege folgte ihm. Sie trennten sich mithin von dem dritten Geschwader, das mit dem Train im Schlepp natürlich nicht zu folgen vermochte; die schwer einzuhaltenden Staffeln kamen natürlich auch in Unordnung; somit ist die schlau ausgedachte, künstliche römische Schlachtordnung durch die List des karthagischen Admirals aufgelöst, die Flotte in zwei Teile geteilt und die Formation der den Feind verfolgenden beiden Geschwader zerstört [s. Tafel III, Skizze II].

Als Hamilkar diesen seinen Zweck erreicht sieht und den Abstand zwischen den beiden Teilen der feindlichen Flotte groß genug glaubt, um sie einzeln schlagen zu können, ehe die eine der andern zu Hilfe kommen kann, läßt er sein Zentrum auf Signal Kehrt machen und die in Unordnung geratenen Verfolger in der Front, sowie auch sie überflügelnd und umgehend in Flanke und Rücken angreifen. Es entspinnt sich hier ein heftiger Kampf hauptsächlich mit dem ersten römischen Geschwader, das zweite kommt nach kurzem zu Hilfe. Sobald Nahgefecht entsteht, gebrauchen die Römer ihre „Raben".

Fortsetzung
der
Schlacht.
Während dem hatte der linke karthagische Flügel die Fahrt fortgesetzt und dann, statt aus der Flanke anzugreifen, Dwarslinie gebildet und das dritte römische Geschwader angegriffen. Dies warf sofort die Schlepptaue los, hieß den Train sich unter der Küste in einer Bucht bei Phintias bergen und nahm den Kampf auf [s. Tafel III, Skizze II].

Etwa gleichzeitig erreichte der rechte karthagische Flügel (das dritte Geschwader), der die römische Flotte im Bogen umfahren hatte, das vierte römische Geschwader, griff es in Flanke und Rücken mit Erfolg an und trieb es an die Küste in die Bucht, nach welcher der Train sich zurückgezogen hatte [s. Tafel III, Skizze II]. Hier aber formierte es sich in Dwarslinie und hielt, obgleich hart bedrängt, durch die „Raben" die Karthager ab; Bug gegen Bug trauten diese sich nicht an die römischen Schiffe heran. Auch das dritte Geschwader zog sich vor den Gegnern zurück und barg sich, da der Kampf im freien Wasser den Karthagern zu große Vorteile bot, unter der Küste [s. Tafel IV, Skizze III].

Es wurde mithin gleichzeitig an drei voneinander getrennten Stellen gefochten; die römische Schlachtordnung war völlig aufgelöst, aber die Zahl der Schiffe überall ziemlich gleich.

Die Karthager hatten geschickt und im Grunde richtig manövriert, sie begingen aber den Fehler, daß sie sich an keiner Stelle eine so entscheidende Übermacht sicherten, daß ihnen der Sieg zu Teil wurde, ehe Hilfe herbeikam. Und vor allem hatten sie in den vier Jahren kein Mittel gefunden, um den „Raben" unwirksam zu machen. Unter diesen Umständen entschied die Tüchtigkeit im Kampfe von Schiff gegen Schiff und darin waren die Römer vermöge der großen Zahl und Leistung ihrer Legionssoldaten den Karthagern überlegen.

Nach längerem Gefecht wandte sich das karthagische Zentrum zur Flucht und degagierte somit das erste und zweite römische Geschwader, von denen das letztere nur wenig gelitten hatte [s. Tafel IV, Skizze III]. Sein Chef, der andere Konsul, Lucius, ein bedächtiger Mann, ließ sich die Zeit, die Mehrzahl der von Regulus gemachten Prisen ins Schlepptau zu nehmen; dieser aber, der das zweite römische Geschwader und die Transportflotte in der Bucht bei Eknomos hart bedrängt sah, machte sofort Kehrt, um Hilfe zu bringen und fiel den betreffenden karthagischen Schiffen — ursprünglich deren rechter Flügel — in den Rücken [s. Tafel IV, Skizze IV]. Der Führer Hanno bemerkte aber die Gefahr noch rechtzeitig, flüchtete in die hohe See und entkam auch mit fast allen seinen Schiffen. Anders der karthagische linke Flügel, der weiterhin das dritte römische Geschwader bekämpfte. Der Führer, vermutlich durch einen Landvorsprung in der Aussicht behindert und in sein Gefecht verbissen, bemerkte nicht, wie nun Regulus und zugleich der andere jetzt zurückkehrende römische Konsul ihm in den Rücken kamen; so verliert er bei dem von beiden Seiten mit dreifacher Übermacht erfolgenden Angriff nicht weniger als

Flucht des karthagischen Zentrums.

50 Schiffe! Nur wenige entgehen der Einschließung, indem sie mit aller Kraft an der Küste entlang fliehen [s. Tafel IV, Skizze IV].

Den Sieg hatten die Römer schon vorher erfochten, aber erst an dieser Stelle errangen sie einen großen materiellen Erfolg. Sie hatten 24 Schiffe verloren, die alle in den Grund gebohrt waren, dem Feinde war keins in die Hand gefallen; an Personal mögen sie etwa 10000 Mann eingebüßt haben. Der Verlust der Karthager dagegen belief sich auf nahe an 100 Schiffe (64 waren mit der Besatzung genommen, mehr als 30 versenkt), und auf etwa 40000 Mann.

Ihre Flotte kehrte nach Karthago zurück, sie hatte ihren Halt soweit verloren, daß sie den Römern für's Erste nicht mehr entgegentreten konnte. Diese mußten behufs Ausbesserung von Havarien auch einen Hafen anlaufen; sie gingen nach Messana zurück und besserten aus, gaben aber die Expedition keineswegs auf, sondern landeten demnächst bei Clupea, wo das große Heer unbehindert ausgeschifft wurde und nun den Krieg in Afrika begann.

Im Laufe der Darstellung des Fortgangs der Schlacht habe ich die wesentlichen kriegswissenschaftlichen Momente schon berührt, daher ist hier nur noch darauf hinzuweisen, daß die römische Formation bei allen ihren in die Augen fallenden Fehlern doch in mancher Hinsicht von richtigen, in der Seetaktik neuen Gedanken ausgeht; hier sehen wir nämlich zum ersten Male:

1) Formation in der Tiefe, ausgenommen Kiellinie;
2) gegenseitige Unterstützung der Schiffe gegen Sporn-Angriffe;
3) Durchbrechung der feindlichen Linie durch den Keil.

Die Kühnheit des Gedankens, die darin liegt, — auch wenn es im Wesentlichen durch Übertragung der Formen bezw. Anschauungen der Landtaktik auf die See ohne gründliches Verständnis für dieselbe war, — verdient Anerkennung. Obgleich demselben keine weitere Folge gegeben wurde, so behält die Schlacht bei Eknomos doch für die Seetaktik ein dauerndes Interesse.

In dem Feldzuge in Afrika erzielen die Römer, denen viele Ortschaften u. s. w. zufallen (wie Agathokles), große Erfolge und würden bei stetigem, entschlossenen Vorgehen wohl Karthago selbst genommen haben; aber der Senat rief den einen Konsul mit der Flotte und dem halben Heere zurück. Mit ihnen werden nicht weniger als 20000 Sklaven nach Rom geschickt. Regulus bleibt mit nur 15500 Mann und 40 Schiffen zurück. Trotzdem bittet Karthago um Frieden, soll aber nicht blos auf Sizilien, Sardinien. und Corsica verzichten, sondern auch noch seine Flotte ausliefern

Das wäre Selbstmord gewesen, denn ohne Flotte kein Seehandel und ohne großen Seehandel ist Karthago nichts. Also wird der Krieg fortgesetzt, aber nicht in gewohnter Weise; man spannt alle Kräfte an und entschließt sich zu neuen Mitteln.

Außer dem Umstand, daß Hamilkar Barkas aus Sizilien zurückgerufen wird, werben die Karthager mit großen Kosten zum ersten Male griechische Söldner an, mit einem vortrefflichen Führer, dem Spartaner Xanthippus an der Spitze, errichten eine starke Reiterei und schaffen 100 Elefanten an. Gegen alle Gewohnheit übertragen sie im Jahre 255 dem Xanthippus den Oberbefehl; dieser schlägt vermöge überlegener Streitkräfte und Taktik den Regulus bei Tunis völlig und nimmt ihn gefangen; nur 2000 Mann entkommen nach Clupea [s. Tafel I]. *Regulus in Afrika geschlagen.*

Darauf schickt der Senat wieder seine ganze, mächtige Flotte, 350 Schiffe stark, nach Afrika; die Karthager treten ihr beim Hermaeischen Vorgebirge entgegen, werden aber in einer großen Schlacht, über die Näheres nicht bekannt ist, völlig geschlagen, sie sollen 114 Schiffe verloren haben. Statt nun aber den Krieg in Afrika mit neuen Kräften aufzunehmen, wird vielmehr auch noch der letzte feste Punkt, der für eine Landung günstig ist, Clupea, ohne Zwang aufgegeben; die Flotte nimmt die Besatzung an Bord und fährt zurück. Dieser beidermalige Rückzug aus Afrika erscheint ganz unverständlich. *Neuer Seesieg Roms.*

Aber an der Südküste von Sizilien, bei Camarina, trifft sie schlechtes Wetter, die römischen Führer achten nicht auf den Rat der erfahrenen Seeleute, die ihnen beigegeben sind, so gehen gegen 280 Schiffe mit weit über 100000 Mann verloren. — Der größte bekannte Schiffbruch. *Schiffbruch der römischen Flotte bei Camarina.*

Aber sofort wird eine neue Flotte von nicht weniger als 220 Schiffen gebaut. Die Städte und Landschaften an der Küste werden dazu gezwungen, auch zum Stellen der Besatzungen, ein harter Druck; es scheint, als ob der Betrieb der Seefahrt ungünstig auf die Völker einwirkt.

254 schicken die Römer eine Flotte von 300 Schiffen gegen Panormus, das genommen wird, ebenso die übrige Nordküste Siziliens bis auf Thermae, zwischen Panormus und Himera. Dort hatten die Karthager vorher Fortschritte gemacht und nach der Aufgabe von Clupea ein großes Heer mit 140 Elefanten nach der Insel geschickt. Beiläufig bemerkt, hatten sie in Afrika furchtbar gegen die Abgefallenen gewütet, unter anderen 3000 Häuptlinge gekreuzigt. *Die Nordküste Siziliens wird von einer römischen Flotte genommen.*

Neue
Schiffbrüche
römischer
Flotten.

Im folgenden Jahre wird eine römische Flotte nach der Küste von Afrika geschickt zu einem Raub- und Plünderzuge; sie leidet aber zufolge mangelhafter Navigierung Havarie in der kleinen Syrte und kehrt nach Panormus zurück; die Konsuln wollen — wieder gegen den Rat der Steuerleute — geradeswegs nach Ostia gehen. aber wieder kommt stürmisches Wetter und sie verlieren 150 Schiffe mit etwa 60 000 Mann (bei Kap Palinuri in Lucanien).

Rom gibt
den Kampf
um die See-
herrschaft
auf.

Durch die vorhergegangenen riesigen Leistungen sind die Kräfte und Mittel der See-Genossen völlig erschöpft, auch in Rom selbst durch zwölfjährigen Krieg; der Senat will auch große Operationen auf dem tückischen Meere nicht mehr riskieren. Er beschließt daher, auf Flottenbau und Seekrieg zu verzichten und nur noch 60 Schiffe zur Küstenverteidigung, Truppen-Transport und Konvoyieren zu halten; überläßt also den Karthagern die See-herrschaft! Das ist gleichbedeutend mit einem Verzicht auf den Gewinn des Krieges, von dem nicht blos die See-, sondern die Weltherrschaft abhängt. Das sind nicht die Folgen verlorener Schlachten, denn die Verluste der Römer im Seegefecht sind dagegen minimal, sondern die Folgen mangelnder Erfahrung im Seefahren! Der Mensch bekämpft mit dem Fortschreiten des Wissens und der Technik die Elemente immer mehr, hat sich seitdem weit unabhängiger gemacht, aber völlig unabhängig nie, jeder Tag zeigt dies an Havarien, Verlusten; daher soll man die seemännische Erfahrung nicht vernachlässigen! Eine Marine, die an der Küste klebt, hört bald auf, leistungsfähig auf See zu sein.

Der
Landkrieg.

Mit um so größerer Tatkraft führen die Römer den Land-krieg auf Sizilien; sie nehmen Thermae u. s. w.; im Jahre 251 schlägt der Konsul Metellus die Karthager in einer großen Schlacht völlig und fängt ihnen 120 Elefanten weg. Dadurch und durch weitere Erfolge bringen sie die Karthager soweit, daß diese nochmals um Frieden bitten. Aber die Römer bestehen darauf, auch die feste Burg Lilybaeum zu bekommen, um Karthago ganz aus Sizilien herauszubringen; daran scheitern die Verhandlungen.

Nun wollen die Römer Lilybaeum mit Gewalt bezwingen und belagern es; aber bald sehen sie ein, daß, solange die Seeverbindung und Zufuhr offen ist, sie es nie werden nehmen können. Daher entschließen sie sich, nachdem die Seegenossen sich etwas erholt

Belagerung
von
Lilybaeum,
auch zur See.

haben, eine neue Flotte zu bauen. Bei der großen Tatkraft, mit der sie dies, wie alles, betreiben, ist diese Flotte sehr bald hergestellt (200); im Jahre 250 blockieren die Römer das zu Lande eingeschlossene Lilybaeum auch zur See; es war ihre erste große Belagerung und dauerte neun Jahre.

Lilybaeum war stark befestigt, die Einfahrt in den Hafen durch Untiefen schwierig und nur dem genauen Kenner bezw. mit Hilfe von Lootsen möglich. Das Einlaufen der römischen Flotte und ein direkter Angriff war also nicht zu besorgen, aber die Sperrung des See-Verkehrs mußte die belagerte Stadt, die eine große Einwohnerzahl und außerdem noch eine Garnison von 10000 Söldnern hatte, bald zur Übergabe zwingen. Die Belagerungsarbeiten der Römer, die im Süden an der Küste begannen, nahmen auch guten Fortgang, hatten sich vervollkommnet und in nicht langer Zeit waren ein halbes Dutzend Türme der Festungsmauer umgeworfen; aber die Verteidigung wurde mit großer Hartnäckigkeit und Tatkraft geführt, hinter der berannten Mauer eine neue errichtet und die Arbeiten der Römer durch viele größere und kleinere Ausfälle gestört. Indessen begann den Belagerten doch der Mut zu sinken, Führer und Söldner begannen heimlich wegen Übergabe zu verhandeln; da kam Hilfe.

Die Karthager hatten jahrelang frei auf See geschaltet, feindlichen Handel vernichtet und den ihren ungestört betrieben; sie hätten also Zeit und Mittel gehabt, um eine große Flotte zu unterhalten, bezw. zu bauen; aber bei merkwürdigem Mangel an Einsicht und Umsicht mit Bezug auf Krieg hatten sie, sobald die Römer auf den Seekrieg verzichteten, auch ihre Marine vernachlässigt. Andernfalls hätten sie die vor Lilybaeum liegende römische Blockade-Flotte angreifen und schlagen müssen; so aber fehlte ihnen eine hinreichende Streitmacht. Auch waren sie ohne sichere Nachrichten von dort infolge der Einschließung, konnten aber immerhin ziemlich sicher auf den Zustand dort schließen. Sie rüsteten daher eilig 50 Schiffe aus und schifften 10000 Soldaten darauf ein, gaben große Vorräte an Lebensmitteln u. s. w. an Bord und übertrugen den Befehl einem seeerfahrenen Führer, Hannibal, der sich bereits als Kommandant bewährt hatte, mit dem Auftrage, schleunig in See zu gehen und der bedrängten Stadt Hilfe zu bringen [s. Tafel V].

Hannibal fuhr nach den Aegatischen Inseln und wartete günstige, frische Briese ab, ohne von den Römern, die auf See das Rekognoszieren vernachlässigten, bemerkt zu werden; dann lief er unter allen Segeln mit großer Fahrt auf Lilybaeum zu, durchbrach die überraschte Blockadeflotte, die ihm, in Sorge vor den Untiefen vor und in der Einfahrt, nicht zu folgen wagte, und lief

Blockadebruch durch Hannibal. 250 a. Chr.

ohne Gefecht glatt und klar in den Hafen ein, — das erste Beispiel eines Blockadebruchs und gleich im großen Maßstabe ausgeführt, ein Beweis von der Verwegenheit und seemännischen Tüchtigkeit des karthagischen Führers. Später ist dies oft genug ausgeübt worden, im Sezessionskriege wurde es gewohnheitsmäßig und zu einer Art von Kunst ausgebildet. Es glückte öfter, als man für möglich gehalten hatte und halten sollte, — aber Kühnheit und große Kaltblütigkeit des Leiters, schneller Entschluß und sichere Beherrschung des Schiffes und Fahrwassers sind die notwendigen Voraussetzungen. Diese Eigenschaften, in höherem Maße vereinigt, trifft man nicht gar oft und es gehört viel Übung dazu, um sie zu erwerben.

Mit der neu angekommenen Verstärkung und der alten Garnison, zusammen 20000 Mann, machte der Kommandant Himilko am nächsten Morgen einen Ausfall, um die Belagerungswerke zu zerstören; aber die Römer hatten das erwartet und schlugen die Karthager, wenn auch mit bedeutenden Verlusten, zurück. Hannibal benutzte, sobald er alle Vorräte gelöscht hatte, eine der nächsten Nächte, um mit der Landbriese den Hafen wieder zu verlassen; er kam wieder unangefochten durch die Blockadeflotte in See und ging nach dem nur 14 Sm. entfernten Drepanum (Trapani). (Nicht wiederholt anscheinend, warum nicht?)

Blockade-bruch durch Hannibal den Rhodier, bei Tage.

Die Karthager sind wieder ohne Nachricht, aber verlangen danach. Da erbietet sich ein anderer Hannibal mit Beinamen „der Rhodier", ein Mann von vornehmem Geschlecht und dabei ein erfahrener und verwegener Seefahrer, mit seinem eigenen Schiffe ganz allein die Blockade zu brechen und Nachricht aus Lilybaeum zurückzubringen. Niemand will es ihm glauben, aber er vertraut auf sein Schiff, das ein vorzüglicher Schnelläufer und hervorragend bemannt gewesen sein muß, und auf seine genaue Kenntnis der Örtlichkeit; für die gewundene und schwierige Einfahrt von Lilybaeum hat er gute Landmarken und ein Schriftstück, daß ihm den Kurs angibt. So geht er gleichfalls erst nach einer der aegatischen Inseln, Aegusa (Favignano), etwa 9 Sm. von Lilybaeum entfernt [s. Tafel I], und benutzt dann eine günstige Briese (Seebriese), um an einem Vormittage allein durch die überraschte und erstaunte Blockadeflotte durchzulaufen, was ihm glatt gelingt.

Der die letztere kommandierende Konsul ist über diese Frechheit sehr ungehalten und stationiert nun, um das Entwischen des Blockadebrechers ganz auszuschließen, bei Nacht zehn seiner schnellsten Schiffe vor der Hafeneinfahrt; diese gehen so nahe, wie die Wassertiefe es zuläßt, an den Hafen heran und warten nun zu beiden Seiten der Einfahrt, „auf Remen" liegend, auf das Herauskommen des Rhodiers. Der Konsul ist selbst mit seinem Flaggschiff in der Nähe zur Beobachtung. Hannibal läßt sich dadurch nicht schrecken, er verschmäht es selbst, die Dunkelheit zu benutzen, sondern tritt vor aller Augen die Fahrt an. Und seiner überlegenen Schnelligkeit und Ortskenntnis glückt es in der Tat, durch dies besondere Beobachtungsgeschwader glatt und unversehrt durchzukommen; gegenüber seiner rapiden Fahrt war es, als ob die römischen Schiffe stillständen! Als der Rhodier den Feind passiert hat und eine Strecke weit ab ist, hat er die Verwegenheit zu stoppen, die Remen zu pieken und die Römer zu höhnen, dann geht er ab in See, ohne daß eins der feindlichen Schiffe es unternimmt, ihn zu verfolgen. Diese Fahrt hat er dann noch öfter wiederholt und andere sind seinem Beispiel gefolgt, zum großen Nutzen für die in Lilybaeum Belagerten, die sich doch nun nicht ganz abgeschnitten, sondern in Verbindung mit der Heimat wußten.

Das war also Blockadebrechen eines einzelnen Schiffes und zwar gewohnheitsmäßig ganz nach Art der dies Geschäft gewissermaßen als Sport betreibenden Blockadebrecher im Sezessionskriege. Es hat aber 21. Jahrhunderte gedauert, bis die Dampfkraft als Motor dem Kommandanten die freie Verfügung über die Bewegung seines Schiffes wiedergegeben hat, ehe das Blockadebrechen in der Weise, wie der Rhodier es betrieb, wiederholt worden ist.

Die Römer erkannten die Bedeutung der Aufrechthaltung des Seeverkehrs für die belagerte Stadt wohl und suchten nun die Hafeneinfahrt durch Zuschütten und Einrammen von Pfählen ganz zu schließen, wie die Nordstaaten im Sezessionskriege das Fahrwasser von Charleston durch Versenken von Schiffen, Pfählen u. s. w. Im eigentlichen Fahrwasser gelingt ihnen das des schlammigen Grundes wegen und infolge der Strömung nicht, mit Ausnahme einer Stelle, die Sandboden hat. Und auf dieser kommt nun ein Schwester- **Wegnahme** schiff des Rhodiers, auf derselben Werft nach denselben Linien **eines** gebaut, des Nachts beim Auslaufen fest und wird von den Römern **Blockade-** genommen. Sie bemannten es nun mit ausgesuchten Leuten, den **brechers.** besten der ganzen Flotte und mit einer größeren Zahl Legionäre und lauerten damit den Blockadebrechern auf. Der Rhodier lief bald nachher bei Nacht noch glücklich ein; in Lilybaeum hatte man die Wegnahme des Schwesterschiffes nicht bemerkt, er erfuhr also auch nichts davon. Um so mehr erschrak er, als er es beim Auslaufen bemerkte und von ihm verfolgt wurde. Nach längerer Jagd erkannte er, daß die Bemannung des andern Schiffes der seinigen überlegen war, es kam ihm auf; er wendete nun zum Kampf und griff an, aber die Menge der römischen Legionäre war seinen Leuten überlegen; und so fiel auch dies schnelle Schiff den Römern in die Hände. Mit diesen beiden, allen andern an Schnelligkeit überlegenen Schiffen waren sie nun im Stande, den Blockadebrechern das Handwerk zu legen, ähnlich wie dies vom Jahre 1864 ab den Nordstaaten in zunehmendem Maße glückte, seit sie eine Anzahl schneller Dampfer zu dem Zweck gebaut hatten und verwendeten.

Zerstörung der Belagerungsmaschinen. Lilybaeum hätte sich nun bald infolge Hungers ergeben müssen. Daran änderte es auch nichts, daß es den Verteidigern glückte, einen Teil der römischen Belagerungsmaschinen — und zwar absichtlich bei stürmischen Winde die aufwärtsgelegenen — in Brand zu stecken, wodurch dann alle vernichtet wurden. Neue herzustellen war den Römern in Kürze nicht möglich, daher gaben sie die Belagerung auf und beschränkten sich auf die Einschließung der Stadt. Aber sie umgaben diese ganz mit Wall und Graben, sodaß Zufuhr nach wie vor ausgeschlossen blieb; im Jahre 249 jedoch übernahmen die neuen Konsuln den Befehl und damit trat bald eine Änderung ein.

Adherbals Sieg über Publius Claudius Pulcher bei Drepanum Die Schiffsbesatzungen hatten bei der Belagerung tüchtig mitgeholfen und dabei viele Leute verloren, was auch den Karthagern bekannt war, namentlich dem mit einer Flotte in Drepanum liegenden Admiral Adherbal. Um die Besatzungen aufzufüllen, wurden 10000 Seegenossen über Land nach Lilybaeum geschickt und von dem Konsul Publius Claudius Pulcher, der den Oberbefehl auf Sizilien übernahm, auf alle Schiffe verteilt. Derselbe hielt diesen Augenblick, — ehe Adherbal Kenntnis davon bekam, daß die römische Blockadeflotte ihre volle Mannschaft und (wie er meinte) ihre volle Leistungsfähigkeit wieder erlangt hatte, — für geeignet, um die feindliche Flotte in Drepanum durch einen überraschenden Angriff zu vernichten. Er ging daher mit 123 Schiffen (manche Autoren nennen eine weit höhere Zahl), bei Nacht von Lilybaeum ab, um in Kiellinie an der Küste entlang fahrend bei Tagesanbruch in den nur 14 Sm. entfernten Hafen von Drepanum einzulaufen; — aber wie so häufig bei nächtlichen Unternehmungen, wenn eine Streitmacht nicht wohlgeübt und zuverlässig ist und die örtlichen Verhältnisse sorgsam berücksichtigt, kam er viel zu spät. Und außerdem hatte er die Unklugheit begangen, sein Flaggschiff zum Schlußschiff der ganzen langen Linie zu machen, sodaß er keine Übersicht über das Ganze und tatsächlich die Leitung aus der Hand gegeben hatte [s. Tafel VI. a. b.].

Dem Adherbal blieb hiernach beim Insichtkommen der römischen Flotte, — obgleich das offensive Auftreten derselben ihn in der Tat überraschte, — genügend Zeit, um seine Schiffe zu bemannen; er setzte sich an die Spitze und führte sie nun, um nicht eingeschlossen und in der Enge angegriffen zu werden, aus dem engen Hafen heraus und in Kiellinie an den dort sich westwärts hinziehenden Untiefen und kleinen Inseln entlang in die offene See hinaus, dann mit Schwenkung linksum, in südlicher Richtung parallel der Küste und der nordwärts fahrenden römischen Kiellinie, bis über das letzte Schiff derselben hinaus [s. Tafel VI. d.). Währenddem lief die der Leitung durch den Konsul entzogene Spitze dem früher erhaltenen Befehl gemäß, statt die Karthager anzugreifen oder ihnen zu folgen, durch die enge Einfahrt in den ostwärts sich hinziehenden Hafen ein. Als Claudius endlich erkannte, daß sein Anschlag verfehlt sei und die karthagische Flotte, statt im Hafen eingeschlossen zu werden, ihn in See zu umgehen und anzugreifen drohte, gab er den Befehl: Kehrt zu machen und sich gegen den Feind zum Gefecht zu ordnen. Aber bei dem Versuch, aus dem schmalen Hafen durch die enge Einfahrt herauszukommen, während andere Schiffe noch im Einlaufen begriffen waren, entstand dort naturgemäß ein großes Gedränge, durch die vielen neuen, ganz ungeübten Leute am Remen stark vermehrt. Die Schiffe fuhren ineinander, sodaß bei nicht wenigen die Gefechtstüchtigkeit schon vor Beginn der Schlacht wesentlich beinträchtigt wurde. Indessen rangierten sich die noch nicht eingelaufenen Schiffe, wenn auch nicht geschlossen, in Dwarslinie an der ganz flach aufsteigenden Küste, aber mit dem Heck so nahe dem Ufer, daß die Schiffe bei jeder Bewegung rückwärts festkommen mußten; die aus dem Hafen herauskommenden Schiffe wurden, so gut es ging, mit einrangiert [s. Tafel VI. c. xyz.]. Aber noch ehe dies beendet war, ließ Adherbal seine Flotte zugleich um 8 str nach Backbord wenden und griff die Römer an [s. Tafel VI. e. f.].

Die Annäherung geschah nun auch in der Richtung Bug gegen Bug; bei geordneter Rangierung und unter normalen Verhältnissen hätten die Römer in der Lage sein müssen, ihn mittels

Taktische Verhältnisse.

der Fallbrücken abzuwehren, wie früher in ähnlichen Lagen; aber hier waren sie im Nachteil,

1) weil der rechte römische Flügel in Unordnung und manche Schiffe schon havariert, derselbe also nur noch bedingt manövrierfähig war;

2) durch die vielen neuen, am Remen noch ganz ungeübten Leute die Manövrierfähigkeit der römischen Schiffe allgemein beeinträchtigt war;

3) die römischen Schiffe einander nicht zu Hilfe kommen konnten, sondern jedes seinen Kampf auf der Stelle ausfechten mußte, wenn es nicht in eine noch üblere Lage kommen wollte; denn beim Vorwärtsgehen setzten sie sich dem feindlichen Angriff von allen Seiten aus, beim Zurückgehen kamen sie mit dem Heck auf flachem Grunde fest und auch zum Herumgehen hinten fehlte der Raum.

4) Es fehlte die Führung, sodaß Unordnung, wie bei den Schiffen, so auch Wirrwarr in den Gemütern von vornherein Platz gegriffen hatte.

Die Karthager dagegen mit freiem Wasser hinter sich, konnten sich ungehindert bewegen und sich daher nach Bedarf konzentrieren; sie konnten in die zu großen Intervalle eindringen und ein feindliches Schiff mit zwei bis drei der ihrigen von verschiedenen Seiten angreifen. Sie waren also in der Lage, ihre überlegene Manövrierfähigkeit zu verwerten und außerdem besaßen sie in Adherbal einen fähigen Admiral, der ihnen auch einen tüchtigen Geist der Offensive eingeflößt hatte. So wendete sich das Gefecht bald zum Nachteil der Römer; eine Anzahl Schiffe, die angreifend vorgingen, wurden in den Grund gebohrt, viele auf Strand oder die felsigen kleinen Inseln getrieben; namentlich der am stärksten angegriffene rechte Flügel litt schwer.

Römische Verluste. Als der Konsul Claudius sah, daß die Schlacht verloren war, ergriff er — linkes Flügelschiff — am Strande entlang die Flucht nach Lilybaeum [s. Tafel VI. g.]; mit ihm entkamen etwa 30 Schiffe vom linken Flügel; die übrigen wurden alle vernichtet oder genommen, 93 Schiffe mit etwa 40 000 Mann, nach andern sogar 137 Schiffe, deren Besatzung gegen 50 000 Mann betragen haben würde. Dies ist der einzige Seesieg der Karthager in diesem großen, 24jährigen Kriege, der häuptsächlich Seekrieg ist, dabei allerdings auch der vollständigste; denn mehr als dreiviertel ihrer Schiffe haben die Karthager selbst sonst nie verloren.

Die Lehren, die sich aus dieser Aktion ziehen lassen, liegen auf der Hand:

1) das Unrichtige, mit einem großen Teil neuer Besatzungen gleich ins Gefecht zu gehen;

2) dabei die Unternehmung so einzurichten, daß von solchen Schiffen bei Nacht ein bestimmtes Fahrtmaß genau eingehalten werden soll, wie ein Angriff bei Morgengrauen es erfordert; mit Leuten von kurzer Dienstzeit ist Vorsicht geboten;

3) der Fehler, zu solchem Angriffe eine große Flotte in Kiellinie zu ordnen, die bei Nacht unfehlbar auseinander kommen muß und infolge dessen die Spitze allein den Angriff zu eröffnen hat, — sie konnte eventuell leicht überwältigt werden, ehe die Nachhut herankam. —

Besonders aber möchte ich hier noch auf die mangelhafte Führung hinweisen. Daß der Chef einer großen Flotte in solchem Falle, wo die Marschordnung gleichzeitig auch die Schlachtordnung ist, sein Flaggschiff in der Kiellinie, deren Spitze den Angriff eröffnen soll, den Posten des Schlußschiffes einnehmen läßt, liegt als grundfalsch auf der Hand. Er kann das Ganze nicht übersehen, für unvorhergesehene Vorkommnisse keine Anordnungen treffen, sein Flaggschiff ist nicht mehr maßgebend für die Flotte, sondern alle übrigen Schiffe der Flotte sind maßgebend für die Position seines Flaggschiffes, — kurz, er gibt damit die Leitung völlig aus der Hand. — Der Führer der Vorhut war hier offenbar angewiesen, die Spitze in den Hafen von Drepanum einlaufen zu lassen, zum Angriff auf karthagische Schiffe, die völlig überrascht und nicht bemannt gedacht waren. Als infolge der großen Verspätung die karthagische Flotte schon vor dem Einlaufen seiner Spitze den Hafen verläßt, das Angriffs-Objekt also nicht mehr dort ist, hat der Betreffende nicht die Einsicht oder den moralischen Mut oder beides, selbständig eine Änderung zu treffen, d. h. den abziehenden Feind zu verfolgen, sondern er führt den erhaltenen Befehl, obgleich derselbe jetzt gegenstandslos ist, mechanisch aus, da er bei der großen Entfernung des Chefs einen Gegenbefehl nicht rechtzeitig einholen kann und auch keinen erhält, bis es zu spät ist. Dadurch entsteht dann die Verwirrung in der engen Hafeneinfahrt, Havarieen und Unordnung im rechten Flügel der Schlachtordnung.

Diesem Mangel an Leitung ist der Verlust der Schlacht in erster Linie zuzuschreiben und er rührt — neben dem Mangel an

rechtem Einverständnis zwischen Flottenführer und Geschwaderchef
— davon her, daß der Oberbefehlshaber einen unrichtigen Posten
eingenommen hat. Welcher Posten für den Admiral der richtige
sei, ist daher eine wichtige Frage, aber ich komme später
vielleicht darauf zurück; hier nur allgemein: der, von dem aus er
die Flotte am besten und sichersten leiten kann.

Die Erfolge der Karthager zur See beschränkten sich nicht auf
den Sieg bei Drepanum. Nach diesem schickt Adherbal einen
seiner Geschwaderchefs, Kartholo, mit 100 Schiffen nach Lilybaeum, um den Rest der Blockadeflotte zu vernichten. Um dies,
im Gegensatz zu Claudius, sachgemäß auszuführen, kommt
Kartholo gegen Tagwerden vor Lilybaeum an, nimmt einige der
römischen Schiffe, andere (gestrandete?) steckt er in Brand und er-
öffnet somit den Seeverkehr für die belagerte Stadt. Alsdann fährt
er an der Südküste entlang, weil er von der Annäherung einer neuen
römischen Flotte gehört hat.

Kartholo entsetzt Lilybaeum.

Der zweite Konsul des Jahres 249, Lucius Junius, war um
die Zeit, da Claudius nach Lilybaeum ging, mit einer großen
Transportflotte, die das Heer vor dieser Stadt mit Proviant u. s. w.
versorgen sollte, unter starker Bedeckung nach Messana gefahren;
dort stießen noch viele andere zu ihm, sodaß die Flotte 120 Kriegsschiffe und fast 800 Transportschiffe zählte. Von dort fuhren sie
weiter nach Syrakus, wo noch Getreide u. s. w. einzunehmen war;
der Eile halber werden Quästoren mit der Hälfte der Transportflotte und einem Penteren-Geschwader nach Lilybaeum vorausgeschickt. Diesem lauerte Kartholo auf und traf es unweit
Eknomos, aber die Quästoren, durch vorausgeschickte Spähschiffe
gewarnt, haben gerade noch Zeit — da sie zum Schlagen zu schwach
sind — sich in eine Bucht bei dem befreundeten kleinen Städtchen
Phintias zurückzuziehen. Sie holen gleich die dort vorhandenen
Wurfmaschinen und stellen sie auf den die Bucht einschließenden
Fels-Vorsprüngen auf, errichten also eine Strandbatterie zum
Schutze der Flotte.

Seetreffen bei Phintias.

Kartholo machte darauf seinen Angriff; als er aber ernsten
Widerstand fand und sich von der Wirksamkeit der Verteidigungs-
anstalten überzeugte, begnügte er sich mit der Wegnahme einer
Anzahl Schiffe und legte sich ostwärts in der Nähe behufs Beob-
achtungen an der Küste zu Anker. Er unterließ nicht, sich durch
Spähschiffe über alles Vorgehende unterrichtet zu halten und erfuhr
durch diese bald die Annäherung des Konsuls Junius mit der

andern Hälfte der Flotte von Pachynus her. Um nicht mit beiden Flottenhälften zugleich schlagen zu müssen — sie waren (120) ihm (100) überlegen —, lichtete er sofort Anker und ging Junius, der von der Lage der Quästoren bei Phintias keine Kenntnis hatte, entgegen; er traf ihn unweit Camarina und nötigte ihn, da er ebenfalls nicht schlagen wollte, an einer felsigen Küste zu ankern. Die Römer vermieden immer offenes Fahrwasser; die Karthager, als Seeleute, suchten es. Ihn dort anzugreifen, hielt Kartholo nicht für angezeigt und so legte er sich denn in die Mitte zwischen beide römische Flotten, sodaß er sie beide beobachten und durch seine Späher überwachen lassen konnte, zu Anker. Nach kurzer Zeit kamen Anzeichen schlechten Wetters und es begann aus Südwest zu wehen. Die seeerfahrenen Karthager warteten so lange, bis Gefahr im Verzuge war, dann gingen sie rechtzeitig Anker auf, um in freie See zu gelangen; sie fuhren vor dem Winde um Pachynus nach der Ostküste, wo sie geborgen waren. Die dem Wetter schutzlos ausgesetzten römischen Flotten dagegen wurden an die Küste geworfen und gingen völlig zu Grunde; nicht e in Schiff wurde gerettet, über 900 Schiffe (mit vielleicht 60 000 Mann Besatzung) gingen verloren! *Schiffbruch der ganzen römischen Flotte.*

Nach diesen neuen ungeheuren Verlusten verzichtete der Senat abermals auf den Seekrieg von Staatswegen. Aber inzwischen hatten römische Rheder die Kaperei als einträgliches Geschäft zu betreiben gelernt. Diese wurden nun von Seiten der Regierung angeregt, dies Geschäft im Großen aufzunehmen und auch dabei gefördert und durch Hergabe von Schiffen unterstützt. So unternahmen sie denn auch Raubzüge im großen Stil mit starken Geschwadern, beschränkten sich auch nicht auf das Nehmen von Prisen und Störung des karthagischen Seehandels, sondern führten auch Landungen aus. Sie verheerten Teile der Küste von Afrika, brandschatzten oder verbrannten Städte, im besondern die bedeutende Hafenstadt Hippo; sie taten also dem Feinde großen Abbruch. *Römische Kaper, Kreuzerkriegführung.*

Daß dies geschehen konnte, daß, nachdem der römische Staat den Seekrieg aufgegeben hatte, nicht blos einzelne römische Kaperschiffe, sondern ganze Geschwader das Meer unsicher machen konnten, ist wiederum ein Beweis von der Unfähigkeit und Untüchtigkeit der karthagischen Regierung für die Führung des Krieges und überhaupt auf militärischem Gebiet. In der Schlacht bei Drepanum hatten die Karthager keine erheblichen Verluste erlitten, an der Südküste bei Vernichtung der großen römischen Flotte durch

Sturm gar keine; sie besaßen also eine starke Kriegsflotte, ebenso die Mittel, diese nach Bedarf zu vermehren; und es fehlte ihnen auch an tüchtigen Führern nicht. Adherbal hatte sich bei Drepanum als ein ebenso entschlossener, wie umsichtiger und tatkräftiger Admiral bewährt, der seine Flotte und sein Personal ganz in der Hand hatte, und auch Kartholo hatte seine Aufträge klug und sachgemäß ausgeführt.

Mit solchen Mitteln und bei der überlegenen Schnelligkeit ihrer Schiffe hätten die Karthager das Meer derartig beherrschen können, daß kaum ein einzelner feindlicher Kaper sich hätte in See wagen, viel weniger feindliche Geschwader die entlegene afrikanische Küste hätten plündern dürfen. Statt dessen vernachlässigen die Karthager ihre Marine, auf der doch ihre Macht, das Fortbestehen ihres von einem mächtigen Feinde bedrohten Reiches beruht und mittels deren sie durch Sperrung allen Seeverkehrs, Verheerung der Küsten, ihrem Gegner schweren Schaden hätten zufügen, ja im Lauf des Jahres Rom zum Frieden hätten zwingen können.

Da volle sieben Jahre ohne das Auftreten einer römischen Flotte auf See vergingen, 248—241 a. Chr., so wäre dies um so eher

Hamilkar Barkas auf Sizilien.

möglich gewesen, als ein ausgezeichneter Führer, Hamilkar Barkas (= Blitz), die Führung des Krieges auf und bei Sizilien übernahm. Damit beginnt eine neue Art der Kriegsführung, indem er sich von Karthago dadurch unabhängig macht, daß er sich die nötigen Mittel selbst verschafft, natürlich durch die Flotte. Er führt also selbständig Krieg, erzieht sich selbst sein Heer und flößt ihm seinen Geist ein. Zuerst fährt er mit der Flotte nach Süd-Italien, verheert und brandschatzt die Küste der Lokrer und Bruttier; dann geht er nach Panormus und besetzt den die Bucht im Westen begrenzenden, bis fast 630 Meter hohen und steil abfallenden Berg

Die Karthager auf dem Berge Heirkte.

Heirkte (Monte Pellegrino), ein 2 Sm. langes Plateau von 345 bis 400 Meter Höhe mit einem 620 Meter hohen Kegel, — vorzüglicher Ausguck, — in der Mitte, auf dem er sich fast drei Jahre lang hält und auf die Flotte basiert. Da er das nur 2 km entfernte Panormus zu Lande und zur See dauernd bedrohte, mußten die Römer stets auf ihrer Hut sein und ließen ein Heer am Fuße des Berges lagern. Mit diesem hatten die Karthager fast täglich Kämpfe, unter Anwendung aller möglichen Listen; zu einer entscheidenden Schlacht aber ließ Hamilkar es nicht kommen und von dem Berge vermochten die Römer ihn nicht zu vertreiben.

Sein Geschwader machte Raubzüge an der Küste von Unter-italien bis über Neapel hinaus, sorgte für den Unterhalt des Heeres und hielt die Verbindung aufrecht. Die Einschließung von Lilybaeum auf der Landseite dauerte währenddem fort, da aber die See-verbindung offen war, so hielt sich die Stadt. Vermutlich um derselben näher zu sein, gab Hamilkar den Berg Heirkte auf, marschierte auf Drepanum zu und besetzte überraschend die Stadt Eryx auf dem gleichnamigen Berge und zwar auf einer hohen, steil abfallenden Terrasse gelegen. Den fast 790 Meter hohen Gipfel hielten die Römer besetzt, ebenso den Fuß des Berges, und so hielten sie den Hamilkar fast ganz eingeschlossen; nur ein schwieriger Weg blieb ihm zur Verbindung mit der See und der Flotte. Trotzdem machte er es unter unaufhörlichen Kämpfen möglich, dort wiederum zwei Jahre lang auszuhalten sowie die Römer zu beschäftigen und zu schädigen. Sein Geschwader freilich scheint indessen, da er am Lande unabkömmlich war, seinen Ge-fechtswert verloren zu haben, — es spielt jedenfalls bei der kommen-den Entscheidung keine Rolle mehr. So zog der Krieg sich bis zum Jahre 242 hin, Rom litt schwer darunter; Lilybaeum war vom Lande aus uneinnehmbar; dem Hamilkar und seinem ebenso vor-trefflich organisierten und geführten Heere konnten die römischen Heere nichts anhaben. Sieben Jahre lang hatte dieser Zustand ge-dauert, ohne daß ein Fortschritt gemacht worden wäre; nur der Kreuzer- und Raub-Krieg auf See nahm seinen Fortgang. Trotzdem weigerte sich der Senat, den Seekrieg im Großen wieder aufzunehmen, obwohl Alles einsah, daß nur auf See die Entscheidung gegeben werden könne; auch war der Staatsschatz leer. Da erboten sich die Rheder, welche die Kaperei betrieben hatten und andere reiche Römer, dem Staat eine Flotte zur Verfügung zu stellen, um dem den Handel vernichtenden und den Staat auf's schwerste schädi-genden Kriege ein Ende zu machen. Die einzige Bedingung war: im Siegesfalle sollten die Kosten ersetzt werden. Es ist dies eine erstaunliche Leistung, zwar auch im eigenen Interesse, aber doch ein hoch anzuerkennender Patriotismus! — Mit der gewohnten Tatkraft wurde der Plan ausgeführt und auf Grund der seit achtzehn Jahren erworbenen Erfahrungen mit größerem Geschick und mehr Sachkenntnis als früher. Als Muster diente das Schiff Hannibal's des Rhodiers; nach ihm wurden 200 Penteren erbaut, also schnelle Schiffe, und mit diesen ging Anfang Sommer des Jahres 242 Konsul Cajus Lutatius Catulus nach Sizilien in See.

Hamilkar hält die Stadt Eryx. 244 a. Chr.

Schäden des Kreuzer-krieges.

Freiwillige Flotten-gründung Privater.

Lutatius
Catulus
geht mit der
freiwilligen
Flotte nach
Sizilien.

Die Karthager hatten sich mit der bei ihnen üblichen sträflichen Sorglosigkeit garnicht darum gekümmert, was beim Feinde vorging; sie hatten sogar das sonst bei Drepanum stationierte Geschwader, das dort gerade nicht dringend notwendig war, zurückgezogen. Daher fand Catulus, als er vor Drepanum ankam, gar keinen Feind vor und konnte diesen Hafen, sowie Lilybaeum ohne Weiteres blockieren; damit war auch dem Hamilkar auf Eryx die Zufuhr abgeschnitten. Um Drepanum ließ Catulus sofort Verschanzungen aufwerfen, — die gleichzeitig gegen Eryx gesichert, — und die Stadt belagern. Ferner übte er seine Flotte unausgesetzt, so daß diese bald sehr tüchtig war, und sorgte in Erwartung eines karthagischen Angriffs für gutes Nachrichtenwesen.

Karthagos
neue See-
Rüstungen.

Durch die überraschende Nachricht von dem Auftreten einer römischen Flotte wurden die Karthager um so mehr erschreckt, je mehr sie sich vorher voller Sicherheit überlassen hatten; sie sammelten in Eile alles, was sie an Schiffen bekommen konnten, um Hamilkar, Lilybaeum und Drepanum, die natürlich sehr bald Mangel zu leiden anfingen, mit Vorräten zu versehen. Sie bekamen bis Anfang 241 auch eine große Zahl von Schiffen zusammen, 250 etwa, freilich teilweise Handelsschiffe; aber es fehlte an Offizieren, Soldaten und Remensklaven, um sie zu besetzen, für nichts war vorgesorgt. So erübrigte denn nur, da Gefahr im Verzuge war, lauter ungeübtes Personal an Bord zu geben. Ferner wurden diese Schiffe alle, auch die Kriegsschiffe, mit Vorräten aller Art tief beladen. Mit dieser Flotte, die man als eine bewaffnete Transportflotte bezeichnen kann, ging der mit ihrem Befehl beauftragte Hanno Anfang März 241 von Karthago in See.

(Dieser Vorgang hat sich wiederholt, schon früher und heute; Transport auf See, ohne Seeherrschaft. Aber auch grade auf den Feind zu! Ohne Rekognoszieren, ohne List, ohne Umweg, grade drauflos!)

Er war sich seiner Schwäche wohl bewußt und beabsichtigte daher, zuerst nach Drepanum zu fahren, die Ladungen seiner Kriegsschiffe zu löschen und die tapferen und kriegsgewohnten

Seesieg des
Lutatius
Catulus
über Hanno
bei den
Aegatischen
Inseln.
10. 3. 241
a. Chr.

Soldaten des Hamilkar Barkas mit diesem selbst, der von den Römern sehr gefürchtet war, an Bord zu nehmen, um dann die Blockadeflotte vor Lilybaeum anzugreifen. Er lief erst Hiera (Maritima) an, um auf guten Wind zu warten.

Aber er hatte sich in Lutatius Catulus getäuscht. Dieser erfuhr die Abfahrt Hannos zeitig genug, um sich mit seiner ganzen

Flotte, mit ausgesuchten Soldaten des Heeres besetzt, bei der Insel Aegusa zu sammeln. Als die Karthager in Sicht kamen, wehte eine frische westliche, ihnen also günstige Brise, welche die See so unruhig machte, daß Catulus zweifelhaft wurde, ob er unter diesen Umständen die Schlacht wagen dürfe; er entschied sich jedoch auf Grund der ihm zugegangenen Nachrichten über die Mängel der feindlichen Flotte dafür. Und als er in See ging, überzeugte er sich, daß seine Kommandanten, dank der tüchtigen Übung ihrer Mannschaften, die Schiffe ganz in der Hand hatten. So rangierte er die Flotte in Linie zwischen Aegusa (Favignano) und Phorbantia (Branzo), zwei Seemeilen breit, und ging den vor dem frischen Winde unter Segeln herankommenden Karthagern entgegen, ihnen den Weg versperrend.

Der Zufall ist Hanno hier günstig und gibt ihm noch eine Chance: Günstige Lage von Hanno.

    a) wie Hannibal mit seinen 50 Schiffen mit gutem Winde durch die Blockadeflotte vor Lilybaeum, so hätte auch er hier vor der frischen Brise unter Segel, zumal in bewegter, den Schiffen unter Remen hinderlichen See, durchlaufen sollen, oder

    b) seine Transportschiffe hindurchschicken und, mit seinen Kriegsschiffen langsam folgend, zum Gefecht bereit, die Römer an der Verfolgung jener verhindern sollen, oder

    c) versuchen müssen, im Bogen die römische Schlachtordnung zu umfahren und vermöge der größeren Schnelligkeit unter Segel ihnen zu entkommen suchen.

Ein Adherbal hätte sicher einen von diesen Wegen eingeschlagen, aber Hanno besaß nichts von seinem Geist.

Daß seine Schiffe im Kampf den römischen nicht gewachsen sein konnten, mußte er sich sagen; zudem kann er unter den vorliegenden Umständen seine Flotte kaum geordnet haben, ehe er an die Römer heranging. Dessen ungeachtet läßt er

    d) die Segel festmachen, gibt also dies vorzügliche Moment der Bewegung aus der Hand und nimmt mit seinen ungeübten Remern — Sklaven und Soldaten — den Kampf auf.

Der Ausgang konnte nicht zweifelhaft sein; gleich das erste Zusammentreffen entschied. Das Ergebnis war, daß 50 der karthagischen Schiffe in den Grund gebohrt, 70 mit der Mannschaft genommen wurden; die übrigen 130 entkamen dadurch, daß sie rechtzeitig vor dem Zusammentreffen mit den Römern die Segel wieder Durchführung und Ergebnis der Schlacht.

setzten und halsten; sie segelten, da der Wind nordwärts ging, nach Hiera zurück.

Catulus nahm die Blockade von Lilybaeum und Drepanum wieder auf. Aussicht auf Entsetzung war nicht mehr vorhanden; die beiden Garnisonen nebst dem Heer von Hamilkar Barkas hätten sich Hungers halber ergeben müssen; da schickten die Karthager dem Hamilkar unbedingte Vollmacht zum Friedens

Beendigung des 1. punischen Krieges, 241 a. Chr.

schluß, der zwischen den beiden hervorragenden und vornehm gesinnten Führern Hamilkar und Catulus schnell zu Stande kam. Die Bedingungen wurden dann freilich von Rom noch verschärft:

FriedensBedingungen.

1) Sizilien völlig räumen und mit Hiero keinen Krieg führen,
2) Corsica, Sardinien, Malta und sonstige Inseln zwischen Sizilien und Afrika abtreten;
3) 3200 Talente = 15,1 Millionen Mark Kriegsentschädigung in zehn Jahren zahlen.

Schluß-Betrachtungen.

So endete dieser 24jährige Krieg, — ähnlich wie der peloponesische — mit der Besiegung der Seemacht durch die Landmacht. Karthago beherrschte 264 das Westmeer, wie Athen 431 das Ostmeer; es unterhielt eine zahlreiche Kriegsflotte, der keine andere ebenbürtig war, es besaß zahlreiche wertvolle Kolonien, die es herrisch und hart behandelte, es monopolisierte den Seehandel, der ihm unermeßliche Reichtümer einbrachte; es ist gegen Landangriff durch die See geschützt, wie jenes durch seine unbezwinglichen Mauern; und es kann nur auf der See bezwungen werden. Eine besondere Ähnlichkeit des fast gleich langen wechselvollen Krieges ist auch die, daß am Ende eine entscheidende Schlacht zu einer mit Leichtigkeit bewirkten völligen Niederlage der vorher herrschenden Seemacht wird, die nur ein geringes taktisches Interesse bietet. —

Ich möchte nun die Frage stellen: Mußte die Seemacht im Kampfe gegen die Landmacht unterliegen? Dazu sind die beiderseitigen Verhältnisse und das beiderseitige Verfahren, Strategie und Taktik eingehender zu betrachten.

A. Römer. Die Römer als ein festorganisiertes, hartes und tapferes Kriegervolk, das eine konsequente Eroberungspolitik unbeugsam verfolgte, hatten sich in Jahrhunderte langen, ununterbrochenen Kämpfen das Festland von Italien unterworfen, auch Pyrrhus besiegt, ohne daß sie einer weitsichtigen Strategie bedurft hätten. Die feindlichen Heere waren meistens einfach gegen einander marschiert und

hatten sich dann geschlagen; die Taktik also hatte den Ausschlag
gegeben, und in ihr hatten die Römer reiche Erfahrungen gesammelt,
aber ausschließlich am Lande. Das Wasser hatten sie noch kaum
mit der Absicht der Kriegsführung berührt, sie kannten es nicht,
und es war ihnen unsympathisch.

Daher versuchen sie auch, nachdem ihnen das Übersetzen
nach Sizilien durch die Nachlässigkeit der Karthager gelungen, den
Krieg am Lande bis znr Entscheidung zu führen; und erst, als
ihnen das in der Zeit von vier Jahren nicht gelingt, entschließen
sie sich zum Seekriege, führen diesen Entschluß dann gleich mit
bewunderswerter Tatkraft aus. *Strategie, Politik und Seehandel.*

Die richtige Erkenntnis des einzigen Punktes, in dem sie dem
Gegner taktisch über sind, und die Erfindung und entschlossene
Anwendung des Mittels, um diesen zur Anwendnng zu bringen, verschaffen ihnen in Verbindung mit der Gunst des Zufalls gleich in
der ersten Schlacht zur See einen entscheidenden Sieg; aber statt
nun in der ihnen sonst eigenen Weise dem Feinde geradewegs auf
den Leib zu rücken, gehen sie — möchte man sagen — dem im
Seekriege üblichen Gebrauch nach, ihren Gegner durch Angriff auf
fernliegende Besitzungen zum Nachgeben zwingen zu wollen.

Als diese Strategie wiederum vier Jahre lang ohne durchschlagendes Ergebnis betrieben worden ist, entschließen sie sich
endlich zu einem mit allen Kräften zu führenden direkten Schlage
Trotz des großen, an sich nicht zu rechtfertigenden Wagnisses, das
Heer vor Gewinnung der Seeherrschaft zur Überführung nach
Feindesland auf der Flotte einzuschiffen, glückt dies ihnen soweit,
bis der Enderfolg in sicherer Aussicht steht, — da rufen sie un-
begreiflicherweise ohne ersichtlichen Grund den größeren Teil des
Heeres und der Flotte zurück, worauf der Rest des ersteren vernichtet wird.

Und statt nun, wie das sonst von ihnen grundsätzlich geschieht,
die Scharte auszuwetzen und den Sieg durch vermehrte Anstrengungen zu erzwingen, geben sie nach einem neuen großen
Seesiege an der feindlichen Küste, auch den letzten festen Halt an
dieser, einen günstigen Landungspunkt für ein Heer, auf. Nachdem
sie dann außerordentlich schwere Verluste zur See, nicht durch den
Feind, sondern durch die seemännisch-nautische Unkenntnis und den
Eigensinn ihrer Führer erlitten, verzichten sie auf den Krieg zur
See und beschränken sich auf den Landkrieg in Sizilien allein, —
sie fangen also wieder damit an, was sie sechs Jahre vorher als

nicht zum Ziele führend erkannt haben, natürlich mit demselben negativen Ergebnis.

Dann werden wieder neue Flotten gebaut und der Versuch läßt sich auch gut an, Lilybaeum wird blockiert, aber der Wechsel der vom Volk gewählten Führer bringt Unheil. Das tölpelhafte Vorgehen des neuen Konsuls Claudius Pulcher gegen die karthagische Flotte bei Drepanum und das Ungeschick des andern bei Camarina ruiniert sie beide, — und nun will der römische Senat wiederum mit dem tückischen Meere nichts zu tun haben. Aber er ist dabei doch wieder zu starrsinnig, um die Konsequenz zu ziehen und Frieden zu schließen. So tritt ein relativer Stillstand der kriegerischen Handlung ein, der nicht weniger als sieben Jahre dauert, während dessen beide Teile einander im kleinen Kriege auf See und am Lande immer mehr schwächen.

Patriotischer Ausbruch. Praktische Weltanschauung Privater und des Volkes.

Dieser Mangel an Entschlossenheit und Folgerichtigkeit läuft dem römischen Wesen ganz zuwider und erregt daher den Unwillen des Volks. Dazu kommt, daß Handel und Wandel ganz darniederliegen, ohne daß sich eine Aussicht auf Besserung bietet. Das materielle Interesse wirkt bei Rhedern und Großkaufleuten natürlich am stärksten mit, außerdem aber auch bei allen, die vom Seehandel leben oder Nutzen haben; niemand ist davon ausgeschlossen, der Gewinn davon gehabt hat. Sodann bäumt sich auch der trotzige Stolz der Römer dagegen auf, daß die Karthager nicht ebenso, wie alle Völkerschaften Italiens und wie König Pyrrhus, sollen besiegt werden können. Dies führt zu einem großartigen Ausbruch des allen Römern tief eingewurzelten Patriotismus, — die Rheder, Großhändler usw. bringen das riesige Opfer, dem Staat eine große, voll ausgerüstete Flotte zur Verfügung zu stellen, um den Krieg zu beendigen, der nur auf dem Wasser entschieden werden kann.

Diese Stimmung hat gewiß auch auf die Wahl des Konsuls Catulus Einfluß gehabt. Und diesem beispiellosen patriotischen Aufschwunge, der sich in einer großen Tat verkörpert, nicht dem Senat oder der Volksversammlung, ist der glückliche Ausgang des Krieges zu danken!

Den Ausschlag geben also die vortrefflichen Charaktereigenschaften des römischen Volkes; seine feste Entschlossenheit und Beharrlichkeit, sein richtiger Blick und praktischer Sinn, seine kriegerische Tüchtigkeit und opferwillige Vaterlandsliebe, in Verbindung mit der allgemeinen militärischen Tüchtigkeit der Führer!

Man ersieht hieraus, wie in Rom bei Beginn des Krieges die Den Römern Erkenntnis der richtigen Kriegsführung gegen die nordafrikanische ist das Seewesen Seemacht ganz fehlt, wie man sich erst im Lauf der Jahre stufen- fremd weise zu derselben durcharbeitet; daß man sie dann aber doch und un- wieder aufgiebt und sogar wiederholt auf den Seekrieg verzichtet sympathisch. und den Krieg somit ohne Entscheidung sich noch fast ¹/₂ Jahrzehnt lang zur schweren Schädigung des Staates hinziehen läßt, das ist der dem Römer angeborenen Abneigung gegen die See und das Seewesen und dem daraus folgenden seemännischen Ungeschick zuzuschreiben.

Die Flotte war den Römern nur ein Notbehelf, ein nicht zu vermeidendes Übel möchte man sagen, und sie ist es immer ge- blieben. Daher ist sie auch nie, wie das Heer, ein nationales Institut gewesen, auf das man stolz war, sondern sie ist immer stiefmütterlich behandelt worden. Der Dienst auf der Flotte wurde im Vergleich zu dem im Heer gering geachtet; die Offiziere waren größtenteils keine Römer oder Italiener, sondern italienische Griechen. Der Römer hat sich dem Wasser immer möglichst fern gehalten. Das ist auch die Ursache, daß die römischen Flotten immer wieder in Verfall geraten sind, sobald der jeweilige Bedarf dafür aufhörte.

Um so erstaunlicher und um so höher anzuerkennen bleibt die mehrfach wiederholte Schaffung großer, ja riesiger Flotten mit einem kolossalen Aufwand an Mitteln und Menschen. Und ebenso die von vornherein tüchtige Verwendung im Gefecht, Taktik. obgleich die auf See ganz unerfahrenen und jährlich wechselnden Konsuln sie befehligten. Sie wählten anfangs, an die Landtaktik sich anlehnend, ganz entgegen dem bisherigen Gebrauch, die massige, tiefe Aufstellung, die in Verbindung mit der Enterbrücke, — ab- gesehen von der gekünstelten Ordnung bei Eknomos, — und des dadurch auch in die Schlacht auf offener See eingeführten Enter- kampfes, ihrem Zweck völlig entsprach. Daß nachher bei Drepanum die Kiellinie ihnen verderblich wurde, lag an der ungeschickten Führung des neuen Konsuls gegenüber dem hervorragenden Geschick des Adherbal. Und das Umgekehrte etwa gilt von der Dwars- linie in der letzten Schlacht bei den ägatischen Inseln.

Ein viel gefährlicherer Feind, als die Karthager, war den Römern aber der Mangel ihrer Flottenführer an Verständnis für das Seewesen; ihre Verluste durch Schiffbrüche übertreffen diejenigen im Gefecht um ein Vielfaches. Hätten sie den richtigen Weg ein- geschlagen und in Erkenntnis der Bedeutung der Mächtigkeit zur

See eine Flotte auf derselben Grundlage, wie das Heer, geschaffen, mit stehender Besatzung und namentlich mit besonderem, römischen Offizierkorps, so würde sich auch das Verständnis für See-Strategie und Taktik mit der Zeit entwickelt und der Krieg viel früher sein Ende gefunden haben.

Ursachen des Enderfolges. Daß die Römer trotz ihrer vielfach wechselnden, meist unsachgemäßen und stellenweise ganz falschen Strategie, trotz ihrer unbeholfenen Taktik und trotz der enormen Unglücksfälle, die ihre Flotte mehrmals erlitten, doch zuletzt den Sieg über die große, alte Seemacht davontrugen, könnte zu dem Schluß verleiten, daß eine Seemacht überhaupt nicht mit Erfolg gegen eine Landmacht Krieg zu führen im Stande sei. Aber mit Unrecht; die Ursache des Enderfolges der Römer lag darin, daß ihre Strategie und Taktik auf See, obgleich ganz neu, von Neulingen auf See erdacht und angewendet, ungeachtet ihrer vielen und großen Mängel im Vergleich mit denen der meerbeherrschenden Karthager doch immer noch als glänzende bezeichnet werden müssen.

Karthagos Verhalten. Diese höchst auffallende Erscheinung ist nur dadurch zu erklären, daß den Karthagern das Verständnis für die Grundlage der Größe und Macht ihres Staates, für die Bedeutung der Seeherrschaft und das Mittel, sie zu behaupten, also für eine auf der Höhe der Zeit stehende, kriegstüchtige Kriegsflotte und deren zweckmäßige Verwendung ganz abgegangen ist.

Ihre Schiffe, ihre Seeleute, ihre Remensklaven sind die besten der Welt, sie sind seit Jahrhunderten Herren des Meeres und leben in der Meinung, daß das etwas notwendig Gegebenes, Unabänderliches ist; nur dadurch und durch die ihnen eigentümliche Abneigung gegen den Krieg erklärt sich ihr sonst unbegreiflicher Mangel an Verständnis für die Kriegsführung und die völlige Sorglosigkeit, der sie sich in dieser Hinsicht überlassen haben.

Ihr Blick hätte durch den großen Schiffahrtsbetrieb weit und frei werden und für alles in der Welt Vorgehende geschärft werden sollen; statt dessen bleiben sie blind gegen die immer näher kommende Gefahr, die ihnen von Rom droht. Während die Römer ihre Macht am Lande mit Riesenschritten erweitern, engen die Karthager sie auf See durch die Handels- u. s. w. Verträge von 348 und 306 immer mehr ein; sie lassen dabei aber ganz außer Acht, daß die Aufrechterhaltung drückender Bedingungen im Völkerverkehr nur durch Macht-Entfaltung bewirkt werden kann.

Sie führen hierdurch den Krieg mit Notwendigkeit herbei, aber sie tun nichts, um sich für denselben vorzubereiten, weder was den Kriegsplan, noch die Kriegsführung betrifft.

Als die Karthager Bruttium eroberten, hätten sie Messana mit allen Mitteln (und an denen fehlte es ihnen nicht) in ihren Besitz bringen und uneinnehmbar machen müssen, um den Römern den Übergang nach Sizilien zu erschweren; aber sie lassen sich Zeit und beschränken sich dann auf halbe Maßregeln. Den Übergang der römischen Heere nach der Insel hätten sie dann unter allen Umständen verhindern müssen. In ihrer Flotte besaßen sie das Werkzeug dazu; aber trotz der erst 20 Jahre vorher mit Pyrrhus gemachten Erfahrungen unterlassen sie das auch hier wieder, nicht blos einmal, sondern wiederholt; den Römern bleibt der Verkehr mit Sizilien so frei, als ob es mit dem Festlande verbunden gewesen wäre. *Erste Hauptfehler.*

Sie halten es nicht der Mühe für wert, darauf zu achten, was bei ihren Gegnern vorgeht, weder vor dem Kriege, noch während der langen Dauer desselben. Sie erfahren daher nichts von so großartigen und wichtigen Vorgängen, wie Bau und Ausrüstung der neuen Flotte 260, 249 und 242, sondern lassen sich dadurch immer von neuem wieder völlig überraschen und zu eiligen, überstürzten Gegenmaßregeln nötigen. Auch taktisch läßt ihr Nachrichtenwesen (außer bei Karthago 249) fast alles zu wünschen übrig. *Fernere Nachlässigkeiten.*

Sie verwenden ihre Flotte nicht kräftig und folgerichtig, so-lange sie das Meer beherrschen, sonst hätten sie den Römern weit größeren Schaden zufügen müssen, als geschehen.

Sie stören zwar den Handel, verheeren hier und da die Küste, aber von einer Blockierung von Ostia z. B. ist nicht die Rede; bei der großen Küstenausdehnung Italiens hätten sie die Römer unendlich viel mehr schädigen können, und namentlich wäre das durch die dauernde Besetzung fester Punkte an der Küste oder auf Inseln nahe der Küste in nachhaltiger Weise möglich gewesen. *Falsche Verwendung der großen Seestreitkräfte, falsche Seepolitik und Seestrategie.*

Der größte Fehler aber war, daß die Karthager sich immer erst im Falle des Bedarfs oder der Not zu einer Anstrengung auf-rafften, und daß sie, sobald der Feind sie nicht mehr unmittelbar bedrohte, wieder nachließen und erschlafften. Daß sie weder die erste dreijährige, noch die zweite siebenjährige Pause in der Kriegs-führung auf See, welche die Römer unrichtiger Weise aus Ver-zagtheit ihnen ließen, zur Vermehrung ihrer Flotte und kräftiger offensiver Führung des Seekrieges benutzten, daß sie vielmehr, sobald

4

sie keinen Angriff des Feindes zur See mehr zu gewärtigen hatten, ihre Marine verfallen ließen, war ein unverzeihliches Unterlassen, für das der Verlust des Krieges als die verdiente und gerechte Strafe angesehen werden muß.

Der kriegerische Geist, der Geist der Offensive ist es, der den Karthagern als Semiten fehlt, und diesem charakteristischen Mangel ist es hauptsächlich zuzuschreiben, daß sie den Römern, die ganz von diesem Geist erfüllt waren und ihn zu Lande und zur See in hervorragender Weise betätigten, unterlagen. Ohne den Geist der Offensive, wiederhole ich, wird eine Flotte nie Bedeutendes leisten!

Taktik.　　Auf taktischem Gebiet lassen allerdings auch die Karthager die Offensive nicht vermissen, da sitzt diese, weil in der Natur der Sache begründet, ihnen als alten Seeleuten zu sehr in Fleisch und Blut. Aber zu Anfang bei Mylae zeigen sie auch darin dieselbe sträfliche Sorglosigkeit, die hier auf Geringschätzung des Feindes beruht, wie auf strategischem Gebiet. Mit den ersten 30 Schiffen, ohne sie zu ordnen, geht ihr Admiral geradenwegs, Bug gegen Bug, auf den viermal so starken Feind los, sodaß sie sämtlich gleich beim ersten Angriff genommen werden, dank den Enterbrücken und den zahlreichen Legionären. Auch das nachher versuchte Umschwärmen des Feindes und der Angriff von allen Seiten hat keinen Erfolg, zweifellos, weil die Römer unter Verzicht auf Bewegung eine ungefähr kreisförmige Aufstellung genommen haben. Dann gibt Hannibal die Schlacht für verloren und überläßt den Römern das Schlachtfeld; andernfalls würde Duilius wohl in große Verlegenheit gekommen sein, da auf dem Marsch seine Schiffe unmöglich alle dem Feinde hätten den Bug zukehren können. Aber wie gewöhnlich, je mehr man sich hat überraschen lassen, um so schneller wird man entmutigt und gibt das Spiel verloren.

Höchst auffällig ist ferner, daß die Karthager während des langen Krieges kein Gegenmittel gegen die „Raben" gefunden haben, ein Beweis von großem Mangel an technischen Genie und Geschick. Ihn selbst anzuwenden, dazu hat es wohl an Mut und an Zutrauen zu ihren Söldnern gefehlt.

Die unzureichende Taktik bei Eknomos, die unrichtige bei Aegusa ist schon erwähnt, hier will ich kurz noch auf die des Jahres 249 hinweisen, den einzigen Glanzpunkt für die Karthager in diesem langen Seekriege. Adherbal wie Kartholo legen Geistesgegenwart und Umsicht, ersterer auch große Tatkraft an den Tag; im Laufe der Zeit haben sich also tüchtige Führer zur See herangebildet, die ihre Streitmacht ganz in der Hand hatten und auf taktischem Gebiet Vortreffliches leisteten. Aber ihre Namen werden nicht wieder genannt, vermutlich sind sie in Karthago mit schnödem Undank belohnt worden, wie siegreiche Führer zur Zeit der Demagogenherrschaft in Athen. Auch Xanthippus ist bald, nachdem er das Heer des Regulus vernichtet und Karthago gerettet hat, ohne Zweifel aus gleichem Anlaß heimgekehrt.

Auch diese Maßregeln sind der in Karthago herrschenden Verständnislosigkeit für das Wesen des Krieges, und besonders des Seekrieges zuzuschreiben; und die ist es, der diese große, alte Seemacht ihren Untergang verdankt. Mangel an kriegerischem Geist.

Es mag kaum glaublich erscheinen, daß so etwas bei einer großen Seemacht vorgekommen sein soll; aber die Neuzeit bietet ein ähnliches Beispiel, und zwar bei einer Seemacht, der keineswegs Abneigung gegen den Krieg an sich beiwohnt, die vielmehr auf eine große kriegsgeschichtliche Vergangenheit mit Recht stolz ist, die englische Flotte. Nach 1815 Herrscherin auf allen Meeren, wie vormals Karthago, hat sie, stolz auf das Erreichte, mit Geringschätzung auf alle andern Marinen herabgesehen und sich wenig um die technischen Fortschritte, die dort gemacht wurden, noch weniger um die dadurch bedingten taktischen und strategischen Änderungen im Vergleich zu dem früheren Verfahren gekümmert. Daher ist sie zeitweilig auf allen Gebieten zurückgeblieben. Vergleich zwischen Karthago und England.

Frankreich ging mit Raddampfern voran, die Vereinigten Staaten hatten die erste Schrauben-Konstruktion, Frankreich wieder das erste Schrauben- und Dampf-Linienschiff (Krim-Krieg). Das gab einen großen Anstoß und dies war ein Glück für England, aber das Beharrungsvermögen war so groß, daß nur langsam gefolgt wurde (Frankreich, erste Panzerfregatte — Sporn, Artillerie, Kreuzer). Erst die seit zwei Jahrzehnten üblichen scares haben zu notwendiger technischer Vervollkommnung und Vermehrung der Flotte Anlaß gegeben.

Noch mehr war sie taktisch und strategisch zurück, bis 1885, wo große Manöver begannen; bis dahin fast vollständiger Stillstand, gänzliche Unklarheit über Verwendung der Flotte im Kriege und im Gefecht, also: emsiges Arbeiten ist beständig nötig.

3. Zweiter und dritter punischer Krieg.

218—202 a. Chr.

Mahans Äußerungen kritisiert. Einige Worte über den zweiten punischen Krieg, da Mahan ihn in seiner Vorrede zu seinem Hauptwerk: „Der Einfluß der Seemacht auf die Geschichte", berührt; er sagt: „Die Beherrschung der See lag in der Macht der siegenden Partei". Das läßt sich nicht so unbedingt behaupten, dabei kommen Karthagos innere Verhältnisse, seine Unfähigkeit, eine Seemacht zu gebrauchen, doch auch sehr in Betracht. Durch den ersten Krieg und seine Folgen waren die Karthager stark mitgenommen, hatten große Besatzungen verloren, ungeheure Ausgaben, 3200 Talente an Kriegskosten zu zahlen gehabt; aber ihr Handel und ihr großes Gebiet sicherte ihnen hinreichende Einkünfte und sie konnten die Flotte unbeschränkt besetzen; aber sie taten nichts mit ihr, sie benutzten sie kaum.

Die Karthager halten sich in Spanien schadlos. Der zweite punische Krieg ist nicht ein Krieg Karthagos, sondern ein Krieg Hannibals und seines Bruders, der Söhne des Hamilkar Barkas. Letzterer legte einen außerordentlich gefahrdrohenden Söldnerkrieg in den Jahren 240—237 bei und rettete Karthago, aber er wurde angefeindet, weil man ihn fürchtete; er war das Haupt der antirömischen, der Kriegspartei. Er beschließt ein Heer zu bilden, das dem römischen gewachsen ist, um Entsatz für Sizilien zu schaffen. Er geht nach Spanien, wo nur Faktoreien sind, erobert es größtenteils, gründet einen eigenen, fast unabhängigen Staat und organisiert diesen sowie ein Heer in vortrefflicher Weise, ihm folgt sein Bruder Hasdrubal. Kein Söldnerheer, sondern ausgehobene Landeskinder, in langem Dienst und strammer Zucht, kriegsgeübt, dem Führer ganz ergeben. Aber er hatte keine Flotte!

Als Hannibal 219 nach beider Tode zum Führer gewählt wird, verfügt er über ein starkes, vorzügliches Heer von über 100 000 Mann, aber nur eine kümmerliche, teils abgetakelte Flotte. Hannibal ist ganz General, abweichend von seinen Landsleuten kein Seefahrer, sondern hat anscheinend eine Abneigung gegen das Meer, wie die Römer. Da die politische Lage günstig ist,

Beginn des zweiten punischen Krieges. beschließt er sofort den Krieg, und zwar soll es ein Offensiv-Krieg werden, Rom soll in Italien angegriffen werden, um es zu bezwingen und zu vernichten! Er führt den Krieg durch einen Angriff auf Saguntum, an der Ostküste Spaniens, das unter römischem Schutz steht, eigenmächtig herbei, ohne Karthagos Zustimmung, daher bei der Friedenspartei Anlaß zu großer Gegnerschaft! Und diesem Parteizwist ist zum großen Teil der Ausgang des Krieges zuzuschreiben, da der Patriotismus nur schwach, der Parteihaß aber viel stärker ist.

Die Römer haben damals aus besonderem Anlaß eine starke Flotte gehabt, die aber durch einen Krieg mit Illyrien in der Adria beschäftigt war. Westlich von Italien war wenig, an der spanischen Küste nichts, darüber konnten die Karthager bei ihren schnellen Schiffen und ihrer Tüchtigkeit zur See wohl unterrichtet sein.

Und wenn man die lange Dauer und ungeheure Schwierigkeit des Marsches über die Pyrenäen und die Alpen bedenkt, zu dem Hannibal etwa drei Monate brauchte und auf dem er 33000 Mann von über 59000, also weit über die Hälfte seines vortrefflichen Heeres, zudem zum großen Teil den Vorteil der Überraschung einbüßte, so wird man sagen müssen, daß der Landweg nicht zu rechtfertigen war und daß der Ausgang bei einem so genialen Führer ganz anders hätte sein können und müssen. *Hannibals falsche Kriegsführung.*

Ferner das Nachschicken der Verstärkungen! Die Römer hielten nachher Geschwader an den Küsten Italiens, Siziliens und Sardiniens zum Schutz, aber keine so große, daß die Karthager nicht hätten einen Versuch für Gewinnung der Seeherrschaft machen können. Doch wie im ersten punischen Kriege tun sie unbegreiflicher Weise nichts; der ganze 17 jährige Krieg führt nicht einen einzigen Kampf um die Seeherrschaft mit sich. Aber die Römer waren auch nicht achtsam genug, daß Verstärkungen nicht hätten passieren können. So wurden nach der Schlacht bei Cannae 216 solche einmal direkt nach Locri geschickt, unbehindert durch römische Schiffe; Bomilkar vermochte 4000 Mann und viele Elephanten dort zu landen. Warum nicht später auch? Nach Cannae kam ein kurzer Aufschwung, nachher hinderten Neid und Haß weiteres energisches Vorgehen.

Es liegt also auf der Hand, daß nicht die Beherrschung der See durch Rom, dessen Flotte zu Beginn des Krieges zu weit entfernt war, sondern lediglich der Mangel an Verständnis für die Kriegsführung und das Mißverkennen der gewaltigen Unterstützung, welche eine solche besonders zu Beginn eines Krieges dem Heere zu leihen imstande ist, daß lediglich die falsche Strategie Hannibals und später Karthagos, schließlich Rom im zweiten punischen Kriege hat obsiegen lassen. *Die Verhältnisse zur See.*

Jedenfalls würde Hannibal bei der damaligen Lage — nur wenige römische Schiffe lagen an der spanischen Küste — von seinen 60000 alten Soldaten bei einer Überführung in die nahe Umgebung Roms, oder nur nach Nord-Italien, über See wohl kaum 33000 Mann verloren haben, welche er bei seinen Alpenzügen hat einbüßen müssen.

Darauf nutzten die Römer allerdings mit großem Erfolg die inneren Verbindungslinien über See nach Spanien geschickt aus, um die Verbindungen Hannibals zu stören. Und dies konnten sie jetzt dauernd tun, da ja Karthago zur See so bitterwenig tat, gewissermaßen die See Rom ohne jeden Kampf überließ.

Und als die Karthager sich nach und nach im ersten Kriegsjahre doch aufrafften und zur See auftraten, da geschah dies mit solcher Lässigkeit, daß die Römer jetzt ein leichtes Spiel mit ihren Gegnern hatten. Nun waren die rückwärtigen Verbindungen Hannibals ganz in Feindeshand, da Rom auch das tyrrhenische Meer beherrschte, auch die Häfen an der Nordküste Siziliens in seiner Hand hatte. Und diese Seeherrschaft ist ihm während des zweiten punischen Krieges nie genommen worden. Südlich von Sizilien bis nach Südspanien war Rom aber durchaus nicht Herrin der See. Aber die Ebro-Linie blieb in seinen Händen und dadurch waren Hannibal und Hasdrubal getrennt. Letzterer konnte in den sieben Jahren des spanischen Nebenkrieges beide Scipionen schlagen, aber die Verbindung mit Süd-Italien blieb gestört. Hasdrubal hat dann schließlich am Westende die Pyrenäen doch noch überschritten und seinen Weg nach Ober-Italien gefunden. Roms Lage war jetzt mehr als kritisch.

Aber da war es wieder die Beherrschung der See, des tyrrhenischen Meeres, die Karthago nie versucht hatte Rom streitig zu machen, die es Publius Scipio dem Jüngeren erlaubte, auf dem Seewege seine besten Truppen nach Ober-Italien zu schicken, um hier Hasdrubal entgegen zu treten. Die sich geschickt vereinenden Römer vernichteten dann zuerst die Armee von Hasdrubal in der Schlacht am Metaurus. Damit war alsdann der Krieg so gut wie entschieden, da Karthago keine Landtruppen mehr in genügender Zahl aufbringen konnte und Hannibal aus Süd-Italien fort mußte.

Daß auf Sizilien noch längere Zeit mit wechselndem Erfolge zu Lande und zu Wasser gekämpft worden ist, soll noch eingehend geschildert werden.

Den einzigen großen Versuch zur Verstärkung hat demnach nur über Land der Bruder Hasdrubal gemacht, aber er war kein Hannibal! Er erhält den Befehl 212, marschiert aber erst 208 fort, also zu spät; er muß in Gallien überwintern, kommt (auch mit großem Verluste) erst 207 in Oberitalien an, belagert dann erst noch Placentia am Padus, statt eilig zu Hannibal zu stoßen. Dadurch gewinnen die Römer Zeit, überlegene Kräfte zu konzentrieren und ihn zu vernichten. Hasdrubal hätte sich den Landmarsch auch sparen können.

Noch später, als die Kriegslage für die Karthager schon viel ungünstiger ist, fährt ein jüngerer Bruder, Majo, von Gades nach den Balearen, überwintert dort und setzt im Frühjahr 205 mit einem Heer von 12000 Mann Infanterie und 2000 Reitern nach Genua über, wo er ungehindert ankommt. Die Karthager schicken ihm später im Jahr noch 6000 Mann Infanterie, 800 Reiter, 7 Elephanten usw. nach, damit er bald zu **Hannibal** stoßen könne! Auch diese kommen ungehindert an. Warum geschieht dies nicht auf viel kürzerem Wege direkt? Es sieht wie eine absichtliche Bosheit aus, da Hannibal in Bruttium von Allem entblößt ist, nachdem er sich 11 Jahre lang gegen weit überlegene Heere mit eigenen Mitteln gehalten hat! Zuletzt bewirkt auch er im Jahre 203 von Croton in Bruttium aus, mit einem Heer von 24000 Mann die Fahrt nach Afrika auf selbst zusammengebrachten Schiffen, da Karthago keine geschickt; unangefochten kommt er dort an, trotzdem wie Mahan sagt, Rom die Seeherrschaft inne hatte!

Allerdings gingen die karthagischen Seetransporte nicht immer glatt; sie trafen mitunter römische Geschwader und wurden geschädigt, aber

1) waren die römischen Geschwader nie stark, höchstens 60 Schiffe (denn die Römer zerschlitterten ihre Kräfte), wären also leicht durch eine stärkere Flotte zu überwältigen gewesen;

2) wurden die Karthager nie vernichtet, nur geschädigt, manchmal ihre Zwecke nur zeitweilig vereitelt.

Nach der Schlacht bei Cannae fiel natürlich ganz Unter-Italien wieder von Hannibal ab; in Syrakus übernahm bald darauf als Hieros Nachfolger Hieronymus die Regierung, der sich 214 Hannibal zuwandte. Man beschloß jetzt sofort in Rom, gegen ihn zu rüsten und die Flotte wieder auf eine Stärke von 150 Quinqueremen zu bringen, von denen 100 neu erbaut werden sollten.

Ein Teil dieser Flotte ging bald nach Sizilien ab, wo Marcellus 60 Schiffe sofort zur Blockierung von Syrakus verwandte.

Für die regelrechte Belagerung von Syrakus waren die Verhältnisse recht schwierig; auch die Athener hatten vor den festen Mauern dieser Stadt keinen Erfolg gehabt. Jetzt war ihre Stärke gewachsen und die Stadt barg in ihren Mauern einen Mann, Archimedes, der durch sein technisches Talent und durch militärische Begabung, verbunden mit seiner wissenschaftlichen Durchbildung, für die Verteidigung der Stadt Außerordentliches leistete.

Verteidigung der Stadt durch Archimedes. Die römische Flotte hatte von Marcellus den Befehl erhalten, durch ihre Bogenschützen den Umgang der Mauer frei zu machen und alsdann mit ihren schweren Wurfmaschinen die Mauer selbst aus der nächsten Nähe zu beschießen und eine Bresche zu bewerkstelligen.

Marcellus hatte außerdem eine Art Floß (eine Sambuca), aus acht fest aneinandergelaschten Schiffen herstellen lassen, auf dem ein hölzerner hoher Turm errichtet war, der die Stadtmauern überhöhte. Es gelang den Syrakusanern trotzdem, die sich außerdem mit hohen Sturmleitern nähernden Schiffe durch Werfen schwerer Steine, Werfen von Blei und Eisen derart zu beschädigen, daß sie sich bald zurückziehen mußten.

Archimedes soll hierbei, Plutarch macht darüber bestimmte Angaben, mit seinen Wurfmaschinen sehr große schwere Steine mit solcher Genauigkeit haben werfen lassen, daß sie jedesmal ihr bestimmtes Ziel trafen; ähnlich waren die Erfolge der von ihm konstruierten kleineren Wurfmaschinen. Er soll gegen die Schiffe schwere mit Widerhaken und Tauen versehene Geschosse geworfen haben, mittelst denen dann die Schiffe herangezogen und an ihrem leichten Bug oder Heck angelüftet und wieder fallen gelassen wurden, wobei sie schwere Havarien erlitten (?). Auch von der erfolgreichen Benutzung von Brennspiegeln wird berichtet (!).

Da es aber der karthagischen Flotte öfter gelang, den Belagerten durch die nachlässig blockierende römische Flotte hindurch Kriegsmaterial und Lebensmittel zuzuführen, so konnte sich Syrakus gegen Marcellus über zwei Jahre halten, bis es fiel. Nur einmal hatten die Römer beim Vorgebirge Pachynum (dem Kap Passaro), einen Erfolg, da sie die aus 130 Schiffen bestehende Transportflotte zur Flucht nach Tarent zwangen.

Im Jahre 207 gelang es einer römischen Flotte, welche die Fernere Vorgänge zur See. Umgegend von Utica, nahe nordöstlich bei Karthago, verwüstet hatte, eine karthagische Flotte von 70 Schiffen zu besiegen, vier dieser Schiffe wurden vernichtet, 17 genommen.

204 ging dann S c i p i o mit 40 Kriegsschiffen und einer Transportflotte von 400 Schiffen, auf der ein Heer von 40 000 Mann Infanterie und 2700 Reitern eingeschifft war, nach Afrika; er landete, konnte aber Karthago nicht nehmen, zog daher vor Einbruch des Winters seine Schiffe aufs Land und umgab sie mit einem starken Wall.

Der Krieg ist also nicht unbedingt beweisend für die Einwirkung römischer Seeherrschaft, sondern für die Unfähigkeit der Andere Beurteilung als Mahan. Karthager für eine Kriegsführung zur See. Es stand ihnen n i c h t s im Wege, eine große Flotte herzustellen und um die Entscheidung zu kämpfen, aber sie wagten es nicht.

Die Römer fuhren mit solcher Sicherheit über See, als ob die Karthager gar keine Flotte hätten, brachten Heere nach Spanien, Gallien, Sardinien, der Adria und dreimal nach Afrika, ohne daß der Feind ihnen auf See entgegentrat. Und auch Karthago führte mehrere Male unbehelligt große Truppen-Transporte über das Meer. Nur einmal griff die karthagische Flotte im Fall äußerster Not an, kurz vor dem Fall von Karthago; aber nicht auf See, sondern das Letzter Kampf bei Utica, 202. römische Geschwader des S c i p i o, das im Hafen von Utica liegend, sich von einer vierfachen Reihe der Transportschiffe, die mit Ketten, Balken und Planken verbunden wurden, geschützt hatte, wurde ohne nennenswerten Erfolg angegriffen. Die Schlacht bei Zama beendet schließlich den Krieg. Schwer waren die Friedens-Bedingungen; Karthago mußte unter anderem alle Kriegsschiffe bis auf zehn ausliefern und durfte ohne Erlaubnis des römischen Senats keinen Krieg mehr führen.

Die Karthager ergriffen also im zweiten punischen Kriege zur Schluß-Betrachtung. See nie die strategische Offensive; das ist um so auffälliger gegenüber dem glänzenden Beispiel H a n n i b a l s am Lande, der verwegensten offensiven Kriegsführung, die die Weltgeschichte kennt.

Wie ganz anders hätte der Enderfolg sein können, wenn Karthago sich zeitig auf die seestrategischen Lehren besonnen und ihnen nachgelebt hätte, welche der erst vor zwei Jahrzehnten beendete große erste punische Krieg in so reichem Maße und mit solcher Klarheit gegeben hatte.

Allerdings hätte Rom dann wohl auch anders gehandelt. Aber war nicht so wie so schon dessen Lage zeitweise, abgesehen vom ersten Kriegsbeginn, mehr als bedenklich, ohne die Verwendung einer karthagischen Flotte?

Im ersten punischen Kriege hatte das Volk Roms, trotz der streng am Alten hängenden konservativen Partei, es doch zu Wege gebracht, eine Flotte zu schaffen und schließlich mit dieser die Karthager endgültig zu bezwingen.

Im zweiten punischen Kriege war die Schaffung einer großen Flotte für Rom nicht so notwendig, da Karthago es so gut wie ganz aufgab, zur See wieder wie vordem kräftig aufzutreten. Rom beherrschte nun mit seinen Schiffen das Meer und konnte, da es die inneren Linien zwischen Spanien und Italien auf dem Seewege beherrschte, den außen herum wirkenden Karthagern trotz deren kraftvollen Auftretens immer wieder von neuem die Stirn bieten. Während Rom somit glücklich in Spanien zu kämpfen imstande war, blieb Hannibal im Süden Italiens fast ohne jede Unterstützung, nicht weil Rom die unbedingte Seeherrschaft erkämpft hatte, sondern weil Karthago nichts tat, um überhaupt auf der See zu kämpfen, wozu es leicht im Stande gewesen wäre.

Im dritten punischen Kriege war alsdann Karthago — es wird hier etwas vorgegriffen — ganz von der See verschwunden und Rom konnte es am eigenen Stützpunkt bezwingen; es bedurfte hierzu kaum noch einer Seemacht, es konnte die Truppen-Transporte nach dem Norden Afrikas unbehelligt durchführen.

Der Niedergang, ja der Ausfall von Karthagos Seemacht, war es somit in der Hauptsache, daß Rom endgültig die Siegerin im Streit um die Weltmacht verblieb.

Aber es hatte immerwährend Kämpfe mit seiner Flotte zu bestehen, so z. B. 190 noch vor dem dritten Kriege bei der Insel Teos, wo eine römisch-rhodische verbündete Flotte von 80 Schiffen durch eine syrische Flotte, die 89 Schiffe stark war, angegriffen wurde. Interessant ist, daß die in zwei Kolonnen sich seitlich ziehende syrische Flotte, als sie der römischen nahe genug gekommen, plötzlich mit allen Schiffen zugleich um 90° nach Steuerbord wendete und sofort eine einzige Schlachtlinie bildete. Die Syrer wurden mit schweren Verlusten zurückgewiesen.

Im Mittelmeer gab es jetzt kaum noch einen Gegner für Rom.

Wennschon im zweiten punischen Kriege wenig zur See geschah, so schienen zu der Zeit, als den Karthagern der dritte Krieg aufgenötigt wurde, die alten seemännischen Traditionen bei ihnen gänzlich in Vergessenheit geraten zu sein. Ihnen kam nicht mehr der Gedanke, daß es ihnen anstünde, den Feind schon auf See zurückzuweisen und ihm nicht zu erlauben, festen Fuß in Afrika zu fassen, wo die erprobte Taktik der Römer am Lande von vornherein die größten Gewinnaussichten hatte. Es scheint, ihnen vielleicht nicht einmal bewußt, eine gewisse Stumpfheit über sie gekommen zu sein, die sie veranlaßte, die Gefahren nicht sehen zu wollen. Sie ließen es zu, daß ein Heer von 30000 Mann Fußvolk und 4000 Reitern mit einer Flotte nach Afrika gebracht wurde und glaubten sodann, sich den Frieden durch Stellung von Geißeln und Auslieferung der Waffen und des Kriegsgeräts erkaufen zu können.

Dritter punischer Krieg. Allgemeines.

Also immer mehr verlangten die Römer, bis sie endlich damit herauskamen, Karthago müsse zerstört werden, und die Bevölkerung an einer vom Meere mindestens zwei deutsche Meilen entfernten Stelle neu angesiedelt werden. Carthaginem esse delendam.

Was kühle Überlegung und kühner Wagmut nicht fertig bekommen hatten, das vermochte jetzt die Verzweiflung. Obgleich die Karthager in der perfidesten Weise um Waffen und Kriegsausrüstung gebracht worden waren, schafften sie sich mit äußerster Tatkraft neue. Sie rissen die Häuser nieder, um deren Balken und Eisen zu verwenden und als die römischen Konsuln, die ihnen eine gewisse Bedenkzeit gelassen hatten, zum Angriff schritten, fanden sie die Mauern mit Bewaffneten und Verteidigungsgeräten besetzt.

Der sich nun zeigende Todesmut der Karthager brachte die Römer sogar zeitweise stark in Bedrängnis. Sie mußten zeitweise den Angriffskrieg aufgeben und ihre ganze Aufmerksamkeit auf den Schutz ihrer Flotte gegen Branderangriffe richten. Erst der neue Konsul Scipio Aemilianus, der zum Oberbefehlshaber in Afrika ernannt wurde, schaffte Wandel. Um den Karthagern die Zufuhren abzuschneiden, legte er ein befestigtes Lager quer über die Landzunge, deren Spitze Karthago einnahm und sperrte den Hafen durch einen breiten Steindamm ab [s. Tafel VII].

Branderangriffe.

Wenige Tage aber nach Vollendung des Steindammes fuhr zum größten Erstaunen der Römer eine aus 50 Trieren und vielen kleineren Fahrzeugen bestehende Flotte durch einen neu gegrabenen Kanal direkt aus dem Kriegshafen in See. Diese Flotte hätte der nichts ahnenden und unvorbereiteten römischen Flotte sehr ver-

Letztes Auftreten von Karthagos Flotte.

derblich sein können. Die Karthager beschränkten sich aber darauf, mit ihren Schiffen Paradefahrten zu machen und die Römer zu höhnen. Als sie am dritten Tage zum Angriff vorgingen, waren die Römer vorbereitet und es entstand ein unentschiedenes Gefecht, aus welchem die Karthager, die sich zur Nacht zurückzogen und sich in der engen Einfahrt gegenseitig fesselten, dann wiederum im Rücken angegriffen und geschlagen wurden.

Karthagos Ende.
Karthago fiel schließlich, fast nur ein Trümmerhaufen, dem siegreichen Scipio, (Scipio africanus minor), in die Hände. Die größte Seemacht des westlichen Mittelmeers hatte jetzt ganz ausgespielt; Rom, die starke Landmacht, war die Siegerin im Streit geblieben, es war jetzt allmächtig zu Lande und, da kein geeigneter Gegner mehr vorhanden war, auch zur See.

II. Der Seeräuberkrieg.

1. Das erste Auftreten der Seeräuber.

Roms Flotten-Entwicklung.

Für Roms Flotte war aber nach der endgültigen Nieder-kämpfung Karthagos, der Hauptseemacht im Westen des Mittel-meeres, durchaus keine Ruhezeit eingetreten, wenn es auch überall zur See sich als die unbedingte Herrin zeigen konnte. Weil es nun Kriege zu führen hatte in Ländern, welche weit entfernt lagen und die es mit seinen Truppen oft nur zur See erreichen konnte, so gewann die Flotte eine stets wachsende Bedeutung, da sie die Operationen und Aktionen des Heeres einleiten und weiter durch-zuführen energisch mithelfen mußte. Auch mußte sie öfter die See-polizei hie und da in größerem Maßstabe ausüben, da sich Seeraub schon oft störend bemerkbar machte.

Dieser Umstand brachte die römische Flotte, an der unaus-gesetzt gearbeitet werden mußte, zeitweilig auf einen verhältnismäßig sehr hohen Stand und stand die Flotte dem Heere ebenbürtig zur Seite. Den großen Schlachtschiffen gesellten sich leichtere Fahr-zeuge zum Depeschen- und Rekognoszierungs-Dienst zur Seite.

Die großen Schlachtschiffe erhielten auf dem Oberdeck starke Wurfmaschinen zur Armierung; die teilweise mit zwei- bis drei-stöckigen Türmen versehenen Schiffe führten in diesen Bogenschützen zum Bestreichen der feindlichen Decks. Viele Spezial-Maschinen gab es an Bord, Brandgeschosse; schließlich noch besondere Brander-Fahrzeuge.

Gleichen Schritt mit der Entwickelung der Schiffe ging der Ausbau einzelner Häfen, die Befestigungen erhielten und mit Ketten gesperrt werden konnten. Auch der Ausbau der Kriegs-Werften wurde zeitweilig gefördert.

Bei den Kriegen gegen Mithridates, den König von Pontus, sehen wir nahezu 500 römische Schiffe in Verwendung treten. Aber besondere Bedeutung hatte die Flotte erst wieder bei dem Kriege gegen die Seeräuber.

Taktisches. Bei dieser dauernden Verwendung von Schiffen bildete sich auch die Formal-Taktik fester aus; so wurde z. B. während des Marsches meistens in zwei parallelen Kolonnen gefahren und zum Gefecht wurde in Nähe des Gegners nach rechts oder links herüber gezogen, um dann durch eine Wendung um 90⁰ dem Feinde in der Angriffs-Dwarslinie, in einer oder zwei Linien, entgegenzugehen; in ersterem Falle doublierten die Schiffe der zweiten Linie öfter in die erstere ein und bildeten eine einzige Schlachtlinie.

Das Befehlswesen bildete sich auch weiter aus; wie bei den Truppen am Lande wurde das Zeichen zum Angriff meistens durch eine rote Flagge gegeben (so auch in allerneuester Zeit). Gleichzeitig mit dem Hissen dieser Flagge auf dem Schiff des Oberbefehlshabers, bliesen alle an Bord befindlichen Hornisten auf Hörnern und Trompeten. Die Mannschaften an den Remen stimmten darauf meistenteils das Kriegsgeschrei an und öfter wurde die Schlachthymne gesungen.

Beim Angriff suchte sich dann jedes Schiff sein Gegenüber aus, das zu nehmen versucht wurde, später fuhr man nur gegen die Remen; das Schiffsgemenge war also die Regel (Mêlée). Während des Durchbrechens der feindlichen Linie, falls nicht gleich geentert wurde, beschossen die Gegner sich, dann wurde der Versuch gemacht, so schnell als möglich von hinten anzugreifen. Streichen, d. i. zeitweiliges Rückwärtsrudern, wurde auch oft ausgeführt, um dann einen neuen Anlauf zu nehmen. Einzelschiffstaktik war beim Ausüben der Seepolizei oftmals geboten.

Die leck gerammten Schiffe versanken durchaus nicht immer; da sie wenig Ballast, Inventar, Ausrüstung, Armierung und Vorräte an Bord hatten, so schwammen sie meistens noch obenauf, so daß diese Schiffe nach der Schlacht noch ins Schlepptau genommen und als Beute heimgeführt werden konnten.

Die Transporter, meist mit Wasser und Proviant beladen, folgten beim Marsch, wenn irgend angängig, unter Segeln; da sie nur wenige Remen hatten, mußten sie von den Kriegsschiffen oft ins Schlepptau genommen werden; eine wahre Last!

Beginn des Seeräuber-Unwesens. Während die Römer mit den Karthagern im westlichen Teile des Mittelmeeres kämpften, dauerten im Osten die Kriege zwischen den Nachkommen der Heerführer Alexanders des Großen, von denen jeder sich aus dem ungeheueren Reich des Eroberers ein Königreich, meist mit unbestimmten Grenzen, herausgeschnitten hatte, fort. Es traten vielfach herrenlose Zustände ein; das begünstigte Unordnung aller Art. Die Kriegsflotten der seemächtigen Staaten waren durch die beständigen Kriege in Anspruch genommen, unter diesen Umständen nahm die Seeräuberei, die in alter Zeit von allen seefahrenden Nationen betrieben, später aber von den organisierten Flotten der Seemächte unterdrückt worden war, wieder überhand. Zum Mittelpunkt dieser wurde Cilicien, zwischen Syrien und Klein-Asien gelegen, an der Grenze zweier solcher Königreiche.

Zum Überwuchern des Raubwesens trug wesentlich bei, daß zwei der bisherigen Hauptseemächte, Karthago und Korinth, im selben Jahre, 146 a. Chr., von den Römern zerstört wurden. Viele dadurch heimatlos gewordenen Männer, darunter auch solche aus vornehmen Familien, die im Seewesen und Seekriegswesen erfahren und tüchtig waren, wendeten sich dem Räuberhandwerk zu. So bildete sich in Cilicien ein fest organisierter Freibeuter-Staat, der Hauptsitze große Flotten und Heere unterhielt, bald dieser, bald jener Partei der Seeräuber. Dienste leistete und nach und nach immer mächtiger wurde [s. Karte hinter S. 70 Teil I].

Der Staat, der jene Seemächte vernichtet hatte und sich nach und nach alle Küstenländer des Mittelmeeres unterwarf, trat nur die Erbschaft zu Lande, nicht aber die zur See an. Er ließ das Seewesen unbeachtet; seine Flotte ließ er verfallen, solange nicht dringender Bedarf für ihren Gebrauch vorlag. Infolgedessen unterblieb auch die Handhabung der See-Polizei. Die Seeräuber konnten daher ihr Spiel fast uneingeschränkt treiben; sie nahmen nicht blos Kauffahrer weg, sondern plünderten auch Küsten und Inseln, brandschatzten Städte, führten angesehene Einwohner gefangen weg und erpreßten durch sie hohes Lösegeld usw. In direkte Berührung kamen die Römer mit ihnen bei der Eroberung von Klein-Asien zu Sullas Zeiten; damit fiel auch die Auflösung der großen Flotte des Königs Mithridates von Pontus zusammen, Von ihren Offizieren und Mannschaften traten viele in den Dienst der Freibeuter.

In welchem Zustande die römische Marine sich damals befand, Sullas geht daraus hervor, daß Sulla kurz vorher, 87/76 a. Chr. einen Sendung. seiner tüchtigsten Offiziere, Lucullus, nach dem Osten schickte, um eine Flotte zusammenzubringen. Derselbe reiste überall herum, auf der Fahrt nach Ägypten entging er den Seeräubern nur mit knapper Not, wurde dort aber abgewiesen; erst in syrischen, kyprischen usw. Häfen und auf Rhodus gelang es ihm, ein mäßig starkes Geschwader aufzubringen, mit dem er dann vorsichtig an dem Kriege teilzunehmen begann.

Von da ab gingen die Seeräuber mit immer größerer Frechheit vor, raubten und plünderten auch an den Küsten von Sizilien und Italien, liefen z. B. nach Syrakus ein und setzten sich an der Bucht fest, von wo sie Raubzüge ins Innere machten. Städte, die sich nicht ergeben oder brandschatzen lassen wollten, nahmen sie mit Sturm; von der Insel Lipara erhoben sie regelmäßigen Tribut als Schutzgeld gegen Plünderung. Die Zufuhr nach Rom, das ganz auf auswärtiges Getreide — Sizilien, Sardinien und Afrika waren die drei Kornkammern Roms — angewiesen war, schädigten sie derart, daß eine große Teuerung in der Stadt entstand und Hungersnot auszubrechen drohte. Sie kamen selbst nach Ostia und zerstörten eine im Hafen liegende, gegen sie in Ausrüstung befindliche römische Kriegsflotte.

Teuerung in Rom. Das schlug dem Faß den Boden aus. Der Schimpf wurde weniger empfunden; als aber der damals schon fast allmächtige Pöbel von Rom durch das Teuerwerden des Brotes das Bittere des Raubwesens deutlich am eigenen Leibe zu fühlen begann, wurden sofort kräftige Maßregeln ergriffen.

Die Römer hatten schon wiederholt Flotten und Heere ausgesandt, um die Seeräuber zu vernichten, aber ohne nennenswerten **Prokonsul Servilius, 78—76.** Erfolg. Erst der Prokonsul Servilius, ein tüchtiger Mann, der drei Jahre lang, von 78—76 einen förmlichen, hartnäckigen und blutigen Krieg gegen sie führte, hatte Wesentliches erreicht; er schlug sie zur See, erstürmte eine Reihe ihrer Häfen, Städte und Burgen in Lyzien, Pamphylien, Cilicien und Isaurien, vernichtete eine Menge ihrer Schiffe und fügte ihnen großen Schaden zu, sodaß er mit einem Triumphzuge und dem Beinamen „Der Isaurier" geehrt wurde. Aber ausgerottet hatte er sie nicht, und da es an einer stehenden See-Polizei nach wie vor fehlte, so waren die Seeräuber bald wieder mächtiger als zuvor.

Marcus Antonius der Aeltere. Daher wurde schon im folgenden Jahre wieder eine Unternehmung gegen sie ausgeschickt und dem Führer Marcus Antonius (Vater des bekannten) eine Vollmacht bewilligt, wie sie in solchem Umfange bis dahin noch nie einem Römer verliehen worden war:

„die Herrschaft über alle unter römischer Hoheit stehenden See-
küsten"; daran ist die Bedeutung der Seeräuber am besten zu erkennen. Aber er war mehr auf seine Bereicherung, als auf die
Lösung seiner Aufgabe bedacht; obgleich er fünf Jahre lang Krieg
führte, richtete er doch nichts aus, sondern wurde sogar von den
Kretern auf See besiegt und schloß Frieden mit ihnen ab.

Das war der Höhepunkt der Seeräubermacht. Im Jahre 70 *Stärke der*
besaßen sie mehr als 1000 vortrefflich gebaute und bemannte Schiffe *Seeräuber.*
und Fahrzeuge, zum Teil sogar reich ausgestattet, sowie an 400
Städte. Ihr Haupthafen war Coracesium an der Grenze von
Cilicien und Pamphylien; in dem dahinter liegenden Taurus-Gebirge
hatten sie eine Menge von festen Felsenburgen.

Als Rom dann durch die Seeräuber infolge Unterbrechens der *Lex Gabina*
Zufuhren in ernste Bedrängnis geriet, setzte es 67 der Volkstribun *67, deren*
Gabinius gegen den heftigen Widerstand des Senats durch, daß *Bedeutung.*
die Volksversammlung ein nach ihm benanntes Gesetz (lex Gabinia)
annahm und einem Manne behufs Unterdrückung der Seeräuber
eine Machtfülle übertrug, die noch weit über jene des Marcus
Antonius hinausging: unumschränkte Macht über das ganze Mittelmeer einschließlich des Pontus und über alle Küsten desselben bis
auf 75 km landeinwärts, eine Flotte von 500 Schiffen und ein Heer
von 120 000 Mann zu Fuß und 5000 Reitern, eine Summe von
33 Millionen Mark und außerdem freie Verfügung über den Staatsschatz und die Gelder sowie sonstigen Mittel der Provinzen; das
alles auf die Zeit von drei Jahren mit der Befugnis, alle seine
Unterbefehlshaber selbst zu ernennen.

Das waren Befugnisse, die allem Herkommen widersprachen.
Man kann die Bekleidung eines Mannes mit so ausgedehnter
Macht ohne Einschränkung als den Übergang zur Monarchie
ansehen; die Republik, in der ein solches Gesetz durchgehen
konnte, war reif für den Alleinherrscher. Es ist also ein Seekrieg,
der in diesem Sinne das Ende der römischen Republik bezeichnet!

2. Vorgehen des Pompejus.

Der Mann, dem diese Stellung übertragen werden sollte, war *Pompejus*
nicht genannt, es konnte aber kein anderer sein, als Pompejus, *zum fast*
unein-
dessen Stern damals hell strahlte und im Steigen begriffen war; *geschränkten*
er wurde auch vom Senat dazu ernannt und rechtfertigte seine Wahl *Oberbefehls-*
haber
in glänzender Weise. *ernannt.*

Pompejus'
Strategie. Der Seeräuberkrieg bietet in taktischer Hinsicht kein Interesse, in strategischer Beziehung hat er dagegen wegen seiner Besonderheit eine wesentliche Bedeutung. Der Kriegsplan des Pompejus ging darauf hinaus, dem Seeräuber-Unwesen, das bisher immer nur an seinem eigentlichen Sitz, an der Südküste von Klein-Asien und auf Kreta bekämpft worden war, im ganzen Mittelmeer von Grund aus ein Ende zu machen. Das konnte er aber durch Zusammenziehen und Zusammenhalten seiner Streitkräfte nicht erreichen, da der Gegner seine Macht nicht an einem oder einigen Punkten vereinigt hatte; seine Kräfte waren vielmehr über das ganze Mittelmeer verteilt.

Ihn an einer Stelle zu schlagen, würde nur für die betreffende Gegend auf kurze Zeit gewirkt haben; denn die Besiegten hätten sich eilig zerstreut und ihr Geschäft an anderen Punkten wieder aufgenommen, bezw. wären sie nach ihrem alten Standort wieder zurückgekehrt, sobald der Sieger sich entfernt hätte.

Pompejus mußte also von dem in der Strategie sonst als allgemein richtig angenommenen Grundsatz: „die Kräfte zusammenhalten", abweichen, und er tat es im Gegensatz zu seinen Vorgängern mit Recht. Es handelte sich hier eben nicht um einen Krieg im üblichen Sinne, sondern um einen Guerilla-Krieg auf See (Pleonasmus). Pompejus beabsichtigte also, die Seeräuber möglichst an allen ihren Standorten zugleich anzugreifen, aber nicht blos zu schlagen, sondern sie dabei so zu umfassen, daß ihnen kein Ausweg zum Entkommen offen blieb. Die dafür erforderliche Macht stand ihm zu Gebote, wenigstens für die eine Hälfte des Mittelmeeres, denn über die ganze ihm bewilligte Stärke scheint er nicht verfügt zu haben, auch waren die Seeräuber keine ebenbürtigen Gegner für gut bemannte und geführte römische Flotten. Und ihre Organisation besaß nicht die Festigkeit, um dem weltgebietenden römischen Staat im ernsten Kampf auf die Dauer mit Erfolg zu widerstehen. Aber die Art, in der Pompejus über seine Streitkräfte disponierte, und die außerordentliche Schnelligkeit, mit der er die ihm gestellte Aufgabe gründlich und völlig löste, verdienen volle Anerkennung und daher hier eine kurze Darstellung.

Pompejus'
Vorgehen
im Westen. Pompejus teilte das Mittelmeer in 13 Stationen und bestimmte für jede der in Angriff zu nehmenden ein hinreichend starkes Geschwader mit angemessener Truppenzahl, das dieselbe zu umfassen und die ganze Küste und die Inseln gründlich aufzuräumen hatte. Er selbst behielt ein Geschwader von 60 tüchtigen

Schiffen unter seinem unmittelbaren Befehl, um damit die hohe See abzufahren, beziehungsweise an den wichtigsten Punkten zur Stelle zu sein und nachhelfen zu können.

Er begann mit dem westlichen Teil des Mittelmeeres bis nach Griechenland hin. Dem einen Geschwader wurde die Ostküste von Spanien, dem andern die Südküste von Frankreich zugewiesen usw. Er selbst blieb im tyrrhenischen Meer und kreuzte zwischen Italien, Sizilien und Sardinien. Die Operationen wurden von allen Geschwadern so prompt und nachdrücklich durchgeführt, daß diese große Fläche innerhalb 40 Tagen von Seeräubern gesäubert war. Der Seehandel ging wieder ungestört seinen Gang, die Zufuhr nach Rom war überreichlich und die Kornpreise fielen auf den gewöhnlichen Stand. — Eindruck!

Dann ging Pompejus ohne Verzug nach dem östlichen Mittelmeer. Seine Geschwader verteilte er auf die Küsten und Inseln ähnlich wie vorher; er selbst wendete sich gegen das Haupt-Piratennest Coracesium. Bis dahin hatten die Seeräuber den starken römischen Geschwadern keinen Widerstand zu leisten gewagt, hier aber setzten sie sich zur Wehr, wurden jedoch in einem hartnäckigen Gefecht überwältigt und völlig geschlagen. Pompejus landete dann seine Truppen — jedenfalls ein starkes Heer — ohne Widerstand und begann nun die Burgen der Seeräuber zu brechen. Denen imponierte die große Machtentfaltung und ihr nachdrücklicher Gebrauch, andererseits wurden sie dadurch zum Nachgeben bewogen, daß Pompejus ihnen Leben und Freiheit zusicherte, während die Römer bis dahin jeden Seeräuber ans Kreuz geschlagen hatten. Die meisten zogen es bei dieser Alternative vor, sich zu ergeben; viele wurden auch von ihren Genossen verraten usw. So wurde auch das östliche Mittelmeer in sieben Wochen von der furchtbaren Plage der Seeräuber befreit.

Pompejus im Osten.

Gegen 400 Schiffe, darunter 90 Kriegsschiffe, wurden teils genommen, teils ausgeliefert. Außerdem sollen an 900 Schiffe vernichtet worden sein. Die Häfen der Seeräuber waren genommen, ihre Werften zerstört, 120 Burgen gebrochen. 10000 Seeräuber sollen getötet, 20000 gefangen genommen worden sein. Außerdem war ungeheure Beute gemacht und viele Gefangene waren befreit, darunter eine Anzahl vornehmer Römer, die man schon lange totgeglaubt hatte. Die Gefangenen siedelte Pompejus in verödeten Städten Kleinasiens usw. an.

Verluste der Seeräuber.

Kritik
seines
Verfahrens. So führte Pompejus in kaum drei Monaten den ihm gestellten Auftrag aus. Da er über eine große, derjenigen des Gegners weit überlegene Macht verfügte, so mag das hinterher einfach und leicht erscheinen, das gilt aber für fast alle militärischen Erfolge, selbst die größten. Es geht in der Regel damit, wie mit dem Ei des Kolumbus; hinterher meint jeder, das betreffende Verfahren hätte sich von selbst verstanden; in der Tat aber finden sich unter vielen, ja unter zahllosen immer nur einzelne, die den sicheren Takt des Urteils besitzen, stets im Augenblick das richtige zu erkennen. Dies sozusagen instinktive Treffen der zweckentsprechenden Maßregel ist es hauptsächlich, was neben den sonstigen Eigenschaften des Offiziers den Führer ausmacht. Wie einfach und gegeben das Verfahren des Pompejus erscheint, seine Vorgänger, von denen ja der eine auch schon mit außerordentlichen Machtbefugnissen ausgerüstet war, hatten es nicht gefunden.

Analoge Erscheinungen der späteren Zeit. Und ähnliche Fälle sind ja später und bis in unser Jahrhundert hinein mehrfach vorgekommen, nur bei weitem nicht in so großem Maßstabe. Die Buccaneers in Westindien hatten zu ihrer Zeit einen Freibeuterstaat ähnlicher Art gebildet. Am nächsten aber liegt der Vergleich mit den Barbaresken an der Nordküste von Afrika. Sie haben Jahrhunderte lang ihr Unwesen getrieben; von Zeit zu Zeit sind große Unternehmungen gegen sie ins Werk gesetzt, von Karl V., von Louis XIV.; noch in unserem Jahrhundert ist Algier von den Engländern, von den Vereinigten Staaten bombardiert worden, aber ausgerottet sind sie erst, als Frankreich 1830 Algier eroberte. Und ganz ist's heute noch nicht erstickt (Tres Forcas); Handhabung der Seepolizei ist notwendig, wenn auch nicht einfach. Dem Pompejus gelang es für das ganze Mittelmeer in kaum drei Monaten.

Schlußbetrachtung. Geheimhalten des gefaßten Planes und seiner Vorbereitungen und Schnelligkeit in der Ausführung, wodurch die Überraschung gesichert wird, das sind neben dem Entwerfen des sachgemäßen Kriegsplanes selbst die Eigenschaften, welche die Strategie des Pompejus in diesem Falle auszeichnen. Das gleichzeitige, nachdrückliche Anfassen des Feindes auf allen Punkten, wodurch ihm jede Zuflucht und namentlich auch die Möglichkeit genommen wird, seine weit zerstreuten Kräfte zu geschlossenem Widerstande zusammenzuziehen, verdient als den Umständen völlig entsprechend hervorgehoben zu werden. Und endlich ist die Schnelligkeit und Sicherheit der Ausführung der Operationen, also Führung der Geschwader, lobend anzuerkennen.

Pompejus hat in seinem ereignisreichen Leben Vieles und Bedeutendes vollbracht, er hat Heere geführt und manchen Sieg am Lande erfochten, aber das glänzendste Blatt in seiner Geschichte ist ohne Zweifel die Leitung der Flotte in diesem See-Kriege, den er in überraschend kurzer Zeit mit völligem Erfolge zu Ende führte.

Wie diese Flotten-Erstarkung, diese neue Wehrmacht zur See schließlich weiter die Geschicke des Römer-Reiches stark beeinflußte, werden wir jetzt im folgenden Kapitel eingehend zu betrachten haben.

Inzwischen war, wie bereits im Eingang dieses Kapitels erwähnt, schon nach dem ersten punischen Kriege der Schiffbau weiter entwickelt; man baute stärkere und höhere Schiffe, besetzte sie nach und nach mit Wurfmaschinen, schützte letztere und die Kämpfenden durch hohe Bordwände und sogar Türme. Außer schweren Geschossen gegen die Bordwände gebrauchte man schon hie und da Brandgeschosse. Auch für die bessere Verwendung im Enterkampf traf man Verbesserungen. Vielfach baute man für besondere Zwecke in besonderen Kriegen auch besondere Fahrzeuge, z. B. kleine, schnelle Schiffe. *Weitere Entwicklung des Schiffbaus und der Seetaktik.*

Man bekämpfte sich schließlich meistens anfangs im Fernkampf, ging dann erst zum Enterkampf über; der Sporn hatte ein gut Teil seiner Bedeutung verloren, man rammte nur, wenn sich besonders günstige Gelegenheit zum Niederrennen des Gegners bot. Die Verwendung der Flotte Roms zur Unterstützung seiner Heere stellte viele besondere Aufgaben, die erfüllt werden mußten.

Die Entwicklung des Schiffbaus hat sich aber auch auf anderen Gebieten gezeigt, so z. B. bei den Luxus-Schiffen. Von diesen hätte in dieser Arbeit schon zur Zeit ägyptischer Könige gesprochen werden müssen. Von Ptolemäus Philopator wird berichtet, daß sein Prachtschiff über 400 Fuß lang gewesen sei, und daß dessen Höhe hinten vom Kiel bis zur Kampanje 80 Fuß betragen habe. *Luxus-Schiffe.*

Die als Zierrat angebrachten Tiere waren 18 Fuß hoch; das Schiff hatte sieben Schnäbel, die längsten Remen waren 55 Fuß lang und zum Gewichtsausgleich innen mit Blei ausgegossen. 4000 Remer und über 3000 andere Mannschaften sollen sogar an Bord als Besatzung gewesen sein, also über 7000 Menschen; eine gewaltig groß klingende Zahl!

Bei anderen königlichen großen Luxus-Schiffen auf dem Nil wird besonders über die angewandte Pracht berichtet. Speisesäle

mit Mosaikböden, Loggien, große Garten-Anlagen, eleganteste Wohn-
säle. Zedernholz, Elfenbein, Vergoldung, Marmorsäulen, Purpur-
möbel, alle Räume auf das glänzendste ausgeschmückt.

In Syrakus war Hiero II. im Besitz ähnlicher Prachtbauten,
die ihm Archimedes hergestellt hatte; der Mast hat aus einem
Stück bestanden, wozu der größte Baum von Bruttium hatte dienen
müssen. Festräume und Tempelsäle, Gärten und geschmackvolle
Wohnräume soll das Schiff in großer Zahl gehabt haben; ferner
Bäder, ja sogar Dampfbadräume, ein Dutzend Pferdeställe, große
Wasser-Behälter. Acht armierte Türme ringsum. Das von
Archimedes hergestellte Haupt-Katapult konnte Steine von 150 Pfd.
Gewicht auf eine Entfernung von 400 Fuß werfen. Pallisaden aus
Eisen dienten ringsum zur Sicherung gegen Enterer. Vier große
hölzerne und vier eiserne Anker gehörten ferner zum Schiff. Hiero
schenkte dies Schiff später dem König von Ägypten, da es nur in
wenige der Häfen Siziliens hineinfahren konnte.

Neuerdings sind am Boden des Nemi-Sees im Albaner Gebirge
die Reste auch solch eines großen Prachtschiffes aufgefunden
worden; viele Teile davon enthält das Museum in den Diokletians-
Thermen von Rom, wo man die großartige feste Konstruktion des
Rumpfes bewundern kann und einen Einblick über viele einzelne
Teile der Schiffs-Ausrüstung erhält. Auch dies Schiff hat große
terrassenartig angelegte Gärten mit Tempeln und Pavillons sowie
ebenfalls großartige Palasträume gehabt. Es lag aber wohl nur in
dem kleinen See zu Anker, während die oben erwähnten beiden
großen Schiffe auch bewegungsfähig waren, ja sogar über See
fahren konnten.

Zur Verteidigung waren solche Kolossalbauten wohl hergerichtet, zum Angriff natürlich so gut wie unbrauchbar.

Kleinere Luxusschiffe gab es natürlich vielfach; selbst die
Seeräuber haben stellenweise solche besessen, schnelle und leichte;
die besonderen Forderungen, welche ihr Geschäft, der Seeraub, an
die Fahrzeuge stellten, trugen auch zur Entwicklung des Schiffbaus bei. Agrippa hat z. B. die von ihm später in der Hauptsache
benutzten Fahrzeuge, die Liburnen, bei einem illyrischen Küsten-
Räubervolk kennen gelernt.

III. Die Seekriegsführung Agrippas.

1. Bis zur Zeit der Schlacht bei Actium.

Bei der Darstellung der allgemeinen Weltgeschichte ist von Seekriegen in der Regel wenig die Rede, aber eine Schlacht wird doch immer genannt, die von Actium, 31 a. Chr. Man kann eben nicht umhin, sie zu erwähnen, weil ihr eine größere weltgeschichtliche Bedeutung beiwohnt als irgend einer anderen Schlacht, die jemals, so lange die Welt steht, zu Lande oder zu Wasser geschlagen worden ist. Sie ist für Jahrhunderte entscheidend für das Geschick der ganzen damals bekannten Welt gewesen, als sie diese unter der Herrschaft eines Mannes, Octavianus Augustus, vereinigte, und damit die römische Universal-Monarchie herstellte, die sich über vier Jahrhunderte lang (bis 395 n. Chr.) erhielt, wo Theodosius sie in das oströmische und weströmische Reich teilte. Dagegen treten nicht blos die größten und folgenreichsten anderen Schlachten, sondern selbst die größten Kriege völlig in den Hintergrund; denn keiner hat einen annähernd so weit reichenden oder so lang dauernden Einfluß auf die Geschicke der Menschheit geübt. Einleitung.

Um zu verstehen, wie dies möglich war, muß man sich die damalige Lage vergegenwärtigen, die freilich eine sehr verworrene war; trotzdem will ich versuchen, sie mit kurzen Strichen zu skizzieren, indem ich dabei auf die besondere Einwirkung zurückgreife, welche die Berührung der Römer mit der See auf ihre Entwickelung ausübte.

Während der etwa fünf Jahrhunderte in Anspruch nehmenden Unterwerfung des Festlandes von Italien hatten sich die Römer, ungeachtet der langen Küsten-Ausdehnung des Landes und der Bedeutung, den der Seehandel im Laufe der Zeit gewonnen hatte, Römische Politik.

von der See fast ganz ferngehalten. Bis dahin hatten sie ihre zwar stets aggressive und selbstsüchtige, aber im ganzen auf Wahrheit und Treue basierte Politik, wie im Innern, so auch nach Außen hin bewahrt. Sobald sie aber mit dem M e e r e in bestimmte, dauernde und ausgesprochene Berührung kamen, obgleich es sich zunächst nur um Überschreitung eines schmalen Meeres-Armes, der Straße von Messana handelte, weichen sie auf dem Gebiete der auswärtigen Politik von ihren alten festen Grundsätzen in auffälliger Weise ab. Die meuterische Söldnerbande, welche sich Rhegiums durch Verrat und Mord bemächtigt hatte und die, wie nachher die Seeräuber zu Pompejus Zeit, vom Raube im Großen lebte, hatten sie verdienter Weise auf dem Markte in Rom erst öffentlich auspeitschen und dann hinrichten lassen; mit den auf ganz gleicher Stufe stehenden Mamertinern aber schlossen sie wenige Jahre nachher ein Bündnis ab und nahmen sie in ihre Gemeinschaft.

Die Römer, d. h. zunächst der Senat, die leitende Regierungs-Behörde, machten sich dadurch einer der Art des römischen Volkes (Volks-Charakter) stracks zuwiderlaufenden Inkonsequenz schuldig und ferner wurden sie der festen sittlichen Grundlage, auf der ihr Staat sich aufgebaut hatte und ohne die er niemals groß geworden wäre, um materiellen Vorteils willen untreu.

Dies schlimme Beispiel übte seine Wirkung nicht bloß nach Außen hin, es konnte auch nicht verfehlen, eine schlechte Wirkung auch auf das römische Volk selbst zu äußern, man kann es als den ersten großen Schritt auf der abschüssigen Bahn Rom's zum sittlichen Verderben ansehen.

Einfluß des Meeres und der See-Interessen. Als dann für den Krieg auf der S e e der Bau und die Bemannung einer großen Flotte nötig wurde und als es nicht bei einer solchen blieb, sondern — durch den seemännischen Unverstand der Römer verschuldet — eine große Flotte nach der andern gebaut werden mußte, verließen sie wiederum einen der guten, festen Grundsätze ihrer Politik: die abhängigen Bundesgenossen mit Milde zu behandeln und dadurch an sich zu fesseln. Sie preßten die Seebundesgenossen vielmehr mit großer Härte bis zur äußersten Erschöpfung aus und machten sie dadurch zum Aufstande und Abfall geneigt. Das war eine der Hauptursachen, weshalb sich der zweite punische Krieg so sehr in die Länge zog, und es führte wiederum zu weiteren furchtbaren Härten in der Bestrafung der Abgefallenen, die verrohend auf den römischen Volkscharakter einwirkten.

Auch hier gab also wieder die See den Anlaß, von dem alten, guten Herkommen abzugehen.

Die großen Kriegskosten-Entschädigungen, die von Karthago und anderen besiegten Staaten eingingen und der freie, mit der Erweiterung des Staates sich mehrende Seeverkehr ließen dann Luxus und Leichtlebigkeit an Stelle der üblichen Einfachheit und Sittenstrenge treten; und in steigendem Maße geschah das, seit aus den immer zahlreicher werdenden Provinzen die Prokonsuln während ihrer nur einjährigen Amtsdauer Schätze zu erpressen und nach Rom (der „Stadt") mit zurückzubringen pflegten. (Gleich den Beamten der englisch-ostindischen Kolonien; jetzt besser; damals nur über alte Länder). Die ganze Welt verarmte, während alle Reichtümer in Rom zusammenflossen, wo nun größte Üppigkeit und Sittenlosigkeit einrissen, Treue und Glauben verschwanden, Alles käuflich wurde und der Mammon König war. *Luxus beeinflußt den Charakter der Römer.*

Damit ging natürlich auch die feste staatliche Organisation in die Brüche. In der in's Riesenhafte anwachsenden Stadt wurde die Menge der Sklaven immer größer, das Proletariat immer zahlreicher, der Gegensatz zwischen Arm und Reich immer schärfer; dadurch wurde den Demagogen das Feld geebnet und sie gewannen an Einfluß. Es entstanden große innere Unruhen, einzelne hervorragende Männer, Marius und Sulla, begannen nach Alleinherrschaft zu streben und stürzten den Staat in blutige Bürgerkriege. Damit begannen die massenhaften Ächtungen und Ermordungen teils politischer Gegner, deren man sich entledigen wollte, teils reicher Leute, deren Vermögen einzuziehen der Mühe lohnte. Es wurde gefährlich, eine politische Rolle zu spielen.

Durch die Lex Gabinia wurde dem Pompejus Gelegenheit gegeben, sich zum Alleinherrscher zu machen, aber es fehlte ihm an Entschlossenheit, sich derselben zu bedienen; nach der schnellen Beendigung des Seeräuberkrieges gab er die ihm übertragenen großen Gewalten zurück. Ebenso bei einem anderen Anlaß bald nachher. Aber mit Cäsar und Crassus teilte er sich einige Jahre später (60) in die Herrschaft, die aber nur etwa 10 Jahre dauerte und die der ihn weit überragende Cäsar durch den Sieg bei Pharsalus im Jahre 48 allein an sich riß. *Politische Rolle Einzelner beginnt.*

Cäsar fuhr alsdann noch im August 48 a. Chr. nach Alexandria, um dort die streitige Thronfolge zu regeln; auf zehn Kriegsschiffen führte er 5000 Mann mit sich, die sofort feindlich empfangen wurden. Unter der Leitung eines Achillas wurde versucht, Cäsars Ver- *Cäsar in Ägypten.*

bindung mit der See abzuschließen und ihn mit seinen Schiffen ein-
zuschließen, wozu 70 Schiffe der Ägypter beide Hafenmündungen
eng blockierten.

Cäsar hat aber bald seine Gegner hier bewältigt; er brach
durch ihre Linien durch, drängte seine Gegner nach der Mündung
des Nil zurück, wo er ihre Schiffe verbrannte. Nachdem er die vor
dem neuen Hafen von Alexandria liegende Insel Pharos besetzt
hatte, stellte er seine unterbrochenen See-Verbindungen wieder her
und holte sich neue Streitkräfte von Syrien, Rhodos und Kreta
herbei.

Inzwischen waren die Ägypter mit ihrer Winter-Rüstung fertig
geworden: 27 große Schiffe (darunter fünf mit fünf Reihen Remen),
sowie eine Menge von Fahrzeugen lagen im Nil bereit. Hiergegen
konnte Cäsar 15 größere Schiffe (ebenfalls fünf mit fünf Reihen
Remen) und 19 kleinere Kriegsschiffe aufstellen. Er lief trotzdem
aus und bildete vor dem neuen Hafen sofort die Schlachtlinie; die
von ihm durch ein, vor dem alten Hafen von Alexandria liegenden,
Riff getrennten Ägypter machten auch sofort gefechtsklar. Aber
keiner der Gegner wollte als erster durch eines der engen Fahrwasser des Riffs nach der andern Seite zum Angriff hindurchfahren,
um nicht während des Passierens dieses Défilés von vornherein in
einer taktisch ungünstigen Lage zu sein.

Da bot sich der Führer der vier Schiffe aus Rhodos an, durch
die mittlere Durchfahrt hindurchzugehen; Cäsar folgte ihm schnell
mit der Hauptmacht, griff die überraschten Ägypter an und errang,
zwar nach längerem heftigen Kampf, trotz seiner bei weitem
geringeren Stärke, doch einen vollkommenen Sieg. Nur wenigen
Schiffen des Gegners gelang es, sich unter dem Schutz des Schießens
der an Land aufgestellten Bogenschützen sicher in den nahen Hafen
zurückzuziehen. Die größere Menge der feindlichen Schiffe wurde
von Cäsar genommen oder vernichtet.

Verkennen der Bedeutung einer Flotte. Wenn vom Beginn des ersten punischen Krieges an 200 Jahre
vergingen, ehe Rom sich zur Herrscherin der Welt, d. h. aller ans
Mittelmeer grenzenden Länder machte, während weder im Westen,
noch im Osten ein Staat vorhanden war, der ihm dauernden oder
auch nur ernsten Widerstand hätte leisten können, so lag das
daran, daß man die Wirkung, die eine Flotte bei richtiger Verwendung zu äußern vermag, daß man die Bedeutung der Seeherrschaft nicht erkannte.

Alle ihre großen Eroberungszüge machten die Römer zu Lande, der Flotten bedienten sie sich nur im Bedarfsfalle zum Transport oder zu bestimmten Zwecken, Belagerungen usw.

Bei richtiger Verwendung starker Flotten würden sie dieselben Länder mit einem T e i l des gemachten Aufwandes haben überwinden können; so aber wurden ihre Kräfte durch lang sich hinziehende oder wiederholte Kriege manchmal völlig erschöpft, sodaß erst eine Zeit der Erholung notwendig wurde.

Der erste Römer, der den W e r t d e r S e e h e r r s c h a f t erkannte und darauf seine Pläne gründete, war S e x t u s P o m p e j u s, nachdem seine Rolle am Lande ausgespielt war. (Thapsus in Afrika 46, Munda in Spanien, 45 a. Chr.) Als nach Cäsars Ermordung O c t a v i a n u s, A n t o n i u s und L e p i d u s die Welt unter sich geteilt hatten, schuf er sich eine Flotte im Westmeer und schlug des Ersteren Flotte 41 beim Scylla-Felsen. Im nächsten Jahre, 40 a. Chr., hatte er dadurch auf See freie Hand, daß O c t a v i a n u s einen gefährlichen Aufruhr, den die Gattin des Antonius, die berüchtigte Fulvia, die ihn auf eigene Hand zu stürzen versuchte, in Italien angestiftet hatte, niederwerfen mußte; er benutzte dies, um die Küsten von Italien zu verwüsten, den Seehandel zu unterbrechen und Rom die Zufuhr abzuschneiden. *Erkennen des Wertes der Seeherrschaft durch Sextus Pompejus, 41.*

Im folgenden Jahre verbündete er sich dann mit A n t o n i u s, der kurz vorher erst mit O c t a v i a n u s und L e p i d u s den Drei-Männerbund geschlossen, und als dieser mit einer großen Flotte nach Italien kam, mußte O c t a v i a n u s den Beherrschern der See alles Geforderte zugestehen. So erzwang er sich die Anerkennung als selbständiger Herrscher von Sizilien, Sardinien, Corsica und dem Peloponnes, wogegen er die Verpflichtung übernahm, Rom mit Getreide zu versorgen. Er übte also die S e e h e r r s c h a f t aus, und da Rom ohne Getreidezufuhr nicht leben konnte, so war in Wirklichkeit O c t a v i a n u s ganz von ihm abhängig.

Das war ein unerträgliches Verhältnis für den Herrscher eines großen Reiches; und O c t a v i a n u s brach den kaum geschlossenen Vertrag auch wieder, sobald er über eine Flotte verfügte, die er der des S e x t u s P o m p e j u s gewachsen glaubte.

Das Seekriegswesen hatte sich inzwischen dahin geändert, daß man analog dem Übergange von der Triere zur Pentere immer mehr ins Massige ging und dank vorgeschrittener Technik mehr Wert auf schwere Ferngeschosse, als auf grobes Geschütz und schwere Artillerie, sowie auf überhöhendes Schießen und Werfen *Entwicklung des Seekriegswesens.*

Wurf-
maschinen.

mit leichteren Geschossen und Waffen (ähnlich Maschinen-Kanonen in Marsen) legte. Die Schiffe wurden stark und hochbordig gebaut; das Deck mit schweren Wurfmaschinen besetzt und Türme (hölzerne Gerüste) darauf gestellt, auf welchen leichte Wurfmaschinen und außerdem Bogenschützen, Schleuderer und Speerwerfer aufgestellt waren. Kennzeichnend für die römische Abneigung gegen die See ist es, daß die Befehlshaber der Flotten hier auf beiden Seiten nicht die Herrscher selbst oder vornehme Römer, sondern Freigelassene — früher eine geringgeschätzte und nur an den Remen verwendete Menschenklasse — waren.

Flotte des
Octavianus
bei Cumae
durch
Sextus
Pompejus
geschlagen.
37 a. Chr.

Zunächst ließ Octavianus dem Sextus Pompejus Sardinien und Corsica ohne Kriegserklärung überraschend wegnehmen. Dann kam es zwischen den Flotten bei Cumae zur Schlacht, in der die Flotte des Octavianus geschlagen und dann durch Schlecht-Wetter ganz vernichtet wurde. Jetzt stand von neuem das Abschneiden der Zufuhr für Rom in Aussicht, was dem Octavianus leicht verderblich werden konnte. Er bedurfte daher schleunigst einer neuen Flotte und eines hervorragenden Führers: das war Marcus Agrippa, Octavianus' Freund und Jugendgefährte, der jetzt aus Gallien zurückgerufen.

Agrippas
erstes
politisches
Auftreten.

Seine außerordentliche und vielseitige Begabung zeigt sich darin, daß er mit 20 Jahren öffentlich als Ankläger des Cassius (Mörder des Cäsar) in Rom auftrat, mit 22 Jahren im Kriege gegen Fulvia sich hervortat und mit 25 Jahren ein Heer in Gallien und Germanien mit Erfolg kommandierte. Von da wurde er im Jahre 37 a. Chr. nach Rom zurückgerufen, um den Befehl über die neue Flotte gegen den Seekönig Sextus Pompejus zu übernehmen. Dio Cassius nennt ihn „den besten Mann seines Zeitalters"; er ist entschieden als der einzige Römer bekannt, der Talent und Genius für die Kriegsführung zur See hatte.

Agrippa als
Flottenchef;
technische
Fragen.

Er fand die Flotte noch nicht fertig und betrieb nun ihre Herstellung aufs äußerste, aber nicht ohne kluge und sachliche Überlegung. So ließ er an seinen Schiffen zum Schutz gegen den Spornstoß der feindlichen Schiffe, die den seinigen an Schnelligkeit und Manövrierfähigkeit überlegen waren, einen Gürtel-Panzer anbringen, indem er sie in der Wasserlinie mit starken, auf den Schiffskörper aufgebolzten Balken bekleidete.

Seestrategie
im Frieden.

Während man sich ferner bisher stets (2¼ Jahrhunderte lang) mit der schnellen Erbauung einer Flotte begnügt hatte und dann von Ostia aus gegen den Feind vorgegangen war, erkannte er sofort mit richtigem Blick, daß der Flotte eine geeignete Operationsbasis, d. h. ein näher am Kriegsschauplatze Sizilien gelegener, sicherer Hafen mit geschützter Rhede fehle. Der Mangel eines solchen hatte die langen Fahrten von Ostia an der keinerlei Schutz bietenden Küste entlang nötig gemacht, dadurch Zeit weggenommen und, wenigstens zum Teil, die Schiffbrüche verschuldet, von denen römische Flotten nach den zahlreichen in der Gegend gelieferten Schlachten und Gefechten dort betroffen worden waren; von Mylae (Duilius, 260) an bis Cumae (37), schließlich auch die Reparatur der havarierten Schiffe verzögert hatte.

Zu dem Zweck ließ Agrippa den schmalen Landstreifen, der den Golf von Bajae (Pozzuoli) vom Lucriner See trennt (zwischen Neapel und Cumae) [s. Tafel I], an zwei Stellen durchstechen und ferner von letzterem See einen Kanal nach dem Averner See graben; dadurch erhielt er einen Hafen mit zwei Einfahrten und zwei völlig sicheren Becken, mit der als Rhede dienenden geschützten Bucht davor, den er Portus Julius nannte. Hier wurden die an der ganzen Küste gebauten Schiffe zusammengebracht, ausgerüstet, bemannt und dann auf der Rhede eingeübt. Zur Auffüllung der Besatzungen gab Octavianus 20000 Sklaven die Freiheit, unter der Bedingung zum Dienst an Bord. Die Einübung der Mannschaft betrieb Agrippa dann unausgesetzt, bis die Leistungen nichts mehr zu wünschen ließen.

Im Jahre 36 im Frühjahr war die Flotte dienstbereit. Der Kriegsplan ging dahin, daß ein Heer bei Messana nach Sizilien übersetzen und Agrippa die Flotte des Sextus Pompejus schlagen solle. Octavianus schiffte sich mit ihm ein und er ging in See; aber bei Kap Palinurus wurde die Flotte von einem schweren Sturm betroffen, der im ganzen mittleren Teil des Mittelmeeres wütete; entgegen den früheren Vorgängen gingen keine Schiffe verloren, aber viele wurden havariert und Agrippa kehrte daher nach Portus Julius zur Reparatur zurück.

Dasselbe Unwetter beschädigte eine von Lepidus aus Afrika dem Octavianus nach Sizilien zu Hilfe geschickte Flotte von 70 Schiffen schwer, sodaß von ihr nicht mehr die Rede ist und zwang eine andere, von Antonius aus Ägypten abgesandte, 120 Schiffe stark, in Griechenland Schutz zu suchen.

Sobald Agrippa seine Reparaturen beendet, fuhr er mit der Flotte nach den Liparischen Inseln, besetzte die südlichste (Thermessa oder Hiera) und blieb dort, um die gegenüber bei Mylae

Anlegung des Seekriegshafens von Portus Julius, Flottengründung.

Erste Flottenbewegungen.

auf 12—15 Seemeilen Entfernung liegende feindliche Flotte zu beobachten. Sie wurde von einem Freigelassenen, Demochares, kommandiert, während Sextus Pompejus selbst mit einem Geschwader bei Messana blieb, um den Übergang des Octavianus mit seinem Heere nach Sizilien zu verhindern.

Schlacht
bei Mylae,
36 a. Chr. Die beiden Flotten lagen einander längere Zeit beobachtend gegenüber und erprobten nur die Kräfte in kleineren Gefechten; endlich entschloß sich Agrippa aber zur Aktion. Nach einer größeren Rekognoszierung beschloß er, auf alle Fälle anzugreifen und ging mit seiner ganzen Flotte, in Dwarslinie geordnet, auf den Feind los. Dieser scheint jedoch nur darauf gewartet zu haben, er kam ihm mit der gleichen Absicht und in der gleichen Formation entgegen.

Hier, wo auf beiden Seiten römische Flotten kämpfen, finden wir also nichts mehr von einer tiefen oder komplizierten Schlachtordnung, sondern die von Alters her bei allen seefahrenden Nationen übliche Formation für's Gefecht, die aus der Seetaktik kein Studium gemacht, sondern sie nur in überkommener Weise betrieben haben.

Neue Bauart
der Schiffe. Die Zahl der Schiffe ist nicht angegeben, die Überlegenheit in dieser Hinsicht aber war auf Seite des Agrippa. Seine Schiffe waren größer und schwerer, auch infolge des Gürtelpanzers; daher aber langsamer, als die des Pompejus. Sie trugen Türme auf Deck, führten Wurfmaschinen verschiedener Art und waren stärker besetzt; ihr Rammstoß war vermöge der größeren Masse wuchtiger, als der der feindlichen Schiffe. Diese waren kleiner und leichter, daher auch schneller und manövrierfähiger, mithin für den Sporn-Angriff, das Abbrechen der Remen und des Ruders geeigneter; der Wirkung des Sporns stand aber dort der Gürtelpanzer entgegen, während sie bei leichter Bauart dem feindlichen Rammstoß wenig Widerstand boten. Für den Enterkampf waren sie infolge schwächerer Besatzung und geringerer Bordhöhe weniger geeignet.

Verschiedene
Taktik. Die Überlegenheit war also nicht blos hinsichtlich der Zahl der Schiffe, sondern auch bezüglich der Defensivstärke und Waffenwirkung auf Seite des Agrippa. Trotzdem blieb der Kampf lange unentschieden. Die Kommandanten des Pompejus erzielten durch guten Gebrauch ihrer größeren Geschicklichkeit im Manövrieren mancherlei Erfolge und machten eine Anzahl der Schiffe des Agrippa manövrierunfähig; aber gegen ihre gefährlichste Angriffsweise durch den Rammstoß erwies der Gürtelpanzer sich als wirksamer Schutz. Octavianus und seine Unterführer andererseits erzielten größere Wirkung, wenn sie den Sporn gebrauchen konnten; weit mehr aber schädigten sie den Feind durch Wurfgeschosse aller Art, Steine, Balken, Pfeile, Speere, die sie aus beherrschender Höhe von ihrem hohen Deck und den noch höheren Türmen auf sein Deck herunterwarfen; endlich auch durch den Gebrauch der Enterhaken, mittels deren sie ihre stärkere militärische Besatzung im Handgemenge zu verwerten in der Lage waren.

Zuletzt gelang es dem Agrippa, das feindliche Flaggschiff in den Grund zu bohren. Demochares rettete sich zwar mit seiner Besatzung durch Schwimmen auf ein anderes Schiff — es fuhren auch Boote der Pompejaner zur Aufnahme Schwimmender zwischen den kämpfenden Schiffen herum — aber trat dann doch den Rückzug an, auf dem er nicht oder nur schwach verfolgt worden zu sein scheint; die Angaben darüber gehen auseinander. Da aber Agrippa nur 5, der Gegner jedoch 30 Schiffe verloren und das Gefechtsfeld geräumt hatte, so war dem Agrippa gleich in der ersten Schlacht auf See, die er lieferte, der Sieg zugefallen.

Um die Zeit der Schlacht bei Mylae war Octavianus mit Legionen nach Tauromenium südlich von Messana hinübergegangen und hatte die Truppen glücklich gelandet; vermutlich auf der Rückfahrt nach Rhegium wurde sein Geschwader aber von dem des Sextus Pompejus angegriffen und völlig geschlagen; fast sämtliche Schiffe wurden versenkt, genommen oder verbrannt. Octavianus selbst rettete sich nur mit knapper Not in einem Boote an die italienische Küste. Der später so mächtig und berühmt gewordene Kaiser hat auf See merkwürdig wenig Glück gehabt. *Die Transportflotte des Octavianus durch Pompejus vernichtet.*

Die drei Legionen unter Conificius bei Tauromenium wurden durch die Truppen des Sextus Pompejus hart bedrängt, Aussicht auf Verstärkung aus Italien war für sie abgeschnitten und nach Vernichtung des Geschwaders wären sie verloren gewesen; da erhielt Agrippa, der währenddem einzelne Orte an der Nordküste von Sizilien weggenommen hatte, um festen Fuß zu fassen, noch rechtzeitig Kenntnis von ihrer Lage. Er schickte ihnen sofort weitere drei Legionen zu Hilfe, die sie befreiten und mit ihnen vereint zu Agrippa stießen. Dieser nahm nun die kleinen Städte Mylae und Tyndaris weg und sicherte dem Octavianus damit einen Landungspunkt, nach welchem dieser nun mit einem großen Heere (es sollen 21 Legionen gewesen sein) übersetzen konnte, da nördlich von Messana Agrippa ihm den Seeweg sicherte. *Der Landkrieg.*

Einer solchen Macht war Sextus Pompejus natürlich nicht gewachsen. Da die Entscheidung sich aber nicht hinausschieben ließ, so verlegte er diese auf die See, wo der Schwerpunkt seiner Macht lag. So kam es noch im selben Jahre, vermutlich in der zweiten Hälfte Oktober, zum zweiten Male zu einer Seeschlacht, fast an derselben Stelle, wo die erste geschlagen worden war. Sie wird nach einem östlich von Mylae gelegenen kleinen Orte die Schlacht bei Naulochus genannt.

Schlacht bei Naulochus, 36.

Die Flotte des Sextus Pompejus, der naturgemäß seine gesamte Macht hier vereinigte, soll an 300 Schiffe gezählt haben; sie wurde neben Demochares noch von einem anderen Freigelassenen, Apollophanes, kommandiert. Die Flotte des Agrippa war auf dieselbe Zahl gebracht worden, ihre Besatzung dürfte nicht unter 120 000 Mann betragen haben, die des Sextus Pompejus viel weniger; ein Verzweiflungskampf! Die Schlacht ist daher eine der größten, die je auf See geliefert worden sind; sie war auch eine der hartnäckigsten, blutigsten und entscheidendsten. Die Art der Schiffe wird dieselbe gewesen sein, wie einige Monate vorher bei Mylae, aber die Schiffe des Agrippa waren in der Zwischenzeit mit Wurfmaschinen noch besser ausgerüstet worden und namentlich führten sie eine von ihm erfundene neue Waffe, ein Entergeschoß. Dies bestand aus einem drei Meter langen Balken, der mit Eisen beschlagen war, um nicht durchgehauen werden zu können, mit einem starken Ring an jedem Ende; in dem vorderen Ringe saß ein Enterdraggen, in dem hinteren waren mehrere Leinen befestigt (harpax). Dies Geschoß wurde aus einer großen Wurfmaschine auf das feindliche Schiff geschleudert, das dann mittels der Leinen festgehalten und längsseit an das eigene herangezogen wurde. Groß wird die Schußweite wohl nicht gewesen sein, aber immerhin bedeutend größer als die Wurfweite der Enterhaken mit der Hand.

Ein neues Entergeschoß.

Ferner kommen in dieser Schlacht zum ersten Male brennende Wurfspieße und Pfeile vor (mit stark geteertem Werg umwickelt).

Brennende Wurfspieße.

Beide Flotten, die des Sextus Pompejus von Osten (Messana) kommend, die des Agrippa von Westen her, waren in Dwarslinie rangiert, wahrscheinlich in zwei Treffen, wofür auch die große Zahl der Schiffe spricht. Am frühen Morgen fuhren sie mit aller Kraft unter lautem Kriegsgeschrei auf einander los. Die Schlachthörner schmetterten, die Wurfmaschinen fingen zu arbeiten

Durchführung der Schlacht.

an, sobald die Schußweite erreicht war, dann folgten die Schleuderer und Bogenschützen im Nahkampf mit den Speeren und brennenden Wurfspießen. Zuletzt folgte das Gemenge mit den üblichen Versuchen zum Rammen, die Remen abzubrechen, die Ruder zu beschädigen oder die Schiffe zu entern.

Da die Pompejaner so geschlossen Bug auf Bug losgingen, konnten sie von ihrer Hauptstärke, der größeren Manövrierfähigkeit und Schnelligkeit keinen Gebrauch machen; dagegen leistete, wo gewöhnliche Enterhaken nicht ausreichten, der neue Enterdraggen gute Dienste, zumal die Pompejaner keine Sichellanzen (Sensen) hatten, um die Taue (Leinen) durchzuhauen (kappen). Die alte römische Kampfweise auf See, das Entergefecht Mann gegen Mann, führte in Verbindung mit überhöhendem Werfen von Brandgeschossen auch hier wieder die Entscheidung herbei, und zwar naturgemäß zu Gunsten der höheren, stärker bemannten Schiffe des Agrippa.

Dieser ließ außerdem durch seinen linken Flügel, der nach See hinaus den Feind überragte, letzteren in der Flanke angreifen und umgehen; wahrscheinlich verwendete er auch einen Teil seiner zweiten Linie dazu. So wurden die Pompejaner schließlich auch im Rücken angegriffen, fast ganz umringt und an die Küste gedrängt. Von irgend welchem Manöver auf ihrer Seite oder nur von einer Leitung des Gefechts nach dem Beginn des Gemenges war nicht die Rede.

Wie es in der Regel geht, wenn der Schwächere aus Verzweiflung sein Alles in ungleichem Kampf auf eine Karte setzt, endete die Schlacht mit einer völligen Niederlage der Pompejaner. Von allen ihren Schiffen entkamen nur 17 nach Messana; von den übrigen wurden 28 in den Grund gebohrt, andere verbrannt, der Rest auf den Strand getrieben und genommen. Die Demoralisation war so groß, daß Apollophanes sich mit unbeschädigten Schiffen dem Agrippa ergab, obgleich er hätte entfliehen können; Demochares nahm sich aus Verzweiflung selbst das Leben. — Die Flotte des Agrippa soll nur drei Schiffe durch Rammen verloren haben. —

Verluste der Pompejaner.

Sextus Pompejus hatte an dem Entscheidungskampf nicht teilgenommen, sondern vom Lande aus zugesehen. Nach der völligen Niederlage seiner Flotte war alles für ihn verloren, da das Heer des Octavianus ihm überlegen war und Lepidus ihn bedrohte. Er ergriff daher die Flucht zur See, aber mit solcher

Flucht des Pompejus.

Eile, daß er seinem Heere nicht einmal einen Befehl hinterließ. Er fuhr nach Klein-Asien und fiel dort einem Heerführer des Antonius in die Hände, der ihn zu Milet in ein Gefängnis sperrte, in dem er bald umkam.

Seine führerlosen Truppen gingen zu Lepidus über, der vorher aus Afrika mit einem großen Heere nach Lilybaeum übergesetzt und dann auf Messana marschiert war, um sich auch an der Erbschaft des Sextus Pompejus zu beteiligen. Er verfügte jetzt über 22 Legionen und trat nun seinem Kollegen im Drei-Männerbunde, Octavianus, mit dem Anspruch auf den Besitz von Sizilien entgegen. Es hatte den Anschein, als ob Letzterer nochmals um die für Rom nicht entbehrliche Insel zu fechten haben werde. Die beiden mächtigen Heere standen einander kampfbereit

Octavianus verdrängt Lepidus.

gegenüber; aber Octavianus verstand es, die Sache durch Geld, statt durch Blut abzumachen. Wie damals ein jeder und alles, so waren auch die Offiziere und Soldaten des Lepidus käuflich. Eine riesige Geldsumme muß dazu freilich erforderlich gewesen sein; woher sie kam, wird nicht gesagt. Das Ergebnis aber war, daß Lepidus sich plötzlich von seinen Truppen verlassen sah und dem Octavianus allein gegenüberstand, der jetzt über 45 (?) Legionen verfügte. Er bat nun seinen bisherigen jungen Kollegen in der Weltherrschaft demütig um Gnade, die dieser ihm auch in richtiger Erkenntnis seiner Unbedeutendheit und Charakterlosigkeit gewährte.

Kennzeichnend für den Lepidus ist, daß er danach als reicher Privatmann in Circeji bei Rom noch 23 Jahre lang lebte und leben durfte. Er hatte $1^1/_2$ Jahrzehnte lang eine große Rolle im politischen Leben gespielt und mit Antonius und Octavianus über das Schicksal der Welt entschieden; zur Zeit des Triumvirats hatte er mit ihnen Tausende der vornehmsten und reichsten Römer ächten und ermorden lassen (Cicero), nachher war er souveräner Herrscher eines großen Reiches gewesen und hatte sich mit Plänen zur Vergrößerung desselben getragen, es scheint ihm auch der Gedanke der Seeherrschaft vorgeschwebt zu haben, und jetzt ließ er es sich gefallen, als wohlsituierter Rentier von Octavianus' Gnaden noch Jahrzehnte lang ein nichtiges Schlaraffenleben zu führen! Und keiner der Nachkommen der von ihm Ermordeten störte ihn darin!

Von einer strafenden Gerechtigkeit oder einem sittlichen Prinzip war derzeit eben nicht mehr die Rede; Schlaffheit und

Genußsucht waren die Kennzeichen der Zeit. Selbst die am meisten hervortretenden Männer hatten nicht einmal mehr die Selbstachtung und den Mut, anständig zu sterben!

Agrippa hatte demnach diesen Krieg in Zeit von einem halben Jahre für Octavianus siegreich beendet. Er hatte mit einer neuen, erst durch ihn geschaffenen Flotte, die ältere, see- und kriegserfahrene des Sextus Pompejus erst geschlagen, dann völlig vernichtet und dadurch Octavianus von seinem gefährlichsten Feinde befreit, dessen er selbst sich nicht hätte erwehren können. Die ihm bewilligte „corona navalis" oder „rostrata" war somit wohlverdient. *Technische Rückblicke.*

Bei diesem unvermittelten Auftreten zweier neuer römischer Flotten, denn die des Sextus Pompejus war auch erst wenige Jahre alt, fällt die Verschiedenheit der Linienschiffe auf beiden Seiten auf. Leider sind die bezüglichen Angaben, wie meist in maritimen Dingen, zu dürftig, um Bestimmtes darüber sagen zu können, aber der Unterschied war vorhanden, daß die pompejanischen den Charakter der Schiffe einer seefahrenden Nation trugen, indem sie leicht, schnell, manövrierfähig waren — die des Agrippa dagegen den römischen, stark, schwer, hoch und massig, nach welcher Richtung sich eben der Kriegsschiffsbau im Allgemeinen entwickelt hatte.

Die letzteren waren ferner mit zahlreicherer und schwererer Artillerie und mit Vorrichtungen für überhöhendes Bewerfen des Feindes versehen, endlich auch (viel) stärker besetzt. Dadurch waren sie also hinsichtlich des Ferngefechts, wie des Enterkampfes den Pompejanern überlegen; diesen blieb nur Aussicht auf Erfolg, wenn sie vermöge größerer Schnelligkeit und Manövrierfähigkeit die Spornwirkung gehörig auszunutzen verstanden. *Seetaktische Betrach-tungen.*

Dagegen hat Agrippa nun seine Schiffe mit kluger Voraussicht durch den Gürtelpanzer zu schützen verstanden, gewiß von Interesse, diesen hier im Altertum vor fast 2000 Jahren schon zu sehen. Zur Verwertung der Schnelligkeit und Manövrierfähigkeit war aber auch die von Demochares geübte Taktik garnicht geeignet. Indem er bei Mylae, wie bei Naulochus dem in Dwars-linie herankommenden Gegner in derselben Formation entgegentrat, konnte sich nur das dichte Gemenge entwickeln, indem seine Schiffe ihre Vorzüge nicht zu verwerten vermochten, während sie dem Feinde die beste Gelegenheit zum überhöhenden Werfen und zum Enterkampf boten. Von irgend welchen Manövern der

6*

Pompejaner ist daher auch nicht die Rede; es ist ein Kampf von Schiff gegen Schiff im dichten Gewühl, wobei die durch den Sporn schwer verwundbaren Octavianer ihre Überlegenheit recht zur Geltung bringen konnten.

In der zweiten Schlacht (bei Naulochus) kommt ihnen dabei die Harpax, die von A g r i p p a neu erfundene Waffe, sehr zu statten; denn sie machte für die Pompejaner nicht blos das Rammen, sondern auch das Abbrechen der Remen gefährlich und verhängnisvoll. Auch sie ist die Verwirklichung eines schöpferischen Gedankens und mithin ein Beweis für die Genialität A g r i p p a s auf dem Gebiete der Seetaktik.

Bei der Gewandtheit seiner Schiffe hätte D e m o c h a r e s sehr wohl die Octavianer in der Front beschäftigen und dabei umgehen und in Flanke oder Rücken angreifen können. Und dabei wäre es wohl nicht ausgeschlossen gewesen, daß ihre feste Ordnung sich gelöst und dem Gegner Gelegenheit gegeben hätte, die schweren Schiffe von der Seite und am Heck, vielleicht einzelne Schiffe mit mehreren zugleich anzufallen. Aber dem D e m o c h a r e s fehlte es offenbar an jedem Überblick und an eigenen Gedanken. Ihm scheint der Begriff der Seetaktik ebenso gemangelt zu haben, wie jenem Admiral der Neuzeit, der in dem Seegefecht nur ein wüstes Raufen sehen will.

Die einzige taktische Evolution, die in den beiden Schlachten vorkommt, ist die des A g r i p p a, durch die er bei Naulochus die feindliche Linie in See überflügelt und sie dadurch nach der Küste hindrängt, wodurch er die fast völlige Vernichtung der Pompejaner herbeiführte; eine Maßnahme, die allerdings durch die größere Zahl seiner Schiffe, und dadurch, daß sein linker Flügel in See den feindlichen überragte, ziemlich nahe gelegt wurde.

2. Die Vorbereitungen zur Schlacht bei Actium.

Von Naulochus bis Actium; Octavianus und Antonius.

Nach Absetzung des L e p i d u s war O c t a v i a n u s auch Herr von Afrika, d. h. Nord-Afrika, Cyrene; Occident und Orient standen einander mithin gegenüber. O c t a v i a n u s war ungeachtet seiner Mittelmäßigkeit im Allgemeinen, und seiner militärischen Untauglichkeit von maßlosem Ehrgeiz erfüllt, und wie A n t o n i u s gegen ihn gesinnt war, hatte er durch sein Bündnis mit S e x t u s P o m p e j u s bewiesen. O c t a v i a n u s hatte zwar nach dem Tode der Fulvia seine Schwester Octavia — die ausnahmsweise eine ehrbare und edeldenkende Frau gewesen sein soll — mit ihm verheiratet; aber Antonius vernachlässigte sie gänzlich und führte als schamloser Wüstling mit der berüchtigten Cleopatra, der nominellen Königin von Ägypten, der letzten des völlig entarteten Geschlechts der Ptolemäer, öffentlich ein schwelgerisches Leben. Er ließ sich völlig von ihr beherrschen und trieb eine unsinnige Verschwendung.

So kam es denn bald zum Bruch. Schon im Jahre 33 war das Verhältnis ein sehr gespanntes, im folgenden Jahre brach der Zwist offen aus, da Antonius die Octavia verstieß, Cleopatra für seine rechtmäßige Gattin erklärte und ihren unehelichen Söhnen Königreiche schenkte. Infolgedessen ließ Octavianus den Antonius vor dem Senat in Rom, dem die Triumvirn noch einen Schein seiner früheren Macht belassen hatten, anklagen. Die Freunde des letzteren wagten nicht dagegen aufzutreten, sondern flohen nach Ägypten und die Vorbereitungen zum Kriege begannen. *Der Zwist beginnt.*

Wie verächtlich Antonius als Mensch war, so war er immerhin doch ein gefährlicher Gegner. Nach seinen beständigen Kriegen in Asien gegen die Parther usw. stand ihm ein großes, kriegsgeübtes Heer zur Verfügung und ebenso war er Herr einer mächtigen Flotte. Zum Sammelplatz der Streitmacht bestimmte er Ephesus; Griechenland hielt er vermutlich durch einen überraschenden Angriff für zu sehr gefährdet, und reiste mit Cleopatra dahin ab. *Antonius' Vorbereitungen zum Kriege.*

Sein Heer erreichte dort bald eine Stärke von 120 000 Mann Infanterie und 12 000 Mann Kavallerie; daneben stand ihm eine mächtige Flotte zu Gebote. Ihren Kern, die eigentliche Schlachtflotte, bildeten die Schiffe des Antonius selbst, deren Zahl nach der mindesten Angabe 170 betrug. Mit Ausnahme von wenigen Trieren und Tetreren waren es lauter Okteren-Dekateren, mit 8—10 Lagen Remen, ungewöhnlich groß und stark gebaute Schiffe, mit gewaltigen Spornen und mit hölzernem Gürtelpanzer gegen Rammstoß versehen. Ihre Bordhöhe mittschiffs betrug 3 m, vorn und hinten mehr, sodaß sie schwer zu entern waren. Das Oberdeck war mit schweren Wurfmaschinen besetzt und trug hohe Türme zum überhöhenden Werfen von Geschossen. Bei dieser Bauart waren die Schiffe natürlich langsam und schwerfällig, ihr Spornstoß mächtig, aber nicht leicht anzubringen; ihr Offensiv-Vermögen lag hauptsächlich in den Wurfgeschossen, die weniger gegen die feindlichen Schiffe, als gegen ihre Besatzungen wirkten, *Seine Flotte.*

und im Entern. Sie hatten also große Ähnlichkeit mit den Schiffen des **A g r i p p a** bei Mylae und Naulochus; nur ist bei ihnen vom Harpax nicht die Rede, auch vom Corvus nicht.

Außerdem hatte **C l e o p a t r a** 200 ägyptische Schiffe mitgebracht, leichte und schnelle Fahrzeuge, über die Näheres nicht angegeben ist, die aber vermutlich keinen hohen Gefechtswert besaßen. Endlich war noch eine Transportflotte von 300 Schiffen vorhanden.

Nach dem Gange der Dinge, die sich ganz allmählich entwickelt hatten, erscheint es unfaßlich, daß **O c t a v i a n u s** dieser neu auftretenden Macht im Jahre 32 noch fast nichts entgegenzustellen hatte, aber Italien war völlig erschöpft. Mit so wenig Überlegung hatte er, ähnlich wie gegen **S e x t u s P o m p e j u s**, den Kampf, der die große Entscheidung in sich trug, herbeigeführt, daß **A n t o n i u s** ihn bei einem nur geringen Maße von Entschiedenheit und Tatkraft hätte in Italien überraschen und dem Kriege in kurzer Frist ein Ende machen können, zumal für einen improvisierten hartnäckigen Widerstand die ganze Bevölkerung viel zu schlaff und gleichgültig war. Statt dessen aber führte er zu Ephesus und dann zu Athen, wohin er das Lager verlegte, mit der **C l e o p a t r a** das ausschweifendste und schwelgerischste Leben, ein Fest jagte das andere. 15 Könige und Fürsten wurden im Lager versammelt, deren Kinder der ägyptischen Buhlerin die niedrigsten Dienste verrichten mußten; **A n t o n i u s** selbst erniedrigte sich so weit, ihr als attischer Bürger verkleidet den Beschluß der Stadt zu überbringen, wonach ihre Bildsäule auf der Akropolis aufgestellt werden sollte. Ich führe diese Einzelheiten nur an, um das Maß der Gemeinheit zu kennzeichnen, die damals herrschte.

Nicht allen seinen Anhängern war indessen das Selbstgefühl des Römers so völlig abhanden gekommen, daß dies schamlose und unwürdige Benehmen sie nicht empört hätte. Die Besten sagten sich von ihm los; Einige gingen auch mit der Gesinnungslosigkeit, die in solchen Zeiten allgemeiner Entsittlichung üblich ist, zu **O c t a v i a n u s** über.

Im Spätherbst 32 ging **A n t o n i u s** nach Corcyra (Korfu), mit der Absicht, nach Italien überzusetzen; nirgends traf er auf Widerstand, nichts lag in seinem Wege. Als aber dort einige Kreuzer in Sicht kamen, hielt **A n t o n i u s** sie für die Vorhut der Flotte des gefürchteten **A g r i p p a** und gab sein Vorhaben auf. Ohne seine große Streitmacht, Heer und Flotte, irgendwie zur Aktion zu

Lässigkeit beider Gegner.

Antonius rückt zeitweilig vor.

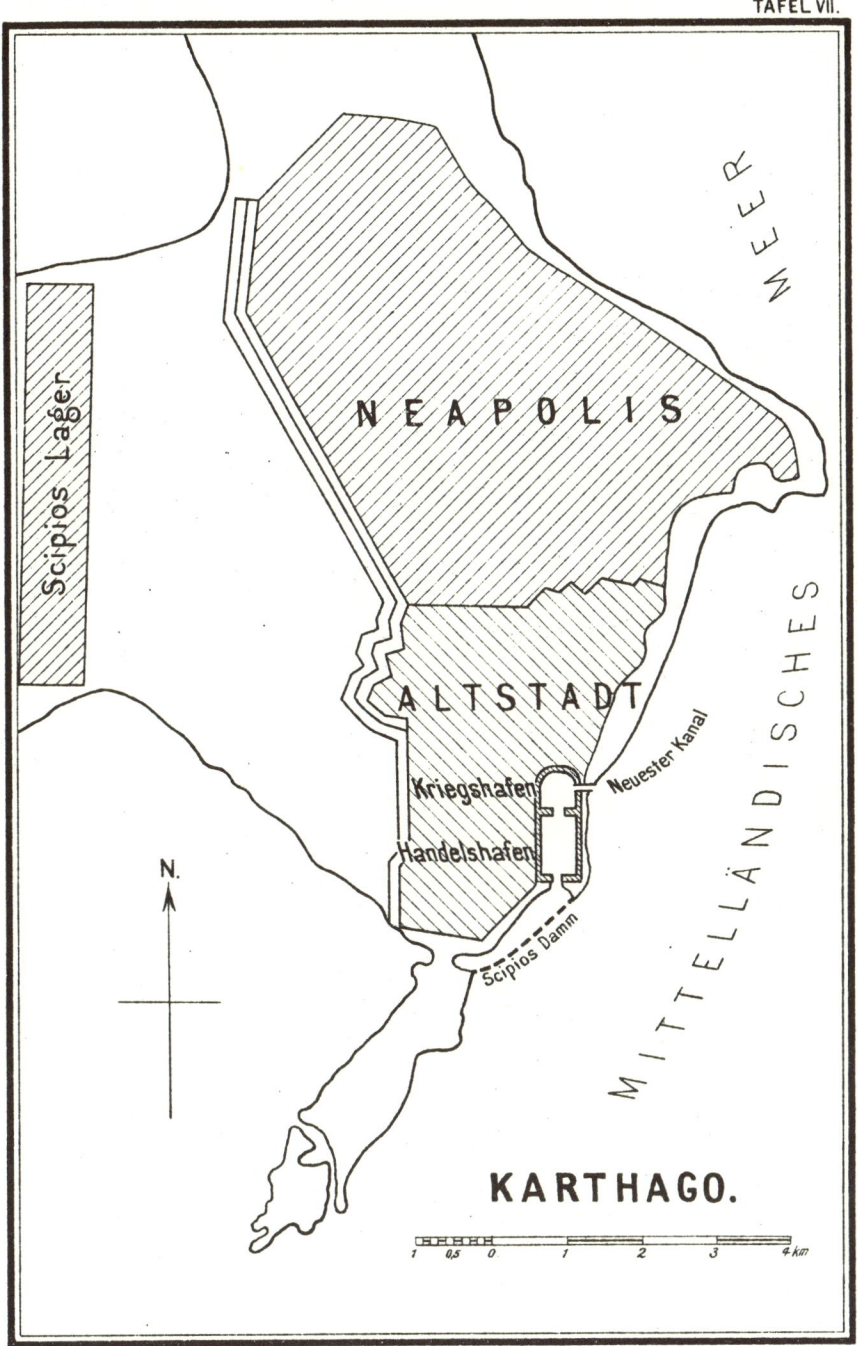

KARTHAGO.

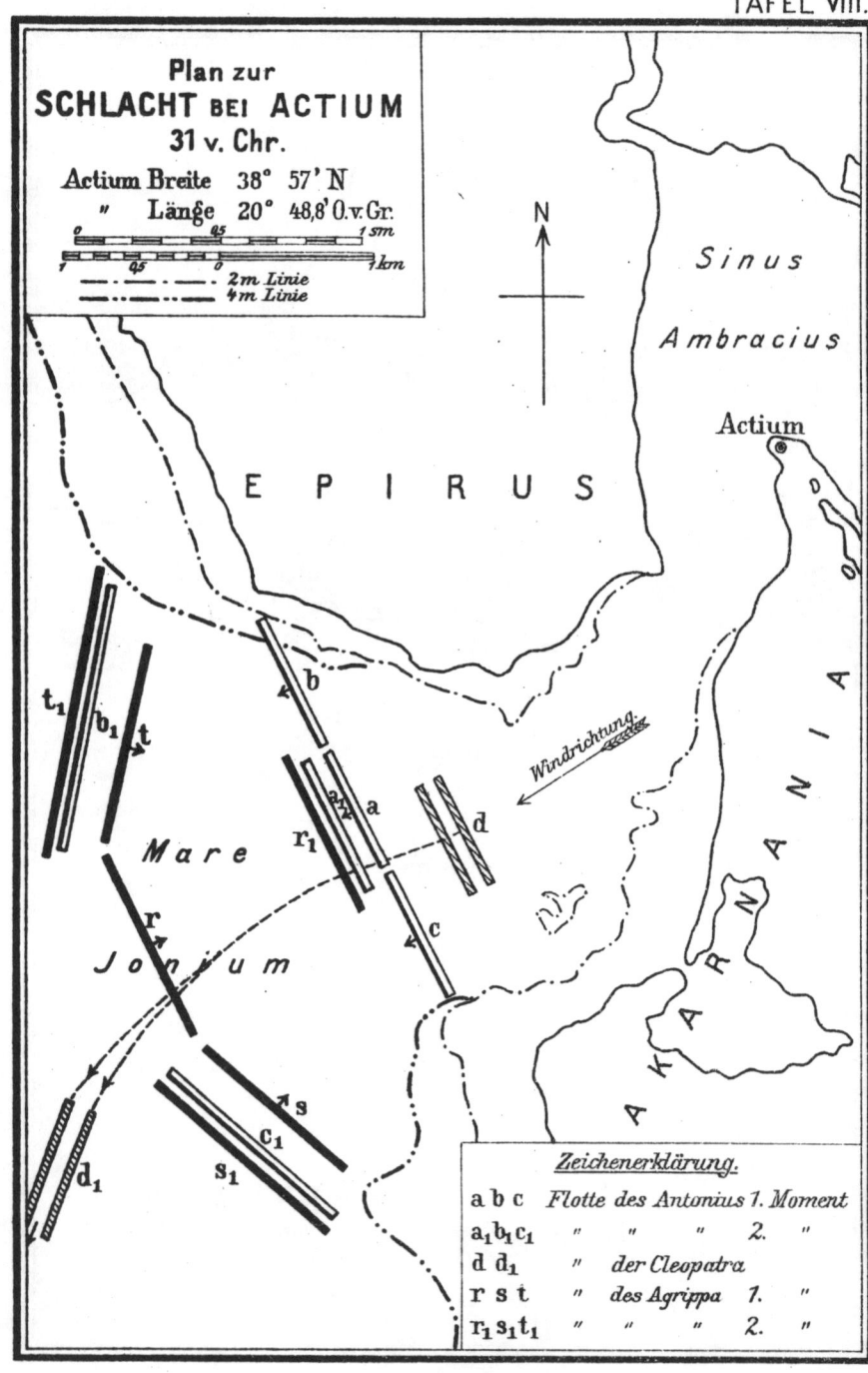

Plan zur
SCHLACHT BEI **ACTIUM**
31 v. Chr.

Actium Breite 38° 57' N
" Länge 20° 48,8' O. v. Gr.

2m Linie
4m Linie

N

Sinus

Ambracius

Actium

E P I R U S

Windrichtung.

t_1 b_1 t

b

a_2 a

r_1 d

Mare

r c

Jonium

s

c_1

d_1 s_1

Zeichenerklärung.

a b c	*Flotte des Antonius 1. Moment*
$a_1 b_1 c_1$	" " " 2. "
d d_1	" *der Cleopatra*
r s t	" *des Agrippa* 7. "
$r_1 s_1 t_1$	" " " 2. "

A K A R N A N I A

bringen, ging er nach Patrae, Achaja, zurück und bezog Winterquartiere. Flotte und Heer wurden längs der Küste des ionischen Meeres verteilt; das Gros lag bei dem Vorgebirge Actium an der Einfahrt in den ambrakischen Meerbusen. (Golf von Arta). [Siehe Karte hinter Seite 72 Teil I und Tafel VIII.]

So kann man sagen, daß der bloße Ruf Agrippas Octavianus gerettet hat, denn dieser war auch damals noch garnicht imstande, den Marsch eines großen Heeres auf Rom zu hindern.

Auch im ferneren wurde die Untüchtigkeit Octavianus durch die des Antonius noch überboten. Obwohl Letzterem Geld und Transportmittel in Menge zu Gebote standen, Cleopatra allein steuerte 20 000 Talente (94,3 Millionen Mark) zu den Kriegskosten bei, litten die Truppen doch Mangel, weil das Verpflegungswesen aufs lüderlichste gehandhabt wurde. Infolgedessen desertierten während des Winters namentlich von der Flotte die Leute am Remen in Menge; auch räumten Krankheiten stark unter den Schiffsbesatzungen auf. So kam es, daß im Frühjahr 31 ein volles Drittel derselben fehlte. Antonius, der sich bis dahin um nichts gekümmert, sondern sorglos in Patrae geschwelgt hatte, ordnete dann zwar die Aushebung von neuen Leuten an; aber solche waren nicht in genügender Zahl zu haben, auch wurden die Eingestellten nicht mehr ordentlich geübt. *Seine fernere Untätigkeit.*

Die starke und von vornherein tüchtige, kriegserfahrene Streitmacht (Flotte) des Antonius wurde auf diese Weise, ohne einen Schlag getan oder nur einen Feind gesehen zu haben, durch die grobe Nachlässigkeit des Führers materiell, wie durch sein schlechtes Beispiel moralisch fortdauernd geschwächt, je länger, je mehr. Der Stillstand in der kriegerischen Handlung war mithin Antonius nur nachteilig, während Octavianus dadurch die nötige Zeit gewann, die Vorbereitungen zu treffen, die bei umsichtigem *Octavianus'* Verfahren schon hätten beendet sein müssen, als er den Bruch mit *Rüstungen.* Antonius herbeiführte.

Es hatte ihm an Geld zu seinen Rüstungen gefehlt, und als er diesem Mangel durch eine neue Steuer abhelfen wollte, hatte er einen Aufruhr zu bekämpfen gehabt. Die Achtung vor der Obrigkeit und dem Gesetz, die das römische Volk früher ausgezeichnet hatte, war durch die Verderbnis der Zeit ganz zerstört.

Erst im Frühjahr 31 war Octavianus so weit, die Operationen aufnehmen zu können. Die Sammelplätze für seine Streitmacht waren Brundisium und Tarent. Das Heer zählte 80 000 Mann zu Fuß und gegen 12 000 Reiter. Die dem Agrippa unterstellte Flotte bestand aus nicht weniger als 260 Schiffen; aber es war nicht die Flotte, mit der er bei Naulochus gesiegt hatte, obwohl dies erst 5 Jahre her war. Wie bei den Römern so oft, war diese Flotte spurlos verschwunden und Agrippa hatte erst jetzt wieder zu dem besonderen vorliegenden Zweck, der Bekämpfung des Antonius, eine neue geschaffen und zwar eine neue Flotte ganz anderer Art.

Agrippa's
neue Flotte. Die Schiffe des Antonius glichen, wie oben gesagt, ganz denen, womit Agrippa bei Mylae und Naulochus die kleineren, schnelleren und gewandteren des Sextus Pompejus geschlagen und vernichtet hatte. Man sollte annehmen, daß dieser völlige Erfolg ihn von der Richtigkeit dieser Konstruktion und Bewaffnung fürs Gefecht auf See, die Strategie war damals eine sehr einfache gewesen, durchschlagend überzeugt haben müßte; aber im geraden Gegensatz dazu sehen wir ihn hier als Führer einer Flotte von Schiffen, die den damals unterlegenen des Pompejus glichen. Es waren verhältnismäßig kleine, niedrige Schiffe, meist Trieren, unscheinbar, aber schnell und gewandt, nach Art der Liburnen, nach denen man sie auch nannte. Die Liburner waren ein Seeräubervolk in Illyrien; ihre flinken Schiffe nannte man Liburnen, (Dyeren, Biremen). Aber der Name „Liburnen" wird überhaupt für schnelle, niedrige Schiffe gebraucht.

Die
Liburnen.

Agrippa hatte seine Ansicht über die für die Kriegsführung zur See zweckmäßigste Art von Schiffen seitdem also ganz geändert.

Diese neue Gattung von Schiffen, die „Liburnen", waren höchstens Drei-Reiher, hatten meistens sogar nur eine Reihe Remen mit je einem Mann zur Bedienung; sie waren etwas über 30 m lang, 4—5 m breit, hatten einen Tiefgang von rund $1\frac{1}{4}$ m, Deplazement etwa von 80 tons. Die Besatzung von 120 Mann bestand aus 84 Remern (40—42 etwa an jeder Seite) und 36 Offizieren, Matrosen, Soldaten u. s. f.

Ebenso wie sie sich besonders zur Ausübung des Seeraubes eigneten, so waren sie auch die best geeigneten Fahrzeuge zur Ausübung der Seepolizei, also für den Gebrauch gegen die Seeräuber. Und gegenüber den schwerfälligen großen Schiffen des Antonius mit den minder geübten Besatzungen an Bord, waren sie ein neues sehr gefährliches Streitmittel, wenn kühne, seemännisch und militärisch gut ausgebildete Leute ihre Besatzungen ausmachten.

Auch ließen sie sich schnell herstellen und konnten Reserven immer wieder leicht für etwa ausgefallene Schiffe schnell von Neuem beschafft werden.

Worauf dieser Umschlag sich gründete, darüber fehlt jede Andeutung, wie nahe es auch gelegen hätte, diese zu erklären, da er äußerst auffällig ist. Wir sind daher auf Vermutungen angewiesen; und die nächstliegende ist die, daß Agrippa, dessen Scharfblick sich schon in seinem ersten Seekriege durch Operations-Basis, Einführung des Gürtelpanzers und des Entergeschosses glänzend betätigt hatte, in der Zwischenzeit die Bedeutung der Schnelligkeit als eine der wichtigsten Eigenschaften des Schiffes für die gesamte Kriegführung auf See in ihrem vollen Wert erkannt hatte, und ebenso die der Manövrierfähigkeit fürs Gefecht. Andere
Schiffs-
gattungen.

Diese Ansicht mag sich ihm damals im Kriege gegen Sextus Pompejus schon aufgedrängt und er mag eingesehen haben, daß mit dessen schnellen, gewandten Schiffen bei gehöriger Ausnutzung ihrer guten Eigenschaften ganz andere Ergebnisse sich hätten erzielen lassen, daß er also seine damaligen Erfolge nicht blos seinen größeren und zahlreicheren Schiffen, seinen Wurfmaschinen und seinen vielen Legionssoldaten, sondern zum großen Teil den Fehlern seiner Feinde zu verdanken gehabt hatte. Und darin wird er bestärkt worden sein bei einem kurz vor 31 a. Chr. geführten Kriege gegen die Illyrier, wo er die Liburnen noch mehr zu schätzen gelernt haben mag. Endlich wird auch noch seine Absicht dazu beigetragen haben, die Brandgeschosse in einer künftigen Schlacht in viel größerem Umfange als vor fünf Jahren zu verwenden.

Wie dem aber auch sei, immerhin bleibt der Entschluß, das Material der Flotte so gänzlich umzugestalten und von den erst vor kurzem in schweren Kämpfen bewährten Modellen zu einem ganz abweichenden überzugehen, ein großes Wagnis und ein Beweis außerordentlicher, genialer Kühnheit.

Sobald im Frühjahr 31 seine Flotte seebereit war, eröffnete Agrippa die Feindseligkeiten, während die Streitmacht des Antonius noch in den Winterquartieren lag, und zwar indem er den kleinen Krieg auf See begann. Er schickte Kreuzergeschwader nach den Verbindungslinien des Feindes ab, die viele aus Ägypten, Syrien und Klein-Asien kommende Transportschiffe mit Proviant und sonstigen Kriegs-Vorräten wegnahmen, wodurch der ohnehin schon empfindliche Mangel bei der antonischen Streit- Beginn
der Feind-
seligkeiten.

macht noch bedeutend gesteigert wurde; ferner zeigten seine Geschwader sich bald hier bald dort an der feindlichen Küste; dann und wann landeten sie auch und verheerten diese.

Wo eine günstige Gelegenheit sich bot, ging er dem Feinde auch ernstlich zu Leibe und brachte ihm erhebliche Verluste bei. So eroberte er nach kurzer Belagerung Methone in Messenien im Südwesten des Peloponnes, wo König Bogud von Mauretanien blieb; vor allem aber nahm er die wichtige Insel Corcyra weg, die mit ihrem vortrefflichen Hafen Antonius einen vortrefflichen Stützpunkt gegeben hätte, von dem aus Octavianus am Durchqueren der Adria mit seinem Heere hätte verhindert werden können, und schlug ein feindliches Geschwader in der Nähe. Kurz, Agrippa fügte dem Gegner in mannigfacher Weise empfindlichen Schaden zu, ohne sich auf entscheidende Unternehmungen einzulassen und ohne daher viel aufs Spiel zu setzen [s. Tafel IX].

Diese Expeditionen dienten ihm ferner dazu, die Zustände auf Seiten des Gegners genau kennen zu lernen; im Besonderen vergewisserte er sich, daß das Gros von dessen Flotte, die schweren Schlachtschiffe in Untätigkeit verharrten. Daraufhin bewog er Octavianus, mit seinem Heere nach Epirus überzusetzen, bei der Nähe einer intakten großen feindlichen Flotte ein gewagtes Unternehmen, zumal mit einem Heere von über 90 000 Mann, zu dessen Schutz allerdings auch Agrippa mit seinen Schiffen zur Stelle war. Aber dieser hatte Antonius richtig taxiert, die Überfahrt ging anstandslos von statten und zwar konnte, da Corcyra schon besetzt war, die Landung, statt weit nördlich, südlich davon in der nnr 22 Seemeilen von Actium entfernten Bucht, Portus γλύχυς (Dulcis), die heute Porto Joannès heißt, bewerkstelligt werden, querab von der Insel Paxos [s. Karte hinter Seite 72, Teil I und Tafel IX].

Octavianus geht nach Epirus hinüber.

Von da marschierte Octavianus sogleich an der Küste entlang nach Süden vor und schlug (etwa vier Seemeilen) nördlich von der Einfahrt in den ambrakischen Meerbusen, Actium gegenüber, sein Lager auf.

Örtliche Sachlage.

Der ambrakische Meerbusen ist $18^1/_2$ Seemeilen lang und bis 10 Seemeilen breit, mit guten Wassertiefen in der ganzen Länge; aber die Einfahrt ist schmal, gewunden und flach. Zwei Faden-Linie als Grenze für damalige Linienschiffe. [Siehe Tafel VIII.] Die geringste Breite der Einfahrt zwischen Actium und dem heutigen Prevesa beträgt nur wenig über 3 Kabellängen, kaum 600 m. Bei der großen Wasserfläche des Meerbusens bewirken schon geringe Niveau-Unterschiede, wie sie durch starken Regen, Schneeschmelze, Stürme usw. überall vorkommen, in der sehr schmalen Einfahrt eine starke Strömung, die bis zu $2^3/_4$ Knoten steigen soll; bei auslaufendem Strom erfolgt der Niederschlag der mitgeführten festen Bestandteile bei dem Zusammentreffen mit dem stark salzhaltigen, schweren Mittelmeer-Wasser dicht vor, beziehungsweise auch in der Einfahrt. Daher ist anzunehmen, daß früher die Wassertiefen daselbst grösser gewesen sind, als heute, wo die Einfahrt nur für Schiffe von höchstens 12′ engl. ($3^2/_3$ m) Tiefgang brauchbar ist.

Die Truppen des Antonius hielten beide Seiten der Einfahrt besetzt und hatten auch auf der nördlichen eine so große Fläche inne, daß das ganze Heer dort lagern konnte. Zur weiteren Sicherung der Einfahrt waren Türme auf beiden Seiten erbaut und mit schweren Wurfmaschinen besetzt. Innerhalb derselben lag die antonische Flotte völlig geschützt. Der Flotte des Agrippa dagegen, die dem Heere zur Seite geblieben war, erübrigte nur, in zwei offenen Buchten an der Küste liegen zu bleiben, eine keineswegs angenehme und nicht ungefährliche Lage.

Die Nachricht von dem Übersetzen Octavianus' nach Griechenland traf Antonius noch in Patrae. Erschreckt brach er jetzt von da auf, eilte nach Actium und zog seine ganze Streitmacht dort zusammen. In der ersten Aufwallung anscheinend, ging er auch mit dem Heer auf das nördliche Ufer über; aber die Schlacht, die Octavianus ihm wiederholt anbot, nahm er doch nicht an, sondern beschränkte sich auf Versuche, mit seiner Reiterei dem Gegner die Zufuhr abzuschneiden und dergleichen, die jedoch meist ungünstig für ihn verliefen [s. Tafel IX]. *Antonius geht selbst nach Actium.*

Dies Verweigern des Kampfes am Lande ist nur durch den Mangel an Entschlossenheit des Antonius, nicht durch sachlich Gründe zu erklären, da sein Heer das stärkere war. Durch ein Hinausschieben der Entscheidung konnte er nur verlieren, denn auf Zuzug oder Nachschub hatte er nicht mehr zu rechnen, die Verpflegungs-Verhältnisse wurden immer ungünstiger und das Verweigern des Kampfes trotz der Übermacht, der fortgesetzte fast gänzliche Mangel an Tätigkeit, endlich die wiederholten Mißerfolge mußten den schon gesunkenen moralischen Gehalt der Truppe noch weiter heruntersetzen. *Die Gegner beobachten sich.*

Dabei war er selbst von Mißtrauen gegen seine Umgebung erfüllt; das ging so weit, daß er einige seiner vornehmsten Anhänger aus unbekannten Gründen umbringen ließ; aber sie wurden nicht blos einfach getötet oder hingerichtet, sondern auf die grausamste Weise zu Tode gemartert nach Art der schlimmsten orientalischen Despoten. Das bewog wiederum mehrere angesehene Römer, zu Octavianus überzutreten.

So kam das Ende des Monats August heran, ohne daß eines der beiden großen Heere oder die Flotte des Antonius etwas Nennenswertes unternommen hätte. Nur Agrippa, die Seele des Krieges auf Octavianus' Seite, war unausgesetzt tätig. Die Einfahrt in den ambrakischen Meerbusen ließ er durch ein Geschwader unter Aruntius überwachen; er selbst führte den kleinen Krieg mit zunehmendem Erfolge fort. Er eroberte die an der Küste von Akarnanien unweit Actium gelegene Insel Leukas, die Antonius (wie vorher auch Corcyra) als vorgeschobene Flotten-Station gedient hatte, und nahm die dort liegenden Schiffe weg; von da aus bedrohte er Akarnanien, also die rückwärtige Landverbindung des Antonius und schnitt ihm den Seeweg völlig ab, denn dieser führte an Leukas vorbei. Ferner schlug er vor dem korinthischen Meerbusen ein Geschwader unter Quintus Nasidius (vermutlich von Korinth und Sikyon ausgerüstet), das zu Antonius stoßen wollte, und gewann sodann diese für die Verbindung des Antonius mit seinem Reich im Osten wichtige Stadt, sowie auch Patrae, dessen Hauptquartier im vorigen Winter.

Agrippas Maßnahmen.

Während er auf einem Streifzuge abwesend war, unternahm einer der antonischen Unterbefehlshaber, Sosius, einen Angriff auf das Blockadegeschwader des Aruntius. Unter Benutzung nebligen Wetters gelang es ihm auch, dieses zu überraschen und in eine gefährliche Lage zu bringen; da erschien infolge eines glücklichen Zufalls der gerade wieder zurückkehrende Agrippa und schlug das antonische Geschwader gänzlich, wobei Sosius fiel.

Hier war Agrippa vom Glück begünstigt; aber Glück fällt selten Jemandem von selbst in den Schoß. Wer es finden will, der muß es suchen. So fanden die trägen Antonianer es niemals, wohl aber Agrippa, der durch rastlose Tätigkeit dem Glück Gelegenheit gab, ihm zu begegnen!

Antonius' mißliche Lage.

Antonius war inzwischen mit seinem Heere über die Meerenge von Actium zurückgegangen. Seine Lage war jetzt völlig unhaltbar, da die Zufuhr zur See abgeschnitten, die zu Lande bedroht und bei dem gebirgigen Gelände des Hinterlandes und dem Mangel an Straßen bestenfalls unzureichend, da die Landschaft Akarnanien und Umgegend bis auf weite Entfernung schon völlig ausgesogen war. Es blieb ihm also nur übrig, zu schlagen oder zurückzugehen [s. Tafel IX].

Letzteres war aber sehr mißlich, denn:

1) Der Wasserweg, der einzige, auf dem Heer und Flotte hätten zusammenbleiben können, stand außer Frage; auf der Kriegsflotte konnte sich nur ein Teil des großen Heeres einschiffen, also war eine große Transportflotte nötig. Das Ganze wäre bei der Abfahrt jedenfalls von Agrippa angegriffen worden, die Kriegsflotte hätte sich unter ungünstigen Verhältnissen (nicht frei!) schlagen müssen; selbst wenn sie siegreich blieb, wäre die Transportflotte doch sehr gefährdet gewesen.

2) Bei Trennung von Flotte und Heer hätte letzteres wenigstens drei Legionen (20000 Mann) an erstere abgeben müssen, um sie gefechtstüchtig zu machen, da eigentliche Seesoldaten fehlten; denn die Flotte hätte sich jedenfalls beim Auslaufen mit der des Agrippa schlagen und ohne genügende militärische Besatzung zweifellos unterliegen müssen, da gerade im Enterkampf ihre Stärke liegen sollte. Das Heer wäre dadurch also erheblich geschwächt worden.

3) Für den Rückzug des Heeres stand ferner, da der Weg durch Epirus durch Octavianus versperrt war, nur der durch Hellas offen, zunächst durch Akarnanien und Ätolien gebirgiges, armes Land; in solchem Gebiet hätten Rückzugsgefechte beziehungsweise eine Schlacht sich nicht vermeiden lassen. Und der Kreuzungspunkt der dahin führenden Wege zu Lande und zu Wasser, Korinth, befand sich schon in Feindes Hand.

4) Endlich war durch den Rückzug auch bestenfalls nichts zu gewinnen, dagegen würde die Entmutigung des durch die lange Untätigkeit und Mangel schon lange ungünstig beeinflußten Heeres vermutlich bald so überhand genommen haben, daß es sich aufgelöst hätte. —

Es erübrigte demnach nur noch, zu schlagen; und Antonius mußte sich schlüssig werden, ob er die Entscheidung zu Lande oder zu Wasser suchen wollte. Seine treuesten Freunde rieten ihm dringend zur Landschlacht; dafür sprach, daß sein aus alten,

Wie sollte Antonius handeln?

kriegsgewohnten Legionen zusammengesetztes Heer dem des Octavianus an Zahl noch immer überlegen war. Auch unterlag es keinem Zweifel, daß die Soldaten brav fechten würden, denn der kriegerische Geist einer Truppe dauert auch unter untüchtiger Führung und ungünstigen Verhältnissen noch geraume Zeit fort und der Berufssoldat schlägt sich, wenn nicht für seinen Führer und dessen Sache, doch für die Ehre seiner Waffen und Feldzeichen.

Aber Antonius folgte nicht ihnen, sondern Cleopatra; sie wollte es anders, nicht im Interesse ihres Liebhabers, sondern weil sie um ihre Sicherheit besorgt war. Sie glaubte nicht mehr an einen siegreichen Ausgang und dachte nur noch daran, das sinkende Schiff rechtzeitig zu verlassen. Nach einer verlorenen Schlacht am Lande wäre ihr Entkommen schwierig oder zweifelhaft gewesen; zur See konnte sie leicht und schnell nach ihrem Stammlande Ägypten gelangen. Dort durfte sie hoffen, den ihr folgenden Sieger ebenso zu umstricken, wie ihr das bei Cäsar und Antonius gelungen war. „Sie riet demnach zum Schlagen auf See, und der ihr gegenüber willenlose Antonius folgte, entgegen seiner besseren Einsicht", lauten die Angaben.

Gründe für eine Schlacht. Für die Verlegung der Entscheidung auf See lassen sich aber noch andere Gründe anführen.

1) Wenn die Schlacht am Lande unentschieden blieb und selbst wenn sie zu Gunsten des Antonius ausfiel, aber keinen entscheidenden Sieg brachte, so war die Lage für ihn bedenklicher, als zuvor, denn die Schwierigkeiten zur Sicherung der Verpflegung würden auch in Epirus ohne Zufuhr zur See fortgedauert haben, und nach Italien konnte er nicht übersetzen, solange Agrippa die See beherrschte;

2) siegte er dagegen auf See, so konnte er wegen seiner eigenen Verpflegung außer Sorge sein und war in der Lage, die des Gegners außerordentlich zu erschweren. Ferner stand ihm dann für Flotte und Heer der Weg überall offen, wohin er nur gehen wollte, vor allem nach dem nahen Italien und nach Rom, während er den Octavianus am Übersetzen übers Meer und mithin daran, ihm zu folgen, verhindern konnte (durch die Flotte).

Die Entscheidung lag eben ganz bei der Seeherrschaft, deren Agrippa sich in richtiger Erfassung der Verhältnisse durch umsichtigen Gebrauch seiner schnellen Schiffe versichert hatte.

Ob und wie weit diese Gründe bei Antonius mitgewirkt haben, läßt sich heute nicht mehr sagen. Nachdem er den gewichtigen Entschluß (zur See zu schlagen) gefaßt hatte, traf er seine Maßregeln mit einem Anfluge seiner früheren Entschiedenheit. Antonius' besondere Vorbereitungen für die Seeschlacht.

Zur Auffüllung der stark gelichteten Besatzungen seiner Linienschiffe verwendete er die von anderen Schiffen, die er dann verbrannte; das geschah namentlich mit den ägyptischen Schiffen, bis auf 60. Ferner ließ er 22 000 seiner Legionssoldaten (20 000 schwere und 2000 leichtere) auf der Schlachtflotte einschiffen.

Dies Verbrennen der Schiffe ist als unrichtig zu bezeichnen, da seine Mannschaften dies nur so auffassen konnten, als daß er selbst nicht mehr an einen Sieg glaube und daß er daher die Schiffe, welche er nicht mehr für das Gefecht verwerten könne, lieber vernichten als dem Gegner zur Beute werden lassen wolle. Eine solche Maßregel war daher nur geeignet, den ohnehin schon durch Entbehrungen, Desertionen, Verlust in Gefechten und dergl. erschütterten Mut seiner Leute noch mehr wankend zu machen und ihnen nahe zu legen, daß der nächste Kampf ein solcher auf Leben und Tod, ein reiner Verzweiflungskampf sei. Fehler, die Schiffe zu verbrennen.

Unerläßliche Vorbedingung für den Erfolg ist es aber, daß die Mannschaft mit der festen Überzeugung, dem Feinde überlegen zu sein und ihn zu schlagen, ins Gefecht gehe. Diese freudige Sieges-Zuversicht muß der Führer auf alle Weise zu fördern und zu stärken suchen, auch wenn er selbst sie nicht teilen kann; er wird daher sorgfältig zu vermeiden haben, was sie zu schwächen geeignet ist. Hiermit stimmte aber das Verbrennen der Schiffe nicht überein.

Diese Maßregel des Antonius, in Verbindung mit seinem sonstigen Verhalten, namentlich mit seiner Entscheidung, eine See-Schlacht statt eine für ihn unbedingt vorteilhaftere Land-Schlacht durchzuführen, sowie mit seiner schimpflichen Flucht, lassen wohl dahin urteilen, daß er überhaupt von vornherein nicht mehr sicher an seine Sache geglaubt und sich gewissermaßen schon verloren gegeben hat.

Die Zahl seiner Schiffe ist nicht bekannt, aber wenn man 130 Soldaten für jedes annimmt, (120 wurden auf eine Pentere gerechnet), so kommen die oben genannten 170 großen Schlachtschiffe von 8—10 Reihen heraus. Die ganze Besatzungstärke muß gegen 100 000 Mann oder darüber betragen haben. Stärke beider Flotten.

Eine noch größere Zahl Legionäre, 34 000 Mann, darunter seine besten Truppen, gab Octavian seiner Flotte an Bord, die demnach mindestens die vorher vorhandenen 260 Trieren (Liburnen) gezählt haben muß. Ihre Gesamtbesatzung ist auf etwa 80 000 Mann zu veranschlagen. Um möglichst klar Deck zu haben, nahm man die Takelage von Bord.

3. Die Schlacht bei Actium am 2. September 31 a. Chr.

Aufstellung und Einteilung beider Flotten. Jede der beiden Flotten war in drei Geschwader geteilt. Vier Tage lang verhinderte unruhiges Wetter das Schlagen; am fünften stellte Antonius seine Flotte (in einer Bucht, heißt es) vor der Einfahrt eng geschlossen in Dwarslinie so auf, daß beide Flügel sich an die Küste lehnten [s. Tafel VIII, a. b. c.]. (Länge zwischen zwei Fadenlinien jetzt ca. 2500 m = 15 m pro Schiff). Den rechten Flügel [b], bei dem Antonius selbst sich befand, kommandierte Gellius, die Mitte [a] Justijus, den linken Flügel [c] Coelius. Absicht des Antonius bei dieser Aufstellung war, seine schweren Schiffe unter Verzicht auf die Bewegung enggeschlossen zu halten und den Angriff des gewandten Gegners abzuwarten, der gegen diese feste, hohe, durch Sporne und Wurfgeschosse aller Art geschützte Mauer mit seinen leichten, niedrigen Schiffen nichts würde ausrichten können. Er beschränkte sich also auf Abwehr des zu erwartenden Angriffs. Cleopatra lag mit ihren Schiffen [d] hinter dem Zentrum bereit.

Agrippa, der nur auf das Herauskommen des Gegners gewartet hatte, ging gegen diese Schlachtlinie in der üblichen, sichelförmigen Aufstellung vor, das Zentrum zurückgehalten, beide Flügel die feindliche Linie überragend [s. Tafel VIII, r. s. t.]. Er selbst kommandierte das Zentrum [r], Lucius den rechten, Aruntius den linken Flügel [t]. Es lag indessen nicht in seiner Absicht, dem Feinde zu Willen zu sein und ihn in der starken Stellung, die jener selbst als die vorteilhafteste für sich ausgewählt hatte, anzugreifen und so den Stier bei den Hörnern zu packen. Er versuchte vielmehr, da er die Stellung nicht umgehen konnte, ihn aus derselben herauszulocken.

Taktisches Vorgehen Agrippas. Daher fuhr er nicht bis an die feindliche Linie heran, sondern stoppte auf etwa acht Kabellängen Abstand von derselben und suchte die Antonianer nun durch Herausforderungen aller Art zum Vor-

gehen zu reizen. Der ablandige Wind war seinem Zweck dabei
förderlich und die List gelang. Nach einer Weile konnte der Chef
des linken Flügels, Coelius, der Versuchung zum Angriff nicht
mehr widerstehen; um 11 Uhr vormittags ging er mit seinem
Geschwader vor. Lucius jedoch, der ihm gegenüber stand, nahm
das Gefecht noch nicht auf, sondern zog sich dem Befehl des
Agrippa gemäß langsam zurück und dehnte sich dabei noch
weiter nach rechts hin aus, um den Feind zu überflügeln
[s. Tafel VIII, s_1 c_1]. Das veranlaßte Coelius wiederum, zur
Deckung seiner linken Flanke die Flügelschiffe mehr nach links zu
ziehen. Somit wurde der linke antonische Flügel von dem Gros
getrennt und seine feste Ordnung gelöst, das war es, was Agrippa
gewollt hatte, seine Absicht war durch die richtige und geschickte
Ausführung seiner Befehle von Seiten des Lucius erreicht.

Ebenso unvorsichtig, wie Coelius auf dem linken, verfuhr
Gellius auf dem rechten Flügel Aruntius gegenüber. Auch er
trennte sich von dem Zentrum. Und da dieses dem Schlachtplane
gemäß auf seiner Stelle blieb, oder nur langsam vorging, so
entstand bei den beiden antonischen Flügeln eine weite Lücke
[s. Tafel VIII, t_1 b_1].

Nachdem diese Flügel weit genug hinausgelockt waren, warfen
sich Lucius und Aruntius plötzlich auf diese und griffen sie, bei
der Überzahl und Schnelligkeit ihrer Schiffe sie überflügelnd und
umfassend, in der Front, auf der Flanke und im Rücken zugleich
an. Zur selben Zeit ging nun auch Agrippa, der die Leitung des
Kampfes auf den Flügeln seinen Geschwader-Chefs überlassen
durfte, mit dem Zentrum zwischen den feindlichen Flügeln hindurch,
auf die allein zurückgebliebene antonische Mitte los und griff sie
flankierend und umgehend mit großem Nachdruck an, sodaß ihre
Schiffe in Unordnung gerieten [s. Tafel VIII r_1 a_1]. *Vorrücken beider Flügel des Agrippa.*

Diesen Augenblick, es war 1 Uhr nachmittags, als beide Flotten
im hitzigen Gefecht ganz miteinander beschäftigt waren, hatte
Cleopatra abgewartet; es war der gegebene für ihren Zweck.
Statt ihr intaktes Geschwader von 60 Schiffen geschlossen in die
Schlacht zu werfen, wo es vielleicht hätte den Ausschlag geben
können, wenn es auch leichte Schiffe waren, ließ sie plötzlich
Segel setzen und fuhr vor dem Winde über das Schlachtfeld
weg und zwischen den kämpfenden Geschwadern hindurch in See
[s. Tafel VIII, d_1]. *Flucht der Cleopatra.*

Schimpfliche Flucht des Antonius.

Als Antonius das bemerkte, gab er den stärksten Beweis sittlicher Verworfenheit, den die Geschichte wohl irgend aufzuweisen hat. Einer Buhlerin zu Liebe, die ihm in der Stunde der Not verräterisch entflieht, läßt er, der Beherrscher des Orients, die Flotte, die für ihn um die Weltherrschaft kämpft, in der Hitze der Schlacht und ähnlich das Heer, das nur auf den Befehl dazu wartet, ohne Besinnen im Stich. Er setzte ihr auf einem schnellen Aviso, um den sich im Getümmel der Schlacht niemand kümmerte, nach und schätzte sich glücklich, als er sie erreichte, obwohl er als nicht gewünschter und unbequemer Gast nur kühl empfangen wurde. —

Die plötzliche Flucht der starken Reserve und des Oberbefehlshabers konnte nicht anders als niederschlagend auf die antonische Flotte einwirken. Einige Schiffe warfen ihre Türme und Wurfmaschinen über Bord, setzten Segel und ergriffen gleichfalls die Flucht in See; das Gros aber hielt unentwegt Stand, es focht tapfer für die Ehre seiner Flagge, wie brave Soldaten es stets auch unter den ungünstigsten Verhältnissen tun und auf beiden Seiten wurde mit der größten Erbitterung gekämpft.

Weiterer hartnäckiger Kampf beider Flotten.

Die Chancen waren nicht so ungleich, daß die Entscheidung hätte in Kurzem fallen müssen. Die Kampfweise auf Seite Agrippas bestand darin, daß immer drei bis vier seiner leichten Schiffe eine der antonischen schwimmenden Burgen angriffen; aber trotz der Ungleichheit der Zahl hielt es schwer, den Sieg zu gewinnen. Sie konnten dem Gegner zwar Remen und Steuer zerbrechen, also den Motor zerstören und ihn dadurch manövrierunfähig und unbeweglich machen, aber manche Liburne wurde dabei durch Wurfgeschosse beschädigt oder auch zum Sinken gebracht. Gegen den Sporn schützte der Gürtelpanzer, gegen Entern die Bordhöhe und die starke Besatzung, da wäre der Ausgang fraglich gewesen, wenn Agrippa nicht für Ausrüstung der Schiffe mit wirksamen Brandgeschossen und Ähnlichem in großer Zahl Sorge getragen hätte.

Außer den brennenden Wurfspießen und Pfeilen, die schon bei Naulochus vorkamen, wurden hier noch Fackeln mit der Hand geschleudert, Töpfe mit brennendem Pech und Kohlen mittels Wurfmaschinen aus der Ferne geworfen, ähnlich den Brandgranaten. Auch Töpfe mit ungelöschtem Kalk zum Blenden der Mannschaft wurden angewendet (Stinktöpfe der chinesischen Piraten!). So gelang es, viele der antonischen Schiffe in Brand zu setzen und zu vernichten.

Nach der Flucht des Antonius, dem einige seiner Schiffe folgten, hatte der Vorteil sich auf die Seite Agrippas gewendet, aber noch 3 bis 4 Stunden lang wurde mit Erbitterung weiter gekämpft, ohne Ordnung im Gemenge; dann erst hörte nach und nach die Gegenwehr auf. Nur wenige Schiffe des Antonius konnten sich nach Actium zurückflüchten, die meisten waren verbrannt, einige genommen.

Nach einer Woche ergab sich auch das führerlose Heer des Antonius, da es ganz eingeschlossen war; damit fielen auch noch die aus der Schlacht entkommenen antonischen Schiffe Octavianus in die Hände.

So erkämpfte und gewann Agrippa mit der Flotte dem Octavianus die Weltherrschaft, während dieser auf seinem Schiffe hinter der Linie außerhalb des Gefechtsbereiches seekrank in der Kajüte lag und nur an Deck kam, um seinen Nebenbuhler Antonius mit seiner Buhlerin schimpflich entfliehen zu sehen.

Zum dauernden Andenken an diesen großartigen Erfolg baute Octavianus an der Stelle, wo sein Heer gelagert hatte, eine Stadt, die er Nikopolis, Siegesstadt, nannte; noch heute ist dort ein ausgedehntes Trümmerfeld vorhanden.

Antonius ging mit Cleopatra nach Ägypten, dort aber gab sie ihn auf. Er verzweifelte und lebte in einer Hütte am Strande. Als Octavianus kommt, will er sich ermannen, aber seine eigenen Leute verachten ihn, Flotte und Heer gehen zum Feinde über; da findet er den Mut zum Sterben. Cleopatra gewinnt keinen Einfluß auf Octavianus; sie nimmt sich auch das Leben.

4. Schlußbetrachtungen.

Wenn wir nun einen kurzen Blick auf den Verlauf dieses Krieges zurückwerfen, so sehen wir, daß Antonius sich durch seine Schlaffheit die günstigsten Chancen entgehen läßt und alles verdirbt, so handgreiflich, als ob es mit Absicht geschähe. Er ist durch das Übermaß von Ausschweifungen so entnervt und verkommen, daß er, der unzweifelhaft von Natur hochbegabte Mann, der auch als Führer im Kriege vielfach Bedeutendes geleistet hatte, zum willenlosen Werkzeuge eines buhlerischen Weibes herabsinkt. Er verfügt im Beginn des Krieges über Flotte und Heer, Geld und Vorräte, während Octavianus noch gar nicht gerüstet ist; er hat also ein großes materielles Übergewicht über den Gegner, aber die geistige und sittliche Befähigung, es zu verwerten, ist ihm ganz abhanden gekommen.

So bringt er seine starke und tüchtige Streitmacht in eine immer üblere Lage, er tut alles, was nur geschehen kann, um sie zu schwächen und zu demoralisieren, bis es zuletzt keine Wahl mehr gibt, als die vom Feinde erzwungene Entscheidungsschlacht unter ungünstigen Verhältnissen zu schlagen.

Die Geschichte bietet kaum ein anderes Beispiel, daß jemand in solchem Maße sein eigener Feind ist und selbst in sein Verderben sichtlich hineinrennt, wie bei Antonius.

Ich habe zuletzt die völlige Schlaffheit des Antonius in der Führung des Krieges erwähnt. Sein unmännliches Gebahren und sein gänzliches Aufgehen in grobem Sinnengenuß mußte bei seinen Truppen die Achtung vor dem Führer nach und nach zerstören; seine völlige Gleichgültigkeit gegen das Ergehen seiner Leute, die infolge des Mangels an Fürsorge darbten und verdarben, während er im Überfluß schwelgte, mußte ihm auch die Herzen entfremden. Aber ungeachtet der sehr ungünstigen Verhältnisse, die zur Zeit schon seit mehr als Jahresfrist auf sie einwirkten, stellten seine Flotte und sein Heer keineswegs zu verachtende oder nur zu unterschätzende Gegner dar.

Wenn der alte Soldat auch seinen Führer nicht mehr achten kann, selbst wenn er ihn verachten muß, bewahrt er sich doch seinen Stolz auf den Beruf, das Handwerk. Er mag den Respekt nach oben hin verletzen, er mag ungehorsam sein und es selbst bis zur Meuterung treiben, aber mit seiner Truppe im Kampfe gegen den Feind wird er sich tapfer, ja bis zum Äußersten schlagen. Er setzt seine Ehre darein, sein Schwert, das Handwerkszeug, das ihm schon gute Dienste getan hat, blank zu erhalten. Darin lag bei Actium die Gefahr für Octavianus, wie günstig die Verhältnisse im Übrigen sich auch für ihn gestaltet hatten.

Agrippa als Taktiker und Stratege. Octavianus gibt ebenfalls keineswegs ein nachahmenswertes Beispiel; er legt vielmehr als Staatsmann, wie als Führer einen auffälligen Mangel an Voraussicht und Umsicht an den Tag, indem er den Krieg herbeiführt, ehe er gerüstet ist, und indem er ein volles Jahr braucht, bevor er die Aktion beginnen kann. Aber des Antonius' gänzliche Schlaffheit und Blindheit ist seine Rettung, und dann erst im Kriege selbst, sein treuer Freund und Helfer Agrippa.

Wie dessen B l i c k f ü r d e n K r i e g a u f S e e sich seit seinem ersten Versuch fünf Jahre zuvor in eminenter Weise erweitert und berichtigt hat, habe ich schon erwähnt.

Die Römer haben immer nur im Bedarfsfalle eine Flotte gebaut, wie früher gesagt, dann aber gleich eine starke Flotte und sind mit dem Ganzen gerade auf den Feind losgegangen; sie haben ihn auch fast immer entscheidend geschlagen, hauptsächlich durch Anwendung neuer geeigneter Streit- und Hilfsmittel für den Enter-kampf (Legionäre, Fallbrücke). Ihre Erfolge lagen fast aus-schließlich auf t a k t i s c h e m Gebiet und bestanden meist in großen Schlägen, zu denen der Feind ihnen aus Unkenntnis, Überhebung oder Ungeschick Gelegenheit bot. Ihre S t r a t e g i e dabei war eine sehr einfache und primitive; sie beschränkte sich auf das Aufsuchen des Feindes, eine anderweitige Verwendung der Flotte kommt nur ganz vereinzelt vor.

So verfährt im K r i e g e g e g e n S e x t u s P o m p e j u s auch A g r i p p a ; dabei legt er aber nicht allein, wie D u i l i u s , von vorn-herein einen durchdringenden Scharfblick für die T a k t i k (Kampf-weise) an den Tag, indem er den Gürtelpanzer, das Entergeschoß und Brandgeschosse einführt, sondern ebenso ein bis dahin von einem Römer noch nicht bewiesenes Verständnis für die S t r a t e g i e , indem er der Flotte im Portus Julius eine günstig gelegene und ganz sichere Operationsbasis schafft. Hier im K r i e g e g e g e n Agrippas A n t o n i u s aber zeigt er volle Beherrschung des Gebiets der Leistungen. K r i e g s f ü h r u n g z u r S e e , indem er seine Flotte von Anfang an in Teilen sachgemäß und auf das Wirksamste zur Schädigung des Feindes verwendet.

1) Er unterbricht die feindlichen Verbindungen, nimmt Trans-porte weg, schneidet die Zufuhr zur See ab und verursacht dadurch Mangel im feindlichen Lager;

2) er beunruhigt und schädigt die Küsten des Feindes, beides im Rücken von dessen Streitmacht;

3) er nimmt feste Punkte in Feindesland weg, die weitere Gelegenheit zur Beunruhigung und Verheerung des feind-lichen Landes bieten und daneben als Häfen und als Knotenpunkte für große Verkehrsstraßen zu Wasser oder auch zu Lande Bedeutung haben; dadurch unterbricht oder wenigstens gefährdet er auch die feindliche Zufuhr am Lande (Methone, Patrae, Korinth);

4) er erobert und besetzt Inseln in der Nähe der feindlichen Stellung, die dessen Flotte als Stützpunkte dienen (Corcyra, Leukas) und schränkt deren Wirkungskreis dadurch aufs engste ein; gleichzeitig benutzt er diese Inseln als Beobachtungsposten zur Überwachung des Seeverkehrs zum Zweck der Beherrschung desselben;

5) endlich benutzt er im allgemeinen jede sich bietende Gelegenheit, zu Wasser und zu Lande, um den Feind direkt im Gefecht zu schädigen; und durch unerwartetes Auftreten, wie es der Flotte, namentlich einer schnellen Flotte möglich ist, sichert er sich dabei die Überraschung und die Übermacht.

Indem er die Aktion beginnt, während der Gegner noch in seinen Winterquartieren liegt, zeigt er durch unermüdliche Tätigkeit, was eine Flotte in solchem Falle bei richtiger Verwendung durch kühne Offensive vermag. Denn alle diese Erfolge drängen sich in die kurze Zeit von kaum fünf Monaten zusammen!

Agrippa gibt damit ein Beispiel für die Führung des kleinen Krieges, wie wir es sonst nirgends lehrreicher, und selten so lehrreich wie hier finden. Daß er überall erfolgreich ist, muß allerdings zum großen Teil der Trägheit und Lässigkeit des Feindes zugeschrieben werden, der in der ganzen Zeit nur zwei aktive Operationen zur See unternimmt (Nasidius und Sosius); aber das tut der Leistung des Agrippa keinen Abbruch. Er ist der einzige Römer, der Genie für den Seekrieg entwickelt hat; das hat er in hohem Maße bewiesen!

Agrippa beschränkte sich jedoch nicht auf den kleinen Krieg, sondern betrachtete ihn sehr richtig nur als Mittel für den großen Zweck, die Niederwerfung der feindlichen Hauptmacht, die er bei allen seinen Unternehmungen stets im Auge hatte. Sobald die Zeit gekommen war, griff er auch in die große Aktion ein und zwar in maßgebender Weise. Nachdem er durch die Wegnahme von Corcyra den Weg für das Heer des Octavianus nach Epirus frei gemacht, veranlaßte er ihn, dahin überzusetzen; vorher war das nicht ratsam, denn so lange die Insel im feindlichen Besitz und Station für ein antonisches Geschwader war, hätte Octavianus mindestens 160 Seemeilen nördlich von Actium landen müssen, statt 22 Seemeilen, wie es geschah.

Immerhin zeugt das Übersetzen eines Heeres von 90 000 Mann bei der Nähe einer mächtigen feindlichen Flotte von großer

Kühnheit im Handeln, aber ebenso von Agrippas richtiger Beurteilung des Gegners und seinem Vertrauen auf die eigene Flotte, Eigenschaften, die ebenfalls den hervorragenden Führer kennzeichnen.

Das Heer des Octavianus findet nun aber wider Erwarten, da Antonius nicht schlagen will, keine nennenswerte Gelegenheit zur Aktion. Da ist es wiederum Agrippa und zwar mit der Flotte allein, der die Offensive wieder aufnimmt und durch unausgesetzte, zweckmäßige und nachdrückliche Verwendung seiner Geschwader den Feind in eine solche Zwangs- und Notlage versetzt, daß Antonius sich genötigt sieht, gegen seinen Wunsch und unter ungünstigen Verhältnissen die Entscheidungsschlacht zu liefern. Er wählt die Schlacht auf See, und die Flotte ist es somit, die hier allein den Ausschlag gibt. Agrippas klare Erfassung der Lage.

Als Antonius die Schlacht anbietet, steht Agrippa vor einer ungeheuren Verantwortung, denn das Schicksal der Welt hängt von ihm ab; aber das ganze Wesen seiner Kriegsführung ist die Offensive und er bleibt sich auch hier treu. Er zögert keinen Augenblick, den hingeworfenen Handschuh aufzunehmen, aber er ist dabei doch keineswegs gesonnen, dem Feinde zu Gefallen gegen dessen sehr feste, so zu sagen unangreifbare Stellung anzurennen. Er trifft vielmehr sofort mit richtigem Verständnis der Sachlage seine Anordnungen im Sinne des zwar an sich sehr einfachen, aber trotzdem oft außer Acht gelassenen taktischen Grundsatzes: den Feind in einer festen Stellung nur dann anzugreifen, wenn man ihn weder umgehen, noch herauslocken kann.

Und da das „Umgehen" hier, wo beide feindliche Flügel sich an die Küste lehnen, zunächst ausgeschlossen ist, so beschließt er, es mit dem „Herauslocken" zu versuchen.

Das erscheint einfach, aber im Kriege ist alles einfach, d. h. hinterher und namentlich für den Außenstehenden, der in der Ruhe des Studierzimmers die Vorgänge bei eingehender Kenntnis der beiderseitigen Verhältnisse an sich vorüberziehen läßt. Daher unsere vielen Zivil-Strategen, die besonders im letzten großen Kriege 1870/71 an unsern Heerführern nicht genug zu tadeln finden. Das Richtige zu treffen ist aber nicht leicht, sondern sehr schwer für den, der selbst mitten in der Aktion und in dem stets damit verbundenen großen Gewühl drinnen steht, ohne freien Überblick, ohne sichere Kenntnis von der Sachlage beim Feinde. Dann die volle freie Verfügung über alle seine Fähigkeiten zu bewahren und beim Insichtkommen des Feindes im Augenblick richtig zu disponieren, zumal wo Großes auf dem Spiele steht — dazu ist eben ein ganzer, außerordentlicher Mann, ein genialer Führer erforderlich!

Agrippas Zusammenwirken mit seinen Unterführern.

Auch die Durchführung der von Agrippa getroffenen Dispositionen sieht einfach aus, sie ist es aber durchaus nicht. Sie erfordert vortrefflich disziplinierte Geschwader-Chefs und Kommandanten und von Seiten dieser völlige Beherrschung der Geschwader und der Schiffe im Evolutionieren, wie im Gefecht, sowie Ausdauer im harten Kampfe unter großen Verlusten.

Vor allem müssen die Geschwaderchefs mit den Intentionen des Admirals vertraut sein und ihnen mit richtigem Verständnis entsprechen, indem sie dabei aber doch innerhalb ihres Wirkungskreises wieder nach eigenem besten Ermessen handeln; denn dort ist es ihre Sache, Raum (z. B. Abstand vom Feinde) und Zeit richtig abzuschätzen, zumal die Befehlserteilung auf See meist sehr beschränkt, wenn nicht überhaupt unmöglich ist.

Williges Eingehen auf die Intentionen des Vorgesetzten und dann entsprechend genaues Ausführen von dessen Befehlen, auch wenn man sie für verbesserungsfähig hält, das ist es, was von jedem Unterbefehlshaber in einem größeren Verbande gefordert werden muß, wenn Gutes geleistet werden soll. Damit bringt man nicht, wie es mitunter irrtümlich aufgefaßt wird, die eigene (natürlich immer bessere) Einsicht zum Opfer, man verbricht kein „Sacrificium intellectus", sondern man legt, gemäß dem pflichtmäßigen militärischen Gehorsam, dem eigenen Handeln die Einsicht des Vorgesetzten zu Grunde.

Die Schlacht bei Actium bietet hierfür ein deutliches Beispiel. In der wohldisziplinierten Flotte des Agrippa wurden dessen Befehle von den Befehlshabern der beiden Flügel sachgemäß befolgt, in der des Antonius handeln die entsprechenden Geschwaderchefs den Intentionen der Führung zuwider. Und das Ergebnis war: die vom Gegner beabsichtigte Teilung der Flotte und die Auflösung der festen Ordnung, auf der ihre Aussicht auf Sieg beruhte!

Von dem angeführten taktischen Grundsatz: „Feste Stellung nur angreifen usw." scheint es ferner, als ob er bloß für den Landkrieg Geltung haben könnte; und Landtaktik und Seetaktik scheinen ferner so grundverschieden, als ob sie nichts miteinander gemeinsam haben könnten. Aber wie Actium beweist, trifft das nicht zu und ein solcher Fall kann auch heute noch wiederkehren. (Außen-Jade.)

Wenn man die Taktik des Agrippa bei Actium mit der in einer der früheren Schlachten befolgten vergleichen will, so wäre es die der Karthager bei Eknomos. Die römische Aufstellung lehnt sich dort nicht mit beiden Flügeln an die Küste, aber sie ist ebenfalls eine enggeschlossene, in der Front unangreifbare. Gegen sie kommen die Karthager — wie Agrippa — in sichelförmiger, ausgedehnter Formation heran, sie gebrauchen die List des Zurückgehens, um die feste römische Ordnung zu lösen und ihre Flotte zu teilen — nur dort in der Mitte, hier auf den Flügeln — und es entstehen nun drei gesonderte Gefechte an drei Stellen (wie hier), ohne daß an einer dieser Stellen eine entscheidende Übermacht an Zahl der Schiffe erzielt wird. *[Seitennote: Actium und Eknomos.]*

Hier aber hat Agrippa die schweren Schiffe in offenes Wasser hinausgelockt, während die Karthager dort das III. und IV. Geschwader an die Küste gedrängt haben; und entscheidend wirken dann auf die von allen Seiten angegriffenen antonischen Schiffe die verderblichen Ferngeschosse, mittels deren sie verbrannt und vernichtet werden, ohne daß sie Gelegenheit zum Entergefecht erhalten.

Im geraden Gegensatz zu seiner Taktik bei Mylae und Naulochus überwindet Agrippa hier die schweren, hohen Schiffe von großer Defensivstärke durch leichte, niedrige, unter Ausnutzung seiner überlegenen Schnelligkeit und Manövrierfähigkeit, mittels einer nachdrücklichen, hartnäckigen Offensive, für die er sich mit geeigneten neuen Waffen ausgerüstet hat.

Dem Agrippa allein hat somit Octavianus die größte Entscheidung, um die es sich je gehandelt hat, die um die Weltherrschaft, zu danken; Agrippa ist es, der ihn zum „Imperator mundi" und zum „Caesar Augustus" gemacht hat. Und glücklich war Octavianus in der Tat zu nennen, weil er in Agrippa zu einer Zeit, wo Treue sonst vom Erdboden ganz verschwunden war, einen treuen Freund besaß, der zugleich ein genialer Organisator und Führer war, der für ihn eine Seemacht schuf, einrichtete, ausbildete und zum Siege führte — wozu er selbst ganz unfähig war. *[Seitennote: Agrippa und Octavianus.]*

Zum Schluß führe ich noch einige Daten aus dem Leben des Agrippa an; Octavianus, der nach der Schlacht sich nach *[Seitennote: Die fernere Lebenszeit des Agrippa.]*

Kleinasien und Ägypten begab, sandte ihn mit unumschränkter Vollmacht nach Rom, da unter den Veteranen in Italien schon wieder Unruhen ausgebrochen waren. Agrippa konnte dort, als das größte Vertrauen im Heere besitzend, am besten wirken; er scheint in Rom alle Ehrungen abgelehnt zu haben, wie er auch dreimal den Triumphzug, fast das höchste Ziel eines römischen Feldherrn, ausgeschlagen hat. Er nahm als Auszeichnung von Octavianus Augustus nur eine besondere Auszeichnung an, die einzig in ihrer Art war, nämlich eine meerblaue Flagge.

Er blieb der Vertreter des Augustus, der ihm im Jahre 23 bei einer schweren Erkrankung sogar seinen Siegelring übergeben hat, wodurch der Imperator ihn als Nachfolger bezeichnen wollte. Die hierdurch veranlaßten Unruhen führten dahin, daß Agrippa als Statthalter von Syrien freiwillig in die Verbannung ging, aber nicht nach seiner Provinz, sondern nach der Insel Lesbos.

Zwei Jahre später kehrte Agrippa zurück, den nun Augustus dadurch noch mehr an sich fesselte, daß er ihn mit seiner soeben verwitweten Tochter Julia vermählte.

Kämpfen gegen die Gallier und Germanier folgte ein Zug im Orient, in Palästina und dem schwarzen Meer, wo Herodes ihn im Kriege mit einer Flotte unterstützte. Nachdem die Pannonier sich ihm kampflos unterworfen hatten, kehrte er heim, erkrankte in Campanien und starb dort 12 a. Chr., 51 Jahre alt. (So hervorragende Stelle, alles umfassende Tätigkeit im Altertum bei einfacheren Verhältnissen weit eher möglich, also auch lehrreiche Beispiele).

Über seine Bedeutung als Taktiker und Stratege ist bereits gesprochen; hier gilt das Wort: Die Formen ändern sich, der Geist aber bleibt stets derselbe. Dieser Satz, der für alle Verhältnisse seine Wichtigkeit hat, gilt ebenso auch für die Kriegführung. Und darauf begründet es sich, daß auch ein Studium der alten Geschichte und ihrer Kriege zur See für den Seeoffizier, ja jedermann belehrend, bildend und — bei richtiger Anwendung der sich ergebenden Lehren auf die jedesmaligen Verhältnisse, auch für den Krieg praktisch und nützlich werden kann.

Hiermit beende ich die Darstellung der Seekriege der Römer und damit zugleich die dritte Abteilung der Seekriegsgeschichte, in welcher das Ruderschiff für das Gefecht verwendet wird.

Agrippas allgemeine Bedeutung. Ich habe das Leben des Agrippa hier nur in ganz flüchtigen Zügen skizziert, aber es geht daraus schon zur Genüge hervor, daß er in jener ereignisreichen Periode eine außerordentlich große Rolle gespielt hat; er hat in der Tat die wichtigste Stelle der Zeit nach Augustus gehabt, den er entschieden überwiegt.

Ganz abgesehen von seiner Tätigkeit als Staatsmann, die bei den Stellungen und der Gewalt, welche er bekleidete, eine sehr bedeutende war, hat er in der Kriegsführung schon Leistungen für sich aufzuweisen, die ihn als Feldherrn ersten Ranges erscheinen lassen. Und wenn wir seine vielen Feldzüge bei Seite lassen, so bleibt allein schon auf dem Gebiet des Seekrieges noch eine Fülle von großen Taten und Erfolgen, wie sie sonst ein einzelner Mann selten aufzuweisen hat.

Agrippa hat drei große Schlachten zur See geschlagen — Mylae, Naulochus, Actium — sie sämtlich gewonnen und in den beiden dem Feind eine völlige Niederlage beigebracht. Sein ganzes Verfahren in der Seekriegsführung und zwar von Anfang an, wie er eine Flotte schafft; wie er die Schiffe zweckmäßig erbaut und namentlich gegen das Rammen sichert; wie er vor Beginn der Operationen erst einen Kriegshafen in günstiger Lage herstellt und sich damit eine sichere Basis für die Kriegsführung bereitet; wie er die Mannschaften für die Flotte erst im Hafen und dann auf See in allen Vorrichtungen, Bewegungen und dergleichen für das Gefecht einübt; alles dies zeigt einen das Ganze vollkommen beherrschenden Blick, von richtiger Erkenntnis und vollem Verständnis des Seekriegswesens, sowie von erstaunlicher Energie in der Ausführung und ist daher in hohem Grade lehrreich.

Octavianus Augustus hielt in Zukunft als Kaiser stets zwei große Flotten mobil, die eine in dem von Agrippa erbauten Portus Julius (bei Misenum Neapel), um den westlichen und südlichen Teil des Mittelmeeres zu beherrschen; die andere, rund 250 Schiffe stark, wurde in einem neu angelegten Hafen oben im oberen adriatischen Meere stationiert, bei Ravenna an der Ostküste Italiens. Diese Ravenna-Flotte sollte den seeräuberischen östlichen Teil des Mittelmeeres beherrschen und überall den Osten des Reiches schützen. *Die römische Flotte unter Octavianus Augustus.*

Kleinere Geschwader waren schließlich noch im Pontus, (dem schwarzen Meer), an den Küsten von Syrien, Afrika, Gallien u. s. f.; ferner gab es kleine römische Flottillen auf dem Rhein, der Donau, der Rhone, der Seine, dem Euphrat u. s. w.

Während das kaiserliche Heer an den Grenzen des Reichs noch viel und oft größere Gelegenheit zu kriegerischem Auftreten hatte, gab es für die Flotte kaum noch einen starken ebenbürtigen Gegner, was natürlich ihre Tüchtigkeit nach und nach herabsetzte.

Da die sittliche Grundlage des Römervolkes auch schon ins Wanken geraten war, so lag hier ein fernerer bedenklicher Keim für den allmählichen Niedergang der römischen Flotte verborgen. Wir sehen daher die Flotte in erster Linie verfallen, die nachher nie wieder auf eine solche Höhe gekommen ist, wie letzthin unter der glorreichen Leitung durch den tatkräftigen A g r i p p a.

Bedeutung der See- schlachten des Altertums. Diese letzte Schlacht bei Actium, mit ihren langjährigen Vorbereitungen und ihrer endgültigen Durchführung bietet, besonders mit den Seeschlachten des ersten punischen Krieges und denjenigen zur Zeit der Seeherrschaft Athens, ein wichtiges Gebiet für das Studium der Seetaktik. Es lassen sich aus diesen Schlachten mit ihren Geschehnissen vorher und den betreffenden Ausnutzungen hinterher manche Lehren ableiten, die auch für die heutige See- kriegsführung von wesentlicher Bedeutung sind. Es ist hier ein wertvolles Material für eingehenderes Studium aufgehäuft.

Ein Vergleich der Aktionen zur Zeit der Remen-Schiffahrt kommt oft nahe derjenigen zur Zeit der beginnenden Panzer- schiffs-Taktik. Sind die heutigen Dampfkriegsschiffe sehr abhängig von der häufig erforderlichen Ergänzung an Wasser und Kohlen, so waren es die Remenschiffe ebenfalls. Statt des Kohlen-Nehmens bedurften sie einer Ruhezeit für ihre Besatzungen. Beide Flotten, die des Altertums und der Neuzeit waren daher nicht nur in taktischer, sondern auch in strategischer Beziehung vielfach ähnlichen Bedingungen bei Ausführung kriegerischer Tätigkeit unterworfen. Die Segelkriegsschiffe haben in vielen bedeutsamen Punkten keine ähnlichen Beziehungen aufzuweisen.

Kein geringerer als Englands bedeutender Seeführer S i r W a l t e r R a l e i g h hat schon seinerzeit, also um 1600, auf die Wichtigkeit hingewiesen, welche ein Studium der Seekriegs- geschichte des Altertums hätte, obwohl damals nur Segelschiffe vorhanden waren. Für seine Abhandlungen über ein nötiges offen- sives Vorgehen an feindlicher Küste, als besten Gegenhieb gegen drohende Invasion, hat er vielfach die griechischen und römischen Seekriege studiert.

IV. Venedig und die Türkei.

1. Bis zum Auftreten der Türken.

Mit Actium hört die römische Seekriegsgeschichte von Bedeutung auf. Die römische Kaiserzeit bietet kaum irgend etwas von Interesse; die großen Flotten, die Augustus unterhielt, verfielen in Ermangelung eines ebenbürtigen Gegners. Im Reich führte die sittliche Fäulnis zum inneren Verderben, das so überhand nahm, daß die Prätorianer um die Kaiserwürde würfelten.

Der sittliche Einfluß der im römischen Heere dienenden Germanen war wegen ihrer geringen Zahl noch unbedeutend; erst später, unter Julian (193), war die Hälfte aller höheren Offiziersstellen durch Germanen eingenommen.

In der Flotte waren, außer in der classis germanica, nur in dem Geschwader von Ravenna und Misenum Germanen in größerer Anzahl vorhanden, auch bestand ein großer Teil der Subalternoffiziere aus Germanen.

Als daher barbarische Völkerschaaren, aus dem nördlichen Europa kommend, eine nach der andern wie riesige Flutwellen das Kaiserreich überschwemmten, fiel ihnen das schon längst morsch und brüchig gewordene Kaiserreich zur leichten Beute. Der verkommenen Nation zwar wurde durch diese Völkerwanderung wieder frisches Blut eingeflößt, aber das konnte zunächst noch keine Wirkung äußern. Die urwüchsigen Barbaren stürzten auf ihren Eroberungszügen nicht blos die Dynastieen, sondern in rohem Vernichtungskampfe warfen sie die Staaten mit ihrer Einrichtung um, zerstörten die Städte, vor allem die Hauptstädte, und vernichteten damit fast alle im Laufe der Jahrhunderte mühsam erworbenen Errungenschaften des menschlichen Geistes in Künsten und Wissenschaften.

Nur einzelne Reste der Literatur wurden in stille, abgelegene Winkel, meist griechische Klöster, geflüchtet und dort heimlich sorgsam aufbewahrt, alles andere und zwar unendlich viel wertvolles ging verloren, zum Teil blieb es unter Schutt und Trümmern Jahrhunderte lang verborgen, bis es, wie in Herculanum und Pompeji, oder wie die columna rostrata des Duilius wieder aufgefunden wurde.

Gründe des Verfalls der Flotten.

Mit diesem Auslöschen der alten Bildung mußten auch die Flotten verschwinden, bezw. auf den Stand der Kindheit zurücksinken, zumal die barbarischen Stämme, die Italien u. s. w. überschwemmten, nicht zu den seefahrenden des Nordens gehörten; denn eine Marine kann nur in einem fest geordneten Staatswesen bei sorgsamer, gleichmäßiger Pflege gedeihen. Sie setzt eine hoch entwickelte Technik und bedeutende Mittel voraus, sie ist eben die letzte und die höchste Schöpfung des Kulturstaates. Darin liegt es auch begründet, daß jede Erschütterung des Staatswesens ihr nachteilig, daß eine starke Erschütterung ihr leicht verderblich werden kann. Mit der Überflutung des weströmischen Reiches durch Barbarenhorden, denen das Seewesen ganz fremd war, trat mithin ein völliger Verfall der Flotte ein.

Das oströmische Kaiserreich hielt sich viel länger, über 1000 Jahre länger, denn es fand erst durch die Eroberung von Konstantinopel durch die Türken, 1453, sein Ende, wenn es auch schon Jahrhunderte lang vorher verkommen und ohnmächtig gewesen war. Es unterhielt auch eine Flotte und entwickelte die Seetaktik, aber davon ist wenig auf uns gekommen und die Taten der Byzantiner auf See bieten auch kein hohes Interesse, deshalb brauchen wir nicht darauf einzugehen. Die See behält aber immer ihre Bedeutung, und Seehandel und Seemächtigkeit sind Faktoren, die sich immer wieder geltend machen. Der Verkehr zwischen einzelnen Staaten und zwischen Asien, Afrika und Europa fand daher durch einen Vermittler, Phönizien, statt.

Tätigkeit der römischen Flotte bis zum Jahre 450.

Aber hie und da gab es für die verschiedenen Flotten-Abteilungen Roms, später Ost- und West-Roms (Byzanz), doch noch gelegentlich etwas zu tun. Die Vorgänge in Britannien und Germanien werden in den nächsten Kapiteln behandelt werden.

So erschienen z. B. unter Trajans Regierung, zum ersten Mal im Jahre 115, römische Schiffe im persischen Meerbusen und im indischen Ozean, welche die Küsten von Arabien verwüsteten.

Unter Kaiser Septimius Severus konnte sich Byzanz drei volle Jahre lang gegen die Belagerung der Römer halten (195), bis es diesen gelang, auch zur See die Stadt so eng zu blockieren, daß alle Zufuhren fern gehalten werden konnten; die Byzantiner hatten zeitweise nahezu 500 Kriegsfahrzeuge bereit, von denen die meisten mit zwei Steuerrudern versehen waren.

Bald nachdem Constantinus Alleinherrscher geworden war und seine Residenz nach Byzanz verlegt hatte, hat eine größere Seeschlacht am Hellespont im Jahre 323 stattgefunden; seine Flotte, die von Crispus befehligt wurde, sollte den Eingang zum Hellespont frei machen, der von der Flotte des Licinius unter ihrem Oberbefehlshaber Abantus mit 300 Schiffen geschlossen worden war. Die Flotte des Crispus war in zwei Treffen eingeteilt und griff in mehreren Reihen die am Eingang liegende eng aufgeschlossene Flotte des Gegners an.

Das erste Treffen des Crispus ging mit aller Kraft, aber in größeren Zwischenräumen, gegen die dicht gedrängte Linie der Schiffe des Abantus vor, rammte sie, zerbrach ihre Remen und brachte eine große Verwirrung unter diesen hervor. Die vielen intakten Schiffe des Gegners konnten wegen der Enge ihren Kameraden nicht zur Hülfe herankommen. Nach mehrstündigem heftigen Kampf, in den auch noch die starke Reserve des Crispus kräftig eingriff und den Ausschlag gab, zog sich Abantus unter schweren Verlusten zurück und suchte einen Hafen am asiatischen Ufer, Crispus einen solchen am europäischen Ufer auf.

Der Versuch des Abantus, am nächsten Tage seinem Gegner wieder entgegenzutreten, mißlang, da dieser sich nicht aus dem Hafen herauslocken ließ, weil er die Anzeichen eines schweren Süd-Sturms beobachtet und sich darnach gerichtet hatte. Dieser bald ausbrechende Sturm brachte dann der Flotte des Abantus einen schweren Verlust von nahezu der Hälfte seiner Galeeren bei, 130 an der Zahl. Der Hellespont war nun für die Flotte des Constantinus frei.

Theodosius der Große (279—395) versuchte auch dadurch seine Macht zur See zu stärken, daß bei Todesstrafe verboten wurde, den Ausländer die Kunst des Schiffbaues, die Ausrüstung, die Armierung und Nautik zu lehren. Dadurch wurde z. B. den Berberreichen in Nord-Afrika sowie den Westgoten in Spanien die Gründung von Flotten sehr erschwert.

Im Jahre 425 sehen wir in der Adria eine größere Flotte des Theodosius gegen den hunnischen Feldherrn Aelius, im Verein mit dem Heere wirksam auftreten.

Die Flotte von Byzanz. Als dann vier Jahre später der Vandalen-König Genserich von Spanien nach Afrika ging, gab es im ganzen westlichen Mittelmeer keine Flotte, die ihm entgegentreten konnte; er besetzte nicht nur die Nordküste von Afrika bis Tripolis, sondern nahm ferner noch die Balearen, Sardinien, Corsica und Sizilien unbehelligt in Besitz und schuf sich eine starke Flotte.

Gegen Genserich wurde 467 eine starke Flotte von Byzanz ausgeschickt, die aus mehr als 1100 Schiffen mit 100 000 Mann Besatzung bestanden haben soll. Unter dem Oberbefehl des Basilicus gingen Teile nach Sizilien und Sardinien, eine dritte Abteilung nach Libyen, während der Oberbefehlshaber mit der Hauptmacht unweit von Karthago landete. Genserich unterhandelte Anfangs zum Schein, um Zeit zu gewinnen; sobald aber seine Flotte kriegsfertig lag, schickte er des Nachts bei frischem südlichen Wind 75 Brander-Fahrzeuge gegen die Gegner vor, wodurch eine große Zahl ihrer Schiffe in Brand geriet. Die hierdurch entstandene Verwirrung wurde von ihm dann am nächsten Morgen sofort geschickt ausgenutzt, um seinen stärkeren Gegner mit solchem Erfolg anzugreifen und zu schlagen, daß dieser nur mit spärlichen Resten seiner großen Flotte nach Sizilien entkam.

Unter Justinianus' Regierung ging im Jahre 525 eine neue große Flotte unter dem Feldherrn Belisar in See, aus 92 einremigen Kriegsschiffen und 50 Transportern bestehend, um die Vandalen aus Afrika zu vertreiben; See-Gefechte fanden aber im Verlauf dieser Expedition nicht statt.

Bei Ancona in der Adria kam es 552 noch zu einem Seetreffen zwischen 47 gotischen Schiffen und einer römischen Flotten-Abteilung. Die in zwei Gruppen ungeordnet und ohne besondere Anordnungen auf die römische Schlachtlinie losstürzenden Goten wurden in lauter Einzel-Kämpfen, allerdings erst nach hartnäckigster, tapferer und verzweifelter Gegenwehr durch die geregelte und seegeübte Übermacht vollständig aufgerieben.

Die Hunnen machten 550 den Versuch, von dem thracischen Chersonesus (der Krim) auf Schilfflößen überzusetzen, woran römische Kriegsschiffe sie aber hinderten.

Byzanz hatte etwa 18 verschiedene Flotten-Abteilungen überall an den Küsten dauernd kriegsbereit.

An der Nordwestküste der Adria haben die von den Alpen und dem Apennin mit starkem Gefälle herunterkommenden größeren und kleineren Flüsse, wie Po, Etsch, Brenta, Tagliamento und Rimini, bis zum Golf von Triest auf einer Strecke von mehr als 100 Seemeilen große Anschwemmungen gebildet, infolge deren umfangreiche Lagunen und in diesen hunderte von Inseln, meist sehr kleine, entstanden sind. Auf diese wenig einladenden Wohnplätze flüchteten sich viele der Umwohner des benachbarten Festlandes, als im Jahre 400 die Gothen unter Alarich in das heutige Venetien einfielen; es entstanden mehrere Ortschaften, sie erhielten Zuzug, als 421 ein neuer Einfall dieser Völkerschaft unter Ataulf erfolgte. *Gründung einer Lagunenstadt, 421.*

Um diese Zeit ordnete der Senat des nahe gelegenen Padua die Erbauung einer Kirche und die Einrichtung eines Stadtwesens auf dem Rialto an, das Jahr der Gründung Venedigs. Es ist aber nicht der Hauptort, sondern Heraclea. Gegen Ende des fünften Jahrhunderts erhielt das neue Gemeinwesen frischen Zuzug infolge des Einfalles der Ost-Goten unter Theodorich 493. Um diese Zeit betrieben sie neben der Fischerei schon erheblichen Seehandel; und da der Seehandel immer Schutz erfordert, ohne den er nicht gedeihen kann, hier gegen die seeräuberischen Istrier (Halbinsel, auf der Pola liegt) so rüsteten die Bewohner der Lagunen-Inseln ein Geschwader aus und führten gegen sie ihren ersten Krieg. Ferner waren sie so selbständig, daß sie den Bewohnern des Festlandes die Fischerei und den Schiffahrtsbetrieb in den Lagunen untersagten. *Erste kriegerische Betätigungen der neuen Lagunen-Stadt.*

Als 553 Narses, ein oströmischer Feldherr, auf dem Marsche zu Lande nach Italien gegen die Ostgoten unter Totilas nach Aquileja (unweit Triest, etwas westlich, wo die Lagunen beginnen) und nach Ravenna übersetzen wollte, lieh er Schiffe von Venedig zu diesem Zweck. So entwickelten die Gemeinden der Lagunen sich weiter, indem neben der friedlichen Tätigkeit des Seehandels die kriegerische zum Schutz der Schiffahrt nebenherging, denn die Fehden mit Istriern, Illyriern und Dalmatiern, die von altersher als Seeräuber bekannt und gefürchtet waren, nahmen kein Ende. Sodann erweiterten sie auch ihre Herrschaft, indem sie 735 durch gleichzeitigen Angriff mit Flotte und Heer den Longobarden Ravenna, das damals noch am Meere lag, wegnahmen — ihre erste größere Waffentat.

Fernere
Erstarkung. Um 800 wurde der kleine amphibische Staat, der von Anfang an ganz selbständig aufgetreten war, in einem Vertrage zwischen Pipin von Franken und dem oströmischen Kaiser auch als „unabhängig" anerkannt.

Nicht lange nachher geriet der Lagunenstaat mit dem mächtigen Pipin in Streit. Dieser nahm und zerstörte zwei der bedeutendsten Städte, Heraclea und Equila, bemächtigte sich dann auch des Malamocco und begann eine Schiffbrücke nach dem Rialto, dem letzten Zufluchtsort, zu schlagen, die aber von Venedig aus zerstört wurde. Alsdann sammelte er sämtliche größeren Fahrzeuge der Küste und machte einen Angriff auf den Rialto. Aber die Fahrzeuge gehen zu tief, um herankommen zu können, viele kommen bei unverständiger Führung fest und werden dann durch brennende Pfeile in Brand geschossen und vernichtet, kurz, der Angriff wird siegreich abgeschlagen.

Staat
und Stadt
„Venedig". Infolgedessen wird der Sitz der Regierung von Heraclea nach dem Rialto verlegt, dieser mit etwa 60 andern Inseln durch Brücken verbunden; diese neue Stadt, Mittelpunkt und Hauptstadt des Lagunenstaates, erhält jetzt den Namen „Venetia" nach dem Vaterlande seiner Bewohner, der Landschaft Venetien.

Von da ab dehnt ihr Handel sich noch schneller aus als vorher. Die Bewohner nehmen von denjenigen Völkern, mit denen sie verkehren, das Gute mit richtigem Blick an und lernen z. B. im Schiffbau viel von den Griechen, die immer noch die besten Schiffbauer sind. In der Adria sind sie die ersten und ihr Handel erstreckt sich über den ganzen Orient; denn ihre späteren Rivalen Pisa und Amalfi sind noch nicht mächtig und das schon blühende Genua ist Auftreten
der
Sarazenen
(Araber)
zur See. durch die Sarazenen beschäftigt, deren große Zeit dies war. Nachdem diese ganz Nord-Afrika und Spanien erobert hatten und erst bei Tours an der Loire von Karl Martell 732 zurückgeschlagen sind, suchten sie dann ihre Herrschaft über das Mittelmeer auszubreiten. Obgleich von Natur nicht für die Seefahrt veranlagt, bauten sie doch große Flotten, legten Werften in Cartagena, Tortosa und Sevilla an und kämpften auf See mit derselben außerordentlichen Tapferkeit wie am Lande, sodaß sie gefährliche Gegner von bedeutendem Erfolge waren. Der Titel Admiral, der Emir des Meeres, enstand zu dieser Zeit.

So schlugen sie auch 837 eine oströmische Flotte, zu der 60 venetianische Schiffe gestoßen waren, bei Kroton (Crotone) in Süd-Italien völlig und setzten die Verfolgung bis Venedig fort, sodaß sie zeitweilig die ganze Adria beherrschten. Fast 30 Jahre später (864 etwa) griffen sie Grado (vor Isonzo, westlich Triest) mit einer Flotte an. Dann aber zogen sie sich wieder aus der Adria zurück.

Unter Abderrahman III. stand die arabische Flotte um 950 auf der höchsten Höhe, die es verstand, die Reichtümer des Seehandels, durch Seeraub unbehelligt, überall in die südspanischen Häfen sicher gelangen zu lassen.

Später wurde Venedig durch die Ungarn bedroht, die, obgleich kein seefahrendes Volk, die Stadt um 900 zu Wasser und zu Lande nehmen wollten; sie wurden durch Venedigs Flotte völlig geschlagen.

So bildete sich die Lagunenstadt unter mancherlei Kämpfen und Hindernissen weiter aus. Der große Aufschwung datiert etwa vom Jahre 1000 unter dem Dogen Orseolo II., 991—1006. *Venedigs Aufblühen um 1000.*

Ein gewählter Führer, Dust, (wovon Doge), scheint schon in frühester Zeit an der Spitze des Gemeinwesens gestanden zu haben, Anfangs jedoch nur für kurze Zeit. Mit dem häufigen Wechsel waren viele Übelstände verbunden, daher wurde 697 beschlossen: Die Dogen auf Lebenszeit zu wählen. Damit machten die Venetianer aber auch schlimme Erfahrungen; sie protegierten ihre Verwandten übermäßig oder strebten danach, das Dogat erblich zu machen, wenigstens in der betreffenden Familie zu erhalten. Das und willkürliche Handlungsweise mancher Dogen gaben zu vielen inneren Zwisten und zu mehrfacher Absetzung von Dogen Anlaß, die man dann grausamer Weise zu blenden pflegte, um sie unschädlich zu machen. Sitz der Dogen war anfangs Heraclea, bis er 810 nach Venedig verlegt wurde.

Orseolo II. ist der erste, welcher venetianische Politik, d. i. die einer Handelsrepublik, mit höherer Einsicht im großen Style treibt; er besiegt die Narentiner, hartnäckige Seeräuber, die den Verkehr schwer schädigen, unterwirft ganz Dalmatien bis nach Korfu hin und setzt in den wichtigsten Städten venetianische Statthalter (Podesta's) ein, sichert also diese Hafen- und Schlupfwinkel, als Küste dauernd für Venedig; ferner schließt er auch eine Reihe von Handelsverträgen mit italienischen Staaten, dem oströmischen Kaiserreich, Ägypten und Syrien ab und sichert den Venetianern entweder besondere Häfen oder große Vorrechte. *Des Dogen Orseolo II. Wirken.*

Damit nahm der Reichtum der Stadt reißend zu; und als sie etwa 1112, damals noch ganz aus hölzernen Häusern bestehend, abbrannte, erstanden dann die marmornen Paläste, wegen deren Venedig seitdem berühmt ist. *Fernere Schicksale Venedigs.*

8*

Dieser großartigen Entwicklung tat es auch keinen wesentlichen Eintrag, daß Zara wiederholt revoltierte und mit großem Aufwande bekämpft wurde; auch ein Seekrieg gegen die inzwischen im Mittelmeer mächtig gewordenen Normannen, welche die Königreiche Sizilien und Apulien gegründet hatten, vermochte nicht Venedig zu schaden, da es drei Venetianern 1083 vor Darrazzo (Dyrrhochium) gelang, die normannische Blockadeflotte völlig zu schlagen und die Stadt dadurch zu retten. Im folgenden Jahre wurden sie durch eine neue Flotte unter Robert Guiscard aber ebenso völlig geschlagen. Die bald beginnenden Kreuzzüge trugen dann besonders zur Erweiterung des venetianischen Einflusses bei.

Politische
Geschick-
lichkeit
der
Venetianer.

Die venetianische Politik kam hier allerdings in eine schwierige Lage, denn es galt, im Mittelpunkt einander widerstreitender Interessen stehend, das eigene Interesse zu wahren. Letzteres forderte: Das Handelsgebiet zu erweitern, sich Häfen für Kauf und Verkauf von Waren, seinen Kaufleuten Vergünstigungen und Vorrechte für den Handel, womöglich ein Monopol zu verschaffen und jedenfalls Nebenbuhler fernzuhalten.

Bei Vertreibung der Sarazenen kam es nun darauf an, sich einen entsprechenden Teil der Beute zu sichern und dem vorzubeugen, daß ein andrer Staat mächtig im Ostmeere werde. Auch vor dem Zerfall des oströmischen Kaisertums, das schon damals tief gesunken war, war dies keineswegs unwahrscheinlich, zumal die Kaiser, aus Argwohn gegen die in den Orient ziehenden Fürsten, Gegner der Kreuzzüge waren. Es galt hier also geschickt zu lavieren, und das hat die von religiösen Beweggründen oder Rücksichten völlig freie venetianische Politik vortrefflich verstanden. Für sie war lediglich das materielle Interesse, der kaufmännische Gewinn maßgebend, wie bei den Phöniziern und Karthagern.

Venedigs
Flotten-
Gestellung
für den
ersten
Kreuzzug.

Für den ersten Kreuzzug 1098 stellte Venedig eine große Flotte (gegen gute Bezahlung) von 80 Galeeren, 55 kleineren Kriegsschiffen und 72 Transportschiffen; im Ganzen 207 Schiffe. Im Hafen von Rhodus trafen diese eine viel kleinere Pisa-Flotte, die gleichfalls für den Kreuzzug bestimmt war; bei der herrschenden Eifersucht entstand Streit zwischen den Besatzungen, dieser setzte sich nach oben hin fort und gab den Venetianern den wohl nicht unerwünschten Anlaß, ein Gefecht mit dem schwächeren Gegner anzufangen, wobei dem Bundesgenossen 20 Schiffe und 5000 Mann abgenommen wurden.

SEESCHLACHT BEI LEPANTO

am 7. 10. 1571.

RUMELIEN

Lepanto

Golf
von
Korinth

Oxia

I

1

II^b II^a
IV

2

Patras
(Patrae)

III

3

Golf von
Patras

N

MOREA

0   5   10   15 sm
5   0

I Venetianer (Barberigo)

II^a Zentrum (Don Juan, Veniero)

II^b Reserve (Santa Cruz)

III Spanier (Doria)

IV 6 venetianische Galeassen

1 Siloco von Alexandrien

2 Zentrum (Kapuda Pascha Ali)

3 Uluch Ali

Nach der Eroberung von Ptolemais sichert Venedig sich ferner als Lohn für seine Hilfe ein ganzes Stadtviertel als Handelsniederlage, freien Handel im ganzen Königreich Jerusalem und eigene Gerichtsbarkeit; mit den Genuesern und Pisanern, die ebenfalls ihren Handel fördern wollen, lebt es in stetem, heftigen Hader.

Im zweiten Kreuzzuge verdient es sich die erworbenen Privilegien damit, daß es die vor Jaffa kreuzende Flotte der Sarazenen in einer langen und blutigen Schlacht 1123 völlig besiegt und zwar durch Enterung. Dafür bedingt es sich aber schon vor der Belagerung von Tyrus für seine Teilnahme noch viel weitergehende Privilegien als die oben genannten aus, z. B. daß ein Drittel der Stadt und des Gebiets an Venedig fällt. Und das wird zugestanden, weil die Mitwirkung der Flotte und die Seeherrschaft unentbehrlich sind! *(Weitere Erstarkung als Seemacht.)*

Die Wegnahme von Tyrus nach langer Belagerung und von Askalon berühren den oströmischen Kaiser aber so empfindlich, daß er alle venetianischen Schiffe aufzugreifen befiehlt, darauf geht der Doge mit einer Flotte in den Archipel, verwüstet alle Inseln mit Feuer und Schwert, macht die Kinder zu Sklaven u. s. w.

Des weiteren nur noch einige Einzelheiten zur Charakteristik der venetianischen Politik.

1143 erwirbt Venedig Besitz auf dem italienischen Festlande, gerät dadurch in Zwist mit der Mutterstadt Padua und ist zum ersten Male genötigt, Söldner anzunehmen; das war ein direkter Schritt zum Verderben, da es nun von der festländischen Politik nicht mehr frei, in Fehden und Kriege verwickelt wird, die viel kosten, dem Handel schaden und nichts nützen. Die Nachbarn sich wegen Absatzes der Waren zu Freunden zu halten, wäre richtig gewesen. *(Venedig geht auf das Festland über.)*

Als Roger von Sizilien gegen den oströmischen Kaiser Krieg 1148 führt, Korfu nimmt, Griechenland verwüstet, durch die Dardanellen fährt und Konstantinopel bedroht, läßt das seemächtige Venedig sich vom Kaiser durch die Freigebung der bisher verschlossenen Häfen von Cypern, Kreta u. s. w. erkaufen; die verbündeten Flotten erobern Korfu zurück und verwüsten Sizilien schrecklich; bis Roger die Venetianer wieder durch große Handelsvorteile von dem Bündnis loskauft. *(Vordringen der materiellen Interessen.)*

Ein solches, allen Grundsätzen hohnsprechendes Verhandeln der eigenen Macht, blos um materiellen Gewinns willen, mußte vom verderblichsten Einflusse auf alle Beteiligten sein, am meisten aber auf den betreffenden Staat selbst!

Im vierten Kreuzzuge stellt 1203 Venedig für das Kreuzheer eine Transportflotte gegen gutes Gold; es kommen gegen 500 Schiffe und ein Heer von etwa 40000 Mann zusammen, von denen Venedig in drei Monaten 300 neue Galeerenschiffe zusammengebracht hat. Dann aber werden die Venetianer schwierig und setzen es durch, daß das Heer nicht nach dem gelobten Lande fährt, sondern sich gegen die christliche Stadt Zara wendet, die Urfeindin Venedigs, die wieder abgefallen und die es nicht allein bewältigen kann. Die Stadt wird belagert, von der venetianischen Flotte blockiert, die Kette vor der Einfahrt gesprengt und die Stadt genommen. Infolgedessen entsteht Zank. 1204 nimmt Dandolo mit den Franzosen Konstantinopel. Als besonderer Vorgang verdient noch Erwähnung:

Vermählung mit dem Meer. Papst Alexander wird durch die Venetianer sehr verpflichtet, indem sie gegen seinen Haupt- und Todfeind, Kaiser Friedrich II., also für ihn Partei nehmen. Der Sohn des Kaisers, Otto, sammelt eine Flotte gegen Venedig, wird aber mit seinen 65 deutschen Kriegsfahrzeugen bei Pirano geschlagen, der Papst dadurch von einer großen Gefahr befreit. Aus Erkenntlichkeit dafür gibt er dem Dogen 1177 einen Ring, (er tut es billig), als Zeichen der Seeherrschaft; jedes Jahr soll der Doge sich mit dem Meere, als seiner Frau, von neuem vermählen, und das Meer soll ihm untertan sein, wie die Frau dem Manne.

Neue Staats-Verfassung. Um diese Zeit wurde auch die Verfassung geändert. Den andern Lagunenstädten wurde aller Einfluß genommen. Der Doge wurde bisher vom ganzen Volke in einer Versammlung direkt gewählt, jetzt wurde das direkte Wahlrecht abgeschafft, ein doppeltes und dreifaches trat an die Stelle, nämlich: die Stadt wurde in sechs Teile geteilt, jeder derselben wählt alljährlich zwei Wahlmänner; diese zwölf zusammen wählen aus dem ganzen Volk den Großen Rat, der aus nicht weniger als 476 Personen besteht und der als Ersatz für die Volksversammlung wichtige Fragen entscheidet. Da diese Zahl zu groß, um oft zusammenberufen zu werden, wählt der Große Rat einen Senat von 60 Mitgliedern, die bei allen wichtigen Dingen zu fragen sind. Und zur beständigen Überwachung des Dogen in laufenden Geschäften wählt der Große Rat noch ein Conseil intime von sechs Männern, an deren Zustimmung der Doge in allen Stücken gebunden ist. Auch die Dogen-Wahl war, um das Volk ganz auszuschließen, jenen zwölf Männern übertragen.

Also: das Volk ist nicht ganz ohne Beteiligung, aber nur nominell, da alte Familien, Besitz, sich ihren Einfluß sichern. Der

höchste Beamte, so überwacht und eingeschränkt, daß er ganz abhängig ist, und durch mehrfache Wahlen zu verschiedenen Körper-
schaften dessen persönlicher Einfluß so beschränkt, daß er sich auf
gesetzlichem Wege nur wenig geltend machen kann. Das Ganze
ist auf A r g w o h n basiert, sichert gegen Mißbrauch der Gewalt,
macht aber kräftiges Handeln unmöglich.

Die Zeit des 11.—13. Jahrhunderts war den Venetianern in- Rivalität
sofern günstig, als derzeit ein mehr als 200 jähriger Krieg zwischen mit Genua.
ihren hauptsächlichen Nebenbuhlern Genua und Pisa wütete, der
erst 1249 zum Nachteil Pisas nach mehrfachen, heftig geführten
Kriegen sein Ende fand.

Danach begann allerdings ein ähnlich langer Krieg zwischen
dem siegreichen Genua und Venedig, der 124 Jahre (1257—1381)
währte. Dieser Krieg begann mit einer heftigen Aktion vor
St. Jean d'Acre an der syrischen Küste, wo 53 Venetianer gegen
ebenso viele Genueser fochten. Die Venetianer durchbrachen die
Linie ihrer Gegner im ersten Anlauf, schlugen sie dann einzeln und
erbeuteten die Hälfte der feindlichen Galeeren. Noch im selben
Jahre wurden 32 genuesische Galeeren, welche die Fahrt zwischen
Malta und Sizilien für den Handel frei halten wollten, bei Trapani
von 37 venetianischen Galeeren versenkt, verbrannt oder genommen.

Der Krieg wurde aber nicht blos auf der See, sondern auch an
den Häfen der das Mittelmeer begrenzenden Staaten geführt,
namentlich in Konstantinopel, wobei die Gegner einander an Zugeständnissen überboten, ein höchst unerfreuliches Schauspiel!
Aber es handelte sich um einen großen G e w i n n, um die Ver-
mittlung des Handelsverkehrs mit Asien. Hierbei waren 1202 50
venetianische Galeeren bei der Einnahme Konstantinopels durch
die Kreuzfahrer tätig.

Kurze Zeit darauf trafen 38 Galeeren Genuas in der Adria
ein, um Venedigs Handel zu zerstören. Im südlichen Teile traten
diesen neun größere venetianische Schiffe entgegen, denen es
gelang, ihre Gegner sämtlich zu vernichten, ein glorreicher Sieg!

Aber nach 1380 sah es bedenklich mit Venedig aus, als die
Genueser unter P i e t r o D o r i a sogar schon Chioggia besetzt
hatten. Eine rechtzeitig aus dem Orient heimkehrende Flotte
rettete schließlich Venedig; vor Admiral V i t t o r a P i s a n o mußte
D o r i a kapitulieren.

Es sei hier noch einiges aus der Seegeschichte des großen Genua als
Rivalen von Venedig, Genuas, dargestellt. Seemacht.

Die Genueser hatten im Jahre 1147 eine große Flotte in das westliche Mittelmeer gesandt, um den maurischen Seeräubereien endlich einmal energisch ein Ende zu machen, was ihnen auch größtenteils gelang. Im Verein mit den Spaniern wurde die Stadt Almeria an der Südseite Spaniens blockiert (63 Galeeren zur See, 15000 Mann zu Lande); durch gemeinsamen Angriff kam dann Almeria in die Hände der Verbündeten.

Die mehrfachen Züge gegen Pisa wurden stets mit großen Mitteln ausgeführt und endeten meistens mit dem Erfolge Genuas, z. B. 1119 und später 1180—1185.

Im Jahre 1198 fochten schließlich noch 200 venetianische Galeeren gegen fast ebenso viele der Pisaner (solche Macht besaß Pisa damals noch); in diesem heftigen Kampf in der Nähe von Rhodos blieben die Venetianer Sieger und eroberten 22 Schiffe der Pisaner.

Unweit der Mündung des Arno fand im Jahre 1284 bei der Insel Meloria zwischen Genuesen und Pisanern eine größere See-schlacht statt. Oberto Doria befehligte die 77 Galeeren Genuas, mit denen er nördlich von der Insel lag, indeß eine Reserve unter Zacharia südlich verdeckt sich bereit hielt, auf besonderen Befehl in den bevorstehenden Kampf einzugreifen. Die 86 Schiffe zählenden Pisaner unter Morosini griffen mit Heftigkeit Doria an, es entwickelte sich bald zu lauter äußerst hartnäckig geführten Einzelkämpfen, bei denen sehr viele der Besatzungen getötet wurden. Der blutige, mörderische Kampf, lauter Enterkämpfe von Mann gegen Mann, dauerte bereits zwei Stunden, als Doria seiner Reserve den Befehl zum Eingreifen erteilte, wodurch sein Gegner dann zum Fliehen veranlaßt ward. 28 Schiffe wurden Beute der Genuesen mit 7000 Gefangenen, sieben feindliche Schiffe wurden versenkt.

Im Jahre 1294 wurde eine aus 95 Schiffen und Fahrzeugen bestehende Flotte Venedigs bei Curzola an der dalmatinischen Küste von einer um 30 Schiffe kleineren pisanischen Flotte vollständig geschlagen. Die ungeschickte Führung Dandolos erbrachte Venedig einen schweren Verlust von 65 versenkten oder verbrannten Schiffen, sowie 18 Schiffen, die mit 7000 Mann an Bord genommen wurden (der berühmte Weltreisende Marco Polo gehörte zu diesen); nur zwölf venetianischen Schiffen gelang es zu fliehen.

In Genua wurde bald eine besondere größere Behörde für das Seewesen geschaffen, der auch die neue See-Miliz unterstellt war; die stehende Flotte sollte aus 120 Schiffen bestehen.

Bevor wir wieder zu Venedig zurückkehren, ist noch eine
seekriegsgeschichtliche Periode im Mittelmeer besonders zu erwähnen:

Für den im Jahre 1248 von Ludwig IX. von Frankreich
unternommenen sechsten Kreuzzug war in Frankreich eine große
Flotte zusammengebracht worden. Diese setzte sich zusammen:

a) aus den Königs-Schiffen, für König Ludwig, Königin Margarethe, zwei Brüder des Königs, dann für das große Gefolge
an Rittern und Hof-Angestellten;

b) aus großen hochbordigen Schiffen (nefs), mit drei Decken,
hoher Back und noch höherer Schanze, die hauptsächlich
dem Transport des Heeres dienten, wenig Remen und auch
nur zwei getakelte Masten hatten;

c) aus einer großen Zahl von Galeassen und Galeeren, also
richtigen Kriegsschiffen; schließlich

d) aus vielen kleinen Fahrzeugen zum Nebendienst;

e) aus einer Anzahl genuesischer Galeeren, die sich der großen
Flotte unterwegs anschlossen.

Diese große Flotte verließ Ende August den französischen
Hafen und war nach vier Wochen bei Cypern, wo Landungsboote
beschafft wurden. Zu Anfang des nächsten Jahres ging die statt-
liche Flotte von insgesamt 1800 Schiffen und Fahrzeugen nach
Ägypten hinüber, wurde aber durch einen Sturm sehr zerstreut.
Ludwig IX. ging aber bald mit den sich wieder sammelnden
Schiffen seiner Flotte gegen Damiette an einer der Nil-Mündungen
vor, wo die ägyptische Flotte zum Kampf bereit lag, der auch sofort
begann, indem die Ägypter mit Werfen von Steinen, Schleudern
von Brennstoffen und Vorsenden von Brander-Fahrzeugen ihre
Gegner kräftig empfingen. Aber es gelang den Schiffen der
Kreuzfahrer, sie zurückzuschlagen und zu zwingen, nilaufwärts
zurückzugehen.

Das Landungskorps wurde dann unter der eigenen Führung
des Königs ausgeschifft und Damiette schnell genommen; nach
kurzer Frist befand sich ganz Unter-Ägypten in der Gewalt der
Franzosen.

Hunger und Krankheiten setzten den Truppen sehr zu, auch
der König erkrankte und kehrte auf Umwegen nach einigen Jahren
wieder nach Frankreich zurück. Diese französische Expedition gab
aber der Entwicklung der französischen Marine einen großen

Anstoß; für die weitere Vervollkommnung des Seewesens geschah jetzt in Frankreich sehr viel, da die ferneren Kreuzzüge nach der Richtung hin auch noch weiter Forderungen stellten.

Diese Expedition Ludwigs IX. bietet ein besonderes Interesse wegen des Vergleichs mit Napoleons berühmtem Zug nach Ägypten im Jahre 1798; sie verlief schließlich ebenso ohne besondere Erfolge, wie der große Kriegszug dorthin, der rund 5^1/$_2$ Jahrhundert später unternommen wurde.

Venedigs Blütezeit. Nach Beendigung dieses Krieges gelangte Venedig auf den Gipfel seiner Macht. In der Mitte des 15. Jahrhunderts besaß es an 200000 Einwohner; es hatte außer 3000 Fahrzeugen über 300 größere Handelsschiffe mit 25000 Mann Besatzung, die das ganze Mittelmeer befuhren und darüber hinaus nach Frankreich, ja bis England und Flandern gingen, das damals der Mittelpunkt des Weltgetriebes war. Großhandel und Schiffahrt lagen ganz in den Händen des Adels.

An Landbesitz hatte es die Landschaft Venetien, die Ostküste der Adria mit Albanien, die ionischen Inseln, Morea und viele Inseln des griechischen Archipels einschließlich Negroponte, sowie Kreta und außerdem eine Menge von Handelsniederlassungen im ganzen Orient, besonders auch im Pontus. Endlich kam 1489 noch Cypern hinzu, das Katharina Cornaro an Venedig überließ.

Venedigs stehende Kriegsflotte zählte 1472 an Galeeren 45 Stück mit 11000 Mann Besatzung; im Kriege wurde diese Flotte gelegentlich auf die vierfache Stärke gebracht; das Arsenal beschäftigte bis zu 16000 Arbeiter.

Aber zur selben Zeit traten Ereignisse ein, die den Niedergang der seebeherrschenden Handels-Republik zur Folge haben sollten: das eine friedlicher Natur und nur allmählich, aber um so sicherer sich geltend machend, nämlich die Entdeckung des Seeweges nach Ostindien, durch den Venedig den am meisten gewinnbringenden Teil seines Handels verlieren sollte, und gleichzeitig die Entdeckung des mächtigen neuen Kontinents von Amerika.

2. Venedig und die Türken.

Auftreten der Türken. Das andere Ereignis war das kriegerische Auftreten der Türken auf See, das, mit heutigem Maßstabe gemessen, freilich auch nur allmählich einwirkte.

Schon in den Jahren 717 und 718 erschienen große türkische Flotten, bis zu 800 Fahrzeugen stark im Mittelmeer, welche unter Soliman Konstantinopel blockierten, aber nach schweren Verlusten durch Brander und griechisches Feuer (das ist auf dem Wasser schwimmender flüssiger Brennstoffe, ein Gemisch aus Schwefel, Salpeter, Naphta, Pech, das nur durch Essig oder Erde zu löschen war) zum Rückzug gezwungen wurden.

Den Brandern begegnen wir hier wieder einmal in der See-kriegsgeschichte; durch das besondere griechische Feuer haben die Byzantiner in späteren Jahrhunderten auch öfter größere Erfolge den russischen Flotten-Abteilungen gegenüber gehabt.

Mit den Türken erschien somit nach den Phöniziern, Griechen, Karthagern, Römern, nach Venedig und Genua's Auftreten, im Mittelmeer ein neues Volk, das sich nun auch bald zur See kräftig und mächtig erweisen sollte. Jetzt kam es zu einem größeren Kampfe des Orients mit dem Occident, auch zur See, der viele Jahrhunderte gewährt hat und von den mannigfachsten Folgen und wiederholtem Wechsel begleitet war.

Kultur, Handel, Schiffahrt und Kriegskunst von Ost und West des Erdteils sollten nun an den Küsten des Mittelmeeres mit einander um die Herrschaft ringen. Ein einiger Osten gegen den vielfach zerrissenen und zerstückelten Westen Europas.

Die Türken stammen aus dem Inneren Asiens vom Altai-Gebirge und waren nach dem nördlichen Persien gezogen, breiteten sich von da nach Kleinasien aus und kämpften dort von Ende des 13. Jahrhunderts ab siegreich gegen das verrottete byzantinische Kaisertum. Mitte des 14. Jahrhunderts gingen sie bei Gallipoli, die Dardanellen kreuzend, nach Europa über; vor Konstantinopel verloren sie von ihren 36 Schiffen alle bis auf 4 und vor Rhodos wurden sie mit blutigen Köpfen abgewiesen. Ebenso wurde 1352 eine ihrer Flotten, 42 Fahrzeuge stark, von 15 venetianischen Schiffen bei Gallipoli geschlagen.

Sie drangen aber zu Lande unter Sultan Murad I. bis zum Balkan vor; 1365 wurde Adrianopel, das 1361 genommen war, ihre Hauptstadt, der byzantinische Kaiser mußte sich 1381 zur Tribut-zahlung verstehen. 1401 griff Sultan Bajazar Konstantinopel zu Lande an, konnte es aber nicht nehmen, weil er über keine Flotte verfügte. Dann wurde er durch das siegreiche Vordringen des Mongolenfürsten Timur (Tamerlan) in sein Reich, nach Persien, Syrien und Kleinasien abgerufen, wodurch Byzanz noch eine Frist erhielt. Ein zweiter Angriff 1422 durch Murad II. war ebenfalls erfolglos, da die Stadt zu stark befestigt war; dann suchten die Türken ihren Landbesitz in der Richtung nach Deutschland auszudehnen. Sie fielen in Steiermark, in Ungarn ein, wo sie durch Johann Hunyad zurückgeworfen wurden.

Einnahme von Konstantinopel. Nachher aber wendete Sultan Mahmud II., ein ebenso tatkräftiger, wie umsichtiger Führer und hervorragender Herrscher, sich wieder gegen Konstantinopel, und zwar nicht allein mit einem starken Heer, sondern auch mit einer zahlreichen Flotte, die 400 Schiffe (?) gezählt haben soll. Dem nachdrücklichen Angriffe zu Wasser und zu Lande konnte die Stadt nicht widerstehen, sie fiel 1453 und wurde sogleich, wie sie es bei ihrer von der Natur außerordentlich begünstigten Lage verdiente, zur Hauptstadt des Osmanen-Reiches gemacht. Wenige Jahre später sind schon auf der Donau vor Belgrad 250 türkische Galeeren versammelt gewesen, denen es aber nicht gelang, den Feind zu bezwingen; im Gegenteil, die meisten wurden vernichtet oder genommen.

Beginn der türkischen Seemacht. Eines der nächsten Werke Mahmuds II. war, den aus Kaiser Julians Zeit stammenden Kriegshafen im goldenen Horn, der unter der lotterigen byzantinischen Wirtschaft verfallen war, wiederherzustellen. Indem er hierdurch der von ihm gebauten Flotte eine vortreffliche Operationsbasis sicherte, legte er den Grund zur türkischen Seemacht, die bis in das XIX. Jahrhundert hinein eine mitunter hervortretende Rolle gespielt und deren Geschichte manches Ruhmesblatt aufzuweisen hat.

Das Vordringen der Türken war durch die maßlose Eifersucht (Brotneid) zwischen Venedig und Genua, den bis dahin herrschenden Seemächten im Orient, wesentlich gefördert worden. Jetzt, während Europa durch den Zusammenbruch des byzantinischen Reiches und die ganze Christenheit durch das nochmalige siegreiche Vordringen des Islam's nach Europa erschreckt war und der Papst zu einem neuen Kreuzzuge gegen die Muselmänner aufrief, überboten sich die Gesandten der beiden christlichen Handelsrepubliken Venedig und Genua in Anerbietungen an den Sultan, um dessen Gunst zu erlangen. Dieser nahm von beiden, soviel er bekommen konnte, indem er dagegen seinerseits möglichst geringe Zugeständnisse machte; seine eigentliche Antwort aber bestand nicht in Worten oder Handels-Verträgen, sondern in Taten.

Er erbaute die noch heute vorhandenen festen Schlösser an den Dardanellen (inneren) und armierte sie mit je 30 Geschützen schwersten Kalibers, außer den kleineren, sodaß nun kein Schiff mehr ohne seine Erlaubnis passieren durfte; damit machte er den Handel mit dem Marmara-Meer, mit Konstantinopel und mit dem Pontus zu seinem Monopol, das ihm bei sachgemäßer Verwaltung außerordentliche Erträge abwerfen mußte. Denn über den Pontus ging damals größtenteils der Handel nicht blos der angrenzenden Länder, sondern auch der von Persien und ganz Mittel-Asien.

Ferner begann die türkische Flotte dann die Eroberung der Inseln des Archipels, die derzeit teils zu Venedig gehörten, teils unter eigenen Fürsten standen. Bis 1479 Argos, Negroponte, Lemnos; um 1500 Modon, Koron. Am längsten widerstand ihnen Rhodus, damals Sitz der Johanniter, die es mit äußerster Hartnäckigkeit verteidigten; diese Angriffe fanden 1486 und 1506 statt. Aber 1522 fiel es den Türken unter Soliman II. ebenfalls in die Hände, nach langer Belagerung zu Lande und zur See. *Auftreten der türkischen Flotte.*

Die Flotte leistete hierbei, wie bei der Eroberung von Griechenland u. s. w. die besten Dienste; die Offiziere und Seeleute waren aber nicht Türken, sondern griechischer Abstammung, Schiffbauer desgleichen, oder auch Venetianer. Ihr bedeutendster Führer zur See war Chaireddin oder Barbarossa, ein griechischer Renegat, aus Mytilene gebürtig. Früher Seeräuber, aber bald im großen Stil den Krieg auf eigene Hand führend, später in türkischen Diensten bis zum Beglerbeg des Meeres, d. h. Oberbefehlshaber der gesamten türkischen Seemacht aufsteigend. (Beg ler Beg = Herr der Herren.) So hatte er im Jahre 1517 einen Teil der afrikanischen Küste mit Algier erobert und war dort als Herrscher Vasall der Pforte geworden; er beunruhigte nun fortwährend die Küsten von Spanien, Frankreich u. s. w., kurz das ganze Westmeer und focht wiederholt glücklich gegen die christlichen Flotten, auch gegen den berühmten Genueser Andreas Doria, der für den ersten Seemann seiner Zeit galt.

Im Jahre 1533, als ein großer Zug Karls V. gegen Tunis bevorstand, wurde er von Sultan Suleiman (Selim), der unter seiner Umgebung keinen tüchtigen Führer für seine Flotte hatte, nach Konstantinopel berufen und zum Beglerbeg ernannt. Als solcher führte er von den Dardanellen aus den Krieg gegen die Macht Kaiser Karls V. sowie der Genueser und Venetianer, mit großer Kühnheit und meist mit Erfolg, sodaß er der Schrecken aller Küstenländer des Mittelmeeres wurde.

Auf seinem letzten Zuge mit einer Flotte von 110 Galeeren u. s. w. aus Konstantinopel ausgelaufen, brandschatzte er die italienische Küste und nahm im Verein mit einem französischen Geschwader — Franz I. hatte sich mit dem Großtürken eng verbündet — Nizza fort. Dann lag er längere Zeit im Hafen von Toulon. Zwei Jahre später starb er, 1546.

Der soeben angeführte Zug Karls V. gegen Tunis, mit 500 Schiffen im ganzen, glückte; Chaireddin gelang es mit knapper Not, nach Algier zu entkommen. Dem Sieger wurden 100 Schiffe und 300 schwere Geschütze zur Beute.

Eines der Schiffe Karls V., die „Santa Anna", das von außerordentlichen Größen-Verhältnissen war, soll einen Blei-Panzer gehabt haben, der es sehr gut gegen die feindlichen Geschosse schützte.

Frankreichs Bündnis mit der Türkei.

Dieser Anschluß Frankreichs, der allerchristlichsten Tochter der Kirche, an die Türken, war kein vorübergehender, sondern ein dauernder, und diesem Umstande verdankten letztere zum großen Teil ihre Erfolge zur See, denn einer Vereinigung der christlichen Flotten hätten sie nicht widerstehen können, und ein Kriegshafen wie Toulon im Westen des Mittelmeeres war für sie als Stützpunkt naturgemäß von höchstem Wert. So schritten die Er-

Die Türkei wird die erste Seemacht des Mittelmeeres.

oberungen der Türken immer weiter vor. Im Jahre 1560 wurde Andreas Doria mit einer großen Flotte bei der Insel Dscherbe (zwischen Tunis und Tripolis), die er für einen geeigneten Gegenstand des Angriffs angesehen hatte (in der kleinen Syrte nahe der Küste), durch den Capudan-Pascha Piali (einen kroatischen Renegaten) überraschend angegriffen und gänzlich geschlagen; nur wenige Schiffe retteten sich, was nicht verbrannt, versenkt oder gestrandet war, wurde bei der Wiedereroberung der Insel mit der Besatzung genommen. Die Türken beherrschten jetzt das Mittelmeer.

Wie es mit der Sicherheit in diesem derzeit bestellt war, geht aus einer im selben Jahre in den Cortes zu Toledo erhobenen Klage hervor: daß nur selten ein Kauffahrer den Seeräubern entkomme, sodaß der Seehandel ganz darniederliege; und nicht das allein, sondern daß die ganze spanische Küste von Perpignan bis zur portugiesischen Grenze durch die Piraten so unsicher gemacht werde, daß bis auf 15 Seemeilen vom Strande niemand sich anzubauen wage und das Land dort also unbestellt bleibe.

Ein im Jahre 1565 von den Türken mit großer Macht unternommener Angriff auf Malta, der nicht durch fremde Flotten vereitelt wurde, scheiterte nur an dem außergewöhnlich tapferen Widerstande der Johanniter-Ritter, die sich nach dem Verlust von Rhodus hier niedergelassen hatten, unter ihrem Hochmeister Jean de Valette (nach ihm ist der Hafen von Malta „La Valetta" benannt). Das Fort St. Elmo war schon gefallen, der Hafenschlösser St. Angelo und St. Michel vermochten die Türken aber nicht Herr zu werden, weil es ihnen trotz aller Anstrengungen nicht gelang, die den Hafen sperrende Kette zu sprengen. Flotten waren nicht in Sicht, die türkische Flotte operierte daher ungestört. Hier erreichte die türkische Seemacht einen Wendepunkt; sie kam nicht wieder so weit nach Westen.

Über den Fehlschlag erbittert, ersah Selim sich einen andern Gegenstand zum Angriff aus und richtete seinen Blick nach Osten, (keine Folgerichtigkeit) wo Candia und Cypern noch im venetianischen Besitz waren. Am 12. September 1569 hatte ein auf der Werft von Venedig plötzlich ausgebrochenes Feuer alle Anlagen zerstört; das Pulvermagazin der Flotte war in die Luft geflogen und hatte weithin große Verheerungen angerichtet. Von den Galeeren waren jedoch nur vier verbrannt, das Gerücht aber ließ die ganze venetianische Flotte vernichtet sein. Diesen Zeitpunkt hielt der Sultan für günstig, um im März 1570 auf Antrieb seines Günstlings, eines Juden Josef Mazi, den Venetianern die Insel Cypern abzufordern. *Ursache des Krieges zwischen der Türkei und Venedig.*

Die Venetianer hatten den Krieg zur See, in dem sie sich nun seit mehr als hundert Jahren mit Unterbrechungen mit den Türken befanden, ohne Nachdruck stets in schlaffer Weise geführt, immer nur nebensächliche Zwecke verfolgend. Den Groß-Kaufleuten, die an der Spitze des Staates standen, fehlte der weite Blick und das militärische Verständnis für die Seeherrschaft, um die Politik zum wahren Vorteil der Stadt zu leiten, sie waren nur auf augenblicklichen Gewinn bedacht. Treue und Glauben, wenigstens auf politischem Gebiet, ging ihnen vollständig ab; sie waren immer bereit, wie früher, ihren Beistand zu verkaufen, oder sich den Frieden selbst unter den demütigendsten Bedingungen zu erkaufen. An Mitteln gebrach es ihnen nicht, um eine starke Kriegsflotte dauernd zu unterhalten; tüchtige Seeleute konnten ihnen die Handelsflotte und ihre überseeischen Besitzungen, durchweg Inseln oder Küstenländer, namentlich Dalmatien, Illyrien u. s. w. zur Genüge liefern. Auch begabte Führer konnten nicht fehlen, wenn den Vorhandenen nur Gelegenheit gegeben wurde, sich hervorzutun.

Aber man erkannte nicht, daß nur Mächtigkeit zur See den Handel wirklich schützen kann, man verkannte die dem Staat durch die Türken drohende Gefahr. Überdies dem Kriegswesen im allgemeinen abgeneigt, scheute man Ausgaben für die Flotte, deren Bedeutung man nicht zu würdigen wußte. So war es gekommen, daß Venedig in jedem neuen Kriege immer mehr von seinen Besitzungen im Orient verloren hatte. Die von Selim gestellte brüske Forderung zur Abtretung von Cypern aber wies es doch bestimmt zurück, worauf dieser kurzer Hand den Krieg erklärte.

Die Türken nehmen Cypern. Dieser Krieg war längst vorbereitet, denn schon am 1. Juli 1570 traf Capudan Pascha Piali mit einer Flotte von 360 Schiffen aus Gallipoli, neben Konstantinopel die Hauptwerft für die türkische Marine, an der Südküste von Cypern ein und landete ohne Widerstand ein Heer von 50 000 Mann zu Fuß und 2000 Reitern unter Mustafa. Von der venetianischen Flotte, welche die Insel hätte schützen und die Landung hindern sollen, war nichts zu sehen. Auch am Lande hatten die Venetianer nichts für die Verteidigung getan, vorhanden war nur eine schwache Besatzung von 2000 Mann Infanterie und 1000 Mann Kavallerie; diese konnten dem Feinde nicht offen entgegentreten, sie gaben daher das Land preis und zogen sich in die festen Städte Nikosia (unweit der Nordküste in der Mitte) und Famagusta (an der Ostküste) zurück. Mustafa belagerte erst Nikosia, das nach hartnäckiger Gegenwehr infolge von Mangel und weil die Besatzung zu schwach war, am 9. September fiel. An 2000 Menschen wurden dabei hingemordet.

Bald darauf begann die Belagerung von Famagusta; sie dauerte mehr als 10 Monate lang, wurde jedoch zunächst für den Winter nicht ernstlich betrieben, da die Flotte nach Hause fuhr. Währenddem kam auch das venetianische Geschwader von 12 Galeeren mit Verstärkungen und Vorräten. Aber im Frühjahr, nachdem die Flotte zurückgekehrt war und die Stadt blockiert hatte, begannen ernstliche Angriffe (Minen). Die venetianische Flotte zeigte sich nicht. Nachdem sechs Sturm-Angriffe abgeschlagen waren, ging die Munition aus; da hielt der tapfere Kommandant Bragadius die Stadt zu weiterem Widerstande nicht mehr für stark genug und kapitulierte am 1. August 1571, indem er für die Besatzung und Einwohner freien Abzug mit Hab und Gut ausbedang. Die Kapitulation wurde aber schmählich gebrochen und Bragadius auf entsetzliche Weise ums Leben gebracht, indem ihm Nase und Ohren abgeschnitten und er dann an einen Pfahl gebunden und lebendig geschunden wurde. Seine Haut wurde ausgestopft und nach Konstantinopel geschickt.

So ließen die Venetianer Cypern und die brave Besatzung im Stich und verloren gehen, ohne daß sie nur einen Versuch zur Rettung gemacht hätten. Zwar hatte Papst Paul V., ein glaubenseifriger Kirchenfürst, die katholischen Mächte gleich bei Beginn des Krieges dringend zur Hilfeleistung aufgefordert; aber Kaiser Max II. war wegen eines Einfalls der Türken nach Ungarn und Österreich besorgt und Frankreich stand nach wie vor im engen Freundschaftsverhältnis zum Sultan. Der mächtige Philipp II. dagegen, der über Spanien, Sizilien und Neapel gebot und mit Genua verbündet war, hatte gleich im Mai 1570 Beistand zugesagt. Bündnisse gegen die Türkei.

Die Geschwader Philipps unter Andreas Doria, die von Venedig und vom Papst, der eigens zu dem Zweck zwölf Galeeren bauen ließ oder beschaffte, hatten sich auch zu Korfu vereinigt, aber — wie bei Koalitionen so oft — die Führer waren uneins, dazu die venetianischen Schiffe mangelhaft ausgerüstet und bemannt, und endlich traute man den Venetianern nicht, die in der Tat mit dem Sultan heimlich um Frieden verhandelten! So war die große Flotte denn nur bis Kreta gelangt, hatte sich dann, ohne irgend etwas zu unternehmen, wieder getrennt und war, ein jeder in seine Heimat, wieder zurückgekehrt.

Im Frühsommer des nächsten Jahres, am 25. Mai 1571 kam endlich das 15 Monate zuvor angeregte förmliche Bündnis zwischen dem Papst Paul V., Philipp II. und Venedig in Rom zu Stande. Die Verbündeten verpflichteten sich, eine Flotte von 200 Galeeren und 100 Transportschiffen und ein Heer von 50000 Mann zu Fuß (spanische, italienische und deutsche Söldner), 4500 Reiter und die erforderliche Artillerie zu stellen. Der Krieg sollte nicht blos gegen den Sultan selbst, sondern auch gegen dessen Vasallen-Staaten Algier, Tunis und Tripolis geführt werden. Zum Oberbefehlshaber wurde Don Juan D'Austria bestimmt.

Dieser ist ein Führer zur See, dessen Name durch diesen Seezug unsterblich geworden ist; und da in seinen Adern, wenigstens von der Mutter Seite her, deutsches Blut floß, so verdient sein Lebensgang kurz dargestellt zu werden. Don Juan D'Austrias Jugendzeit.

Am 24. Februar 1545 gebar eine unverheiratete Bürgerstochter in Regensburg, Namens Barbara Blomberg, heimlich einen Sohn, von dem Kaiser Karl V. annahm, daß er der seinige sei; jedenfalls hatte das Kind viel Deutsches an sich, war blauäugig und blondhaarig und auch dem Gemüt nach von seinem bedächtigen, verschlossenen spanischen Vater ganz verschieden. Das Kind wurde der Mutter, die dann mit einem edlen Herrn vom Hofe verheiratet wurde, bald weggenommen und einem vornehmen Spanier Don Quijada anvertraut, der es bis zum fünften Jahre in Deutschland beließ; dann wurde es — alles in der größten Heimlichkeit — nach Spanien in ein Dorf zwischen Madrid und Toledo gebracht und bei einem ehemaligen Kammer-Musikus des Kaisers in Pflege gegeben. Dort wuchs der Junge mit der Dorfjugend fast ohne allen Unterricht auf, bis in seinem neunten Jahre Karl V. veranlaßte, daß Don Quijada ihn zu sich auf sein Schloß nahm, wo er nun eine gute Erziehung erhielt; aber er lernte schwer, dagegen trieb er mit Leidenschaft alle ritterlichen Übungen.

Als Karl V. drei Jahre später sich in das Kloster in Estremadura zurückzog, ließ er Don Quijada als seinen Haushofmeister hinzukommen, um Don Juan, zu dem er eine warme Neigung hegte, als Pagen um sich zu sehen; aber in dem Maße hatte der Fürst sich in einem langen Leben in steifen Formen und stetigen Intriguen verhärtet, daß er ihm nie ein zärtliches Wort sagte, oder ihn sonst das zwischen ihnen bestehende Verhältnis ahnen ließ.

Erst nach Karls V. Tode (21. September 1558) wurde der Schleier des Geheimnisses, das schon lange allgemeines Gespräch des Hofes war, in komödienhafter Weise gelüftet; es wurde so eingerichtet, daß der 14jährige Don Juan den König auf einer Jagd bei Valladolid im Walde traf, hier erkannte Philipp ihn als seinen Halbbruder und zum Hause Österreich gehörig an und gab ihm den Rang nächst dem gleichaltrigen Kronprinzen, dem unglücklichen Don Carlos, sowie den Beinamen D'Austria.

Beide wurden später auf die Universitat zu Alcala geschickt; der Wunsch des Königs war, daß Don Juan in den geistlichen Stand treten sollte; das stimmte aber garnicht mit dessen frischem, feurigen Temperament überein. Als 1565 Malta durch die Türken schwer bedrängt wurde und auf des Hochmeisters Bitte Philipp die Ausrüstung eines Geschwaders befahl, ging Don Juan heimlich davon und unternahm zu Pferde einen Ritt durch halb Spanien bis Barcelona, um mit an Bord zu gehen. An der Küste traf ihn aber noch rechtzeitig ein Befehl des Königs zur Rückkehr, dem er gehorchte.

Erstes militärisches Auftreten Don Juans. Und dies trug ihm schon drei Jahre später, im Januar 1568, noch nicht 23 Jahre alt, die Ernennung zum „Capitan general de la Mar" ein; als solcher machte er aber nur eine kurze Kreuzfahrt in den spanischen Gewässern gegen die Barbaresken mit gutem Erfolge. Im folgenden Jahre wurde ihm die Niederwerfung eines großen Aufstandes der Mauren in Granada übertragen, die er auch mit Strenge gegen die eigenen zuchtlosen Truppen, mit tunlichster Milde gegen die Aufständischen, bis Ende 1570 durchführte. Ein halbes Jahr später wurde Don Juan, 26 Jahre alt, zum Oberbefehlshaber der verbündeten Flotte bestimmt.

Ernennung zum Flottenchef; Stärke der Flotte.

Er betrieb die Rüstungen und die Abfahrt des spanischen Geschwaders mit Feuereifer, aber einerseits war ihm ein alter, bedächtiger Ratgeber zur Seite gestellt und andererseits erhielt er Befehl, erst zwei österreichische Erzherzöge nach Genua zu bringen (von Barcelona). Endlich, am 24. August, traf er am Sammelplatz der Flotte, Messina, ein. Es war eine mächtige Flotte; das direkt unter Don Juan stehende Geschwader bestand aus 86 Galeeren-Linienschiffen (77 spanische, 6 maltesische und 3 savoyische), aus 106 Galeeren und 6 Galeassen von Venedig unter dem General-Kapitän Sebastian Veniero, endlich aus 12 päpstlichen Galeeren unter Marco Antonio Colonna, zusammen also 210 Schiffe für die Schlachtlinie mit ca. 80000 Mann. Dazu kamen noch 70 leichtere Fahrzeuge und 24 Transportschiffe.

Was das Material der Kriegsflotten anlangt, so war im Mittelmeer um diese Zeit immer noch der Remen das Treibmittel und die Menschenkraft die Triebkraft, wenigstens im Gefecht, genau wie im Altertum; aber in der Art der Anwendung der Remen war ein wesentlicher Unterschied eingetreten. Freilich ist die Triere trotz allem, was darüber geschrieben, noch immer ein ungelöstes Rätsel für uns und noch mehr die Pentere der Karthager, die Oktere und Dekatere des Antonius, von der Tesserakantere des Ptolomäus zu schweigen. Indessen scheint zweifellos, daß diese Schiffe mehrere oder wenigstens mehr als eine Lage oder Reihe von Remen übereinander führten und es ist zweifellos, daß die Pentere hochbordiger war als die Triere und die Dekatere wiederum hochbordiger als jene.

Die Galeeren des Mittelmeers.

Im Mittelalter finden wir dagegen nur Schiffe von niedriger Bordhöhe mit nur einer Lage Remen = der alten Triakontere (30 Remer) und Pentekontere (50 Remer), die als Linienkriegs-schiffe blos in den ältesten Zeiten bis auf Polykrates gebraucht wurden, aber schon zur Zeit der Perserkriege nur noch als Avisos dienten. Solche 30—50 Remer nun sind die Linienschiffe des

Mittelalters, die Galeeren, soweit die in seemännischen Angelegenheiten sehr dürftigen Nachrichten reichen.

Sie haben sich im Laufe der Jahrhunderte auch geändert. Noch im 14. Jahrhundert waren sie etwa 37 Meter lang und hatten rund 200 Mann Besatzung, davon 160—170 Remer, vermutlich mit drei Mann am Remen. Danach sind sie größer geworden und es ist anzunehmen, daß die Einführung der Kanonen, die gegen Ende des 14. Jahrhunderts auch an Bord in Gebrauch kamen, wesentlich den Anlaß dazu gegeben hat. Nachstehend gebe ich die Daten, die für die Zeit von Lepanto etwa Giltigkeit gehabt haben.

Die Galeere war ein leicht und scharf gebautes, schnelles Schiff von etwa 47 Meter Länge (46,8 Meter nach Jurien de la Gravière) von Steven zu Steven; gegen 6 Meter (5,85 Meter) Breite und $2^1/_2$ Meter Tiefe im Raum; also Verhältnis der Breite zur Länge = 1:8. Der Tiefgang betrug wenig über 1 Meter.

Sie hatte einen langen, 6—7 Meter vorstehenden Sporn, den man hier vielleicht passender als „Schnabel" bezeichnen kann, der nicht unter oder in der Wasserlinie, sondern über dieser lag. Dem Zweck des Rammens diente dieser Schnabel mithin nicht, man konnte damit nur die Seite über Wasser einstoßen, oder bei dem üblichen Gegeneinander-Rennen, Bug gegen Bug, einige Remen oder Leute am Remen unbrauchbar machen. Aber von dem „In den Grund bohren" der feindlichen Schiffe, wozu der Sporn bei ihrer leichten Bauart und niedrigen Bordhöhe mindestens ebenso geeignet gewesen wäre, wie bei den Trieren und Penteren, war man ganz abgekommen, obgleich im übrigen die Taktik sich nur wenig geändert hatte, eine höchst auffällige und nicht aufgeklärte Erscheinung bei Schiffen mit eigner Bewegung. Das Heck der Galeeren ragte ebenfalls über den Steven hinaus; die ganze Länge vom Ende des Schnabels bis zum Heck belief sich auf rund 55 Meter.

Besatzung der Galeeren.

Die Zahl der Remen war 25—26 auf der Seite. Sie waren etwa 12 Meter (11,8 Meter) und darüber lang, auf großen Galeeren, denen der Admirals-Kapitäne, bis zu 15 Meter. Zur Bedienung genügte daher ein Mann nicht mehr, es gehörten vielmehr bis zu fünf Mann an einen Remen, von denen dann die inneren nicht sitzen bleiben konnten, sondern hin und her gehen oder laufen mußten. Zum Anfassen dienten Handgriffe ähnlich wie jackstags auf Segelraaen. Auf großen Galeeren wurden demnach 250 Mann für die Remen gebraucht.

Als Remer wurden Sklaven oder Kriegsgefangene, die als Sklaven behandelt wurden, verwendet; später hauptsächlich Verbrecher, nachdem zu diesem Zweck die Galeerenstrafe eingeführt war. Um den Ersatz sicher zu stellen, wurden die Gerichte angewiesen, möglichst viele Angeklagte auf die Galeeren zu schicken, Mörder für Lebenszeit und absteigend bis zu geringen Verbrechen oder Vergehen hinunter. Im Bedarfsfalle wurde auch durch Pressen die Besatzung herbeigeschafft.

In Frankreich, woher die meisten Nachrichten stammen, wurden zur Zeit der Hugenotten-Verfolgungen auch solche zu der Galeerenstrafe verurteilt. Die Strafe war in der Tat die schwerst denkbare, unser heutiges Zuchthaus ist ein Kinderspiel dagegen, denn die Galeeren-Sklaven führten ein entsetzliches Dasein. Sie waren alle an ihre Ruderbänke (Duchten) festgekettet und blieben so, unter freiem Himmel, ohne jeden Schutz gegen die Witterung, in Schmutz und Ungeziefer, Tag und Nacht, solange die Galeere sich außerhalb ihres Hafens befand. In früherer Zeit waren sie völlig nackt, vom 16. Jahrhundert ab erhielten sie Kleidung der einfachsten Art, ein Leinenhemd und Hose für den Sommer, eine wollene Hose und Mantel für den Winter, bei sehr kaltem Wetter auch eine wollene Decke; außerdem alle eine rote wollene Kappe. Ihre Nahrung bestand aus Brot (30 Unzen) und Bohnensuppe, und dabei wurden die größten Anstrengungen von ihnen gefordert: bis zu 10 Stunden, ja 20 Stunden den Remen zu bedienen.

Wer nicht stramm genug pullte, bekam die Peitsche, wozu zwei bis drei comitu (Steuerleute) vorn, mittschiffs und achtern stationiert waren. Wurde einer vor Hunger, Anstrengung und Schmerz ohnmächtig, so warf man ihn kurzer Hand als tot über Bord. Machte einer aus Verzweiflung den Versuch, sich zu befreien oder sich aufzulehnen, so wurde er von Posten, die dazu aufgestellt waren, ohne weiteres niedergeschossen oder gehauen. Erschreckender Menschen-Verbrauch!

Die Takelage bestand aus zwei Masten, weit nach vorn stehend, mit lateinischen Segeln. Zum Steuern diente das heutige Ruder, in Fingerlingen hängend. Ausrüstung der Galeeren.

Als Armierung führte die Galeere 3—5 Geschütze im Bug, das mittlere ein 36-Pfünder, ferner 2—8-Pfünder und 2—4-Pfünder; außerdem noch Stein-Mörser für Steine von 30—80 Pfund Gewicht, auf kleine Entfernungen zu werfen. Bei der mangelhaften Ausbildung der Artillerie, die sich erst in der zweiten Hälfte des

16. Jahrhunderts wesentlich zu vervollkommnen begann, diente zum Gefecht für Angriff und Abwehr hauptsächlich der militärische Teil der Besatzung. Bei der Bewaffnung der Soldaten waren zur Zeit der Schlacht von Lepanto Feuerwaffen in der Einführung begriffen; aber sie waren noch sehr unvollkommen, schwer, umständlich zu bedienen, daher langsam schießend, ihre Treffsicherheit gering — immerhin im Nahkampf wertvoll. Vielfach war aber auch noch der Bogen und die Armbrust im Gebrauch.

Taktik der Galeeren. Bei der beschränkten Leistungsfähigkeit der Schußwaffen mußten die Flotten in der Schlacht einander aber nahe auf den Leib rücken und infolgedessen gab auch fast immer noch, da der Sporn weggefallen, der Enterkampf den Ausschlag. Der wohl 6—7 Meter lange Schnabel diente als Enterbrücke. Die Zahl, Ausrüstung und Tapferkeit der Soldaten war somit von hohem Wert. Den kleineren Galeeren des 14. Jahrhunderts hatte man ständig nur 10—25 als Besatzung gegeben, im 16. Jahrhundert aber schickte man 100 und mehr an Bord, zu denen dann noch die Seeleute kamen.

Die Besatzung der großen Galeere im ganzen belief sich auf etwa 400 Köpfe, wovon außer 250 Remern, 100—120 Soldaten (auch Artilleristen) und der Rest Seeleute und Offiziere waren.

Hiernach war die Kampfweise der Remenschiffe auch zu Ende des 16. Jahrhunderts, ungeachtet der schon 200 Jahre vorher erfolgten Einführung von Geschützen an Bord, noch immer eine ganz primitive und zwar noch viel mehr als die der athenischen Flotte zu ihrer Blütezeit 2000 Jahre vorher. Damals bot die Ramm-Taktik Gelegenheit zur Ausnützung der Schnelligkeit und Manövrierfähigkeit der Schiffe und mithin auch zu den verschiedenartigsten taktischen Evolutionen.

Als Bauzeit einer Galeere nahm man um 1700 in Frankreich drei Monate; Bau und Ausrüstung kosteten 54 000 Francs.

Gebrauchsfähigkeit der Galeeren. Die langen und niedrigen, flachgehenden und leichten Schiffe besaßen natürlich nur eine bedingte Seefähigkeit; schlechtem Wetter waren sie auch im Mittelmeer nicht gewachsen. Man mußte daher in der Navigierung vorsichtig sein und blieb ungern über Nacht mit ihnen in See; ließ sich das nicht vermeiden, so wurde beigedreht und der Bug möglichst entlastet, indem man die beweglichen Gewichte nach hinten brachte. In der Regel aber beschränkte man sich auf Tagfahrten, auf denen bei dem allgemein herrschenden Schematismus oft nur kurze Strecken zurückgelegt wurden. Also auch strategisch war die Leistungsfähigkeit der Galeere nur klein, viel kleiner als die der athenischen Triere.

Die Galeasse gehört nicht dem Mittelalter an, sondern stammt aus neuerer Zeit, nämlich aus der Mitte des 16. Jahrhunderts, wo die Bedeutung der Artillerie zu überwiegen anfing. Ein Venetianer hat die erste erbaut; daher tritt sie 1571 auch nur bei den Venetianern und in nicht mehr als sechs Beispielen auf. Die leichte Galeere konnte nicht mehr und keine schwereren Geschütze tragen, daher baute man unter tunlichster Beibehaltung des alten Modells ein längeres, breiteres und höheres, infolgedessen auch viel schwereres Schiff (von etwa 800—1000 tons) mit hoher Back und Schanze und desgleichen Verschanzung sowie mit Schießscharten für Arkebusiere. Länge bis 57 Meter, Länge zur Breite wie 6:1. Die Galeasse war natürlich auch viel schwerfälliger und wurde demgemäß meist durch Segel bewegt, im Gefecht aber ebenfalls nur durch Remen. Die Galeassen.

Die Remen, 30—50 an der Zahl, wie bei der Galeere, hatten eine Länge von 16 Meter und wurden durch je 5—8 Mann bedient, so daß bis zu mehr als etwa 400 Remer zur Besatzung gehörten, außerdem waren noch 200—300 Seeleute und Soldaten an Bord.

Die Takelage bestand aus drei Masten mit lateinischen Segeln. Zum Steuern diente außer dem festen Ruder noch je ein breiter Steuer-Remen auf der Seite, wie bei den Trieren u. s. w. des Altertums; sie waren zwar sehr rank, d. h. sie legten sich bei seitlichem Winde bald über und schlingerten heftig, segelten aber immerhin viel besser als die Galeeren.

Die Armierung war auf Bug und Heck verteilt, im Bug aber am stärksten. Auch hier stand das schwerste Geschütz, ein 50—80-Pfünder, in der Mitte; es war zum Einlaufen bis an den Fockmast eingerichtet und ein Gang mittschiffs dafür freigelassen. In späterer Zeit führten die Galeassen bis zu zehn schwere Bug-Geschütze in zwei Lagen übereinander und acht Heckgeschütze, außerdem noch eine Menge leichter Kanonen in der Breitseite, selbst zwischen den Remern, sodaß sie bis zu 72 Stück an Bord hatten. Aber schon zur Zeit von Lepanto war die artilleristische Leistung der venetianischen Galeassen derjenigen der Galeeren so überlegen, daß die Kommandanten sich verpflichteten, den Kampf mit je fünf Galeeren aufzunehmen. Das Flaggschiff der Galeassen bei Lepanto, der „San Lorenzo", hatte 50 Geschütze an Bord, darunter waren: 4 60-Pfünder, 8 30-Pfünder, 6 18-Pfünder, 6 9-Pfünder, 10 6-Pfünder und 15 kleinere Geschütze. Das Gewicht der Geschosse bei einer einmaligen Chargierung nach einer Seite, also einer sogenannten Breitseite, wird auf 370 Pfund angegeben. Das größte Schiff des andalusischen Geschwaders konnte nicht ganz 200 Pfund mit einer Breitseite abfeuern.

Die Besatzung des „San Lorenzo" bestand aus fast 700 Mann: 130 Seeleute, 260 Soldaten und rund 300 Remer.

Die Galeasse bildet hiernach den Übergang zu dem spanischen Segelschiff jener Zeit, der Galeone, einem schwerfälligen Schiffe mit hohem Bug und Heck, bei dem die Geschütze auch noch hauptsächlich im Bug und Heck übereinander aufgestellt waren und das nur wenige Kanonen in der Breitseite führte, ein Beweis des starken Festhaltens an dem aus andern Verhältnissen Überkommenen sowie des Mangels an richtigem seemännischen Verständnis und an technischem Genie und Schöpfergeist. Aber der menschliche Geist war damals überhaupt, vor allem in Spanien, in enge Grenzen eingeschnürt! (Spanische Stiefel).

Schlechtes Verhältnis in der großen Flotte. Don Juan D'Austria war mit dem spanischen Geschwader am 24. August endlich in Messina eingetroffen, wo Veniero und Colonna schon lange warteten. Sehr bald wurde das Verhältnis zwischen dem jungen, hochstrebenden und heftigen Oberbefehlshaber, der nur wenig Erfahrung im Seewesen hatte, und seinen Geschwader-Chefs ein ungünstiges, besonders zwischen ihm und dem alten Veniero. Große Eifersucht herrschte zwischen den Spaniern und Venetianern von jeher; jetzt brauchten die Venetianer Hilfe und sahen doch die große fremde Seemacht im Ostmeer ungern; Don Juan's Ratgeber andrerseits waren voll Mißtrauen gegen die Venetianer wegen ihrer Unzuverlässigkeit in der politischen Haltung erfüllt. Dazu kommt hier, daß die venetianischen Schiffe mangelhaft mit Soldaten und Seeleuten bemannt sind; als Don Juan nun aber 4000 spanische und neapolitanische Soldaten auf venetianischen Galeeren sich einschiffen ließ, was vielleicht auch mit aus dem Grunde geschah, um seinen Befehlen strikten Gehorsam zu sichern, erregte dies großen Unwillen und gab zu heftigem Streit und Blutvergießen Anlaß sowie zu tiefgehenden Verstimmungen zwischen den Führern.

Beschränkung der Befugnisse des Flottenchefs. Das mag Aufenthalt verursacht haben; außerdem wurde Don Juan auf Schritt und Tritt überwacht und über ihn heimlich an den König berichtet, dadurch wurde er in seinem Eifer gelähmt;

daß Philipp II. ihm kleinliche bindende Instruktionen sandte, daß er ihn auch oft tadelte und daß er ihm besonders aufgab, in Übereinstimmung mit seinen Geschwader-Chefs zu handeln, solche Beschränkung des Oberbefehlshabers ist falsch. Namentlich bei einer aus verschiedenen Nationen zusammengesetzten Flotte muß man dem Oberbefehlshaber auch das Vertrauen schenken, daß er die Streitmacht sachgemäß verwendet. Aber Vertrauen war Philipps II. Sache nicht; er war von Mißtrauen gegen alle erfüllt.

So kam es, daß die Flotte erst am 16. September aus Messina auslief, in vier Geschwader von 30—64 Galeeren geteilt. Die Fahrt ging dann in kurzen Tagfahrten über Tarent nach Korfu, wo ein Teil der Flotte blieb, während Don Juan am 30. September gegenüber an der Küste von Epirus in der geschützten Bucht von Gomenitza ankerte [s. Tafel IX]. *Vorrücken der Flotte.*

Hierhin brachte eine zum Kundschaften ausgesandte Galeere die Nachricht vom Falle von Famagusta und dem furchtbaren Schicksal der Stadt und ihres Kommandanten Bragadino, die alle mit Empörung erfüllte. Nun ging es auf den Meerbusen von Korinth zu. Als man am 7. Oktober morgens die 1400′ hohe Insel Oxia umfuhr, kam im Osten die türkische Flotte in Sicht, und es wurde nun hier an der Westecke von Aetolien, am Eingange in den korinthischen Meerbusen die Schlacht geschlagen, die nach der über 30 Seemeilen entfernten Stadt Lepanto benannt wird; es ist die blutigste Seeschlacht, die seit dem Beginn unserer Zeitrechnung stattgefunden hat. Das Wetter war schön, klar, der Wind leicht, morgens östlich, dann von 10 Uhr ab westlich, die Seebriese unwesentlich [s. Tafel X]. *Die Schlacht bei Lepanto, 7. Okt. 1571.*

Die Flotte der Verbündeten war 205 Schiffe stark, darunter die sechs venetianischen Galeassen; sie hatte 20000 Mann Soldaten (außer Seeleuten und Remern) an Bord, die gesamte Besatzungsstärke muß etwa 80000 Mann betragen haben. Die Flotte wurde in einer langen Dwarslinie geordnet, die Flügel etwas vorgezogen. Den linken Flügel, der sich an die Untiefen nahe der Küste lehnte, 63 Galeeren stark, kommandierte der Venetianer Barbarigo; der rechte, der frei in See hinausragte, 64 Galeeren stark, stand unter des Genuesers Doria Befehl. Don Juan mit 37 Schiffen in der Mitte hatte den Venetianer Veniero und Colonna mit ihren großen Capitana's-Flaggschiffen bei sich, war also stark im Zentrum [s. Tafel X, I, II, III]. *Stärke und Ordnung der christlichen Flotte.*

Während dies der üblichen Schlachtordnung entsprach, hatte man hier noch zwei besondere Anordnungen getroffen:

1) die sechs venetianischen Galeassen unter Duodo in der Mitte vorgeschoben, um ihre starke Artillerie-Wirkung gegen den Feind schon bei dessen Annäherung gehörig auszunutzen;

2) hinter der Mitte als Rückhalt 35 Galeeren unter dem Spanier Santa Cruz aufgestellt.

Die Mitte war hier also abweichend vom sonstigen Gebrauch sehr stark gemacht und in drei Treffen formiert [s. Tafel X, IV und II b].

Die
türkische
Flotte. Die türkische Flotte unter Capudan Pascha Ali kam in der üblichen Sichelform, mit zurückgehaltener Mitte, heran. Ihre Stärke ist sehr verschieden angegeben, sie mag etwas zahlreicher gewesen sein, als die verbündete, vielleicht 220—230 Schiffe, meistens Galeeren, deren Bemannung mangelhaft war. Ali hatte zwar aus den benachbarten türkischen Festungen noch die Garnisonen herausgezogen und eingeschifft, aber die Bemannung soll doch zu wünschen übrig gelassen haben und stand derjenigen der Verbündeten jedenfalls an Tüchtigkeit nach, wenn sie diese an Zahl auch übertroffen haben mag. Die Besatzungen hatten keine Handfeuerwaffen, nur Bogen und Armbrust; man hatte davon abgeraten, es hätte keinen Zweck.

Den rechten Flügel kommandierte Mahomet Siloco, Pascha von Alexandrien, den linken Uluch Ali, ein italienischer Renegat, der durch erfolgreiche Raubzüge sich weithin gefürchtet gemacht hatte, die Mitte Ali selbst. Beide türkischen Flügel überragten die feindlichen [s. Tafel X, I, II, III].

Beginn der
Schlacht. Um Mittag erfolgte der Angriff. Das Feuer der sechs venetianischen Galeassen war so wirksam, daß zwei der feindlichen Galeeren dadurch versenkt, andere beschädigt wurden. Weniger günstig ging es den Verbündeten aber, als dann die Flügel aufeinander stießen.

Auf dem rechten türkischen Flügel fuhren die äußersten Schiffe unter Führung ortskundiger Leute über das allmählich abflachende Wasser näher an die Küste heran, als die Venetianer; sie umfuhren diese und griffen sie dann in Flanke und Front zugleich an, wodurch die Venetianer in eine schwierige Lage gerieten. Den andern Flügel der Verbündeten in See hatte Doria, um nicht umgangen zu werden, weit auseinander gezogen; das machte

Uluch sich mit richtigem Blick zu Nutze: er durchbrach die
feindliche Linie und es gelang ihm, eine Anzahl der feindlichen
Galeeren zu nehmen oder zu vernichten. Dann enterte er das
maltesische Flaggschiff, überwältigte es nach langem und heftigen
Kampfe, wohl mit Hilfe von andern seiner Schiffe, nahm es ins
Schlepptau und fuhr damit ab, um es zu bergen. Inzwischen war
der Chef der Reserve, Santa Cruz, zu Hilfe geeilt, er verfolgte
Uluch und nötigte ihn — dessen Schiff und Besatzung stark mitgenommen war — das Schlepptau zu kappen, sodaß der Malteser
wieder frei wurde; von der ganzen Besatzung war nicht ein Mann
am Leben geblieben.

Wenn auch von verwegener Tapferkeit, war Uluch doch mehr
Seeräuber, als Flottenführer, denn er gab durch sein Verhalten die
Leitung seines Geschwaders auf, das dann keine bedeutenden Erfolge mehr erzielte. Auf dem rechten Flügel war also das Gleich-
gewicht hergestellt.

Der heftigste Kampf fand aber in der Mitte statt. Die vene- Höhepunkt
tianischen Galeassen werden nicht weiter erwähnt, nachdem sie und Ende
der Schlacht.
gleich zu Beginn durch das Feuer ihrer schweren Geschütze dem
Feinde viel Schaden zugefügt und ihn dadurch in Verwirrung
gebracht hatten. Sie waren bei ihrem hohen Bord schwer zu entern
und bei ihrer starken Besatzung noch schwerer zu nehmen.
Schwerfällig in der Bewegung, haben sie auch ihre Artillerie,
nachdem beide Flotten durcheinander gekommen, nicht mehr viel
verwenden können. Don Juan indessen fuhr, sobald das türkische
Zentrum sich näherte, mit Ungestüm sofort auf die große Galeere
des Capudan los, und ebenso dieser auf ihn; beim Zusammenstoß
ragte der Schnabel des Türken bis zur vierten Ducht. Es begann
nun ein wütender Enterkampf von langer Dauer, in dem Don Juan
selbst ein Vorbild glänzender Tapferkeit gab; dieser Kampf wurde
erst zu Gunsten der Verbündeten entschieden, als Schiffe der
Reserve dem Oberbefehlshaber zu Hilfe kamen und Ali fiel. Don
Juans Beispiel zündete und wurde allgemein auf der ganzen Linie
des Zentrum befolgt.

In gleicher Weise wie Don Juan die feindliche Capitana,
nahm Alexander Farnese eine der größten türkischen Galeeren in
der Nähe. In dem entstehenden Schiffsgemenge folgte nun ein
Enterkampf dem andern.

Um diese Zeit fiel auch der Chef des rechten türkischen
Flügels, Mahomet Siloco, und etwa 30 seiner Galeeren kamen fest;

es entstand bei ihnen eine Panik, die Leute sprangen über Bord und wateten ans Land. Der Schrecken teilte sich auch andern türkischen Galeeren mit; als der Sieg entschieden war, fiel auch der Führer auf christlicher Seite, Barbarigo; ein Pfeil traf ihn ins Auge.

Beiläufig: Cervantes zeichnete sich als junger Offizier in dieser Schlacht hervorragend aus; obgleich fieberkrank, nahm er seinen Posten ein und hielt trotz mehrfacher Verwundungen auf demselben aus, bis die Entscheidung gefallen war.

Bei dem Anfahren beider Schlachtlinien gegen- und ineinander war ein allgemeines Gemenge entstanden. Die Artillerie, die damals überhaupt noch wenig entwickelt nnd ganz auf Bugfeuer beschränkt war, konnte im Gemenge nur wenig wirken, der Enterkampf entschied fast durchweg. Und im Handgemenge waren die alten spanischen Soldaten, die spanische Infanterie galt damals als die erste der Welt, und die deutschen Landsknechte, die besser gerüstet waren, den türkischen Soldaten, auch den Janitscharen überlegen. Ebenso die Arkebusiere der Verbündeten den Schützen des Gegners, die meist nur mit Bogen und Armbrust bewaffnet waren. Infolgedessen fiel nach mehrstündigem heißen Ringen um 4 Uhr nachmittags der Sieg den Christen zu; aber erst am späten Abend gaben die Türken den Kampf ganz auf und zog sich ihr Rest zurück.

Verluste der Türken. Uluch Ali zog sich mit 30—40 Schiffen in südlicher Richtung nach See vom Kampfplatze zurück; zur Verfolgung waren die Verbündeten, deren Schiffe sämtlich im Gefecht gewesen waren und mehr oder weniger gelitten hatten, wegen Erschöpfung nicht im Stande. Dies waren aber die einzigen Schiffe der großen Flotte, die entkamen, somit betrug der türkische Verlust fast 200 Schiffe, von denen über die Hälfte genommen wurde. Vom rechten türkischen Flügel waren etwa 30 Schiffe auf Strand gelaufen und die Reste der Besatzungen hatten sich geborgen; diese und eine Menge anderer Schiffe wurden verbrannt, 117 Galeeren fielen den Siegern in die Hände mit großer Beute, darunter 117 schwere und 256 leichte Kanonen, also durchschnittlich drei Kanonen pro Schiff. Der Personalverlust der Türken wird zu 25 000 Mann an Toten und 3500 Seeleuten als Gefangenen angegeben; die Soldaten hatte man vermutlich alle über die Klinge springen lassen.

Die Remensklaven scheinen unter den Toten nicht mitgezählt; 15 500 etwa wurden gefangen, darunter rund 12 000 Christen, welche die Freiheit erhielten.

Auf Seiten der Verbündeten war der Verlust an Offizieren und Mannschaften auch nicht gering; er betrug 8—10000 Mann. An Schiffen betrug er nur 12—15, die fast alle von Uluch Ali versenkt waren; aber sie hatten 7600 Tote, und 2500 schwer Verwundete starben noch in den nächsten Tagen, also über 10000 Tote. Die Zahl der sonstigen Verwundeten ist nicht angegeben. *Verluste der Verbündeten.*

An Toten auf beiden Seiten sind demnach etwa 35—40000 Mann anzunehmen, eine Zahl, welche die der blutigsten Schlachten der Neuzeit am Lande übertrifft.

3. Schluß-Betrachtung und Ende des Krieges.

Die Taktik in der Schlacht bei Lepanto bietet hiernach nur insofern Neues, als die Mitte der Verbündeten besonders stark gemacht ist und namentlich die Zurückbehaltung einer Reserve vorgesehen ist. Sonst hat die Dwarslinie sich erhalten, obgleich die dafür bestimmende Waffe, der Sporn, unerklärlicher Weise weggefallen ist. Anderenfalls hätten die vorgeschobenen, schwerfälligen Galeassen gleich umringt und in den Grund gebohrt werden müssen. Auch ist der Halbmond wieder in gewisser Form bei den Verbündeten angewendet worden, die gebräuchlichste Aufstellung beim Vorhandensein der Übermacht, ohne welche eine solche Aufstellung zwecklos, ja gefahrvoll wäre. *Allgemeine Taktik der Verbündeten und der Türken.*

Eine andere Aufstellung, ein anderes Manöver, sei es um an einer Stelle eine entscheidende Übermacht zu erlangen, oder z. B. mittels Durchbrechens der Linie eines Teils der feindlichen Flotte auch moralisch auf den Gegner zu wirken, war nicht gegeben und wurde auch nicht versucht. Diese Aufstellung geht aber darauf hinaus, den schwächeren Feind durch die Mehrzahl zu erdrücken.

Daß hier nicht nur der Stärkere, sondern daß beide Flotten diese Schlachtordnung als die gegebene innehalten, läßt erkennen, daß die Führung des Kampfes nicht mit Berüchsichtigung der besonderen Umstände, sondern nur mehr schablonenhaft betrieben wurde; es ist eben nur ein starres Festhalten an der alten Form, aus welcher der Geist gewichen ist.

Sobald die Gros der beiden Flotten zusammentreffen, begeben sie sich des wichtigsten Moments für die Taktik, der Bewegung, und fechten die Schlacht möglichst gleich der am Lande im Handgemenge des Enterkampfes aus, wo die Zahl, die Rüstung und die

Tapferkeit der Soldaten den Ausschlag gibt. Hier sucht nicht blos die eine Seite die Entscheidung, wie die Römer bei Mylae, sondern beide suchen sie im Enter-Nahkampf.

Auf Seite der Türken war diese Schlachtordnung insofern gerechtfertigt, als sie die Überzahl für sich hatten; hätten sie diese aber auf einem ihrer Flügel allein und mit mehr Nachdruck zur Geltung gebracht, so würden sie dort vermutlich gesiegt haben.

Für die Verbündeten dagegen muß diese Schlachtordnung als die ungünstigste bezeichnet werden, welche sie nur wählen konnten, da keine andere der feindlichen Überzahl die Umfassung so sehr erleichterte als gerade diese. Der so begonnene Fehler hatte aber keine schlimmen Folgen, weil der Gegner ihn nicht gehörig ausbeutete; man verzichtete beiderseits auf jedes Manöver und suchte die Entscheidung nur in der einfachsten rohen Abmessung der Kräfte. Eins trat hier als besonderer Vorgang ein, daß die Ver- bündeten ihre Stellung am rechten Flügel noch besonders dadurch schwächten, daß sie ihn, um nicht umgangen zu werden, auseinanderzogen, wodurch ja die Türken gute Gelegenheit zum Durchbruch fanden.

Besondere Taktik der Verbündeten.

Die einzige taktische besondere Anordnung vorher, abgesehen vom Aufstellen beider Zentren in zwei Treffen hinter einander, um eine Art Reserve zu behalten, war bei den Verbündeten die Aufstellung der sechs Galeassen in Linie vor dem Zentrum; hierdurch erhielt das Zentrum der Verbündeten eine gewisse Tiefe, die bei der Art des Angriffs von Steven gegen Steven nur vorteilhaft sein konnte; ferner ergab dies durch die schwere Bewaffnung der Galeassen eine größere Offensivstärke, sodaß hier durch Waffenwirkung eine Überlegenheit erreicht wurde, die auch ihre Wirkung im Gefecht nicht verfehlte.

Die Armierung der verbündeten Flotte scheint überhaupt besser als die der türkischen gewesen zu sein und dasselbe mag hinsichtlich der Bedienung der Geschütze gegolten haben; der Hauptsache nach lag aber die Entscheidung in dem Kampf Mann gegen Mann, in dem Handgemenge beim Enterkampf, ganz wie zur früheren römischen Zeit; die größere persönliche Tapferkeit, bessere Bewaffnung und Waffengeübtheit, das persönliche Beispiel der Führer im Kampfe selbst trugen den Sieg davon.

Denken wir uns die Kanonen der bei Lepanto kämpfenden Ruderschiffe durch Katapulten ersetzt, wie sie in den Schlachten des Agrippa gegen Sextus Pompejus und schon früher üblich waren, so können wir uns hinsichtlich der ganzen Kampfweise um 16—17 Jahrhunderte zurückversetzt rechnen, nur daß damals noch der Sporn in der Wasserlinie als eine verderbenbringende Waffe angewandt wurde. Die großen Seeschlachten des Altertums, z. B. die von Salamis, Eknomos, Actium, bieten aber in taktischer Beziehung ein ungleich größeres Interesse als die von Lepanto und wir erkennen hier, daß in der ganzen seitdem verflossenen Zeit die Seetaktik der Ruderschiffe gar keine Fortschritte gemacht hatte, sondern in den alten Formen stehen geblieben und in diesen förmlich verknöchert war.

Nur auf den Flügeln wird, und zwar nicht von den Verbündeten, sondern von den Türken, der Versuch gemacht, sich durch Bewegung, durch Umgehen, bezw. Durchbrechen der feindlichen Geschwader den Vorteil zu sichern. Uluch hat durch seine Manöver auch den Feind in Unordnung gebracht und sich die Übermacht für einige Zeit gesichert, denn er vernichtet eine Anzahl feindlicher Schiffe. Aber dann läßt der Haß gegen die Ritter von Malta, die bittersten Feinde der Barbaresken, ihn seine Aufgabe und seine Stellung vergessen; er entert den Gegner und nimmt ihn auch, aber er gibt dadurch die Leitung des Gefechts aus der Hand und gibt der Reserve Zeit zum Eingreifen. Wäre er statt dessen mit seinem Geschwader in Bewegung geblieben, vielleicht hätte er, im Rücken der feindlichen Schlachtlinie, dem Ganzen eine andere Wendung geben können. *(Besondere Taktik der Türken.)*

Weshalb die Umgehung auf dem linken verbündeten Flügel keinen Erfolg hatte, geht aus den Schlachtberichten nicht hervor. Vermutlich ist durch die Überlegenheit der Verbündeten im Kampf von Schiff gegen Schiff das Gefecht zum Stehen gekommen und dann mit dem Fall des Führers eine rückläufige Bewegung eingetreten.

In der Mitte und auf dem rechten Flügel hat die Reserve erfolgreich eingegriffen und zum Siege beigetragen, bezw. ihn herbeigeführt; danach könnte man für das Gefecht auf See ebenso, wie für das am Lande, das einstweilige Zurückhalten eines Teils der Streitkräfte aus dem Gefecht für ratsam halten. Hier konnte es ausnahmsweise so günstig wirken, weil die Schlacht zum Stehen kam und auf der Stelle ausgefochten wurde, wie eine Landschlacht und sich stundenlang hinzog. Auf See würde, wenn der Gegner die Bewegung sich bewahrt, die Zurückbehaltung einer Division ihm nur Gelegenheit geben, die übrige Flotte zu schlagen, ehe die *(Hat eine Reserve in der Seeschlacht Bedeutung?)*

Reserve eingreifen kann, also sein Hauptziel zu sichern: Übermacht an der betr. Stelle. (Im ganzen Ähnlichkeit mit Römer-Schlachten im ersten punischen Kriege, kein Fortschritt).

Geschicht-
liche
Bedeutung.
Es war ein völliger Sieg, den Don Juan d'Austria am 7. Oktober 1571 erfochten hatte, die große feindliche Flotte war fast ganz vernichtet. Die Kunde erregte in ganz Europa ungeheuren Jubel und der Nachhall hat sich auch in der Geschichtsschreibung fortgepflanzt; noch heute heißt es: Lepanto war das Ende der türkischen Seemacht und ein Wendepunkt in der türkischen Geschichte. Aber hier wird denn doch der Erfolg den Türken gegenüber gar zu sehr überschätzt, der im wesentlichen auf moralischem Gebiet lag. Jedenfalls waren die positiven Folgen dieser Schlacht an und für sich durchaus nicht von solcher Bedeutung, als die bald eintretende Unbotmäßigkeit der Janitscharen sowie der Tod Sultan Selims II und die damit verbundenen inneren Zersetzungen. Ein großer Wendepunkt war die Schlacht also nicht. Das hätte er wohl werden können, wenn von Seiten der Verbündeten eine folgerichtige, kräftige Strategie planmäßig verfolgt worden wäre, aber davon geschah gerade das Gegenteil.

Der Sieg
wird
von den
Verbündeten
nicht
ausgenützt.
Nach ihrem großen Siege fuhr die verbündete Flotte nicht vorwärts, während sie Uluch, der mit seinen 30—40 Schiffen nach Lepanto zurückgekehrt war, hätte abfassen können, sondern sie ging in den Hafen von Petala zurück [s. Tafel IX]; das war allerdings nicht weit, aber = Vorbedeutung. Allerdings war die Ausschiffung der Verwundeten und ein gewisses Retablissement nötig, aber einer weiteren Aktion nichts im Wege, kein Feind auf See mehr da.

Dort soll über die Verteilung der Beute schon Zwist entstanden sein; jedenfalls aber gingen in dem zur Beratung über die weitere Aktion berufenen Kriegsrat die Ansichten wieder gerade auseinander. Für Doria ist es zu spät im Jahre, um noch etwas zu unternehmen, er stimmt also fürs Aufsuchen der Winterquartiere; Veniero dagegen will Morea erobern, natürlich für Venedig. Don Juan allein ist dafür, mit der Flotte, die jetzt die See beherrscht, kräftig auf See zu handeln; er will nach dem Archipel, die Dardanellen sperren und Konstantinopel die Zufuhr abschneiden, vielleicht die Stadt erstürmen, wie Dandolo es 1204 getan. Aber von solch energischer Aktion will der ihm von Philipp II. zur Seite gestellte, in steifer Unbeholfenheit befangene, alte spanische Ratgeber Requesens nichts wissen; ebensowenig will er aber Morea für Venedig erobern. Und das Ende ist, daß man eine unbedeutende Feste auf St. Maura (Leukas) zu belagern beschließt. Selbst das wird jedoch aufgegeben, als Krankheiten sich einstellen und so fährt schließlich ein jeder nach dem ihm zusagenden Winterquartier, Don Juan und Colonna über Corfu nach Messina.

Man kann eigentlich sagen, daß an der großen Niederlage, die Alis Ver-
schuldung. gar keine weiteren Folgen hatte, nur Capudan Ali schuld war. Uluch und andere hatten ihm abgeraten zu schlagen, denn Cypern war erobert, der Winter vor der Tür, die feindliche Flotte würde nicht viel mehr unternehmen, sondern sich bald auflösen und nach Hause fahren; es lohne nicht, viel aufs Spiel zu setzen. Das war unter den Umständen und weil man am Siege zweifelte, guter Rat. Ali nahm ihn nicht an und er bezahlte es mit seinem Leben und fast der ganzen Flotte. Aber im Gange des Krieges und der Geschichte hat der Sieg von Lepanto fast garnichts geändert.

Denn Selim war eben nicht der Mann, etwas aufzugeben. Er Neue
türkische
Flotte. setzte alles daran, im Laufe des Winters eine neue Flotte zu schaffen und setzte das mit außerordentlicher Energie durch. Uluch, den klugen, ernannte er zum Capudan und im Frühsommer 1572 ging dieser mit einer Flotte von mehr als 200 Galeeren in See, um den Verbündeten von neuem entgegenzutreten und die Herrschaft in den türkischen Gewässern zu behaupten.

Die Häupter der Liga für 1572 halten während des Winters Verschiedene
neue Kriegs-
pläne der
Verbündeten. über den Kriegsplan großen Rat, aber sie sind und bleiben uneins. Pius V. will mit Don Juan Konstantinopel erobern und diesen zum König der Morea machen; die Venetianer wollen Morea für sich gewinnen; die Spanier wollen gegen Algier operieren. Daß Don Juan sich ein Königreich erobern wollte, macht Philipp II. noch argwöhnischer auf ihn; daher hält er ihn in Sizilien fest, während Colonna als Chef der venetianischen und päpstlichen Flotte mit 139 Galeeren und 6 Galeassen Anfang August nach den griechischen Gewässern fährt, um die Türken zu suchen. Er trifft sie auch zweimal an der Küste der Morea, aber beide Male lehnt Uluch ab, zu schlagen, und da er nicht mit langsamen Galeassen behaftet ist, so hat er über Annehmen und Ablehnen der Schlacht zu entscheiden.

Nach Korfu zurückgekehrt, wartet Colonna auf Don Juan, Don Juan
geht von
neuem vor. der endlich Erlaubnis erhält und Anfang September mit 53 Galeeren eintrifft. Nun geht am 9. September die große Armada in See gegen Uluch, dessen Flotte zur Hälfte in der Bai von Navarin (Pylos), zur andern in Modon (Methone) liegt. Aber Uluch läßt sich nicht überraschen, sondern zieht alle seine Schiffe in der Bucht von Modon zusammen, die durch eine starke Batterie am Lande gedeckt ist. Ihn dort anzugreifen, wagen die Verbündeten nicht, sondern warten in Navarin auf sein Herauskommen; und da der schlaue Uluch ihnen diesen Gefallen nicht tut, so fährt die mächtige Flotte der Liga gänzlich unverrichteter Dinge wieder in ihre Winterquartiere nach Hause. Die große kostspielige Rüstung war also umsonst, Uluch hat seinen Zweck erreicht und die türkischen Gewässer frei vom Feinde gehalten. Hier ist also nicht mehr einfaches Drauflosgehen, sondern berechnende, kluge Führung des Seekrieges unter Würdigung des Feindes und der Verhältnisse, dementsprechend auch Erfolg!

Venedig schließt heimlich Frieden mit der Türkei.

Über die spanische Kriegsführung mag Venedig ungehalten gewesen sein und nicht mit Unrecht; denn der Bund machte nicht den geringsten Fortschritt, die Türken waren zur See so mächtig, wie vor Lepanto und der Krieg kostete viel Geld. Dazu war Pius V., die Seele des Bundes, gestorben; so zog die Signoria es denn vor, im März 1573 mit dem Sultan Frieden zu schließen, und zwar nach ihrer heimtückischen Weise, einen heimlichen Sonderfrieden. Die Türken behielten das eigentliche Streitobjekt, Cypern, ebenso andere den Venetianern abgenommene Besitzungen, die letzteren zahlten obendrein noch 300000 Dukaten (3 Millionen Mark) an Kriegskosten.

Auf solche schnöde Weise ging die seemächtige Republik der einen nach der andern ihrer überseeischen Besitzungen verlustig; sie ist blos auf augenblicklichen materiellen Gewinn bedacht und will auch für Erhaltung ihres auswärtigen Besitzes keine großen Summen aufwenden; sie ist mißtrauisch gegen jeden und doch ohne Vertrauen auf eigene Kraft; schwächlich in der Kriegsführung und ohne Verständnis für diese. Denn was hätte die (bei Lepanto) weit über 100 Schiffe starke venetianische Flotte bei schneidiger und umsichtiger Führung nicht vor Cypern, im Archipel u. s. w. leisten können! Aber die Venetianer sind nur im Handelsbetriebe leistungsfähig und unternehmend, wie die Karthager. Damit kann eine Handelsstadt reich und groß werden, aber das sind nicht die Eigenschaften, um ein Reich zu erhalten!

Don Juans späteres Auftreten.

Spanien führt den Krieg gegen die Türken weiter, aber nicht im Orient. Don Juan will Tunis erobern und sich dort ein Königreich gründen. Philipp II. gibt seine Erlaubnis zu dieser Unternehmung und Don Juan geht Anfang Oktober (übliche Jahreszeit) mit großer Flotte und Heer von Lilybaeum nach Afrika hinüber, besetzt Tunis ohne Widerstand, befestigt es und auch Biserta, läßt eine starke Garnison dort und geht zurück nach Neapel. Aber seinen Plan, König von Tunis zu werden, obgleich vom Papst warm befürwortet, weist Philipp II. kurz ab und schickt ihn statt dessen nach der Lombardei; währenddem erobert Uluch Ali mit großer Flotte (230 Schiffe) und Heer (40000 Mann) Tunis (vom Juni bis September) zurück.

1576 ernennt Philipp Don Juan dann plötzlich zum Statthalter der Niederlande, die, durch Alba's Hinterlist und Grausamkeit empört, sich in vollem Aufstande befinden, eine überaus schwierige Stellung. Er soll dahin gehen, ohne den König zu sehen, obgleich eine Besprechung mit ihm, von dessen Willen und Entscheidung alles abhängt, durchaus notwendig ist; Philipp II. will den Sieger von Lepanto, dem alles zujubelt und der aller Herzen im Fluge gewinnt, nicht in Spanien haben. Aber hier gehorcht der nun 31 jährige, der schon durch viele bittere Enttäuschungen hindurchgegangen und selbständig geworden ist, nicht; sondern geht nach Madrid, wo er von seinem Halbbruder kühl aufgenommen wird. Dann macht er, da der Weg zur See wegen der Engländer und Geusen nicht sicher ist, die Reise nach Luxemburg zu Lande und reitet in größter Heimlichkeit, verkleidet, allein durch das feindliche Frankreich dahin.

Durch versöhnliches Entgegenkommen gelang es ihm, 1578 die Niederländer zu gewinnen, trotz Wilhelm von Oraniens zäher Feindseligkeit; aber die hinterlistige Politik und das fortwährende Eingreifen des Königs, das Mißtrauen, die beständige Überwachung, von denen er sich verfolgt sah, auch die unlösbaren religiösen Differenzen machten einen dauernden Erfolg unmöglich und rieben ihn selbst auf. Als er am 31. Januar 1578 einen völligen Sieg über das niederländische Heer erfochten hatte, witterte Philipp II. hochverräterische Absichten und ließ Don Juans vertrauten Ratgeber, Escoredo, den dieser nach Madrid geschickt hatte, ermorden. Das scheint der Gesundheit des durch das spanische Intriguen-Spiel in seiner äußerst schwierigen Stellung schon vorher fast zur Verzweiflung Getriebenen, einen harten Stoß gegeben zu haben. Am 1. Oktober desselben Jahres starb er im Lager seiner Truppen an der Maas, vergiftet?

Don Juan in den Niederlanden; sein Tod.

Don Juan war eine offene, grade und lebensfrohe Natur, romantisch veranlagt und von hochfliegenden Plänen erfüllt, fast

Don Juans Charakter.

überall spricht aus ihm das deutsche Naturell, das mit dem steifen, verschlossenen, äußeren und hinterlistigen des damaligen amtlichen Spaniens unverträglich ist Als Sohn eines mächtigen Kaisers hielt er sich für berechtigt, nach einer Krone zu streben, er wäre gern König von Morea oder von Tunis geworden, um die Ungläubigen zu bekämpfen.

Er hat auch daran gedacht, mit den alten spanischen Truppen in den Niederlanden nach England überzusetzen, die gefangene Maria Stuart zu befreien und zu seiner Gattin zu machen, um mit ihr Schottland und vielleicht auch England zu beherrschen und die ketzerischen Bewohner dieser Länder in den Schoß der alleinselig-machenden Kirche zurückzuführen, deren treuer Sohn im Geist der damaligen Zeit er war; aber nie hat er daran gedacht, seinem Könige untreu zu werden. Er hat das tragische Geschick gehabt, mit der von seiner Mutter ererbten deutschen Natur dem Argwohn und der Hinterlist des spanischen Königs zum Opfer zu fallen!

Ende der Remenflotten im Mittelmeer.
Mit dem Kriege, in dem die Schlacht bei Lepanto geschlagen wurde, war die Zeit der Remenflotten im Mittelmeer noch keineswegs vorüber, sie bestanden vielmehr noch sehr lange. Daß aber die Zukunft auch dort den Segelschiffen mit zahlreicher Breitseit-Armierung gehöre, zeigte sich noch vor Schluß des Jahrhunderts.

Am 24. April 1590 fand ein Gefecht statt zwischen armierten Handelsschiffen und Galeeren. Zehn solcher Schiffe von der englisch-türkischen Kompagnie, aus dem Orient zurückkehrend, wurden vor der Straße von Gibraltar durch zwölf große spanische Galeeren unter einem Doria (Neffen des berühmten) angegriffen; aber sie wehrten diese durch ihr überlegenes Geschützfeuer nicht blos ab, sondern richteten sie während eines sechsstündigen Gefechtes so zu, daß sie unter Remen den nächsten Hafen auf-suchen mußten.

Die Galeeren spielten indessen noch in den Schlachten des Jahres 1676, wo die Holländer unter Ruyter und die Spanier gegen die Franzosen fochten, eine gewisse Rolle, wenn auch nicht mehr in der Schlachtlinie. Die französische Galeerenflotte, die 1481 beim Anfall der Provence an Frankreich gegründet worden war, wurde erst im Jahre 1748 aufgelöst. Das Wieder-Aufleben der Remen-Flotten im Norden, in der Ostsee, wird später zu schildern sein.

Die venetianische Republik bestand noch ein halbes Jahr hundert länger, aber sie führte kein ruhmreiches Dasein; seit dem Frieden von 1573 ging es mit ihr allmählich, aber sicher bergab. 1669 mußte sie auch die Insel Candia nach 24 jährigem Kriege an die Türken abtreten, 1718 endgiltig auch Morea. Manch einer ihrer heldenmütigen Generalkapitäne ist in diesen Kämpfen gefallen, die Namen Grimani und Mocenigo reihen sich denen von Morosini, Loredan und anderen würdig an.

Ihre selbsüchtige und engherzige Politik, die nur auf Handels gewinn bedacht war und keine höheren Ziele kannte, hatte ihr keinen Freund erworben bezw. gelassen. Und so verschwand sie 1797 ohne Sang und Klang, spurlos, von Niemandem betrauert; wie Karthago, nur hatte sie nicht ein ebenso schreckliches Ende. Den Anstoß dazu hatten ihre festländischen Besitzungen in Ober italien, die Landschaft Venetien, gegeben, deren Bewohner sich, als General Bonaparte nach seinem siegreichen Feldzuge in Ober italien nach Steiermark vordrang, in seinem Rücken gegen ihn er hoben. Da machte er, zurückkehrend, fast ohne Kampf der alten Handelsrepublik, die sich längst überlebt hatte, ein schnelles Ende, indem er im Frieden von Campo formio ihr Gebiet verteilte.

Die Entdeckung des Seeweges nach Ostindien und die von Amerika hat, wie gesagt, viel zur Verminderung der Bedeutung Venedigs, das bis dahin gewissermaßen den Mittelpunkt des Welt verkehrs bildete, beigetragen; aber da der Handel nach dem Orient auch nachher sehr bedeutend blieb und stetig zunahm, so hätte die Republik immer noch reich und mächtig bleiben und eine angesehene, gewichtige Rolle spielen können. Um so mehr, als die Macht der Türkei immer mehr verfiel und eine andere Seemacht im östlichen Mittelmeer nicht erstand. Aber daß der Handel zur See nicht ohne starken Schutz bestehen kann, daß zu seinem Gedeihen eine starke Kriegsflotte erforderlich ist, die ununterbrochen tätig sein und strikte Seepolizei ausüben und im Bedarfsfalle sofort nachdrücklich eingreifen muß, das hatte die Signoria nicht erkannt.

Ihr fehlte, wie dem Senat von Karthago, das rechte Verständnis für die Seemächtigkeit in der Kriegsführung zur See; höhere Ziele wie die Hebung des Volkes und die Besserung seines Looses, die gewollte tatkräftige Förderung von Kunst und Wissenschaft um ihrer selbst willen, lagen ihr fern; man verstand es, auch sie zum Gegenstand des Geschäfts zu machen; die Unterworfenen behandelte sie hart, grausam, in der auswärtigen Politik verfuhr sie treulos, es war der bare Eigennutz, der sie leitete; daher von Niemand geliebt, verging sie, ohne daß ihr eine Träne nachgeweint wurde. Für die politische Welt war sie dagegen umgeben von einem Schimmer des Nimbus ihrer früheren geradezu sprichwörtlich gewordenen Staatskunst, ihrer berühmten Diplomatie und Staatsklugheit.

Aber Venedig, die alte Republik von San Marco, war, noch dazu wenn man die ursprüngliche sehr geringe Ausdehnung ihres Lagunen-Gebietes bedenkt, immerhin ein glänzendes Gemeinwesen gewesen, das zeitweilig durch seine Beherrschung der See eine Weltmacht-Stellung eingenommen hatte. Seine Diplomaten galten als die gewandtesten der Welt, seine Kaufherren als die reichsten Leute. Venedig selber hat, in der Tausendjährigen Zeit von seiner Gründung bis zur Einnahme durch Bonaparte, nie eines Feindes Fuß betreten; seine Seemacht und seine Diplomatie hatten es vermocht, daß diese Stadt nie von einem Gegner eingenommen worden war.

V. Die lange Zeit des Übergangs zur Segelschiffahrt.

1. Bis zum Auftreten der Normannen.

Mit dem vorhergehenden Kapitel IV habe ich die Darstellung Letzte Zeit der Ruder-schiffahrt. der Seekriegsgeschichte der Remen-Flotten zu Ende geführt.

Die Menschenkraft als Treibkraft zu gebrauchen war von vornherein das Ursprünglichste, das Gegebene; sie im großen Maßstabe zu verwerten, war aber nur in Zeiten möglich, wo Sklaverei oder ähnliche Verhältnisse bestanden und Massenverbrauch zulässig war, wo ferner Menschenkräfte wohlfeil zu haben waren und deren Ersatz stets leicht möglich war; sie reichte nur in Binnenmeeren aus, wo bei meist ruhigem Wasser oder nur geringer See leichte Fahrzeuge auch für Kriegszwecke gebraucht werden konnten. So wie dieser Ersatz schwierig wurde, sanken die Bemannungen der Kriegsschiffe, d. h. ihre Leute am Remen, immer weiter herunter; schließlich mußte man die Insassen der Gefängnisse hierzu nehmen und kam dann zu der sogenannten „Galeeren-Strafe".

So hat sie sich ja in der Ostsee bei der eigentümlichen Küstenbildung von Schweden und Finnland u. s. w. noch länger, als im Mittelmeer erhalten, noch zu Anfang des 18. Jahrhunderts haben die Schärenflotten dort Schlachten geschlagen; und obgleich für unsere Küsten verhältnismäßig wenig geeignet, waren ja auch unter den ersten Fahrzeugen der preußischen Flotte noch sogenannte Ruderkanonenboote. In den Schiffsbooten war bis vor kurzem die Menschenkraft noch allein im Gebrauch und sie diente auch kriegerischen Zwecken, z. B. beim Bugsieren von Schiffen bei Havarie oder in Stille; namentlich aber bei Angriffen auf zu Anker liegende Schiffe — „cutting out" — noch im Sezessionskriege geübt, was auch künftig noch vorkommen kann, also auch aus diesem Grunde ist es wichtig, die Mannschaften im Gebrauch der Remen tüchtig zu üben.

Vor- und Nachteile der Ruder-Kriegs-schiffe; Taktisches und Strate-gisches. So war im Mittelmeer noch Jahrhunderte lang das Ruder-schiff das eigentliche Kriegsschiff; den griechischen, karthagischen und römischen Kriegsfahrzeugen jeder Art und Größe folgten die G a l e e r e n, und nur sie bildeten den Bestand der irgendwie Anspruch auf eine mehr oder minder feste Organisation machenden Kriegsflotten des Mittelalters. Ihre Stärke lag im Bug, im Sporn oder in den dort aufgestellten Wurfmaschinen, die später durch Schiffskanonen ersetzt wurden. Dementsprechend war für ihr taktisches Vorgehen die breite Dwarslinie die gegebene Form, mit der dadurch verbundenen Stärke im Angriff nach vorne und der gleichzeitigen Deckung nach den Seiten; ihre Beweglichkeit, unab-hängig von der Windrichtung, machte ihre taktische Verwendung noch freier, sie konnten sich nach jeder Richtung zum Angriff entwickeln, ihren Platz wählen und jeden Augenblick nach Bedarf wechseln.

Nahgefecht, Enterungen, Durchbrüche, Überflügelungen waren das Charakteristische des Kampfes der alten Ruder-Kriegsschiffe wie der neuen Galeeren; vieles hatte noch Ähnlichkeit mit den Kämpfen am Lande.

War die Verwendung der Galeeren in taktischer Beziehung fast unbegrenzt, so trat hingegen in der strategischen Verwendbar-keit der Ruder-Kriegsflotten eine große Beschränkung ein. Jeder aufkommende Seegang hinderte das Rudern, besonders im freien Meere, ganz außerordentlich, sodaß Märsche kaum noch auszuführen waren, die Motorkraft erlahmte sehr bald, Gefahr trat ein wegen des Überstürzens von Seen infolge der niedrigen Bordwand; man mußte mithin bald den Schutz von Häfen oder wenigstens der Küste aufsuchen.

Aber für Ausführung größerer Märsche kamen noch ferner sehr erschwerende Momente hinzu; die Kriegsschiffe selbst konnten nicht genügend Wasser und Proviant mitnehmen, es bedurfte daher der Mitgabe vieler Transportfahrzeuge. Diese behinderten den Marsch aber nicht nur in militärischer Beziehung, sondern besonders dadurch, daß sie in den meisten Fällen von den Kriegsschiffen in Schlepp genommen werden mußten, was wiederum die Schnelligkeit des Fortgangs sehr herabsetzte und damit äußerst lähmend auf größere strategische Operationen einwirkte.

Somit mußte man sich stets in der Nähe sicherer Ankerplätze halten, auch der Auffüllung der Vorräte halber, und waren dadurch die Ruderflotten ganz an die Nähe der Küste gebunden. Dies galt aber ganz besonders für die sich im Mittelalter an den Küsten des Ozeans bildenden Flotten. Die Mitführung einiger Segel brachte hierbei wenig Nutzen, sie waren oft sogar hinderlich, wegen der erforderlichen Takelage, die bei Gegenwind niedergelegt werden mußte und dann viel Raum beanspruchte, wodurch wieder das freie Rojen beeinträchtigt wurde.

Wegen der großen Zahl an Mannschaften zum Rojen, also zum Betreiben des Motors, war schließlich die Zahl der eigentlich Kämpfenden, der Krieger, der Soldaten, eine sehr beschränkte.

Die Kriegsführung im Großen war durch dies alles ganz außerordentlich beeinflußt; es handelte sich meistens um Angriffe auf die feindliche Küste, auch um hier den Landkrieg anzusetzen. Seekrieg und Landkrieg waren eng aneinander gebunden, reine Seekriege waren einstweilen noch so gut wie ausgeschlossen, die förmliche Erlangung der unbegrenzten Seeherrschaft in den meisten Fällen eine Unmöglichkeit. Der Seeräuberkrieg des Altertums bildet eine der wenigen Ausnahmen. Auch der Einfluß dieser Ruderflotten auf die Entwicklung und Ausübung des Seehandels war eine nicht allzu große, da die kleinen, meistens mit Segeln ausgerüsteten Handels-Fahrzeuge, ihren Feinden in den meisten Fällen entschlüpfen konnten und sich bis zum Eintreffen besserer Verhältnisse und Lagen in freier See hielten.

Dies hat sich im späteren Mittelalter selbst bei den vielen größeren Kriegen der beiden Haupt-Handels-Republiken des Mittelalters, Venedig und Genua, gezeigt, die ihre Kriege meistens in der Weise führten, daß sie mit ihren starken Flotten den Gegner an seinen Küsten angriffen oder den Krieg in entlegenen Gegenden, von ihrem eigenen Haupthandelsgebiet weiter ab ansetzten.

Je mehr sich aber der Handel und die Kultur-Entwicklung und damit die Macht der Staaten von den Küsten des Mittelmeeres nach denen des atlantischen Ozeans hinzog, je dringender traten die Forderungen auf, einen anderen Motor an Stelle der durch Menschenkraft bewegten Remen zu setzen; das Zeitalter der Entdeckungen gab schließlich den Ruderflotten im allgemeinen den Todesstoß.

Die Geburtsstätten der Handels- und Kriegs-Schiffahrt mit Segel-Fahrzeugen haben wir daher an den Küsten des Atlantik zu suchen; die Segel-Kriegsschifführung setzte dort schon früh mit ihren ersten Anfängen ein, gebrauchte aber sehr langer Zeit zu ihrer weiteren Entwicklung.

Gebrauch
der Segel. Für Bewegung breiter und starkgebauter Schiffe aber hat Menschenkraft nie ausgereicht; für sie wurde von jeher der Wind als Treibkraft benutzt. Die Handelsschiffe der Alten wurden, wenn sie auch Remen an Bord hatten, doch fast nur durch Segel bewegt; und bei den Völkern, die den Ozean befuhren, war immer hauptsächlich die Takelage das Treibmittel, auch auf Kriegsschiffen und im Gefecht. Ihre Fahrzeuge mußten viel größeren Anstrengungen durch Wind und See, durch Ebbe und Flut, gewachsen sein, als in den Binnenmeeren, daher war auch ihre Bauart eine festere, ihr Gewicht größer und sie waren schwerer durch Remen zu bewegen. Daneben behielten jedoch bei Kriegsfahrzeugen, bis die Takelage besser entwickelt war, auch die Remen in alter Zeit noch eine wesentliche Bedeutung, sodaß man sie als „gemischte Schiffe" bezeichnen kann, wie bei den Angelsachsen und Normannen.

Aber um nun im Gebrauch der Segel aus den ersten Anfängen herauszukommen und zu einer gewissen Höhe zu gelangen, ist ein vorgeschrittenes seemännisches Verständnis der erforderlichen Technik von Nöten; ein gut beim Winde stehendes Segel mit zugehöriger Takelage verlangt zur Anfertigung Kunstfertigkeit auf mehreren Gebieten. Ferner bedarf es einer höheren Vervollkommnung im Schiffbau; die Schiffe müssen den schweren Angriffen des Wellenschlags besser gewachsen sein; an den Küsten des Ozeans herrschen Flut und Ebbe, d. h. mit anderen Worten auch, daß festgekommene Schiffe stärker gebaut sein müssen um nicht beim Fallen des Wassers auseinander zu brechen. Der Eisgang fordert schließlich auch sehr fest gebaute Schiffe.

Trotz aller dieser zu erfüllenden Ansprüche muß es doch Wunder nehmen, daß sich die Segelschiffahrt so langsam entwickelt hat; bedenkt man das außerordentlich schnelle Fortschreiten der verschiedenen Schiffahrts-Verhältnisse in der zweiten Hälfte des vorigen Jahrhunderts, so steht man fast vor einem Rätsel.

Gefecht
bei Vannes,
56 a. Chr. Zu Beginn möchte ich noch einige Worte über das schon letzthin erwähnte Gefecht bei Vannes, 56 a. Chr. sagen, weil es zwischen Remen- und Segel-Schiffen in Gewässern des Ozeans ausgefochten wurde und daher gewissermaßen den Übergang von der Remen- zur Segelschiffahrt bildet.

Als Cäsar von 58—51 a. Chr. Gallien nach und nach er- oberte, fand er bei den Venetern in der heutigen Bretagne besonders hartnäckigen Widerstand; sie waren ein seefahrendes, tüchtiges Volk, tapfer und stark auf dem Wasser, wie zu Lande. Ihre Schiffe waren hochbordig, mit hoch aufragendem Vor- und Achtersteven, aus Eichenholz so stark gebaut, daß der Sporn ihnen nichts anhaben konnte; mit flachem Boden, sodaß sie trocken gesetzt werden konnten, ohne umzufallen. Sie hatten auch Remen an Bord, aber bei ihrer Größe und ihrem Gewicht waren sie eigentlich nur unter Segel zu gebrauchen. Ihre Takelage bestand aus einem Mast mit einem Raasegel, die Segel waren aus rohen Häuten oder aus Leder gefertigt. *Fahrzeuge der Veneter.*

Cäsar konnte der Veneter zu Lande nicht Herr werden und erkannte, daß er sie auch zu Wasser angreifen, also eine Flotte haben müsse. Daher ließ er mit der Tatkraft, welche die Römer überall auszeichnet, Schiffszimmerleute und Seeleute mit Gerät- schaften und Ausrüstungs-Gegenständen aus seiner Provinz Gallia cisalpina (Ligurien, Venedig) kommen und auf der Loire Schiffe von der im Mittelmeer üblichen Art bauen, niedrige, leichte und flinke Remenfahrzeuge (Liburnen?). Leute zur Bedienung der Remen ließ er in Gallien ausheben und einüben, zum Fechten kamen Legionssoldaten an Bord; den Befehl über die Flotte gab er einem noch jungen Offizier Decimus Brutus. Sobald die Flotte gefechtsmäßig war, ging er zu Lande und Brutus zur See gleichzeitig gegen die Veneter vor. *Flotte des Cäsar.*

Die römischen Schiffe hatten vermöge der Remen den Vorteil eigener Bewegung nach dem Willen des Kommandierenden; ferner waren die römischen Soldaten für Schutz und Trutz besser bewaffnet, als die Veneter. Aber bezüglich der Anwendung der Waffen waren sie nicht günstig dran, denn:

1) durch den Sporn waren die feindlichen Schiffe nicht ver- wundbar;
2) durch Wurfgeschosse zu wirken war für sie von ihren niedrigen Schiffen aus gegen die feindlichen hochbordigen viel schwieriger, als für die Veneter umgekehrt; auch die Türme auf ihren Schiffen waren niedriger, als die feindlichen Vor- und Achtersteven;
3) Entern der feindlichen hochbordigen Schiffe war gleichfalls schwierig, wie auch schon das Längsseitkommen, solange die Segelschiffe erhebliche Fahrt machten.

Kräfte-
Verhältnis
der Gegner.
Die Veneter scheinen nur auf die Gelegenheit zum Schlagen auf See gewartet zu haben, denn sie kamen den Römern bei Vannes, nicht weit, 32 Seemeilen etwa von der Loire entgegen. Die Zahl der römischen Schiffe wird nicht genannt, sie war aber geringer, als die der Veneter, die mit nicht weniger als 220 ins Gefecht gegangen sein sollen; den letzteren kam auch noch die genaue Kenntnis der Örtlichkeit und alles dessen, was man unter dem hydrographischen Element versteht, zu Gute.

Unter solchen Umständen war der Ausgang zweifelhaft, er hing mindestens zum großen Teil vom Wetter ab. Bei frischer Briese und Seegang würden die Römer wohl schlecht gefahren sein und stürmisches Wetter wäre ihnen verderblich geworden, aber der Zufall, das Glück war ihnen günstig; sie mögen auch gutes Wetter abgewartet haben, kurz, sie trafen glattes Wasser und ganz leichte Briese. Außerdem war ihr praktischer Sinn auch auf eine neue Waffe verfallen, ähnlich wie bei Mylae, nicht gegen die Schiffe oder Besatzungen, sondern um dem Feinde die Bewegung zu nehmen. Sie hatten sich mit Sichellanzen, starken Sicheln an langen Stangen, versehen, um dem Gegner die Takelage zu zerschneiden.

Kampfes-
weise
der Römer;
die Sichel-
Lanzen.
So gingen sie denn ins Gefecht. Da sie frei über ihre volle Bewegung verfügten, so konnten sie leicht zwischen den bei der flauen Briese nur langsam und zweifellos ohne feste Ordnung herankommenden Schiffen der Veneter hindurchfahren und ihnen dabei die Schoten und Fallen kappen und die Segel zerschneiden, ohne große Verluste zu erleiden; mitunter hakten sie auch mit ihren Sicheln hinter die Taue und schnitten sie so im Weiterfahren ab. Sobald dann den feindlichen Schiffen die Bewegung genommen war, fuhren sie zu zweien oder mehreren längsseit und enterten; so sicherten sie sich im Handgemenge die Übermacht, der die weniger gut geschützten und bewaffneten Veneter ungeachtet der Sieg der
Römer. zähesten Tapferkeit erliegen mußten. Da der Wind ganz still wurde, so wurden die Schiffe der Veneter, die einander nicht zu Hilfe kommen konnten, eins nach dem andern genommen. Sie leisteten zähen Widerstand und flohen nicht; der Kampf währte vom Morgen bis zum Abend, er endete mit einem völligen Siege der Römer, sie vernichteten die ganze feindliche Flotte.

Danach gaben die Veneter auch zu Lande den Widerstand auf und unterwarfen sich. Gegen seine sonstige Handelsweise hielt Cäsar ein furchtbares Strafgericht über sie ab, obgleich sie nur

tapfer für ihre Unabhängigkeit gekämpft hatten; er ließ die Anführer hinrichten und die übrigen als Sklaven verkaufen. Wenn
er hier mit solcher Grausamkeit verfuhr, so lag dem, wie allen
seinen Handlungen, kluge Berechnung zu Grunde; er war von
Natur weder milde, noch grausam, aber er scheute keine Mittel,
um sein Ziel zu erreichen. Hier hielt er es ohne Zweifel im
eigenen Interesse für geboten, diese Völkerschaft zu vernichten,
weil sie auf dem Element, auf dem er sich fremd fühlte, stark
war und ihm daher später wieder hätte gefährlich werden können.
Denn er erkannte es gewiß sehr wohl, daß seine Flotte ihren großen
Erfolg hauptsächlich dem Zufall zu verdanken hatte.

Das Gefecht von Vannes ist interessant als die einzige Schlacht
zwischen Remen- und Segelschiffen, und das einzige Gefecht derart
im Altertum, deren Zahl auch so wie so gering ist; ferner, weil es
den Wert der Bewegung für das Gefecht auf das Schlagendste
dartut, und die Überlegenheit der Eigen-Bewegung über die
von Außen gegebene, vom Zufall abhängige zeigt. Das neue
Mittel, welches die Römer anwenden, die Sichellanzen, ist wieder
ein Beweis von ihrem klaren und richtigen praktischen Blick; es
richtet sich nicht gegen die feindlichen Streitmittel oder Kräfte,
gegen Schiff und Waffen oder Besatzung, sondern es ist dazu
bestimmt, die feindliche Takelage unbrauchbar zu machen, den
Feind seines Treibmittels, seiner Bewegung zu berauben, um die
bewegungslosen Schiffe dann einzeln mit Übermacht anfallen und
überwältigen zu können, ehe andere ihnen zu Hilfe zu kommen
vermögen. Und die Römer nutzen ihre eigene, freie Bewegung
mittels der Remen geschickt aus, um die neue Waffe zur Geltung
zu bringen.

So sehen wir schon in dem ersten Gefecht, in dem Segelschiffe auftreten, den Angriff in erster Reihe nicht gegen Schiff
oder Besatzung, sondern gegen die Takelage, das Treibmittel gerichtet. Im 18. Jahrhundert wurde dies später wieder planmäßig
ausgeübt, als man sich in der Taktik der Segelschiffe aus dem
Dunkel, in das während des Mittelalters auch die Kriegführung
zur See gesunken war, wieder bis zu der Höhe emporgearbeitet
hatte, auf der, wie das Gefecht von Vannes im Jahre 56 a. Chr.
zeigt, Julius Cäsar stand.

Vannes war zu erwähnen, weil es eine der wenigen Schlachten
ist, in denen Remenschiffe gegen Segelschiffe völlig gesiegt haben.
Die Schlacht fällt allerdings in die allererste Zeit, die Kindheit der

Betrachtung über das Seetreffen bei Vannes.

Segelschiffahrt, und es stand die gebildetste und militärisch mächtigste Nation der damaligen Welt einer barbarischen Völkerschaft gegenüber.

Cäsar gegen Britannien. Auch die nächstfolgende Zeit ist nicht ohne Interesse für die Seekriegsgeschichte, aber ich will nur flüchtig die beiden Unternehmungen Cäsars nach Britannien erwähnen, da die Invasion Englands bis heute das in neuerer Zeit ungelöste Problem der Seekriegsführung ist. Die Briten hatten wohl die Veneter (Bretagne, Briten) unterstützt; da die Römer nun mit ihrer neu gebauten Flotte die See beherrschten, so trat der Überfahrt kein besonderes Hindernis in den Weg. Cäsar ging im Jahre nach der Schlacht bei Vannes mit geringer Truppenmacht hinüber, kehrte aber bald zurück, da er sich wohl überzeugte, daß es zur Unterwerfung der großen Insel einer starken Heeresmacht bedürfe. Infolgedessen ließ er während des Winters eine große Transportflotte von 600 Schiffen bauen und im Portus Itius (bei Calais?) sammeln; Remen-Fahrzeuge, aber breit und flach, sodaß sie viele Leute, auch Pferde faßten, ähnlich denen, welche Napoleon I. 1860 Jahre später zum selben Zweck bei Boulogne herstellen ließ; 28 Galeeren dienten als Convoi. Im Jahre 54 a. Chr. setzte er dann mit fünf Legionen über und landete an der Stelle, die er im Jahre vorher ausgesucht hatte. Die Briten hatten auf den Klippen von Dover ein großes Heer zusammengezogen, gingen aber beim Anblick der zahllosen römischen Schiffe zurück. Cäsar rückte dann bis London und über die Themse vor, kehrte aber auch wieder zurück, ohne den Besitz festzuhalten.

Spätere römische Landungen in Britannien; ihr Rückzug. Die Eroberung Englands durch die Römer beginnt erst fast 100 Jahre später, 40 nach Chr., unter Kaiser Claudius und wird mit manchen Wechselfällen fortgesetzt, bis Agricola im Jahre 84 den nördlichen Picten-Wall zwischen Clyde und Forth zieht, den die Römer aber nicht halten können. Daher zog Hadrian 60 Jahre später im Jahre 124 den neuen südlichen Picten-Wall zwischen Solway und Tyne (Carlisle-Newcastle).

Den Norden Schottlands, das Hochland Caledonien, haben die Römer nie unterjocht, auch den Raum zwischen den beiden Wällen nicht dauernd gehalten; aber ganz England bis zum Tyne Jahrhunderte lang, bis das römische Reich so weit verfiel, daß ihre Garnisonen die Picten und Scoten nicht mehr abhalten konnten. 125 Jahre später endlich, unter Kaiser Honorius, 426 sahen sie sich genötigt, Britannien ganz zu räumen, das nun in seiner ganzen

Ausdehnung durch die Picten und Scoten furchtbar verheert wurde. Denn die Briten waren während der langen Römerherrschaft, wo die römische Besatzung allein Waffen trug und ihnen keine Wehrpflicht oblag, unkriegerisch geworden und konnten daher den Picten und Scoten nicht widerstehen.

Ich erwähne diese Vorgänge, weil sie in mittelbarer Beziehung zur Seekriegsgeschichte stehen; denn die Geschichte der Segelschiffahrt ist im Wesentlichen die der Entwickelung der seit Anfang dieses Jahrhunderts weltbeherrschenden britischen Seemacht, von der deshalb auch die Anfänge von Interesse sind. Die Entwickelung ist keine stetige, planmäßige; davon ist im Mittelalter, der Zeit der geistigen Dunkelheit, überhaupt nicht die Rede. Planmäßigkeit liegt auch garnicht im englischen Charakter, man hat dort von jeher immer nur dem gerade hervortretenden dringenden Bedürfnis Rechnung getragen. Um so wichtiger ist es, die Faktoren zu betrachten, die zu der heutigen Weltstellung Englands geführt haben:

1) Die geographischen Verhältnisse;

   a) die insulare Lage Großbritanniens mit hervorragend günstigem Klima, eisfrei, ausgedehnt genug für das ganze Volk, außerordentlich fruchtbar;

   b) am freien Ozean, aber dem nördlichen Europa so vorgelagert, daß dessen gesammte Schiffahrt die britische Küste auf engen, leicht zu überwachenden Straßen passieren muß; so ist es also der gegebene Punkt für die Kontrolle dieses Handels und der gegebene Stapelplatz für den Zwischenhandel zwischen dem nördlichen Europa und dem südlichen und westlichen sowie den übrigen Erdteilen;

   c) die Gestaltung der Küste ist für die Schiffahrt außerordentlich günstig, indem sie zahlreiche und vortreffliche natürliche Häfen an allen Küsten bietet;

   d) das Land selbst ist nicht allein besonders fruchtbar, sondern auch überaus reich an mineralen Schätzen, namentlich Kohlen, Eisen, Zinn, die alle so nahe an der Küste gewonnen werden, daß sie unmittelbar zur Verschiffung oder zum Fabrikbetriebe für Schiffbau u. s. w. verwendet werden können, während bei uns der weite Transport nach der großenteils hafenlosen Küste den Wert der Bergwerkserzeugnisse sehr herunterdrückt.

[Marginalie:] Beginn des englischen Auftretens zur See; Groß-Britanniens Lage.

(Nur Japan hat eine ähnliche günstige Lage, aber an der Ostseite des Kontinents und ist weder durch Klima, noch durch Bodenschätze im gleichen Maße bevorzugt).

Groß-
Britanniens
Bevölkerung.
Es fehlte in England nur eine seetüchtige Bevölkerung, um diese auf unserer ganzen Erde einzig dastehenden Vorzüge auszunutzen. Die Ureinwohner, Briten, ein keltischer Stamm, waren es nicht; sie hatten, wie die Kelten im allgemeinen, keine Anlage oder Neigung zur Seefahrt. Daher ist es von Interesse zu sehen, wie große geschichtliche Vorgänge zu der Umgestaltung der Bewohner Englands geführt haben, durch die das englische Volk die erste seefahrende Nation der Welt geworden ist. Diese Vorgänge will ich im folgenden kurz berühren.

Die an der Küste oder in Küstenländern wohnenden Völkerschaften germanischen Stammes haben von jeher, so weit die Kunde reicht, besondere seemännische Tüchtigkeit gezeigt, die Friesen im heutigen West- und Ost-Friesland, die Sachsen zwischen Jade und Elbe, die Angeln in den Herzogtümern; die Norweger, Dänen und Schweden. (Die Friesen haben den Römern schon viel zu schaffen gemacht; 40 n. Chr. drangen sie bis Gallien, um 260 bis Ost-Spanien vor u. s. w.) Und mit Ausnahme der letzten Völkerschaften, deren Feld die Ostsee war, haben sie alle zur Entstehung des heutigen englischen Volkes beigetragen.

Zuerst die Angelsachsen. Als die unkriegerisch gewordenen Briten nach Abzug des römischen Besatzungsheeres sich der Picten und Scoten nicht mehr erwehren konnten, (Picten = gaelische Kelten, tapfere und wilde Bewohner des schottischen Hochlandes; Scoten = keltischer Stamm aus Irland (!), riefen sie die Sachsen zu Hilfe, die unter Hengist und Horsa in drei Cyalen und 300 Mann

Kiel-Schiffe
der Sachsen.
bei Süd-Foreland landeten. Die Cyalen waren Kielschiffe und sind die ersten die genannt werden; danach der Name Kiel, in dessen Wappen ein Kielboot. Nicht lange nachher erwähnt auch ein römischer Dichter, daß die Sachsen selbst bei widrigem Winde zu fürchten seien. Es scheint danach zweifellos, daß denselben, also deutschen Seefahrern, die Kunst des Aufkreuzens zugeschrieben werden muß, womit der Bau der Kielboote unmittelbar zusammenhängt, ein Fortschritt von nicht hoch genug anzuschlagender Bedeutung auf dem Gebiete der Segelschiffahrt!

Bald folgten größere Schaaren nach der fruchtbaren Insel, die Sachsen trieben die Picten nach Caledonien zurück, machten sich aber zugleich zu Herren des Landes; nur in dem gebirgigen

Wales blieben die Briten selbständig, wie noch heute an der Sprache zu erkennen ist; ebenso die Reste der Picten, Gaelen, im schottischen Hochland. Verschiedene Häuptlinge der Sachsen gründeten dann sieben Königreiche, die Jahrhunderte später durch Egbert zu einem Königreich vereinigt wurden, das nun den Namen „Land der Angeln", also Angelland (Anglia) erhielt. Eine Bedeutung zur See hatten aber weder die einzelnen Herzogtümer, noch das geeinte Königreich; denn das Seefahren hatten die Angelsachsen als Herren des reichen Landes aufgegeben. *Das Königreich der Angelsachsen.*

Es ist eine bemerkenswerte Erscheinung bei allen diesen seefahrenden germanischen Stämmen, daß sie, abweichend von den Phöniziern und Griechen, die Seefahrt nur des Seeraubes wegen betrieben und den Seehandel verachteten, wenigstens in den ersten Jahrhunderten ihres geschichtlichen Daseins. Was den größeren Besitz anlangte, so waren die Angelsachsen in England befriedigt, daher verzichteten sie auf die Seefahrt, zu ihrem großen Schaden, denn um die betreffende Zeit (827) erschien ein neues seefahrendes Volk raubend an ihrer Küste, die Normannen.

2. Die normannisch-englische Periode.

Unter den Normannen sind nicht blos Norweger, sondern auch Dänen und Schweden zu verstehen, die gelegentlich alle drei so genannt wurden und nicht immer auseinander zu halten sind. Hier kommen Norweger und Dänen in Betracht, die Wikinger-Seekämpfer oder Seehelden. Ihre Seezüge waren lediglich Raubzüge, und sie raubten und plünderten, brannten und mordeten unbarmherzig, wohin sie kamen; was sie nicht umbrachten, führten sie als Sklaven fort. *Auftreten der Normannen (Wikinger). Ihre Fahrzeuge.*

Sie hatten nur kleine, offene Fahrzeuge, ursprünglich große Boote aus Weidengeflecht mit Tierhäuten überzogen, mit einem Mast, dessen Segel ebenfalls aus Tierhäuten zusammengenäht war, mit hoch aufragendem Vor- und Achtersteven, der Vorsteven häufig in einen Drachen auslaufend, daher wurden ihre Schiffe allgemein auch „Drachen" genannt; mit einem Mast und einer Raa, eigentlich Segler, aber ebensogut auch mit Remen, bis zu 30 und mehr, zu bewegen, also „gemischte Schiffe", leicht und flink, nicht blos auf Strand, sondern auch weit über Land zu ziehen, von kleinem Tiefgang, sodaß sie damit auch Flüsse hinauf fahren konnten. Sie hatten später vorne und hinten ein Halbdeck zum Aufstellen der Krieger, die Reeling, d. i. die obere Bordwand, wurde durch Aufhängen der Schilder erhöht und gleichzeitig dadurch verstärkt. Die Besatzung bestand aus 50—100 Mann, Seeleute und Krieger zusammen genommen.

So machten sie sich nicht allein an der Küste, sondern auch weit ins Land hinein furchtbar; und da sie nicht selten mit vielen hundert solcher Fahrzeuge erschienen, so haben sie oft große Schlachten geschlagen und mehr als ein Königreich erobert. Ihre verwegene Tapferkeit betätigten sie ebenso, wie in der Schlacht, auch in der Seefahrt. In ihren offenen Fahrzeugen mit primitiver Takelage, ohne alle sonstigen Hilfsmittel, machten sie weite Seereisen auch in bisher ganz unbekannte Gewässer und selbst über den Ozean nach den Faröern, Island, Grönland, Vinland (in Nordamerika). Aber gleich den Phöniziern hinterlassen sie keine Spuren, alles aus dieser Zeit ist verloren, da sie keine höheren Interessen, keine Bildung besaßen. So bilden die Normannen während einiger Jahrhunderte des Mittelalters eine der wunderbarsten Erscheinungen in der Geschichte.

Wodurch ihre großen Raubzüge, die gegen Ende des achten Jahrhunderts beginnen, dann im neunten überhand nehmen und sich nach und nach im zwölften verlieren, verursacht sind, ist nicht genau bekannt; wahrscheinlich durch den Unabhängigkeitssinn der Edlen, die sich eigenwilligen Königen nicht unterwerfen wollten, dann durch starke Übervölkerung.

Gegen Ende des achten Jahrhunderts beginnen die Normannen ihr Unwesen zu treiben und erscheinen an der Nordküste Englands. Sie waren damals und noch lange nachher Heiden. Dann kam **Karls des Großen Gegen-Maßnahmen.** eine lange Ruhepause unter K a r l d e m G r o ß e n, der für freien Verkehr zur See und zu Lande kräftig sorgte. Er ließ in allen Flußmündungen der Nordsee Schiffe zur Bekämpfung der Seeräuber bauen, richtete S e e w e h r und K ü s t e n w a c h e n ein, bestellte tüchtige Führer und übte durchweg ein kraftvolles Regiment. Ähnlich verfuhr er an der Südküste von Frankreich, wo seine Flotte die damals seemächtigen Sarazenen schlug, und in der Adria; den Angriff seines Sohnes Pipin auf Venedig im Jahre 810 habe ich schon erwähnt.

Während seiner Regierung können die Normannen daher in der Nordsee wenig ausrichten: schlimm treiben sie es dafür in der Ostsee. Aber nach K a r l s d e s G r o ß e n Tode (814), unter seinen schwachen Nachfolgern, haben sie um so freieres Spiel. Sie plündern die deutschen, französischen und englischen Küsten, da weder das deutsche Reich noch England eine Flotte hat, plündern und verbrennen Hamburg (845), wohin sie auf 600 Schiffen elbaufwärts fahren, Rouen (841), Bordeaux (847); den Rhein fahren sie mehrmals bis Bonn, Coblenz, Mainz hinauf, plündern Köln, Aachen u. s. w., die Seine bis Paris mit 700 Schiffen und 40 000 Mann, das sie 885—86 vergeblich belagern (abgekauft), worauf Rheims und Soissons verbrannt werden. Schon vorher sind sie nach Spanien und ins Mittelmeer gefahren und haben unter andern Pisa (860) geplündert und verbrannt. 880 schlagen sie ein großes sächsisches Heer an der Unterelbe völlig, 891 wird dagegen ein normannisches Heer bei Loewen von König Arnulf vernichtet. Trotzdem gelangen sie schon 892 bis nach Worms und setzen sich um 900 an der Seine-Mündung fest (wie 60 Jahre früher im Rhein-Delta), und 12 Jahre später hält König Karl der Einfältige für nötig, ihrem Führer Rolf, der sich dann als Robert taufen läßt, Rouen mit Umgegend, seitdem Normandie genannt, abzutreten, das nun ein selbständiges normannisches Fürstentum wird (912).

Plünderungs-züge der Normannen.

Gründung der Normandie und anderer Normannen-Reiche.

Hier hatten die Normannen, ähnlich wie $4^{1}/_{2}$ Jahrhunderte vorher die Sachsen in England, ein fruchtbares Land erobert, aber die Wirkung auf sie war eine ganz andere, als auf die Sachsen. Diese behalten Sprache und Sitte und Nationalität, aber sie geben Seefahrt und Seeraub auf; die Normannen geben ihre heimische Sprache und Sitte bald auf und nehmen französische an, aber an der Seefahrt halten sie fest und bleiben verwegene, kriegslustige Abenteurer zu Wasser und zu Lande. In großen Scharen fuhren sie aus der Normandie nach dem Mittelmeer und dienten, den veränderten Zeitläuften gemäß, als Söldner in Italien, wo sie der sittlich und körperlich heruntergekommenen Bevölkerung militärisch weit überlegen waren. Sie brachten es (vorausgreifend) dahin, daß 1057 Robert Guiscard Herzog von Apulien (Unter-Italien), ein anderer (Roger II.) 1130 König von Sizilien, ein dritter (Bohemund von Tarent), Fürst von Antiochien wurde. So wurden die ominösen Nordmannen im sonnigen Italien, im Süden herrschend.

Zurück zu England. Nach Karls des Großen Tode mehrten sich die Raubzüge der Normannen auch nach England, von 832 ab fanden sie jedes Jahr statt. Bald fuhren die Normannen im Winter nicht mehr nach Hause und 866 setzten sie sich in England fest. Die Versuche der sächsischen Könige, sie zu vertreiben, waren

Normannische Einfälle in England.

erfolglos, sie griffen vielmehr um sich; Etheldred fiel 87 im Kampfe und sein jüngerer Bruder und Nachfolger A l f r e d, nachher d e r G r o ß e, genannt, damals erst 22 Jahre alt, mußte flüchten und sich Jahre lang verborgen halten. Aber im Verborgenen sammelte er seine Sachsen und 7 Jahre später gelingt es ihm, die Normannen zu schlagen und zu unterwerfen, worauf er sie zwang, sich taufen zu lassen. Alsdann kämpfte er vielfach zur See gegen fernere normannische Raubgeschwader mit wechselndem Glück, er ist der erste englische König, der eine Flotte kommandiert; und endlich läßt er, um dem Feinde wirksam zu begegnen, 897 eine neue F l o t t e nach eigenen Angaben bauen; er wird daher als der G r ü n d e r   d e r   e n g l i s c h e n   S e e m a c h t angesehen, obschon sein Werk keinen dauernden Bestand hatte.

Englische Flotten-Gründung unter Alfred dem Großen, 897.

Sein Vorgehen kennzeichnet ihn aber jedenfalls als einen, seine Zeit an seemännischem Verständnis weit überragenden Fürsten. Er war der erste, der die Bedeutung des Seehandels für England erkannte und denselben kräftig förderte; der den Wert der Mächtigkeit zur See für den Seehandel einsah. Zu dem Zweck verstärkte er die Seemacht und schuf eine neue, tüchtigere Flotte und mit dieser ergriff er die O f f e n s i v e gegen die feindlichen Räuber, ebenfalls der erste, der dies unternahm, weil das Land und die Handelsflotte allein durch eine kräftige Offensive geschützt werden konnten.

Englische Kriegs-schiffe.

Seine neuen Schiffe waren von allen im Norden bekannten verschieden, doppelt so lang, wie die sonst üblichen, höher und stetiger, dabei aber doch schneller und mit 60 oder mehr Remen versehen, wahrscheinlich hochbordige Galeeren, ähnlich denen im Mittelmeere, aber den nordischen Gewässern angepaßt, schärfer und mit größerem Tiefgange als die üblichen.

Mit diesen Schiffen trug A l f r e d auch Erfolge über die Normannen davon; und da seine Nachfolger ebenfalls starke Flotten unterhielten, so hörten die Raubzüge beinahe ein Jahrhundert lang fast ganz auf.

Die F l o t t e war um diese Zeit in drei Geschwader für die drei Küsten eingeteilt und wurde immer zu Ostern (im Winter hat die Schiffahrt jedenfalls geruht) für den Sommer in Dienst gestellt, geübt und besichtigt.

Einfälle der Dänen.

Erst als ein schwacher, zaghafter König, Etheldred the Unready (979—1016) auf den Thron gekommen war, fingen 992 die Raubzüge von Neuem an, jetzt durch Dänen ausgeführt, und

wiederholten sich schnell. Etheldred kaufte sie mehrmals um
große Summen ab, ließ auch im Jahre 1002 alle im Lande befindlichen (70000?) ermorden; dies führte jedoch nur zu größeren
Raubzügen, bis König S w e i n (Swain) mit einer großen Flotte bei
Sandwich in den Downs landete und die Eroberung Englands voll-
endete. Nach seinem Tode im Jahre 1014 brachen neue Kämpfe
aus, aber vom Jahre 1017 ab beherrschte sein Sohn K a n u t d e r
G r o ß e, den die Flotte zum König ausgerufen hatte, England
unbestritten.

In diesem zweieinhalbhundertjährigen Zeitraume waren große
Strecken englischen Gebiets mit Normannen besiedelt worden und
jetzt herrschten die Dänen. 23 Jahre später, 1041, kam allerdings
wieder ein sächsischer König auf den Thron, aber sein Geschlecht
hatte ihn nur 25 Jahre unter erneuerten Kämpfen gegen die Neue nor-
Normannen inne. Im Jahre 1066 erlag sein Sohn H a r o l d einem mannische
doppelten, mit großer Macht unternommenen Angriffe dieser. Landungen;
Nachdem er im Nordosten, in Yorkshire, am 25. September den Wilhelm der
dort gelandeten König von Norwegen am Lande völlig geschlagen Eroberer,
hatte, wobei er selbst verwundet worden war, fiel er am 14. Oktober 1066.
in der Schlacht bei Hastings gegen Herzog W i l h e l m v o n d e r
N o r m a n d i e (den Eroberer), der mit einem Heere von 60000 Mann
von St. Valérie (zwischen Dieppe und Fécamp) nach Pevensey
(östlich nahe Beechy head) übergesetzt war.

Diese Unternehmung ist eine der großartigsten und zugleich
folgenreichsten, welche die Geschichte kennt. Sie bedurfte natürlich
langer Vorbereitung, schon seit dem Frühjahr sammelte Herzog
W i l h e l m Schiffe und Mannschaften; jedenfalls hat er in Übereinstimmung mit dem König von Norwegen gehandelt und dessen
Landung erst abgewartet, ehe er selbst vorging. Er rief ferner
auch den Papst zu Hilfe und von großem Nutzen war es für ihn
unter den damaligen Verhältnissen, daß dieser den, dem Kirchen-
regiment nicht willfährigen Sachsenkönig in den Bann tat.

Nach den auf uns gekommenen Nachrichten verfügte H e r z o g   Falsche
W i l h e l m nur über normannische Fahrzeuge der bekannten Art, Verwendung
offene Wikinger-Schiffe, natürlich in sehr großer Zahl, viele Hunderte. der
Mit diesen, mit Mannschaften und Pferden schwerbeladenen Fahr- englischen
zeugen die Fahrt über den Kanal zu unternehmen, war gewiß ein Flotte.
großes Wagnis, teils wegen des Wetters, teils wegen der englischen
Flotte. Letztere hatte Harold schon früh im Sommer in großer
Stärke in den Downs zusammengezogen, aber statt offensiv vor-

zugehen und den Feind vor Beendigung seiner Rüstung anzugreifen, wartete er das Herankommen desselben für den selbstgewählten Zeitpunkt ab.

Diese Verkennung des Wesens der Kriegsführung zur See war sein Verderben. Der Flotte, die monatelang untätig in den Downs lag, ging der Proviant und wohl auch die Geduld aus; man mag beim Vorrücken der Jahreszeit auch nicht mehr an die Ausführung der Unternehmung geglaubt haben, kurz, gegen Mitte September, (wohl während Harold gegen den König von Norwegen ins Feld zog), ging die Flotte auseinander, die Schiffe nach ihren Heimatshäfen. Auf die Nachricht hiervon, und er mag dieselbe erwartet haben, ging Herzog Wilhelm mit dem Eintreten schönen Wetters am 27. September in See und landete am folgenden Tage gegenüber bei dem etwa 57 Seemeilen entfernten Pevensey. Unweit davon, bei Hastings, wurde am 14. Oktober die Entscheidungsschlacht geschlagen, in der das viel schwächere englische Heer unterlag und Harold selbst fiel. Herzog Wilhelm eroberte darnach das ganze Land und machte sich zum König als Wilhelm der Erste, genannt der Eroberer.

Englands neue Verfassung. Besonders folgenreich war diese Eroberung für England und also auch für die englische Seemacht dadurch, daß eine völlige Änderung der Verfassung des Landes damit verbunden war. Wilhelm der Eroberer führte, wie die Normannen das in allen von ihnen unterworfenen Ländern taten, die Feudal- oder Lehens-Verfassung ein. Die sächsischen Herren und Bauern hatten ihren Grund und Boden als freies Eigentum (Allodium) besessen und es durch ihre Knechte und Leibeigenen bewirtschaftet; jetzt wurde das Land Eigentum der Krone, und der König gab seinen Rittern und Dienstleuten größere oder kleinere Stücke zum Lehen (leihweise) mit der Verpflichtung, daß sie als seine Vasallen ihm Kriegsdienste u. s. w. zu leisten hätten. Zum Teil war er dazu genötigt, weil seine Barone ihn nur gegen bezügliche Zusage so eifrig, wie geschehen, unterstützt hatten; einzelne von ihnen hatten 30, 40 und bis 60 Schiffe mit Soldaten gestellt.

So entstand der englische großgrundbesitzende Adel, die englischen Barone oder Lords, die zum Teil heute noch normannischen Namen führen; als eine durch Reichtum und durch ihr nahes Verhältnis zum König, durch die Anwartschaft auf alle hohen Staatsämter bevorzugte Klasse, standen sie zwischen dem Souverain und dem Volke, als eine besondere Macht im Staat. Sie waren es, die am 15. Juni 1215 dem unsteten und willkürlichen Könige Johann ohne Land nach längerem Kriege die Magna Charta abnötigten, auf der sich die englische Verfassung aufgebaut hat, der England neben den großen Vorzügen seiner Lage u. s. w. seine im ganzen stetige und gesunde Entwickelung verdankt. Es hat dort an großen Mißbräuchen und auch an schweren Stürmen nicht gefehlt; im Ganzen aber hat das auf der damaligen Verteilung des Grundbesitzes beruhende Z u s a m m e n w i r k e n der verschiedenen, zur Teilnahme an der Gesetzgebung berufenen und dafür geeigneten Faktoren sich vortrefflich bewährt, bis in neuester Zeit das demokratische Element durch grundstürzende Änderungen der Verfassung das maßgebende geworden ist. Aber die ganze Entwicklung und die Höhezeit der englischen Flotte fällt in die vorhergehende Periode, wo das Haus der Lords noch als vollberechtigter Faktor dastand.

Die englische F l o t t e hat sich jedoch nicht mit der Stetigkeit entwickelt, wie die V e r f a s s u n g; die Normannen, wie verwegen sie als Seefahrer auch waren, benutzten ihre Seezüge — wie schon gesagt — nur zu Raub- und Eroberungszwecken; den H a n d e l verachteten sie, weil ihnen das Verständnis für dessen Wichtigkeit fehlte. Erst als diese Bedeutung ihnen durch den um diese Zeit schnell zunehmenden Umfang des Seeverkehrs deutlich vor Augen gestellt wurde, lernten sie ihn ganz allmählich würdigen. *Langsame Entwicklung der englischen Flotte.*

W i l h e l m   d e r   E r o b e r e r soll nach der Landung bei Pevensey seine Schiffe hinter sich verbrannt haben, aber selbst über eine Maßnahme von solcher Wichtigkeit der Tragweite sind die Nachrichten unbestimmt. Mit der Vernichtung der alten Bildung war eben auch die Kunst der Geschichtsschreibung, die Fähigkeit, Gegenstände, Personen und Vorgänge einfach und klar darzustellen, verloren gegangen. Die Chronisten des Mittelalters gebrauchen oft einen Schwall von Worten, ohne Greifbares damit zu sagen, sie übertreiben, sind verschwommen u. s. w., sodaß trotz vielerlei Überlieferungen doch wenig Tatsächliches sicher bekannt ist, am wenigsten, wie immer, im Seewesen.

Sicher ist aber, daß W i l h e l m   d e r   E r o b e r e r den Söhnen Harolds, die von Irland aus schon in den nächsten Jahren Raubzüge nach der englischen Westküste machten, z u r   S e e nicht entgegentreten konnte, und daß er den Dänenkönig S w a i n, der 1069 mit großer Macht in England einfiel, abkaufen mußte. Dann erst baute er eine Flotte und führte nun zur See und zu Lande Krieg gegen Schottland, Frankreich, die Bretagne.

Das setzt sich auch nach seinem Tode ähnlich fort, namentlich gab die Behauptung des Stammlandes, der Normandie, Anlaß
zu häufigen Seezügen. Aber Genaues und eigentlich Brauchbares
ist über diese nicht bekannt. Erwähnt zu werden verdienen nur
die Eroberung von Irland durch Heinrich II., wohin er mit einer
Flotte von 400 Schiffen übersetzte; und der abenteuerliche Kreuzzug von Richard Löwenherz 1189/92, teils zu Lande, teils zur
See. Die Überlieferungen sind aber zu sehr unbestimmt und teilweise märchenhaft; seine Flotte soll aus 150 Kriegsschiffen,
50 Galeeren und etwa 10 ganz besonders großen Schiffen
bestanden haben. Der Ruhm von Englands Kriegsflotte wurde
bereits zu dieser Zeit fest gegründet. Seinem Seezuge schlossen
sich für den Kreuzzug noch vier große sizilianische Galeassen nebst
15 Galeeren an und nach der Eroberung von Cypern zählte
Richard Löwenherz' Flotte über 250 Schiffe. Vor der
syrischen Küste soll er ein Sarazenen-Schiff mit 1500 Soldaten an
Bord geentert haben. Saladin zog sich von Acre zurück. Interessant
sind die scharfen Bestimmungen des Königs zur Erhaltung der
Manneszucht.

Größeres Interesse, als dieser romantische König, wandte sein
Nachfolger Johann dem Seewesen und — als der erste der
normannischen Könige — auch dem Seehandel zu. Er richtete
1212 die erste englische Kriegswerft, noch heute die erste, zu
Portsmouth ein.

Im Jahre 1202 erließ der König folgendes bedeutsame Edikt:
„Jeder Kommandeur im Dienst der Königlichen Marine,
welcher auf hoher See mit Schiffen oder Fahrzeugen einer fremden
Nation zusammentrifft, soll das Recht haben, wenn deren Führer
sich weigern, ihre Flagge vor der britischen zu streichen, dieselben
anzugreifen und wenn sie genommen werden, solche als gesetzliche
Prisen zu betrachten, auch sogar gesetzt den Fall, daß sie Nationen
angehören, die mit England in Freundschaft oder im Bündnis leben;
die an Bord befindlichen Individuen sollen als Strafe für ihre
Widersätzlichkeit nach Belieben mit Einkerkerung belegt werden."

Mit diesem Edikt hat das seegroßmächtige England zum
ersten Mal den noch vor einem Jahrhundert fest durchgeführten
Grundsatz als seinen rechtmäßigen Anspruch auf die allgemeine
Oberherrschaft über die See aufgestellt, daß Englands Flotte
überall die herrschende sei. Die Forderung einer absoluten
maritimen Überlegenheit konnte nicht deutlicher gekennzeichnet

werden. Unzählige Beispiele maßlosen Auftretens seiner See-Befehlshaber hat dieses Edikt für die nächsten 600 Jahre herbeigeführt, die oft fast unglaublich scheinen. Die außerordentliche Macht-Befugnis, welche dadurch in die Hände englischer Admirale und Kapitäne gelegt wurde, ist von diesen oft in der rücksichtslosesten und schärfsten Form zum Ausdruck gebracht worden. Selbst kleine englische Schiffe, die allein segelten, haben sogar von großen Flotten mit Souveränen an Bord, den Flaggengruß in der ausgeprägtesten und geradezu demütigendsten Weise gefordert. Die Geschichte des See-Zeremoniells ist eine der interessantesten und vielseitigsten.

Unter König Johann's Regierung fand auch die erste große Schlacht zwischen englischen und französischen Flotten, wenn auch keine eigentliche Seeschlacht, statt, die bei Damme.

Anfang 1213 hatte der Papst den König Johann seines Reiches für verlustig erklärt und es König Philipp von Frankreich geschenkt. Dieser wollte die Gelegenheit benutzen, um England zu erobern, zumal Johann sehr unbeliebt war und im Streit mit seinen Baronen lag. Er sammelte eine große Flotte von 1300 (?) oder gar 1700 (?) Schiffen, wandte sich aber, nachdem Johann sich dem Papste unterworfen und der Bann aufgehoben war (?), gegen den Grafen von Flandern, der ihm Unterstützung gegen Johann verweigert hatte. Infolgedessen ging er mit seiner Flotte nach Damme (Hafen von Brügge in Flandern, jetzt sechs Seemeilen von der Küste entfernt), landete sein Heer und schritt zur Belagerung von Gent. Die Zahl seiner Schiffe war aber so groß, daß der Hafen, obwohl der besuchteste in Nordwest-Europa, sie nicht alle fassen konnte und viele außerhalb an der Küste zu Anker lagen. Schlacht bei Damme im Sommer 1213.

Johann hatte seinerseits ebenfalls mit Macht gerüstet, allen Schiffen das Auslaufen verboten und alle größeren nach Portsmouth kommen lassen. Als der Graf von Flandern ihn nun um Hilfe bat, schickte er seine Flotte von 500 Schiffen unter seinem Halbbruder Salisbury, ohne genaue Kenntnis der Sachlage nach Flandern hin. Bei der Ankunft vor Damme sah dieser zu seinem Erstaunen den Hafen voll Schiffen und noch viele draußen liegen; er überzeugte sich durch Kundschafter, daß es feindliche und daß sie nur schwach besetzt wären, griff an, nahm 300, die er nach England schickte, und verbrannte noch weitere 100. Dann landete er (um Damme zu nehmen?), wurde aber von dem herbeieilenden Philipp geschlagen und genötigt, sich einzuschiffen. Letzterer fand seine Flotte dann so beschädigt vor, daß er den Rest verbrannte.

Die Vernichtung einer so zahlreichen Flotte würde unter andern Umständen ein großes Ereignis gewesen sein; es waren aber diese hunderte von Schiffen durchweg noch Fahrzeuge der einfachsten Art und leicht zu ersetzen.

Französische Landungen in England. Jedenfalls beherrschten, als danach die Empörung der englischen Barone gegen Johann begann, die Franzosen schon wenige Jahre später den Kanal; und als die Barone dem Dauphin von Frankreich, Louis, die Krone anboten, konnte Eustach der Mönch für diesen im Jahre 1216 eine Flotte von 80 Roggen (große Handelsschiffe) und 600 anderen sogenannten Schiffen in Calais sammeln. Eustach, ein seeerfahrener und tüchtiger Mann, hatte vorher viele Jahre lang in Johanns Diensten gestanden, war aber mit den Baronen von ihm abgefallen und wohl auf deren Veranlassung zu dem Prätendenten übergegangen.

Mit dieser großen Flotte trat Louis die Fahrt nach England an, aber Nordost-Stürme zerstreuten sie, sodaß er allein vor der Themse landete (12. Mai); mit Hilfe der Empörer zog er nach London und besetzte die Grafschaft Kent, mit Ausnahme von Dover, sowie einen ferneren großen Teil von England. Indessen waren nicht alle Großen und namentlich das Volk nicht dem König untreu geworden; und als Johann im Oktober 1216 gestorben war, gelang es dem Vormund des jungen Königs Heinrich III., den Dauphin und die Empörer im Mai 1217 bei Lincoln völlig zu schlagen.

Seegefecht bei Dover, 24. August 1217. Auf die Nachricht hiervon wurden sogleich Truppen bei Calais gesammelt, die sich auf 80 großen Schiffen unter Eustach dem Mönch am 24. (27.?) August einschifften, um an South Foreland vorbei durch die Downs nach der Themse zu fahren und dann weiter nach London. Aber im Dover-Schloß saß ein braver Gouverneur, Hubert de Burgh, der von dem Plane Kenntnis hatte und alles daran setzte, ihn zu vereiteln. Von den großen Herren, an die er sich wandte, wurde er zwar schnöde abgewiesen, aber die Cinque Ports, die fünf Häfen Dover, Romney, Hythe, Hastings und Sandwich, denen seit Wilhelm dem Eroberer im besonderen die Bewachung der „Narrow Seas", das ist der Straße von Dover übertragen war, stellten 16 große und 20—24 kleinere, gut ausgerüstete Schiffe, die stark und vortrefflich bemannt wurden und auch Armbrust- und Bogenschützen an Bord hatten.

Die Franzosen liefen vor günstiger frischer Brise (südöstlicher) auf South Foreland zu, De Burgh von Dover aus ihnen entgegen; er steuerte aber nicht gleich auf den Feind zu, sondern hielt am Winde, wie Eustach meinte: um Calais anzugreifen. In Wirklichkeit aber, um die Luvseite zu gewinnen; denn sobald er diese hatte, jagte er sofort hinter dem Feinde her und holte ihn bald ein.

Die französischen Schiffe waren stark bemannt, hatten aber keine Schützen an Bord und konnten mithin im Ferngefecht nichts leisten; die Mannschaften waren nicht seegewohnt und der Kampf auf See war ihnen also etwas Neues; auch die Schiffsbesatzungen waren unerfahren und im Manövrieren nicht geübt; endlich war auch die Führung mangelhaft, denn statt an den Wind zu gehen und ihre Übermacht zusammen zu halten und zur Geltung zu bringen, setzten sie die Fahrt vor dem Winde fort und gaben so den Engländern Gelegenheit, erst ihre Nachhut, dann nach und nach die übrigen Schiffe anzugreifen.

Auf englischer Seite kamen bei allmählicher Annäherung die vortrefflichen Bogenschützen zur Geltung, die durch ihre guten Leistungen berühmt waren (Ivanhoe); sie räumten während des Näherkommens auf den feindlichen Decks gewaltig auf. Sobald man dann Bug an Heck herankam, wurden Enterdraggen aufs feindliche Deck geworfen und zur Enterung geschritten. Hierbei benutzten die Engländer auch ungelöschten Kalk mit guter Wirkung, da die frische Brise ihn den Feinden in die Augen trieb. Die Enterer endlich kappten als Erstes die Fallen, sodaß die Segel den feindlichen Mannschaften über die Köpfe fielen, „wie Netze", in denen sie gefangen saßen, sagt ein gleichzeitiger Chronist, wodurch ihre Schiffe die Bewegung verloren. *Englische Kampfesart.*

Durch diese mit größter Entschlossenheit ausgeführte Angriffs- und Kampfweise wurden die Franzosen überrascht und bestürzt; in dem ungewohnten Kampf an Bord waren sie den Engländern so wie so nicht gewachsen, so endete das Gefecht für sie, trotz der mindestens doppelten Zahl ihrer Schiffe, mit einer völligen Niederlage. Von den 80 Schiffen entkamen nur 15, die übrigen wurden genommen oder versenkt, und zwar soll letzteres mittels der eisernen Sporne geschehen sein, mit denen die englischen Galeeren (?) in der Wasserlinie versehen waren. Also tritt hier bei den durch Segel oder durch Remen zu bewegenden Schiffen nochmals der Sporn als verderbliche Waffe auf.

Auf einem der genommenen Schiffe wurde auch Eustach versteckt aufgefunden und gleich umgebracht. Er hatte es als Hochverräter nicht besser verdient, aber im allgemeinen wurde in dieser „ritterlichen Zeit" mit erschreckender Grausamkeit verfahren; daher zogen es auch manche französische Ritter vor, über Bord zu springen, um nicht dem Feinde in die Hände zu fallen.

Erste Segelschiffs-Taktik. Damme war die erste Schlacht, Dover aber ist das erste Seetreffen zwischen englischen und französischen Schiffen, und es ist typisch in seinem Verlauf für die Zeit der Segelschiffahrt überhaupt.

Das Innehalten einer Schlachtordnung wird nicht erwähnt, wohl aber das Manövrieren des beim Winde Segelns und Luv-Gewinnens, dann vor dem Winde auf den Feind zugehalten, um mit einem kräftigen Stoß zunächst nur die feindliche Nachhut anzugreifen. Ort und Zeit sind es, welche die Taktik der Segelschiffe charakterisierten; diese wird seitens des see-erfahrenen und seeverständigen Volkes hier gleich beim ersten Zusammentreffen ausgeübt. Die überlegene Seemannschaft und Seegewohnheit der Engländer trägt den Sieg davon, hier selbst gegen die doppelte Übermacht. Die Zahl allein tuts also nicht. Der Sieg wurde hier nicht durch die königliche Flotte errungen,

Die cinque ports. die gab es noch nicht, sondern ermöglicht durch die Einrichtung der Cinque Ports zur Bewachung der „Narrow Seas" mit der Verpflichtung, im Bedarfsfalle eine Anzahl Schiffe mit Besatzungen zu stellen. Es waren dies die Städte: Dover, Sandwich, Hythe, Romney, Hastings. Dies wurde dadurch erreicht, daß in den Cinque Ports anstatt der Ureinwohner, keltischer Briten, durch die Völkerwanderung zur See im Laufe der Jahrhunderte ein anderes Geschlecht entstand, aus Sachsen, Angeln, Dänen, Normannen, also aus lauter seefahrenden und seekriegstüchtigen Völkerschaften zusammengesetzt, die als Fischer, Handelsschiffer, Lootsen u. s. w. auf der See ihren Beruf, ihr Heim haben. Diesen allen sitzt auch die Wehrhaftigkeit auf See in Fleisch und Blut, da sie stets bereit sein müssen, ihre Schiffe und ihre Wohnorte gegen Feinde und Räuber zu verteidigen und da sie auch auf eigene Hand Seeraub treiben. Die See war eben auch damals noch herrenloses Gebiet; es gab derzeit im Norden noch keine Staatsflotten, mithin keine regelrechte See-Polizei; es wurde nur eingeschritten, wenn die Seeräuber ihr Handwerk gar zu arg trieben, und das kam allerdings häufig vor, daher kamen stets Klagen über Klagen. Es war ein rauhes Leben, aber es stählte die Männer. Hubert de Burgh zeigt sich als ein tüchtiger und selbständiger Führer; er handelt gegen den Feind auf eigene Hand mit schneller Entschlossenheit und legt dabei große Erfahrung im Seewesen an den Tag.

So tritt also schon in alter Zeit die maßgebende Grundlage für die Taktik der Segelschiffe hervor. Der Sieg bei Dover hat demnach eine hohe taktische und ebensolche geschichtliche Bedeutung; er entschied den Ausgang des Krieges und sicherte die Fortdauer der Dynastie, indem er der französischen Invasion ein Ende machte. Heinrich III. war nun tatsächlich König von England; aber die Händel zwischen beiden Ländern, verursacht durch den Besitz der Normandie und Ansprüche auf andere Gebiete im Norden und Westen von Frankreich, dauerten fort und veranlaßten vielfache Unternehmungen zur See und Landungen auf beiden Seiten. Es gilt betreffs der Nachrichten über alle diese Verhältnisse dasselbe, was bereits früher gesagt ist: mit der Vernichtung der Bildung des Altertums ist auch die Kunst der Geschichts-Schreibung verloren gegangen, die ja vor allem ein ausgebreitetes Wissen und ein völliges Verständnis der Sache ihrem Ursprung und Wesen nach voraussetzt. Die vorhandenen Nachrichten über die Schiffahrt und Seekriegführung vieler Jahrhunderte sind demnach dürftig, widersprechend, unverständlich.

Auch über eine große Schlacht in der Mitte des Kanals, wo 60 englische soeben angeworbene Schiffe im Jahre 1293 eine verbündete normannisch-französisch-vlämisch-genuesische Flotte unter dem Grafen von Valois vollständig besiegte, ist nur Unklares berichtet.

Diese letzten Vorgänge bieten, teils infolge der mangelhaften Darstellung durch die Chronisten, kein größeres Interesse, zumal Schiffbau und Bewaffnung nur sehr geringe Fortschritte machten. Aber eine Schlacht, an der Küste geschlagen, verdient noch Erwähnung, weil hier nochmals Remenschiffe des Mittelmeers auftreten und mit Erfolg gegen Segler fechten.

Guy von Namur, Graf von Flandern, das damals reich und mächtig war, führte Krieg gegen den Grafen Johann von Holland, eroberte Seeland (die Inseln in der Schelde-Mündung) bis auf die Hauptstadt Zierik Zee (auf der Insel Schouwen, nördlich der Oster-Schelde), die er zu Lande und mit einer großen Flotte zu Wasser belagerte. König Philipp IV., der Schöne, von Frankreich (1285—1314), der mit dem Grafen von Holland ver-

(Randnotiz:) Die ferneren englisch-französischen Kriege.

(Randnotiz:) Seeschlacht bei Zierik Zee, 1304.

bündet und zu Hilfe gerufen war, bedurfte dazu vor allem einer
Flotte, die er selbst nicht besaß, da die französischen Könige keine
Flotte unterhielten. Er beauftragte daher einen tüchtigen Seemann,
Jean de Pedrogue von Calais, so viele Schiffe zu sammeln, wie er
bekommen könne und der bedrängten Stadt Hilfe zu bringen.

Die
französische
Flotte. Dieser sammelte an der Nordküste 30 Schiffe, teils normannische,
sowie acht spanische, letztere gewaltsam; abgesehen von kleineren
Fahrzeugen hatten diese Schiffe alle eine hohe Back und Schanze.
Jedes Schiff führte ein bis zwei Wurfmaschinen und war mit einem
Gefechtsmars mit drei bis sechs ausgesuchten Schützen versehen,
der auch dazu diente, daß von ihm aus mit Steinen geworfen
wurde; außerdem mietete er ein Geschwader genuesischer
Galeeren, 11 oder 16 an Zahl, unter Raigner de Grimaldi. Im
Mittelmeer war dergleichen öfter vorgekommen, hier treten nun
solche Schiffe auch an der Nordküste von Frankreich auf.

Titel
„Admiral". Grimaldi übernahm unter dem Titel „Admiral" den Oberbefehl;
das Wort kommt erst um diese Zeit hier auf; in Frankreich war
es wohl schon früher üblich, in England aber kommt es 1297 zum
ersten Mal vor. Es stammt von dem türkischen „Emir", eigentlich
„Amir", und bedeutet Befehlshaber. Von da ab ist es nach und
nach in allen Marinen üblich geworden, eigentümlicher Weise nur
in der türkischen nicht, wo man beim Capudan-Pascha geblieben
ist. In England ist der Titel Admiral beiläufig lange Zeit nur in
Verbindung mit Captain gebraucht worden, vermutlich weil der
Admiral gleichzeitig Kommandant des Flaggschiffes blieb.

Mit der genannten Flotte, auf welcher 10 000 Mann aus-
gesuchte Soldaten eingeschifft waren, ging Grimaldi Anfang
August von Calais ab, zunächst nach der Maas-Mündung, wo noch
fünf große holländische Schiffe und weitere 10 000 Mann, die er auf
die Flotte verteilte, zu ihm stießen. Dann lief er in die Oster-
Schelde ein und kam am 17. August in die Nähe von Zierik Zee.
Zum Angriff formierte er die Flotte in vier Treffen (wegen der
geringen Breite des Fahrwassers?), die ersten drei aus je 14 Segelschiffen bestehend, das letzte aus seinen Galeeren.

Die
flandrische
Flotte. Der Graf von Flandern ordnete dem gegenüber seine
Flotte in zwei Treffen, die größeren Schiffe in der vorderen, die
kleineren in der hinteren Linie; die Zahl seiner Schiffe wird nicht
angegeben, aber wenn es richtig ist, daß 40 000 Mann Truppen an
Bord eingeschifft waren, so muß sie eine sehr große gewesen sein.
Auch diese Schiffe hatten hohe Back und Schanze und feste

Marsen, welche hier mit einem großen Vorrat an Klinkern (harten Ziegelsteinen) versehen waren, die man, in Ermangelung von Steinen, besonders zu dem Zweck hart gebrannt hatte.

Nachrichtlich sei hier erwähnt, daß englische Segler um diese Zeit höchstens 40 Köpfe, meistens nur etwa 25 Köpfe Besatzung hatten; während die Galeeren 200 bis 210 Mann und über 100 Remen führten.

Der Angriff sollte seitens der Franzosen am 18. August beginnen. Sie ließen sich mit der Flut auf den Feind zutreiben, wobei jedoch die Ordnung verloren ging; vier Schiffe des linken Flügels waren den übrigen voraus, kamen aber bei unvermutet eintretender Ebbe fest. Darauf mußte der weitere Angriff aufgegeben werden. Um nicht zu weit abzutreiben, ging die französische Flotte zu Anker und zwar bildeten die ersten drei Treffen nun e i n e Linie, daher lagen die Schiffe so nahe zusammen, daß man von einem auf das andere springen, einander bei Enterung also unterstützen konnte. G r i m a l d i ankerte mit seinen Galeeren dahinter in Reserve. *Beginn des Kampfes.*

Die Vlamen griffen jetzt die vier gestrandeten französischen Schiffe an, jedoch ohne Nachdruck und es gelang ihnen daher nicht, sie zu nehmen; auch zwei gegen diese abgeschickte Brander hatten keinen Erfolg, weil sie ohne richtige Benutzung von Wind und Strom abgelassen waren. Zu einer größeren Aktion benutzten die Vlamen die Ebbe indessen nicht.

Mit dem Eintreten der Flut am Nachmittag ging dagegen die ganze französische Linie vor und das Gefecht wurde allgemein. Zum entscheidenden Enterkampf kam es aber nur auf den Flügeln; auf dem linken nahmen die Franzosen ein großes vlämisches Schiff, dagegen gingen drei mit holländischen Truppen besetzte spanische Schiffe auf dem rechten Flügel, welche durch sieben vlämische angegriffen wurden, verloren. Die Verluste der Vlamen waren jedoch im Allgemeinen sehr groß, da sie durch die zahlreichen, auf Deck und in den Marsen postierten Schützen des Gegners viele Leute einbüßten. Daher brachen sie spät abends den Kampf ab und ließen sich mit der letzten Flut ohne Ordnung eine Strecke stromaufwärts treiben, worauf sie wieder ankerten. *Höhepunkt der Schlacht.*

Während der Nacht erkundet G r i m a l d i auf einem leichten, schnellen Fahrzeuge den Zustand der vlämischen Flotte, und als er sich überzeugt hat, daß diese stark gelitten, geht er am anderen Morgen früh mit seinen noch intakten Galeeren in voller Fahrt mit *Fortsetzung und Ende am nächsten Morgen.*

der Flut zum Angriff vor. Die vlämische Flotte ist noch nicht rangiert, daher findet G r i m a l d i Gelegenheit, einzelne Schiffe mit mehreren zugleich anzugreifen, und z. B. läßt er sofort entern, was den Vlamen ungewohnt ist. So nimmt er das erste, das zweite und dritte Schiff. Da läßt der G r a f v o n F l a n d e r n auf seinem Flaggschiff Segel setzen und fährt mit noch einem zweiten Schiffe zusammen auf die Capitana los. Es gelingt ihm auch, ihr an der einen Seite die Remen abzustreifen, sich längsseit zu legen und sie zu entern; aber der Angriff wird zurückgeschlagen, beide Schiffe werden durch mehrere Galeeren von allen Seiten angegriffen und nach hartem Kampf genommen. Auf dem Flaggschiff blieb der G r a f v o n F l a n d e r n allein am Leben und fiel in Gefangenschaft, alles andere wurde niedergehauen.

Dadurch war der Sieg entschieden, die Belagerung von Zierik Zee aufgehoben und die Gefahr für Seeland beseitigt.

Allgemeine Betrach-tungen. Brander kommen hier zum ersten Male im Norden vor; ferner begegnen wir festen Marsen mit Schützen besetzt, der Wert überhöhenden Schießens und Werfens ist also erkannt und wird möglichst mit großer Wirkung ausgenutzt. Früher, zur Zeit der Segelschiffe, wurden sie belächelt, jetzt sind sie wieder aufgekommen; ihren Wert muß die Zukunft lehren. Von besonderem Interesse ist die erfolgreiche Aktion der Galeeren, die sich die Übermacht an der entscheidenden Stelle sichern, und zwar durch Ausnutzung der Eigenbewegung gegenüber den durch den Strom in dem engen Fahrwasser behinderten, schwerfälligen Segelschiffen.

3. Die Schlacht bei Sluys und ihre Folgen.

Einleitung. Hieran schließe ich noch die Darstellung einer weiteren maritimen Aktion aus dem Mittelalter in nordischen Gewässern, teils weil darin ebenfalls noch R e m e n schiffe (Galeeren) auftreten, teils weil sie für die englische Geschichte von großer Bedeutung ist, die Schlacht bei Sluys am 24. Juni 1340.

Mit dem Erlöschen des Geschlechts der Capetinger (987—1328) auf dem französischen Thron, durch den Tod Karls IV. (1321—1328), wurde unter Anwendung des salischen Gesetzes der erste Valois, Philipp VI. (1328—1350), König von Frankreich. Der streitbare E d u a r d III. von England (1327—1377) aber, der bei Berücksichtigung der weiblichen Erbfolge der nächste Erbe gewesen wäre, wollte das nicht als Recht bestehend anerkennen und erhob daher Ansprüche auf den französischen Thron.

1338 begann Philipp die Feindseligkeiten und zwar zur See. Da er selbst keine Flotte besaß, so mietete er, wie sein Vorgänger bei Zierik Zee, genuesische Galeeren, 40 Stück (mit je 210 Mann Besatzung, 25 Armbrustschützen und 80 Remern), zu denen dann wohl noch einige bewaffnete Kauffahrer kamen. Diese verhältnismäßig großen, stark bemannten und schnellen Schiffe unter seekriegsgeübter, gewandter Führung schädigten den englischen Seehandel schwer und verheerten die englische Südküste mit der in jener Zeit allgemein üblichen Grausamkeit. Ihre Tätigkeit wurde noch dadurch angespornt, daß die Besatzungen einen großen Teil des gemachten Raubes als Beutegeld erhielten.

Abgesehen von der Wegnahme aller Handelsschiffe auf See nahmen oder zerstörten sie solche auch in den Häfen und griffen z. B. Southampton in zwei Jahren vier Mal an, plünderten und verbrannten die Stadt u. s. f.

Namentlich gelang es ihnen auch, mit einem Geschwader von 13 Schiffen zwei besonders große bewaffnete Kauffahrer (wie damals alle) „Christopher" und „Edward" nebst drei kleineren, alle reich beladen, zu nehmen, freilich erst nach neunstündigem, harten Kampfe, in dem die Besatzungen bis auf den letzten Mann getötet oder über Bord geworfen wurden. Das erregte in England besonders großen Unwillen und den Zorn des Königs, der vielleicht persönlich dadurch geschädigt wurde.

Im folgenden Jahre wiederholten diese Raubzüge sich in noch größerem Maßstabe, indem die Franzosen die ganze englische Südküste von der Themse bis Landsend verheerten, wobei u. a. auch Plymouth schwer betroffen wurde.

Die Engländer vergalten das mit gleichem Maß, so gut sie konnten. Als z. B. ein Raubgeschwader in den Downs erschien, wurde es durch Schiffe der Cinque Ports verjagt und nach Boulogne verfolgt; dort drangen die Engländer in den Hafen ein, nahmen oder zerstörten die dort liegenden Schiffe, hängten 12 Kapitäne auf und verbrannten die Stadt zum Teil. Da aber eine Königliche Flotte nicht bestand und die Wehr zur See nicht geordnet war, so war im ganzen der Schaden auf Seiten Englands, wenigstens bei weitem der größte. Die Franzosen beherrschten den Kanal und nahmen auch die normannische Insel Guernsey weg.

Marginal notes:
Wegnahme englischer Handelsschiffe.

Gegenseitige Plünderungszüge.

Erst Ende 1339 entschloß Eduard III. sich, dem ernstlich entgegenzutreten und begann in großem Maßstabe zu rüsten.

Im Frühjahr 1340 nannte er sich König von Frankreich und bereitete einen großen Seezug vor, um sein neues Reich zu erobern. Eine stehende Flotte gab es noch nicht. Durch eine königliche Proklamation wurden Schiffe und Besatzungen herbeigeschafft. Der König lieferte aus seinen Mitteln selbst eine Anzahl Schiffe, dann mußten besonders die Seestädte größere Stärken von Seestreitkräften bereit stellen, die teils gemietet, teils gekauft wurden. Der gesamte Schiffsverkehr in englischen Häfen wurde gesperrt, alle Schiffe von 100 t und mehr Gehalt wurden zum Königlichen Dienst verlangt; der Westen von England stellte ihrer 70, die Cinque Ports 30, der Norden 50. Der Plan des Königs war, auf dieser Flotte ein starkes Heer nach dem verbündeten Flandern überzuführen und zwar nach dem Hafen von Sluys, unweit Damme, um von da in Frankreich einzufallen.

Sluys war um diese Zeit, nachdem der nahe Hafen von Damme versandet war, der Hafen von Brügge geworden, das im 14. Jahrhundert als der Mittelpunkt des Welthandels — abgesehen vom Mittelmeer — dastand. Der Hafen war geräumig und tief genug für die größten Schiffe; der gesamte Verkehr nach England ging über Sluys. Daher lag Eduard III. viel an seinem Besitz. Als er aber am 10. Juni mit einem Teil seiner Flotte von Orwell, unweit Harwich, dahin abzusegeln im Begriff stand, erhielt er die Nachricht, daß die Franzosen ihm zuvorgekommen und mit einer großen Flotte eingelaufen waren.

Das veranlaßte ihn, seine Flotte durch alle noch brauchbaren Schiffe eiligst zu verstärken und alle waffenfähigen Männer zum Kriege aufzurufen. Schon nach zehn Tagen hatte er 200 Schiffe mit mehr Leuten, als er brauchen konnte, zusammen und ging am 22. Juni in See; an der flandrischen Küste stieß noch das nördliche Geschwader unter Admiral Marley zu ihm, sodaß die Flotte 250 Schiffe stark war. Am 23. Juni mittags bei Blankenberge, zehn Seemeilen westlich Sluys angekommen, sah man die französische Flotte liegen. Wie Salisbury vor der Schlacht bei Damme, so schickte Eduard hier, ehe er angriff, Kundschafter an Land, und erhielt durch sie, da Flandern ihm verbündet war, nähere Nachricht. Es waren im ganzen 400 Schiffe, von denen für das Gefecht jedoch nur die 190 größeren in Betracht kamen,

Eduards III. Vorgehen.

Stärke beider Flotten.

meist Genuesen oder Spanier; 19, darunter die früher englischen „Christopher" u. s. w. waren von besonderer, ungewöhnlicher Größe.

Die Flotte war in drei Geschwader geteilt unter Admiral Hugh Quiriet, Schatzmeister Nicolas Balmuchet und dem Genueser Barbenoire. Die Besatzungsstärke wird zu 35000 Mann angegeben, die Bemannung der französischen Schiffe soll aber infolge übermäßiger Sparsamkeit Balmuchets mangelhaft gewesen sein. Jedenfalls bestand Uneinigkeit zwischen den Führern; Barbenoire verlangte, daß die Flotte in See gehen und in offenem Wasser schlagen solle. Aber dieser durchaus richtige Rat des seekriegs- Anker- erfahrenen Genuesen fand nicht den Beifall der Franzosen; sie stellung
der zogen die Flotte vielmehr nach der Mündung der Wester-Schelde, Franzosen. um im engen Wasser zu Anker zu fechten und ordneten sie dort in vier Treffen, die großen Schiffe vorn, durch Ketten und Kabel miteinander verbunden; Barbenoire wieder, wie die Galeeren bei Zierik Zee, in der Hinterhand; seine Galeeren bildeten vier Treffen. Sie waren mit Schützen besetzt, auch die „Christopher" hatten genuesische Schützen an Bord, die Franzosen aber scheinen keine gehabt zu haben.

Die englische Flotte wurde in zwei Linien so geordnet, daß Ordnung in der ersten Linie ebenfalls die großen Schiffe sich befanden und der
Engländer. zwar abwechselnd mit Schützen und mit Gerüsteten für das Hand- gemenge besetzt. Dahinter folgten in zweiter Linie die kleineren Schiffe, die gleichfalls Schützen an Bord hatten. Wie ersichtlich, war diese Waffe auf Seiten der Engländer stark vertreten; auch die Gefechtsmarsen waren damit besetzt, während von den Franzosen nur berichtet wird, daß sie dort Baljen mit Steinen gehabt hätten.

Am 24. Juni früh, bei schönem Wetter, befand sich die eng- Vorrücken lische Flotte vor der Wester-Schelde, konnte aber nicht grade auf der
Engländer. den Feind losgehen, weil der Wind es nicht zuließ. Richtung wird nicht angegeben, scheint aber Nordost gewesen zu sein. Als sie nun bei dem Winde nordwärts steuerte, um den Feind über dem andern Bug erreichen zu können, sollen die Franzosen (wie bei Dover) gemeint haben, sie wollten nicht schlagen; nach einem Bericht sollen sie sogar die Ketten u. s. w. losgeworfen haben, um den Feind zu verfolgen. Sobald die englische Flotte aber genug Luv gewonnen hatte, wobei sie durch die Flut begünstigt war, ließ Eduard III. wenden und bald nach Mittag begann Admiral Marleys Flaggschiff, der Leiter der Linie, das Gefecht,

Beginn der
Schlacht bei
Sluys, den
24. Juni 1346. indem er den „Christopher" angriff; die anderen Schiffe folgten und konnten bei freier Bewegung ihren Angriff beliebig gegen die verankerten feindlichen Schiffe richten.

Die letzteren wurden erst mit Schauern von Pfeilen vom Deck und den Marsen aus überschüttet, dann schritten die Schwerbewaffneten, deren Schiffe sogleich Enterhaken warfen, zur Enterung. Die Franzosen wehrten sich tapfer, aber bei der gleichen Tapferkeit auf beiden Seiten sicherte die B e w e g u n g ihrer Schiffe den Engländern die Übermacht. Die Schiffe der ersten französischen Linie wurden nach und nach genommen, der Kampf zog sich durch viele Stunden hin und währte trotz des l a n g e n Tages bis in die Nacht hinein. Die zweite und dritte Linie verzichtete auf weiteren Widerstand, die Besatzungen verließen ihre Schiffe und suchten sich in den Booten zu retten, aber mit solcher Überstürzung, daß durch Kentern von Booten viele Leute verloren gingen.

Sieg der
Engländer. B a r b e n o i r e dagegen machte sich die freie und schnelle Bewegung seiner Galeeren mittels der Remen und vermutlich der Ebbe zu Nutze und ergriff die Flucht, die ihm auch — da er nur einer schmalen Lücke bedurfte — gelang; er wurde dabei durch eine Anzahl englischer Schiffe angegriffen, aber er schlug dieselben ab und kam glücklich davon mit seinen 24 Schiffen. Die ganze übrige französische Flotte wurde genommen oder vernichtet; der Menschenverlust muß ein sehr großer gewesen sein, wenn auch die Zahl 30000 übertrieben erscheint. Die beiden Führer wurden gefangen, Admiral Q u i r i e t kalten Bluts umgebracht, B a l m u c h e t am Mast seines Schiffes aufgehängt, weil er auf seinen Raubzügen grausam gewesen war. Auf englischer Seite ging kein Schiff verloren; den Verlust an Menschen geben die eigenen Berichte gering an, französische dagegen auf 4000 Mann.

Lehren
aus der
Betrachtung
der
Seeschlacht
bei Sluys. Die L e h r e n aus der Schlacht liegen auf der Hand:

1) Die richtig und geschickt ausgenützte B e w e g u n g ist es, die den Engländern den Sieg über die vertäuten Franzosen in die Hand gibt. Und diese Ausnutzung sichert den Engländern ihr seemännisch geübtes Auge. B a r b e n o i r e gibt guten Rat, aber der Genueser hat nicht den Oberbefehl und die französischen Führer scheuen hier, wie so oft nachher, die Schlacht in offener See, halten sich in passiver Defensive und verzichten auf Bewegung; sie über-

lassen dem Feinde Zeit, Ort, Art des Angriffs und die Möglichkeit, sich Übermacht an entscheidender Stelle zu verschaffen.

2) Wie günstig aber der Führer auch disponieren mag, der Sieg wird in den seltensten Fällen ohne Fechten und gegen einen tapferen Feind nicht ohne harten Kampf gewonnen werden. Handgemenge erfordert tüchtige, starke, waffengeübte Männer; es kann auch heute noch vorkommen. Aber wenn auch die heutige Kampfweise a n d e r e Anforderungen stellt, so doch nicht weniger hohe und mehr geistige: kaltes Blut, treues Aushalten, Selbstbeherrschung; diese Eigenschaften schwerer wiegend! Unsere Leute, wie die der Engländer, sind gut, aber es gilt auch, sie so zu erhalten, den kriegerischen Geist zu pflegen, zumal bei kurzer Dienstzeit und da die seemännische Erziehung bei Ersatz außerhalb der Marine immer seltener und minderwertiger wird.

3) Die Wichtigkeit der in die Ferne wirkenden Waffen ist nicht zu beleuchten nötig, sie liegt allzu klar auf der Hand.

Die g e s c h i c h t l i c h e Bedeutung der Schlacht bei Sluys ist eine außerordentlich weitgehende. Sie hat England die Seeherrschaft gegeben, die vorher und noch in den letzten Jahren Frankreich ausgeübt hatte. Von da ab beansprucht England die Herrschaft über die Narrow Seas; im Jahre 1344 ist eine Medaille geprägt: Der König im Schiff als Beherrscher der See. Bedeutung
der
Seeschlacht
bei Sluys.

Und die nächste positive Folge ist, daß statt einer französischen Landung in England, jetzt ein englisches Heer in Frankreich einfällt und daß die Schlachten von Cressy 1346 und Poitiers 1356, die zu glänzenden Siegen der Engländer über eine doppelte Zahl von Feinden wurden, nicht auf englischem, sondern auf französischem Boden geschlagen worden sind, daß den Engländern das furchtbare Elend dieses langen Krieges und späterer Kämpfe im eigenen Lande erspart blieb.

Von langer Dauer war allerdings die Wirkung von Sluys, was die R a u b z ü g e auf See anlangt, nicht, da die Kriegsführung keine folgerichtige, nachdrückliche war. Statt die ungeheure Niederlage der Franzosen kräftig auszunutzen, schloß Eduard III. schon drei Monate nachher einen Waffenstillstand.

Später wurde der Krieg nach der Bretagne hinübergetragen. Für die Flotte geschah nichts, und da die Franzosen dauernd genuesische Galeeren im Solde hielten, so wurde der Krieg zur See mit wechselndem Erfolge geführt und auch die englische Küste blieb nicht verschont.

Einnahme von Calais durch die Engländer, 1347. Als es sich aber später um die Eroberung von Calais handelte, das Eduard nach der Schlacht bei Cressy belagerte, also um einen besonders wichtigen Punkt, da wurde auch zur See wieder eine Anstrengung gemacht und eine große Zahl von Schiffen — 120 Schiffe mit je 60 Mann — aufgeboten, der Frankreich nichts Ähnliches gegenüber zu stellen hatte. Hierzu lieferte der König 25 Schiffe mit 410 Seeleuten, ferner wurden auf seine Kosten noch 28 Fahrzeuge gemietet; London stellte 25 Schiffe mit 660 Mann, Bristol 24 Schiffe mit 610 Mann u. s. f. Von der 60 Mann starken Besatzung diente die kleinere Hälfte zum Manövrieren des Schiffes. Diese Flotte führte dann die Blockade der Stadt so wirksam durch, indem sie ihr alle Zufuhr abschnitt, daß diese sich im September (nach einjähriger Belagerung) ergeben mußte.

Verfall der englischen Seemacht. Im übrigen verfiel die englische Seemacht unter der fünfzigjährigen Regierung Eduards III. (1327—1377) nach und nach immer mehr; teils infolge seiner unaufhörlichen Kriege, teils durch den auch im Frieden allgemein und im größten Maßstabe betriebenen Seeraub; nicht zum wenigsten endlich infolge der Geringschätzung der Handels-Interessen, der ungeordneten Finanz-Wirtschaft und in Verbindung damit der Rücksichtslosigkeit, mit welcher der König gegen den Schiffahrts-Betrieb verfuhr. Die Sperrung der Schiffahrt wurde bei jedem Anlaß nach Belieben verfügt, häufig viel früher, als nötig war, manchmal auch ohne triftigen Grund; die Schiffsbesatzungen wurden für anderen Dienst gepreßt, sodaß ihre Schiffe still liegen mußten. Dazu wurden zur Bestreitung der Kriegskosten hohe Steuern erhoben, kurz, der Seehandel wurde aufs schwerste geschädigt. Und das berührte die Mächtigkeit Englands zur See nicht blos mittelbar, wie das jetzt auch der Fall sein würde, sondern unmittelbar, da für die Kriegsführung auf See in Ermangelung einer eigentlichen Kriegsflotte die zwangsweise requirierten größeren Handelsschiffe verwendet wurden, die damals sämtlich bewaffnet waren. Der Mangel an Verständnis für das materielle Interesse des Landes rächte sich bei diesem ritterlichen Herrscher, der noch ganz von den Ideen der Ritterzeit erfüllt war, schwer; es machte ihn abhängig von seinem Parlament.

Als ein absonderliches Beispiel dafür, wie das Raubwesen zur Das Seegefecht L'Espagnol sur Mer, 1350. See damals betrieben wurde und in welchem Ansehen es stand, sei das im Jahre 1350 bei Winchel Sea (zwischen Dungeneß und Hastings) gelieferte Gefecht, das unter dem Namen „L'Espagnol sur Mer" bekannt ist, hier dargestellt.

Der spanische Seehandel nach dem nördlichen Frankreich und den Niederlanden war um diese Zeit sehr lebhaft. Eine Flotte von 40 großen, gleichartig gebauten spanischen Schiffen, zum Handel und Gefecht gleich geeignet, war unter Don Carlos della Cerda nach Sluys gekommen, um Ladung einzunehmen. Unterwegs hatte sie in der Bai von Biskaya ohne Rücksicht auf den Friedens-zustand mehrere englische Schiffe genommen und die Besatzungen über Bord geworfen. Die Nachricht davon hatte in England großen Unwillen hervorgerufen, namentlich den des Königs Eduard III., der es für angemessen hielt, diesen Frevel in Aller-höchsteigener Person zu ahnden.

Er ließ daher Schiffe in Winchel Sea sammeln, um die Spanier, auf dem Rückwege an der englischen Küste entlang fahrend, anzugreifen, darunter ein besonders großes, die Kogge „Thomas" mit 100 Mann seemännischer Besatzung: acht andere mit 30—80 Mann u. s. w., im ganzen 50 Schiffe und Fahrzeuge. Dann ging er mit der Königin und großem Gefolge nach Winchel Sea und schiffte sich um die Zeit, wo man die Spanier erwartete, auf dem „Thomas", sein ältester Sohn und Thronfolger, der „Schwarze Prinz", auf einem anderen großen Schiffe ein.

De la Cerda, welcher Nachricht von dem bevorstehenden Angriffe hatte, beabsichtigte keineswegs, diesem aus dem Wege zu gehen, bereitete vielmehr Alles für das Gefecht vor; er ließ Steine in die Marsen und große Stücke Stangen-Eisen, ebenfalls zum Werfen, auf die hohen Gefechtsdecke über Back und Schanze bringen; Armbrust-Schützen hatte er an Bord. Seine Schiffe waren durchschnittlich größer und höher als die englischen, sie sollen ungeachtet ihrer geringeren Zahl auch mehr Mannschaften an Bord gehabt haben. Sie waren alle reich beladen.

Am 29. August 4 Uhr nachmittags kam die spanische Flotte, Das Zusammen-treffen der Engländer und Spanier. vor frischer Nordost-Brise laufend, in Schlachtordnung (?) den vor Winchel Sea zu Anker liegenden englischen Schiffen in Sicht. Eduard III. ließ sofort Anker lichten und segelte dem Feinde entgegen; zuvor hatte er seine Kommandanten über die zu beob-achtende Kampfweise instruiert und ließ dementsprechend sein

Schiff mit einem großen spanischen Bug gegen Bug geradeswegs zusammenrennen, nachdem zuvor seine Bogenschützen (Longbows) auf dem feindlichen Deck tüchtig aufgeräumt hatten. Der Stoß war so heftig, daß dem Spanier sein Mast samt den Leuten im Mars über Bord ging, der „Thomas" wurde stark leck; indessen glitten die Schiffe doch aneinander vorbei, aber bei dem nächsten Schiff wurde gleich mit Enterhaken, Kabeln und Ketten längsseit festgemacht und geentert. Da das Schiff des Königs sehr stark und mit vielen Rittern bemannt war, so gelang es, den Gegner zu nehmen, auf dem auch in damals üblicher Weise alles über Bord geworfen wurde; aber währenddem sank der „Thomas" längsseit weg, sodaß Eduard III. auf der Prise verblieb.

Ähnlich ging es dem Schwarzen Prinzen, der aber von dem angerannten Spanier überwältigt worden wäre, hätte sich nicht gerade noch zu rechter Zeit ein zweites englisches Schiff auf der anderen Seite längsseit gelegt und geentert; auch das Schiff des Prinzen sank längsseit.

Ein anderes englisches Schiff, mit dem Haushalt des Königs an Bord, wurde von einem großen Spanier, an dem es unlösbar festgemacht war, vor dem Winde mit fortgenommen; Hilfe konnte Niemand bringen, da alles stark engagiert war. Der Engländer wäre verloren gewesen, wenn ihn nicht einer seiner Mannen und zwar ein Deutscher, gerettet hätte. Dieser sprang allein mit einem Beil auf das feindliche Deck und kappte das Fall (wie bei Dover), sodaß die große Raa und das Segel plötzlich von oben kamen. In der dadurch entstandenen Verwirrung enterten die Engländer und es gelang ihnen, den Spanier zu nehmen.

Englischer Sieg. Im Enterkampf trugen die aus hervorragendem Personal zusammengesetzten englischen Besatzungen, durch die vortrefflichen Bogenschützen unterstützt, durchweg den Sieg davon und das Gefecht endete mit einer großen Niederlage der Spanier; es war der erste englische Seesieg über Spanien. Einige 20 ihrer Schiffe wurden mit reicher Beute genommen; dann ließ Eduard III. das Signal blasen: „Gefecht abbrechen!" und fuhr nach Winchel Sea zurück, um der Königin seine Taten zu erzählen und in der Nacht ein großes Gelage abzuhalten. Auf englischer Seite war es bei dem Verlust der beiden gesunkenen Schiffe geblieben, außerdem aber hatten sie bei den Enterungen eine große Menge Menschen eingebüßt.

Dies Gefecht ist hier erwähnt:

1) Wegen der Plumpheit des Angriffs des Bug auf Bug gegeneinander Anrennens mit Seglern, die nicht zum Rammen gebaut oder geeignet sind. Da die englischen Schiffe bei dem Winde weniger Fahrt machten, als die Raum-Winds herankommenden Spanier, so ziehen sie beim Rammen den Kürzeren, die beiden betreffenden Schiffe werden zum Sinken gebracht;

2) weil der die Flotte selbst kommandierende König und der Kronprinz beide ihre Schiffe verlieren und sich anstatt dieser feindliche Schiffe erkämpfen, ein in der Geschichte einzig dastehender Fall;

3) von besonderem Interesse ist das Gefecht aber, weil es die Sitten der Zeit mit Bezug auf den Seeverkehr kennzeichnet und als Beispiel dafür, wie die Kaperei ohne Kriegserklärung, das, was man allgemein „Seeraub" nennt, und zwar Kaperei im größten Maßstabe, zur Zeit Eduards III. als königlicher Sport betrieben wurde.

Das Raubrittertum fand sich im Mittelalter eben nicht allein auf dem Lande, sondern in gleicher Weise auf See. Die Führer der normannischen, bretagneschen, englischen, spanischen Schiffe u. s. w., welche einzeln oder in Geschwadern auf Raub ausfuhren, waren ebenso, wie die slavischen und schwedischen in der Ostsee, fast durchweg aus adligem Geschlecht; sie machten den Verkehr auf See in gleicher Weise unsicher, wie ihre Vettern am Lande, von deren Burgen die Trümmer noch heute allenthalben in deutschen Landen zu sehen sind.

Seeraub wurde erst durch Heinrich V. im Jahre 1413 gesetzlich gebrandmarkt und für Hochverrat erklärt.

Bei der erwähnten Handhabung der Dinge durch Eduard III. war die englische Seemacht schon 1360 derart im Verfall, daß die Franzosen, welche immer wieder genuesische Galeeren verwendeten, die englische Südküste fast ohne Widerstand verheeren und Hafenstädte verbrennen konnten, während Eduard III. in Frankreich Krieg führte. Als 1371 ein Geschwader unter dem Grafen von Pembroke das von den Franzosen belagerte La Rochelle entsetzen sollte und den Hafeneingang zu forcieren suchte, wurde es von einem dort liegenden, aber nicht vermuteten spanischen Geschwader angegriffen und vollständig aufgerieben. Und das ging so bis zum Tode des Königs 1377 weiter; unter seinem Nachfolger, dem Sohne des bereits verstorbenen Schwarzen Prinzen, dem schwachen Richard II., der schon mit elf Jahren auf den Thron kam, wurde es noch schlimmer.

Aber im Jahre 1386 hatte England das Glück; daß eine große französische Flotte von fast 1300 Schiffen, mit 60000 Mann an Bord, die in England landen sollten, von einem Sturm im Kanal überrascht und fast ganz vernichtet wurde. Die Ohnmacht zur See trug wohl das meiste zum Sturze des Königs durch seinen Vetter Bolingbroke bei, der 1399 aus der Verbannung zurückkehrend, mit einem kleinen Geschwader ungehindert in England, Yorkshire, landete und von den Bewohnern der betreffenden Hafenstädte sofort als Befreier begrüßt wurde.

Während der 14jährigen Regierung Heinrichs IV. (1399—1413) herrschte ausnahmsweise Frieden, dessen das Land dringend bedurfte, aber nur mit den Regierungen der Nachbarstaaten, denn der Seeraub nicht blos, sondern auch die Raubzüge an den Küsten dauerten fast ununterbrochen fort, da es nach wie vor an einer ständigen, wachsamen Seepolizei mangelte, denn solche kann nur von einer stehenden Flotte wirksam ausgeübt werden. 1407 brandschatzte eine große englische Flotte die französische Nordküste; 1417 wurde vor der Seine eine französisch-genuesische Flotte zerstört.

Flotten-Gründung durch Heinrich V. Erst Heinrich V. (1413—1422) begann von neuem damit, eine königliche Flotte herzustellen, indem er einige große Schiffe zu Kriegszwecken bauen ließ, mit der ausgesprochenen Absicht, England die Seeherrschaft zu sichern. 1417 zählte die königliche Flotte gegen 30 Schiffe, darunter drei größter Art. Der König suchte auch gleich nach seinem Regierungsantritt Ordnung in den Seeverkehr im allgemeinen zu bringen, und zwar durch ein Gesetz, das den Seeraub, den sein Vorfahr erst 63 Jahre vorher noch in Person betrieb, für Hochverrat erklärte; ein höchst bemerkens- und anerkennenswerter sittlicher Fortschritt.

Seine Haupt-Operationen. Dieser hervorragende Herrscher, der den Krieg mit Frankreich durch eine kraftvolle Offensive wieder aufnahm, indem er im August 1415 mit einer großen Flotte in der Seine-Mündung landete und am 25. August den Sieg bei Azincourt über ein mehr als doppelt so starkes französisches Heer erfocht, er würde ohne Zweifel Englands Übergewicht zur See schon damals dauernd befestigt haben, wenn er nicht schon nach neunjähriger Regierung jung gestorben wäre. Die zum Entsatz von Harfleur 1416 entsandte 400 Schiffe starke englische Flotte zerstörte oder nahm dort 500 französische und eine kleine Anzahl genuesischer Schiffe.

Es ist hier noch ein besonderes Unternehmen des tatkräftigen Königs vom Jahre 1417 zu erwähnen, weil es als die erste Operation zur See bezeichnet werden kann, die gewissermaßen nach seekriegswissenschaftlichen Grundsätzen durchgeführt wurde. Es sollte an der Kanalküste Frankreichs gelandet werden, zu welchem Zweck Heinrich V. in Southampton für sein Heer eine große Transportflotte von 230 Schiffen gesammelt hatte. Aber bevor diese in See ging, ließ der König erst durch ein besonders dazu ausgesandtes Geschwader von Kriegsschiffen die feindliche Flotte aufsuchen. In der am 25. Juli stattgefundenen Seeschlacht, von der weder die Stärke beider Gegner noch die ungefähre Örtlichkeit näher bekannt ist, siegten die Engländer und wurde nun erst, aber sofort nach dem Eintreffen der Siegesnachricht, die Transportflotte in Marsch gesetzt, um die Landtruppen zum Kriege in Frankreich anzusetzen.

Wir begegnen hier bereits einem klaren Verständnis der Bedeutung des notwendigen Erringens der Seeherrschaft, bevor man ein solch gefährliches Unternehmen, wie den Transport eines großen Landungsheeres, unternimmt. Heinrich V. setzt seine Truppen an der feindlichen Küste erst dann zum Landkriege an, nachdem er den Seeweg bis dahin sich mit seiner Flotte gesichert hat. Die Erfolge sind auch nicht ausgeblieben.

Ihm folgte sein erst wenige Monate alter Sohn, der traurige Heinrich VI., unter dem der Bürgerkrieg der beiden Rosen entbrannte, welcher England Jahrzehnte lang verwüstete und derartig schwächte, daß es nach außen hin und auf See seine Bedeutung fast ganz verlor.

4. Weitere große Entwicklung der Segelschiffahrt.

Um diese Zeit vollzog sich, freilich ganz allmählich, wie überhaupt im Mittelalter jeder Fortschritt lange Zeit erforderte, eine Entwickelung der Segelschiffahrt, die von den einmastigen und, sofern sie eine erhebliche Größe hatten, unbehilflichen Schiffen der ersten 1½ Jahrtausende unserer Zeitrechnung, die im wesentlichen noch immer auf die Fahrt längs der Küsten während der guten Jahreszeit angewiesen waren und bei

Einmastige Schiffe.

Erste getakelte Breitseitschiffe. denen die Entscheidung im Gefecht fast ausschließlich im Enterkampfe lag, zu den getakelten Breitseitschiffen der neueren Zeit führte, die mit voller Sicherheit zu jeder Jahreszeit über alle Meere fuhren.

Drei Umstände sind es besonders, welche diese herbeiführten, nämlich:

1) die Einführung des festen Ruders und Verbesserung der Betakelung der Schiffe;

2) die Erfindung und Ingebrauchnahme des Schiffs-Kompasses;

3) die Verbesserung und verbesserte Aufstellung der Kanonen an Bord.

In Verbindung damit stand der Bau größerer, schnellerer und besser manövrierender Schiffe mit zunehmender Seetüchtigkeit und sich steigernder Leistungsfähigkeit im Ferngefecht.

Schiffsgröße im 13. Jahrhundert. In der Mitte des 13. Jahrhunderts — ich nehme englische Angaben als die normalsten — hatten die größten Schiffe des nördlichen Meeres nicht viel über 80 t Gehalt (heutige Küstenfahrer), die Besatzung betrug — für den Krieg — durchschnittlich 30 Mann; bei den Schiffen der Cinque Ports sogar nur 25 Mann, einschließlich zwei Offiziere. Die Handelsschiffe des Mittelmeeres (venetianische und genuesische, aber nicht Galeeren) dagegen waren viel größer und hatten bis zu 110 Mann Besatzung. Durch den meistens noch spitzen scharfen Bau des Bugs und Hecks wiesen sie auf die Ruderfahrzeuge hin, waren auch oft noch auf den Gebrauch von Remen angewiesen. Die im Bug und Heck erbauten Plattformen für Krieger und Wurfmaschinen bildeten sich zu festen hohen Kastellen aus. Auch wurden Mastkörbe zum Aufstellen von Schützen eingeführt. Das Verhältnis der Breite zur Länge war ein sehr ungünstiges, nämlich 1 : 2,9, also noch nicht 1 : 3. Die Takelage bestand (wie bei Dover) aus einem Mast mit einem Raasegel und blieb so noch lange Zeit, während man im Mittelmeer schon längst zweimastige Schiffe mit lateinischen Segeln eingeführt hatte.

Später kamen die Koggen auf, Schiffe niederdeutschen Ursprungs, groß und schon im ersten Viertel des 14. Jahrhunderts mit mehr als 80 Mann Besatzung, aber schwerfällig, mit hohem Aufbau am Bug und Heck. Ähnlich waren die Karacken der Spanier, es sind dies die in den Schlachten vorkommenden großen Schiffe mit hoher Back und Schanze, deren oberste Decke besonders von den Schützen und Schwerbewaffneten (Gerüsteten) im Gefecht benutzt wurden. Die Engländer nannten sie wegen der hohen Aufbauten oft „turreted ships".

Nach und nach nimmt die Größe der Schiffe zu. Die Kogge „Thomas", auf der Eduard III. 1340 bei Sluys ins Gefecht ging, hatte etwa 250 t Gehalt und 137 Mann Besatzung. Aber auch damals noch und bis ins 15. Jahrhundert hinein hatten die Schiffe fast durchweg blos einen Mast. Zwei Masten kamen nur ganz selten vor, namentlich bei den großen Karacken, die derzeit bis zu 500 t groß waren. Diese beiden Masten führten dann viereckige Raa-segel mit einem Toppsegel; ein hinzukommender dritter Mast hatte nur ein lateinisches Segel (um besser dicht beim Winde segeln zu können), woraus sich dann der Besahn entwickelte. Die kleinen Schiffe alter Art überwogen auch damals noch weit; so wird z. B. 1415 die Flotte Heinrichs V., mit der er vor der Schlacht bei Azincourt von Southampton nach der Normandie übersetzte, als 1400 Schiffe stark angegeben, also, auch wenn diese Zahl stark übertrieben wäre, jedenfalls fast nur kleine Schiffe, Küstenfahrer.

Wann statt der losen breiten Steuerremen zu beiden Seiten des Hecks das feste Ruder, in Fingerlingen am Hintersteven hängend und durch eine Pinne zu bewegen, erfunden wurde, ist nicht bekannt. Um 1300 war es schon im Gebrauch, hat aber nur langsam Eingang gefunden; die alten Steuerremen kommen noch viel später vor. Jedenfalls hat die sehr große Breite der Schiffe im Verhältnis zur Länge dazu beigetragen, wodurch die Wirkung des festen Ruders beeinträchtigt wurde. Die neue Steuer-Einrichtung war im Jahre 1356 bereits auf allen größeren englischen Schiffen im Gebrauch.

Steuerruder und Kompaß.

Die wichtigste Neuerung war aber bei weitem die Einführung des Schiffs-Kompasses, die nach Humboldt „eine neue Epoche der Kulturgeschichte begründet hat".

Die Eigenschaft der Magnet-Nadel, beziehungsweise einer durch Bestreichen mit Magnet-Eisenstein magnetisch gemachten Nadel, nach Norden (Nordstern) zu zeigen, war den Chinesen schon vor Jahrtausenden bekannt und wahrscheinlich haben sie diese auch schon in uralter Zeit für Schiffahrtszwecke sich nutzbar gemacht. Von Osten her ist diese Kunde vermutlich durch die in der Schiffahrtskunde und Astronomie weit vorgeschrittenen Araber zur Zeit ihrer großen Eroberungszüge im 7. und 8. Jahrhundert, die sich später auch auf das Mittelmeer ausdehnten, nach Europa gelangt.

Man benutzte die Magnet-Nadel damals in der Weise, daß man sie nach Bestreichung mit dem Magnet-Eisenstein, den man zu dem Zweck an Bord führte, in ein in der Mitte gespaltenes Stück Schilf oder Binse, dessen Enden durch die stehen gebliebenen Knotenwände gegen das Eindringen von Wasser geschützt waren, legte und dies dann in einem Gefäß mit Wasser schwimmen ließ, wobei, wenn keine Störung erfolgte, die Nadel sich in die Richtung des magnetischen Meridians legte, oder, wie man damals sagte: immer nach dem Nordstern zeigte. Sehr genau nahm man es mit der Winkelmessung nicht, denn die Mißweisung wurde nicht bemerkt. Mitunter benutzte man als Träger für die Nadel auch ein Stück Kork. Natürlich war das aber nur bei ruhig liegendem Schiff brauchbar, daher im Mittelmeer viel mehr, als in ozeanischen Gewässern.

Die Erfindung des eigentlichen Schiffs-Kompasses.

Diese höchst primitive Vorrichtung war Anfang des 13. Jahrhunderts (Damme) auf englischen Schiffen üblich und sie blieb es bis gegen das Jahr 1400 hin, obgleich der Schiffskompaß schon 100 Jahre früher erfunden war. Zum Haushalt (Inventar) eines englischen Schiffes gehörte damals ein Magnet-Eisenstein nebst einigen Nadeln.

Die Erfindung des Schiffskompasses fand um das Jahr 1300 statt; sie gebührt einem italienischen Seemanne Flavio Gioja aus Amalfi, unweit Neapel. Dieser hat, wie schon gesagt, nicht die Nordweisung der Magnetnadel gefunden, die schon längst bekannt war; er hat diese auch nicht zuerst schwebend aufgehängt und in eine Büchse eingeschlossen, das soll auch schon früher geschehen sein; aber er hat die Strichrose, die ebenfalls schon bekannt war, auf die in einer geschlossenen Büchse frei schwebende und daher gegen äußere Einwirkungen geschützte Nadel gelegt, wodurch es möglich wurde, den gesteuerten Kurs stets genau abzulesen, also auch genau in einer gegebenen Richtung zu steuern, und ferner genaue Peilungen zu nehmen. Bis dahin war allein die Nordrichtung genau zu erkennen möglich gewesen.

Durch das Nehmen von Peilungen hat der Schiffskompaß ferner die Herstellung guter Seekarten ermöglicht (d. h. verglichen mit den bis dahin vorhandenen), und zwar nach der Mercatorschen Projektion, ohne daß man das Prinzip derselben kannte, indem nämlich die Peilungslinie die Loxodrome angibt. So sind damals sehr brauchbare Karten vom Mittelmeer angefertigt worden, ohne Karten-Netz, also ohne Rücksicht auf die geographische Länge und

Breite, welche für den Seefahrer der Zeit keinen Wert hatten, da er keine Mittel zur geographischen Ortsbestimmung besaß.

Den Schiffen scheinen zuerst um die Mitte des 12. Jahrhunderts im Mittelmeer Seekarten an Bord gegeben worden zu sein; in Spanien sollte etwa 1360 jedes Kriegsschiff solche an Bord mit sich führen. Die ältesten englischen Seekarten, von der Kanalküste bis zu den Kapverden stammen aus dem Jahre 1448. Aber bei größeren weiteren Seefahrten benutzte man am liebsten noch den Globus. Allgemeine Segel-Anweisungen und genaue Küsten-Beschreibungen wurden vielfach verwendet.

Es ist nicht unwahrscheinlich, daß Flavio Gioja auch die Aufhängung der Kompaßdose in Kreuz-Zapfen veranlaßt hat, die sogenannte Cardanische Aufhängung, die jedenfalls schon vor Cardanus, der von 1501—1576 lebte, bekannt war. *Bedeutung des Schiffs-Kompasses für die Kriegs-führung zur See.*

Aber wie dem auch sei, jedenfalls war die Einführung des Schiffskompasses von der größten Tragweite für die gesamte Seefahrt, und infolgedessen auch für die Entwickelung der Menschheit, für die Kriegsführung zur See im besonderen dadurch, daß nunmehr die Fahrt der Schiffe von einem zum anderen Orte, der Marsch, über offene See für weite Strecken ausführbar, mithin oft sehr abgekürzt und daß er um vieles sicherer wurde, als vorher.

Trotzdem hat der Schiffskompaß sich nur außerordentlich langsam verbreitet; ein volles Jahrhundert seit seiner Erfindung hat es gewährt, bis er in England vereinzelt in Gebrauch kam; und auch darüber sind die Nachrichten nicht ganz sicher, ein schlagender Beweis für das im Mittelalter herrschende geistige Dunkel, für die zähe Trägheit, die man der Annahme der wichtigsten, zu Tage liegenden Verbesserungen entgegensetzte. Einen Teil hat dazu auch das höchst mangelhafte und langsame Nachrichtenwesen beigetragen.

Ähnlich ging es mit der Verwendung der Feuerwaffen, *Schiffs-kanonen.* namentlich der Kanonen, an Bord. Das Schießpulver ist ebenfalls den Chinesen schon vor Jahrtausenden bekannt gewesen und die Kunde davon vermutlich auf demselben Wege, wie die Magnetnadel, nach Europa gelangt. Im Anfange des 14. Jahrhunderts werden Kanonen zuerst erwähnt; im Jahre 1311 Steinwerfer (Pierrières) durch die Genuesen, 1323 waren mehrere Kanonen in Metz, 1325—26 wurden solche in Florenz gefertigt; dann sind sie sehr bald auch anderwärts in Gebrauch gekommen, mit Sicherheit angewendet wurden sie zuerst im Jahre 1339 bei der Belagerung von

Cambrai. Die Engländer sollen 1346 in der Schlacht bei Cressy Geschütze mit ins Feld geführt haben.

Auf den Flotten fanden Kanonen im allgemeinen erst Ende des 14. Jahrhunderts Eingang; aber auf englischen Schiffen haben solche sich schon früher befunden, denn der große „Christopher", den die Franzosen 1338 den Engländern wegnahmen, und der 1340 bei Sluys wiedergenommen wurde, hatte schon drei eiserne Kanonen und eine Handkanone an Bord; ebenso viele andere Schiffe. Im Mittelmeer finden Geschütze schon fünf Jahre vorher Erwähnung, in einem Gefecht des Bey von Tunis gegen spanische Mauren. Im Jahre 1372 waren bereits Kanonen von Eisen, von Kupfer und von Bronze vorhanden und Pulver von ähnlicher Zusammensetzung, wie bis heute vor 30 Jahren. Aber anfangs waren es nur leichte Stücke, und zwar geschmiedete, da man das Gießen von Kanonen noch nicht kannte; ferner waren es Hinterlader, anfangs aus zwei Stücken bestehend, Kammerstück und langes Feld, die man nach dem Laden miteinander verband. Daher gehörten zu einer Kanone oft mehrere Kammern. Gegen Ende des 14. Jahrhunderts erst ging man zum Gießen von Kanonen über, dann vergrößerte man auch bald das Kaliber und führte, da ein haltbarer Verschluß nicht mehr herzustellen war, die Vorderlader ein.

Die Geschütze müssen in den ersten Jahrzehnten noch sehr wenig leistungsfähig sein, denn sie werden in all den Schlachten und Gefechten zur See bis über das Jahr 1420 hinaus garnicht erwähnt; ein positiver Beweis dafür ist, daß die Schiffe einander nach wie vor gerade auf den Leib fuhren und der Enterkampf der entscheidende blieb. Um diese Zeit hatten englische Schiffe von einer Größe über 400 Tons nur drei bis sechs Geschütze an Bord, die kleineren nur zwei Kanonen.

Auch auf diesem Gebiet bringt erst der Anbruch der neueren Zeit eine Änderung.

Schiff-
bauliches. Aber auf den Schiffbau hatte die Einführung von Kanonen doch bald insofern Einfluß, daß man die Schiffe tragfähiger, also größer baute; die Schiffe wurden vorn und hinten rund. Die bisher turm-ähnlichen Kastelle wurden länger; das hintere reichte bei drei-mastigen Schiffen bald bis zum mittleren Mast, dem Großmast, während das vordere oft weit über den Vorsteven nach vorn herausragte.

Die Koggen des Nordens, die Karavellen des Südens stellen gewissermaßen die Typen der damaligen Kriegsschiffe dar; ihre

Segel- und See-Fähigkeit wurde durch die hohen Kastelle sehr beeinträchtigt. Man trifft schon viermastige Schiffe, deren Größe kurz vor 1500 wohl 400—700 Tons betragen haben mag, teilweise mit Geschützen auf dem Hauptdeck.

Der Schiffbau im Norden errang bald hohen Ruf, selbst im Mittelmeer suchte man Personal von dorther zu beschaffen. Aber alle diese Personen und die Werft-Einrichtungen waren nur private; von staatlichen Werften sind nur die Depots und Arsenale für Unterbringung der Geschütze u. s. w., sowie einige englische Werft-Anlagen aufzuführen.

Von großem Einfluß war schließlich die Entdeckung der See-wege nach Ostindien und Amerika; die langen Fahrten in teilweise unwirtliche, feindliche Länder verlangten größere und besser aus-gerüstete Schiffe. Auch das vorhergehende Wirken des 1460 gestorbenen portugiesischen Prinz Heinrich, der Seefahrer genannt, ist von Bedeutung gewesen.

Aber die zu den ersten bedeutendsten Entdeckungsreisen benutzten portugiesischen und spanischen Schiffe gehörten durchaus nicht zu den größten der damaligen Zeit. Kolumbus fuhr mit kleinen Karavellen auf seine kühne Fahrt in den Ozean hinaus, die aber gute Segler und bequeme Seeschiffe waren, wie er sie selber als solche lobte. Diese Fahrzeuge hatten eine Größe von nur 120—130 Tons, waren 80—90 Fuß lang, ihre Besatzung bildeten rund 50 Mann, sie hatten 3—4 Masten, von denen nur der vorderste mit Querraaen versehen war. Auch die Schiffe, die Magelhaens für die Weltumsegelung mitnahm, waren nur klein: zwei zu 130 Tons, zwei zu 90 Tons, sogar eins mit nur 60 Tons; nur eins von ihnen kehrte nach drei Jahren nach Spanien zurück.

Von einer eigentlichen Seetaktik war bei diesen Segel-Kriegs-flotten und Kriegsschiffen noch nicht die Rede. Die vom Altertum gewissermaßen historisch überlieferten Formen werden ohne Nach-denken im allgemeinen weiter angewendet; man geht in breiter Formation an den Gegner heran und sucht ihn dann im Einzel-kampf der Schiffe zu besiegen. Konzentration der Kraft an irgend einer Stelle wird nie erstrebt; irgendwie auf eine besondere Weise Vorteile zu erringen, z. B. durch Überflügeln, Gebrauch besonderer Schiffe, besonderer Schiffs-Einrichtungen oder Waffen, an alles dies denkt niemand. Es ist, als ob der Sinn für die Taktik schlafen gegangen wäre.

See-taktisches.

13

Und am allerwenigsten muß man von den Kriegsschiffen des Nordens taktisches Verständnis erwarten; man gebrauchte überall noch Remen, man trachtete danach, den Gegner in den Grund zu segeln, Nahkampf mit Entern war das alleinige Ziel.

Größere Flotten wurden in drei bis vier Unter-Abteilungen geteilt, die der Führer in möglichster Ordnung an den Feind heranzubringen bestrebt war, worauf das Schiffsgemenge mit Einzelkämpfen folgte. Ein viertes Geschwader diente oft zur Reserve. Man näherte sich seinem Gegner schiffsweise, Enterhaken und Enterdraggen traten in Tätigkeit und es begann der Kampf Mann gegen Mann, genau wie zur Zeit der Remen-Schiffahrt, ja fast wie in ihrer ersten Zeit. Es war ein Kämpfen wie zu Lande, nur auf dem schwankenden Boden der Fahrzeuge durchgeführt, d. h. man benutzte die Schiffe nicht als Waffe, sondern nur als Kampfplatz.

Einige Ausnahmen sind bereits besonders erwähnt, so z. B. das Bestreben des Luv-Gewinnens in der Schlacht bei Dover 1217, dann das plötzliche Abhalten auf die feindliche Nachhut. Ähnliches geschah in der großen Schlacht bei Sluys, außer den besonderen Maßnahmen des Königs mit der verschiedenen Art der Aufstellung seiner teils mit Bogenschützen, teils mit Schwerbewaffneten bemannten Schiffe.

Und eine besondere Segelschiffs-Taktik konnte ja auch aus dem Grunde nicht aufkommen, weil es im Norden keine eigentlichen Marinen, keine stehenden Flotten gab; ferner weil die jedesmal ad hoc zusammengestellten Flotten nicht zum Schlagen zur See da waren, sondern um die feindlichen Küsten anzugreifen oder Heeresteile dorthin überzuführen. Die Flotten bestanden also, selbst mit ihren Kriegsschiffen, fast ausnahmslos nur aus angeworbenen Kauffahrteischiffen mit ihren Bemannungen, denen als eigentliche Kombattanten Soldaten zugefügt wurden.

Da diese Kauffahrer selten große Schiffe darstellten, so waren auch die Besatzungen im allgemeinen nur gering, es hatten z. B.

Schiffe von	Tons		Seeleute		Soldaten	
Schiffe von	120	Tons,	25	Seeleute,	50	Soldaten;
„	„ 200	„	50	„	100	„
„	„ 250	„	60	„	140	„
„	„ 300	„	80	„	170	„ .

Diese Zahlen gelten aber nur für die als eigentliche Kriegsschiffe bestimmten Fahrzeuge; für Landungs-Expeditionen und sonstige Zwecke wurde eine größere Zahl von Soldaten eingeschifft und öfter die Zahl der Seeleute in solchen Fällen verringert.

Mit der nach und nach eintretenden Vergrößerung der Schiffe, der stärkeren Armierung und der größeren Anzahl von Geschützen sowie infolge der Entwicklung der Takelage und der damit in Zusammenhang stehenden größeren Manövrierfähigkeit der Schiffe, nahm die Zahl der Seeleute gegenüber derjenigen der Soldaten zu. Die Kriegsbrauchbarkeit der Schiffe für eine wirkliche Kriegsführung zur See gewann dadurch außerordentlich.

Schließlich ist noch anzuführen, daß Portugal sich zwar mit zuerst eine eigentliche Segelschiff-Kriegsflotte gründete, daß aber seine Kriegsschiffe stets zu Handelszwecken mit benutzt wurden, und dies oft der Hauptsache nach; die vielen Kämpfe gegen die türkischen, ägyptischen, indischen und arabischen Schiffe im fernen indischen Ozean konnten eine Taktik auch dort nicht zeitigen und die portugiesische Flotte sank bald wieder von ihrer Höhe herab. Spanien und England sowie die Niederlande traten mit ihren Flotten an die Stelle Portugals.

Jetzt erst beginnt die eigentliche Segelkriegs-Schiffahrt einzusetzen.

VI. Deutschland zur See; die Hanse.

1. Einleitung.

Ebenso bevorzugt, wie England von der Natur in jeder Deutschlands Lage für den Seeverkehr. Hinsicht für die Seefahrt dasteht, fast ebenso ungünstig ist Deutschland in dieser Hinsicht daran.

1) In der Mitte des europäischen Kontinents gelegen, ist es an drei Seiten von großen, mächtigen Staaten begrenzt, gegen die es beständig gerüstet sein muß; es ist infolgedessen von jeher der Schauplatz großer, allgemeiner Kriege gewesen, alle Nationen haben ein Interesse daran gehabt, Deutschland geteilt, ohnmächtig zu erhalten, es zu zersplittern, um Stücke für sich davon loszureißen. Die innere Entwickelung ist mithin nicht nur keine ungestörte gewesen, sondern eine so unruhige, stark beeinträchtigte und beeinflußte, wie die keines anderen Landes.

2) Die vierte Seite im Norden, die Küste, grenzt nicht an das freie Weltmeer, sondern im Osten an ein Binnenmeer mit nur schmalen und schwierigen Verbindungsstraßen nach außen hin, die leicht gesperrt werden können; im Westen an die Nordsee, welcher gerade Groß-Britannien, das die nach dem Ozean führenden, auch nur 18—24 Seemeilen breiten Straßen leicht überwachen kann, wie eine Zwingburg vorgelagert ist.

Natürliche Häfen hat diese Küste an ihren langgestreckten Teilen garnicht, nur einige Flußmündungen für Schiffe mit mäßigem Tiefgange.

Das Klima ist rauh, die Schiffahrt häufig durch Eis erschwert oder gesperrt, die Häfen nicht selten Wochen oder Monate lang zugefroren.

Für den Seeverkehr ist die Lage Deutschlands daher eine entschieden ungünstige, wenn auch nicht so ungünstig, wie die von Rußland. Das ist ursprünglich nicht so gewesen, denn Friesen, Holländer und Vlamen sind auch deutschen Ursprungs, und Zuyder-See, Rhein-, Maas- und Schelde-Mündungen waren deutsches Gebiet, aber durch die Ungunst der Zeiten, d. h. infolge innerer Zersplitterung durch starke Nachbarn abgegliedert. Damit sind Deutschland die wichtigsten Häfen und auch die besten Wasserwege nach dem Inlande verloren gegangen.

3) Das Land ist nur zum Teil fruchtbar, hat aber auch weite öde Strecken, Gebirge und Heiden; seine mineralen Schätze, denen Englands an sich weit nachstehend, liegen noch dazu in weiter Entfernung von der Küste, sodaß sie infolge der hohen Transportkosten nicht einmal im eigenen Lande den Bedarf decken, für den Seehandel aber fast so gut wie unverwendbar sind. (Um so dringender ist für Deutschland die Erwerbung von Kolonien geboten, um den Bedarf an ausländischen Erzeugnissen nicht aus fremden Ländern beziehen zu müssen; sie sind ihm unendlich viel wichtiger und notwendiger, als England und Frankreich.)

4) Die Bevölkerung ist bis jetzt noch gerade ausreichend tüchtig für militärische Zwecke und zur Arbeit. Und den Küstenbewohnern hat es an Sinn für die Seefahrt und Liebe dazu nicht gefehlt, wie die Friesen und Sachsen schon in den ältesten Zeiten bewiesen haben. Einige Angaben dafür sind schon gemacht worden (Vannes).

Geschicht-
liche Hinder-
nisse für
Deutschlands
Entwicklung
zur See.
Die geschichtlichen Verhältnisse haben sich für Deutschlands Entwickelung zur Seemacht ebenfalls hervorragend ungünstig gestaltet, teils infolge der geographischen Lage, zum großen Teil aber auch durch eigenes Verschulden der Fürsten, der einzelnen Stämme des Volkes:

a) der Fürsten, indem ihnen die eigene Selbstherrlichkeit höher stand, als die Einigkeit des Vaterlandes, des Reichs; das hat unter anderm die Einrichtung des Wahl-Königtums zur Folge gehabt, das eine eigennützige Haus-Politik begünstigt, einer folgerichtigen Reichs-Politik aber hinderlich ist;

b) der Volksstämme, indem sie, gleichfalls aus Mangel an Nationalgefühl, an Gefühl für die Einheit und Macht des Reiches, sich gegen die Nachbarstämme ablehnend, oft feindselig verhielten und dadurch mit ihren Herzögen u s. f.

zur Zersplitterung der Nation und zu endlosen Kriegen und Wirren Anlaß gaben;

c) das Volk im ganzen, weil es sein Vaterland und seine Eigenart, seine Sprache und Sitte nicht hoch genug hielt und nicht zähe daran hing. Dadurch ist es einesteils den Nachbarn möglich geworden, sich Grenzstämme zu assimilieren und an sich zu ziehen. Und anderenteils haben die Deutschen die fremden Gebiete, die sie Jahrhunderte lang beherrscht haben, nicht deutsch zu machen vermocht, sie haben sich vielmehr vielfach der niedriger stehenden fremden Nationalität angeschlossen und sind in ihr aufgegangen, die sich trotz der für sie ungünstigen Umstände erhalten hat. —

Einen sehr vorteilhaft auffälligen Gegensatz hierzu bietet Frankreich. Es hat die Normannen, die Bretagner und andere keltische und fremde Stämme im Südwesten, Provençalen, Italiener, Vlamen und nicht zum wenigsten Deutsche, also zahlreiche, verschiedenartige Völkerschaften im Laufe der Zeit eine nach der andern so in sich aufgesogen, daß sie seit langer Zeit alle zusammen eine große Nation bilden. *Gegensatz: Frankreich.*

Zum Teil ist das der sehr günstigen Lage des Landes, der Hauptsache nach aber dem Geschick und der folgerichtigen Politik ihrer von Anfang an erblichen Könige und deren Räte zu verdanken, welche die Herzöge und Grafen rechtzeitig mediatisierten und den Adel zum Gehorsam zwangen, deren ganzes Streben eben darauf hinaus ging, ein einheitliches, starkes Reich zu schaffen, was ihnen vortrefflich gelungen ist. Dazu hat auch wesentlich beigetragen, daß sie für Sprache und Wissenschaft sorgten; dadurch ist die französische Sprache eine einheitliche im ganzen Lande und ein mächtiges Bindeglied für die verschiedenen Stämme geworden.

Die Hauptschuld an der deutschen Zersplitterung und Schwäche fällt dann auf die deutschen Könige (sie hießen ja nur daneben römische Kaiser), die in trauriger Verblendung nicht in erster Reihe für Deutschland sorgten, sondern jenseits der Alpen, wohin der große Magnet Rom sie immer und immer wieder zog, das Heil für ihr Reich suchten. Das ist es hauptsächlich, was die Aufmerksamkeit des deutschen Volkes von der See abgelenkt und was das deutsche Reich verhindert hat, schon zu der Zeit, wo der politische Schwerpunkt der Welt in Deutschland lag, auch eine *Der Zug nach dem Süden hemmt die Entwicklung zur See.*

Seemacht zu werden. Zudem stammte nicht einer der deutschen Könige aus einem deutschen Küstenlande als Heinrich I., der Sachse, zum König gewählt wurde, hatten die Sachsen schon längst aufgehört, Seefahrer zu sein und hatten sich von der Küste zurückgezogen, sondern alle aus Mittel- oder Ober-Deutschland; die See war und blieb ihnen fremd. Wie anders hätten die Geschicke des „heiligen römischen Reichs teutscher Nation" sich sonst wohl gestalten können!

Bedeutung der deutschen Städte. Nicht Deutschlands Fürsten waren es, die damals zur See mächtig wurden, sondern eine Anzahl von niederdeutschen Städten, teils an der Küste, teils binnenlands gelegen, ohne verbindendes Gebiet und auch sonst nur in losem Verbande miteinander stehend, ohne feste Organisation und ohne eigentliches Oberhaupt. Was sie zusammenbrachte und zusammenhielt, das waren der Handel und gemeinsame Handels-Interessen.

Ihre Seemacht hat im Norden Jahrhunderte lang eine große Rolle gespielt, sie ist lange Zeit die herrschende gewesen und hat Könige zu Fall gebracht und auf den Thron gesetzt. Jedoch nicht das allein; dieser Städtebund hat vielmehr damals schon ferne Länder kolonisiert, Christentum und Gesittung dahingetragen und sie deutschem Einflusse, großenteils auch deutscher Herrschaft unterworfen, wie das in solchem Umfange erst 4—5 Jahrhunderte später durch die Engländer und die jetzigen Vereinigten Staaten geschehen ist.

Das ist eine so einzig dastehende und so merkwürdige Erscheinung, daß sie in einem Überblick über die Seekriegsgeschichte nicht ganz übergangen werden darf.

Erste deutsche Seefahrten. Daß deutsche Seefahrer schon im Jahre 40 n. Chr. in ausgehöhlten Baumstämmen raubend bis zur gallischen Küste kamen und andere in der zweiten Hälfte des 3. Jahrhunderts bis ins Mittelmeer fuhren, dort unter anderm Tarragona plünderten, habe ich schon erwähnt. Um 280 ferner haben Deutsche, welche Kaiser Probus vom Rhein nach dem fernen Osten, an den Pontus, versetzt hatte, sich dort Schiffe verschafft und sind raubend durchs Mittelmeer gefahren; sie haben Karthago angelaufen, Syrakus geplündert und haben dann durch die Straße von Gibraltar den Rückweg nach der Heimat gefunden [s. Karte hinter Seite 70, Teil I].

Bis zur Besiedelung von England in der zweiten Hälfte des 5. Jahrhunderts dauerten die deutschen Raubzüge zur See fort, dann hörten sie auf und es trat ein Jahrhunderte langer Stillstand in der deutschen Seefahrt ein, die erst allmählich mit dem zunehmenden Handel sich wieder hob. Aber zur Zeit der Kreuzzüge und zwecks dieser kam es dann auch wieder zu abenteuerlichen Unternehmungen.

Als z. B. im ersten Kreuzzug das Heer der Kreuzfahrer, das durchweg, selbst die Dänen nicht ausgenommen, über Land gezogen war, nach Tarsus in Kleinasien kam, stieß plötzlich 1097 ein friesisch-flandrisches Geschwader zu ihnen und stellte sich dem einen der Führer zur Verfügung.

Auch am zweiten Kreuzzuge nahmen Deutsche vom Nieder-Rhein und der Weser teil, die mit einem starken Geschwader 1147 über England nach dem Tajo fuhren, dort auf Bitten des Königs Lissabon, das sich noch in den Händen der Sarazenen befand, drei Monate belagerten, zur Übergabe zwangen und den Portugiesen überantworteten. Im Frühjahr setzten sie dann die Reise nach Syrien fort.

Der abenteuerlichste Zug war aber der im Jahre 1217; 300 Schiffe aus dem Kölnischen Sprengel mit einem großen Heere sammelten sich in der Maas-Mündung, gingen am 29. Mai in See und langten schon am 3. Juni in Dartmouth, am 21. Juli im Tajo an. Der größte Teil der Flotte unternahm dort wieder die Belagerung einer sarazenischen Feste zu Gunsten der Portugiesen, aber die 86 friesischen Schiffe segelten bald weiter, trafen am 4. August vor Cadix ein, das sie eroberten, passierten am 15. August die Straße von Gibraltar und fuhren dann an der europäischen Küste entlang über Tortosa und Toulon nach Civita Vecchia, wo sie überwinterten. *Großer deutsch-friesischer Seezug ins Mittelmeer; 1217.*

Im März 1218 gingen sie wieder in See und trafen am 24. April an der syrischen Küste ein, Ende Mai vor Damiette, wo der andere, größere Teil der Flotte nach verrichteter Tat bald zu ihnen stieß. Bei der dann folgenden anderthalbjährigen Belagerung von Damiette, das mit großer Geschicklichkeit und Hartnäckigkeit verteidigt wurde, zeichneten sich die Friesen besonders aus, indem sie die gegen die Flotte errichtete Nil-Sperre durchbrachen, Brücken zerstörten u. s. f., sodaß ihnen der größte Anteil an dem Ruhm, der Eroberung der Stadt, die am 5. November 1217 erstürmt wurde, gebührt.

Ich erwähne dies nur, um zu zeigen, was für Taten deutsche Seeleute damals schon auch in fernen Ländern vollbracht und wie sie mit großen Flotten ohne Kompaß und Seekarte so weite Reisen sicher zurückgelegt haben.

2. Die erste Zeit der Hanse.

Schon mehr als vier Jahrhunderte vor diesem Seezuge hatte Karl der Große um 800 den Grund zum deutschen Städtewesen gelegt und Heinrich I., der erste König aus sächsischem Stamme, hatte dieses weiter ausgebildet, neue Städte gegründet und ihnen gewisse Selbständigkeit und Vorrechte verliehen (etwa um 925). Er förderte den Handel und schützte ihn auch auf See gegen die damals im Schwange befindlichen Räubereien der Dänen, freilich nicht durch eine Flotte, aber dadurch, daß er einen siegreichen Heereszug durch die Elb-Herzogtümer bis nach Jütland unternahm und sich den Dänenkönig Gorm zinspflichtig machte. Er war auch der erste und leider der einzige deutsche König, der es verschmähte, nach Rom zu ziehen, um sich vom Papste zum römischen Kaiser krönen zu lassen.

Hätten seine Nachfolger diese Politik eingehalten und sich damit begnügt, als deutsche Könige das Reich zu erfassen und einheitlich zu machen, so wäre unserem Vaterlande ein glücklicheres Geschick beschieden gewesen, es wäre dann ein starkes deutsches Nationalgefühl zeitig erwachsen.

Leider wich aber schon sein Sohn, Otto der Große, davon ab; indessen wirkte auch dieser noch für das deutsche Seewesen mittelbar, indem auch er einen Heereszug gegen die Dänen ausführte, auf dem er bis 965 ebenfalls in die Nordmark vordrang und den König Harald zwang, sein Lehensmann zu werden. Damit hörte dann aber die Tätigkeit der deutschen Könige zu Gunsten des Seewesens auf; die deutschen Seefahrer blieben auf sich selbst angewiesen.

Trotzdem und auch trotz der normannischen Räubereien, erreichte der deutsche Seehandel schon um diese Zeit eine große Ausdehnung. Im 9. Jahrhundert bereits wurde er nach England, den nordischen Königreichen und nach Rußland betrieben, jedenfalls durch bewaffnete Handelsschiffe. Um das Jahr 1000 bewilligte der sächsische König Etheldred schon bedeutende Vorrechte an deutsche Kaufleute in London, ebenso später Wilhelm der Eroberer; namentlich der Handel von Köln mit Rheinwein blühte damals. Vermutlich wurde damals schon, etwa 1070, der „Stahlhof" am Strande in London gegründet, der Jahrhunderte lang der Sammelpunkt der Kaufleute daselbst und der Mittelpunkt des deutschen Handels mit England war; er wird zuerst in einem Vertrag von

1157 zwischen Deutschland und England (Friedrich I. und Heinrich II.) erwähnt.

Dieser Zeitpunkt war überhaupt für den deutschen Seeverkehr ein epochemachender. 1158 bildete das infolge der starken Zunahme des Ostsee-Handels schnell emporgeblühte Lübeck eine deutsche Handels-Gesellschaft in Wisby auf Gothland, das bei seiner zentralen Lage, halbwegs etwa zwischen Trave und Newa, zwischen dem Sund und dem Meerbusen von Riga, zwischen Weichsel und Mälar-See und weil man bei der damaligen unvollkommenen Schiffahrt weite Reisen möglichst vermied, immer angelaufen wurde und daher von großer Bedeutung war.

Und im selben Jahre landeten bremische Kaufleute im Meerbusen von Riga, damit begann die Kolonisation der Ostsee-Provinzen, die erst mit dem Verfall der deutschen Seemacht für Deutschland wieder verloren gingen. 20 Jahre später wurde der Augustiner-Mönch Meinhard als Apostel von Bremen aus dahin geschickt, um den Eingeborenen das Christentum zu bringen; und wieder nach 20 Jahren gingen niederdeutsche Kreuzfahrer nach Livland ab, die das Land eroberten und Riga gründeten. Zu derselben Zeit also, wo die staufischen Kaiser mit den großen deutschen Heeren ihre vielen Römerzüge ausführten, wo Deutschland fernere große Heere zu den damals schnell aufeinander folgenden Kreuzzügen nach dem gelobten Lande stellte, unternahmen die niederdeutschen Seefahrer dies großartige Werk, und führten es mit vollem Erfolge durch [siehe Tafel XI]. *Deutsche Kolonisation der Ostseeküsten.*

Die in Rede stehende Bildung von Handels-Gesellschaften weist schon auf die Hanse hin. Hanse ist ein vlämisch-gotisches Wort für Genossenschaft: „Verbindung zu gemeinsamem Zweck mit Zahlung von Beiträgen“. Die erste Hanse ist auch in Flandern entstanden. Um 1200 bildete sich dort in Brügge (damals der ersten Handelsstadt des Nordens), als Vorort, eine Genossenschaft von 17 Städten mit geregelter Verfassung, die Großhandel mit England betrieb, die sogenannte flandrische Hanse. Sie hat indessen keine politische Selbständigkeit gewonnen. *Die Hanse.*

Der erste Anstoß zur Bildung der deutschen Hanse aber ging von Wisby aus, wo 1229 die deutschen Kaufleute für mehrere deutsche Handelsstädte zugleich, darunter die Hafenstädte Lübeck, Bremen, Riga und Gröningen, aber auch binnenländische Städte, wie Münster, Dortmund, Soest, einen Vertrag mit dem Fürsten von Smolensk schlossen. Es ist dies das erste einheitliche Auftreten des „gemeinen deutschen Kaufmanns"; die dafür übliche Bezeichnung „Hanse" ist erst viel später aufgekommen.

Erster deutscher Seesieg durch Lübeck. Wisby hatte also damals den Vorrang vor den deutschen Städten, dieser ging aber bald auf Lübeck über, das 1226 freie Reichsstadt geworden war und seine dänische Besatzung verjagt hatte. 1234 von den Dänen zu Lande und zur See eingeschlossen, rüstete es seine Koggen zum Gefecht; diese sprengten die Kette, durch welche die Trave gesperrt war, griffen die überraschte Blockadeflotte an und nahmen oder vernichteten sie völlig. Es war der erste deutsche Seesieg und zwar war er gegen eine Übermacht erfochten.

Dieser große Erfolg, aus dem die Stärke und Streitbarkeit der Flotte Lübecks sich ergibt, berechtigte die Stadt zur Einnahme der leitenden Stellung. Sie schloß nicht lange darauf mit Hamburg Lübeck und Hamburg. 1241 ein Bündnis zur Unterhaltung einer Flotte auf gemeinsame Kosten behufs Offenhaltens des Seeverkehrs ab, also zur Aus-übung der Seepolizei in den deutschen und dänischen Gewässern, mit gegen die Dänen gekehrter Spitze. Die beiden Städte über-nahmen damit eine der Hauptaufgaben einer Kriegsflotte.

Einige Jahre darauf, in einem Kriege mit Dänemark, ver-heerte die lübeckische Flotte die dänischen Küsten, verbrannte das Schloß von Kopenhagen und zerstörte dann das den Dänen unter-worfene Stralsund; nachher wurde sie auch einmal geschlagen, immerhin aber war der im Jahre 1254 geschlossene Frieden ein günstiger.

Das war der Anfang der „kaiserlosen, der schrecklichen Zeit" für Deutschland; die des langen Interregnums nach dem Erlöschen der Hohenstaufen, während deren die wildeste Zuchtlosigkeit in Deutschland einriß. Bis dahin hatten die deutschen Städte sich bei Streitigkeiten mit dem Auslande noch auf deutsche Fürsten gestützt, die sich den geleisteten Beistand freilich immer gut hatten bezahlen lassen; von jetzt ab stellten sie sich auf eigene Füße.

Deutsche Kontore im Ausland. Die Tüchtigkeit und Zuverlässigkeit des „gemeinen deutschen Kaufmanns" hatte den Deutschen allenthalben, wohin sie Handel trieben, bevorzugte Stellungen, meist auch weitgehende Vorrechte verschafft; so in Flandern (Brügge), England (London), Norwegen (Bergen), in Schweden und namentlich auch in Rußland, wo derzeit ein großer Handelsverkehr in Nowgorod (auch Welicia, eine große Stadt), nahe dem Ilmen-See, etwa 200 Kilometer südsüdwest vom heutigen Petersburg, mit Wasserverbindung nach der Newa

Bottnischer Meerbusen
NORWEGEN
Christiania
SCHWEDEN
Stockholm
Mälar See
Skagerak
Kattegat
Gothenburg
Warberg
Wisby
Gotland
Kalmar
Oeland
DÄNEMARK
Helsingör
Helsingborg
Roeskilde
Kopenhagen
Malmö
Skanör
Falsterbo
Flensburg
Svendbg
Bornholm
OST-SEE
Schleswig
Kiel
Rügen
Rostock
Stralsund
Rügenwalde
Stolp
Hela
Danzig
Elbing
Lübeck
Wismar
Greifswd
Demmin
Anklam
Kolberg
Treptow
Kammin
Neu-Stargard
Stade
Hamburg
Stettin
Lüneburg
Salzwedel
Stendal
Hannover
Braunschwg.
Berlin
Hildeshm.
Magdeburg
Frankfurt
Göttingen
Nordhausen
Halle
Erfurt
Breslau
Kulm
Thorn
DEUTSCHLAND

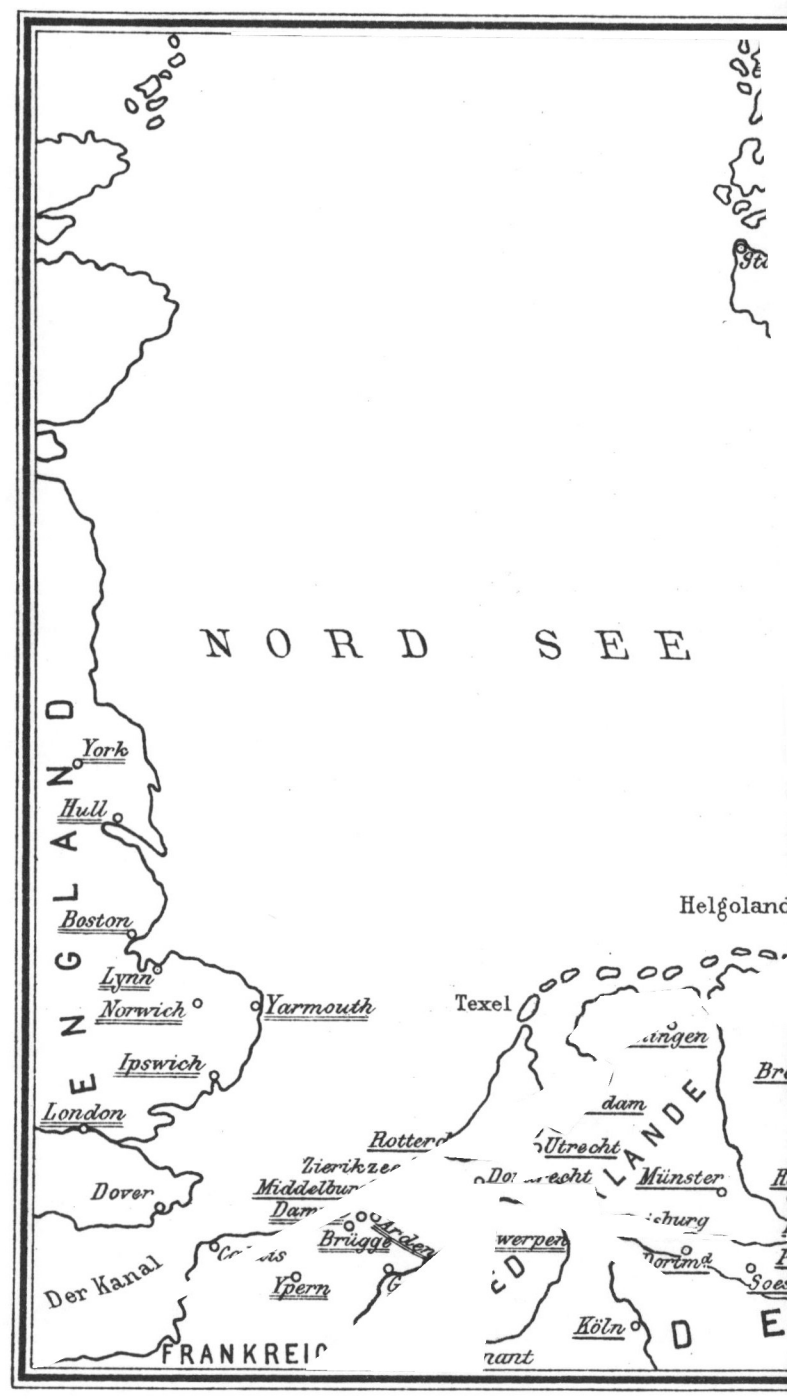

Ladoga
See

Newa

Finnischer Mb.

Narwa

Reval

Peipus
See

Nowgorod
Ilmen
See

Pernau

Dorpat

Rigai-
scher
Mb.

Pskow

Windau

Riga

R U S S L A N D

Memel

Kowno

igsberg

rg

DAS GEBIET
DER
DEUTSCHEN HANSE

Die Städte, deren Name einmal unterstrichen ist,
gehörten zum Hansebunde
In den Städten, deren Name zweimal unterstrichen ist,
hatte die Hanse Faktoreien oder Kontore.

| 100 | 50 | 0 | 100 Sm |

| 100 | 50 | 0 | 100 | 200 | 300 km |

bestand. Es war die größte Stadt in Rußland mit rund 400 000 (?) Einwohnern (nicht das heute bekannte Nischnei-Nowgorod, das etwa 800 Kilometer ostsüdost davon an der Wolga liegt), jetzt mit nur noch 21 000 Einwohnern.

In jeder dieser Städte hatten die Deutschen ein besonderes Kontor, einen großen Hof oder Häuserviertel, mit besonderen Befugnissen ausgestattet, eine Freistätte mit eigener Gerichtsbarkeit u. s. w. Der Handelsverkehr von Ost nach West und umgekehrt, hauptsächlich aus der Ostsee bis Brügge und London hin, war ein sehr umfangreicher und lohnender.

In diesen Kontoren lebten und lernten neben alten, erfahrenen, viele jüngere deutsche Kaufleute, hier erwarben sie sich die Geschäftskenntnis und Welterfahrung, auch die politische und Personen-Kenntnis, deren sie später zur Leitung eines Kaufmannshauses oder auch der Vaterstadt und der Hanse bedurften. Dahin kamen auch häufig die Großkaufleute und Reeder aus der Heimat, die damals ihre großen Einkäufe oft selbst besorgten.

Um die genannte Zeit nun begann Lübeck als natürlicher Vorort ohne besonderen Auftrag im Namen des „gemeinen Kaufmannes römischen Reichs" Verträge zu schließen, in denen es die gleichen Vorteile für alle deutschen Städte ausbedang. Darin zeigt sich im Gegensatz zu dem üblichen engherzigen Partikularismus der Deutschen eine weitblickende staatsmännische und vornehme Gesinnung und ein Gefühl nationaler Zusammengehörigkeit, das man in deutschen Angelegenheiten sonst leider fast immer vermißt. Hier und schon bei dem früheren gemeinsamen Auftreten ist es jedenfalls die dauernde Berührung mit dem Auslande, das den Deutschen ohne Unterschied des Stammes oder Wohnortes gegnerisch, wenn nicht feindlich gegenübersteht, aus dem dies Überwiegen des Gefühls der nationalen Zusammengehörigkeit unter Zurücktreten des trennenden partikularistischen Interesses hervorgegangen ist.

Lübeck als Vorort.

Es gibt ja kein besseres Mittel zur Weckung und Stärkung des National-Gefühls, als: Jemanden ins Ausland zu schicken.

Gleichzeitig bildete sich beim Überhandnehmen des Raubrittertums am Lande und der allgemeinen Unsicherheit ein rheinischer Städtebund aus 70 Städten, von den Niederlanden bis aufwärts nach Basel, es war eben ein Zusammenschließen der Bürger gegen die Gesetzlosigkeit behufs Selbsthilfe geboten. Dieser Bund trat tätig auf und hat viele Burgen gebrochen; nach der

Rheinischer Städtebund 1254.

Wahl Rudolfs von Habsburg aber, der kräftig gegen die Raubritter einschritt, verschwand er.

Über die Verhandlungen, die dem engeren Zusammenschluß der späteren Hansestädte vorausgegangen sind, ist nichts überliefert, **Erster Hansetag.** aber um 1260 trat der erste Hansetag in Lübeck zusammen. Nicht einmal das J a h r dieses wichtigen Vorganges ist genau bekannt; überhaupt sind die Nachrichten dürftig. Die Zahl der Städte, die der Hanse angehört haben, wird verschieden, bis einige 90, angegeben. Eine Anzahl binnenländischer Städte hat sich der Hanse der damit verbundenen Handels-Vorteile wegen, aber mehr dem Namen nach, angeschlossen und an ihren Geschicken wenig Anteil genommen.

Organisation des Hanse-Bundes. Das E i g e n a r t i g e bei dieser Vereinigung ist, daß ihr eine feste Organisation fehlt; es ist keine Zentralgewalt vorhanden, keine gemeinsame Streitmacht, weder Flotte, noch Heer, auch eigentlich keine gemeinsame Finanzen. Die einzelnen Mitglieder sind alle g l e i c h berechtigt, dem Vorort wird die Leitung nur freiwillig zugestanden, weil man seine Bürgermeister und Senatoren als die geeignetsten dafür erkennt und weil er die damit verbundenen Lasten, namentlich die Unterhaltung von Kriegsschiffen, übernimmt. Die betreffenden Städte entfernt und jede von der andern durch nicht zum Bunde gehöriges, oft durch feindliches Gebiet getrennt. Sie sind wohl meist freie Reichsstädte, aber doch in ihren Entschließungen oft nicht frei, sondern von den Fürsten **Gegnerschaft der Fürsten.** des einschließenden Gebietes abhängig. Und diese Fürsten, obgleich deutsche Fürsten, waren der Hanse keineswegs immer günstig gesinnt, im Gegenteil abgünstig oder auch feindlich, außer wenn sie ihres Beistandes bedurften; denn das Selbständigwerden, das Reich- und Mächtigwerden der Städte, die auch die Mittelpunkte des religiösen, wissenschaftlichen und künstlerischen Lebens waren und nach denen hin die Bevölkerung ihres Gebiets gravitierte, war ihnen ein Dorn im Auge. Daher waren sie im allgemeinen darauf bedacht, die Städte zu schädigen, und setzten das oft, mit und ohne Anlaß, in die Tat um.

So hatten sich die Hansestädte nicht blos gegen ausländische Feinde, denn alle seefahrenden Staaten machten ihnen Konkurrenz und würden sie gern unterdrückt haben, sondern auch gegen die einheimischen Fürsten zu wehren. Die Lage des Bundes war daher eine äußerst schwierige und es bedurfte einer ebenso vorsichtigen, wie klugen Politik gegenüber alle den in Betracht kommenden

Königen und Herren, sowie einer klugen Benutzung aller Umstände, um nicht zu unterliegen oder die Vereinigung sich auflösen zu sehen.

Das Zusammenhalten der Mitglieder war schwierig, da die **Die „Ver-** Interessen der einzelnen — Seestädte oder binnenländische Städte **hansung".** vom finnischen Meerbusen bis nach der Schelde und von der Küste bis nach Mitteldeutschland hinein — sehr verschiedenartige waren und doch nur das gemeinsame Interesse das Bindemittel war. Das einzige Zwangsmittel, das dem Bunde zur Verfügung stand, bestand in dem sogenannten „Verhansen", d. h. Ausscheiden und in Verruf erklären, wodurch allen Mitgliedern jeder Verkehr mit dem betreffenden Orte verboten und jeder von dort ausgehende Verkehr abgewiesen wurde oder werden sollte; denn eine beaufsichtigende Polizeigewalt war auch nicht vorhanden. Beschwerden oder Klagen konnten immer nur bei den Hansetagen angebracht werden, die von Zeit zu Zeit abgehalten und von allen Mitgliedern, deren Interesse es gebot, durch Bevollmächtigte beschickt wurden.

Gegen Hafenstädte konnte das „Verhansen" allerdings wirksam sein, wie z. B. 1355 gegen Bremen, das sich von Anfang an partikularistisch gezeigt hatte; es mußte nach drei Jahren infolge großer Schädigung seines Handels um Wiederaufnahme in den Bund bitten.

Die Städte des Bundes wurden in drei Drittel geteilt: **Einteilung**
1) das wendische, aus Lübeck, Hamburg, Wismar, Rostock und **des Gebietes** den pommerschen Städten Stralsund, Greifswald, Anklam, **der Hanse.** Stettin, Kolberg u. s. w. den Osterlingen bestehend;
2) das friesisch-holländische, zu dem Köln und die westfälischen Städte Soest, Dortmund, ferner Groningen u. s. w. gehörten, die Westerlinge;
3) das letzte Drittel bestand aus Wisby und den Städten in den Ostsee-Provinzen, wie Riga u. s. w.

Lübeck war von Anfang an und blieb auch bis ans Ende der Vorort der Hanse; ein Zeichen dafür war, daß das dortige Gericht 1394 (?) zum Berufungs-Gericht, auch für Nowgorod, erklärt wurde.

Die Hanse war ein Produkt ihrer Zeit, die Verhältnisse besonders günstig. Schon erwähnt habe ich die Tüchtigkeit und Zuverlässigkeit, auch das Anpassungsvermögen des deutschen Kaufmannes, wie es auch heute noch in allen Ländern zu Tage tritt. Es machte sich damals um so mehr geltend, als die Normannen den Handel verachteten und auch kein Geschick dafür hatten, und Normannen wohnten in England und Frankreich. Das

Geschick zum Handel fehlte ebenso den Bewohnern der heutigen russischen Ostseeküste, den Polen, Liven u. s. w., die in der Kultur noch weit zurück waren. Der Ostseehandel war ferner, wie noch jetzt, ein sehr umfangreicher, damals verhältnismäßig noch viel mehr, als jetzt. Überall gab es in den Küstenländern der Ostsee hansische Kontore.

Und endlich kam dazu, daß die deutschen Seestädte, zuerst Lübeck, den Wert der Mächtigkeit zur See sehr wohl erkannten und die Mittel zur Unterhaltung kampftüchtiger Schiffe aufzuwenden sich nicht scheuten; daß ferner die seefahrende Bevölkerung, wie auch die Bürger der Städte, die lange Zeit hindurch, bis 1500, die militärische Besatzung der Schiffe abgaben waffengeübte und kriegsgewohnte Männer waren.

Schiffe der Hanse.

Über die Hanseschiffe ist wenig bekannt. Die Kriegs-Koggen erwähnte ich schon; sie waren die größten Schiffe der Ostsee, bis zu 800 Tonnen Gehalt, 120 Fuß lang, 30 Fuß breit, 14 Fuß tief; sie hatten drei Masten mit Raaen; ihre Besatzung bestand aus 250 Mann davon die Hälfte Seeleute. Später führten sie 15—20 Kanonen deren Hälfte aus 9—12-Pfündern bestand.

„Frede-Koggen" nannte man die den Seepolizeidienst in der Nähe der Küsten und Häfen versehenden Schiffe, für deren Unterhaltung ein gewisser Pfundzoll festgesetzt war.

Die Kauffahrer waren alle bewaffnet, aber die Hanse hatte in späterer Zeit auch eigentliche Kriegsschiffe. Hier gebe ich gleich einige Daten aus späterer Zeit, der zweiten Hälfte des 16. Jahrhunderts. Ein von der lübeckischen Flotte im Gefecht genommenes schwedisches Flaggschiff war 51,2 Meter lang und 13,1 Meter breit die Armierung bestand aus 67 Kanonen, ohne Handwaffen. Ein lübeckisches Flaggschiff hatte im Kiel 37,7 Meter Länge, während die größte Länge 68,2 Meter betrug, mit hohen Kastellen vorn und hinten; es führte 75 Kanonen vom 40-Pfünder bis 2½-Pfünder und 1075 Mann Besatzung.

Hansische Politik.

Diese hervorragend günstigen Verhältnisse nutzten die Leite der Hanse mit großem Geschick aus, um den Handel in Ost- und Nordsee an sich zu bringen, ihn möglichst zu ihrem Monopol zu machen, also alle anderen Nationen davon auszuschließen, so daß sie allein die Preise der Waren bestimmen konnten. Sie strebten ferner danach, sich in allen betreffenden Staaten möglichst große Vorrechte zu erwerben, wie freie Niederlassung, freien Handelsbetrieb, Freiheit von Zöllen für Waren, Freiheit von Abgaben an

Lande, eigene Häuser und Höfe mit Exterritorialität und eigener Gerichtsbarkeit. Und das gelang ihnen auch vielfach, zum Teil (wie erwähnt) schon vor Gründung des Bundes, in erstaunlichem Umfange. Die nicht blos kaufmännisch, sondern auch politisch klugen, umsichtigen und erfahrenen Handelsherren, namentlich die von Lübeck, verstanden es trefflich, die Schwächen oder die Bedrängnis der Nachbarstaaten auszunutzen; sie verschmähten es auch keineswegs, diese mittelbar (durch Unterstützung ihrer Feinde), oder unmittelbar (durch Kaperei oder offenen Krieg), in Bedrängnis zu versetzen und dadurch zu Zugeständnissen zu nötigen. Die Bedeutung, ja das Dasein der Hanse beruhte darauf, daß sie sich den umliegenden Staaten unentbehrlich machte, teils durch Vermittelung nötiger Waren, durch Leihen von Schiffen, von Geld usw., so daß die umliegenden Staaten in der Verbindung mit den deutschen Seestädten ihren Vorteil fanden; teils dadurch, daß sie sich als gefährliche Seemacht hinstellte.

Die Zeitverhältnisse brachten es mit sich, daß, wenn es galt, Vorrechte zu erlangen oder zu bewahren, oft nicht glimpflich von beiden Seiten verfahren wurde. Im allgemeinen wendete die Hanse zwar in erster Reihe Geschenke und Bestechungen an, aber oft griff sie auch zur See, wie zu Lande, zur Gewalt, mit oder ohne Kriegserklärung. Gewalttaten, nicht selten grausame, mögen sich meist nicht rechtfertigen lassen, aber kräftig muß eine Politik sein, wenn sie Erfolg haben soll.

Die Zeitläufte in den nordischen Königreichen, in Rußland, in Deutschland und in den Niederlanden, also im Norden, Osten, Süden und Westen, waren im Mittelalter meist so wechselnd, daß ein näheres Eingehen darauf hier ausgeschlossen ist. Ein Krieg und eine Fehde folgt der andern, Kaperzüge auf See, Raubzüge an Küsten, bald im Bunde mit einem Staat, bald im Kriege mit ihm, das wechselt oft in wenigen Jahren, namentlich mit Dänemark und Schweden. Aber einzelne besonders hervortretende Vorgänge, namentlich solche zur See will ich hier kurz erwähnen.

Im Jahre 1280 übernehmen Lübeck und Wisby den Schutz des Handels, also die Seepolizei in der Ostsee; drei Jahre später verbündet sich die Hanse mit den Herzögen von Mecklenburg und Pommern zur Aufrechterhaltung des Friedens gegen die Markgrafen von Brandenburg. Als König Erich Glipping von Dänemark dem Bündnis beitritt, beschlagnahmt König Erich Priesterfeind von Norwegen plötzlich die deutschen Handelsschiffe und das deutsche Gut

Hansische Kriegszüge.

am Lande. Darauf rüstet Lübeck mit den wendischen Städten und Riga eine Flotte aus, sie vernichten den norwegischen Handel, verheeren die Küste und fügen dem Lande solchen Schaden zu, so daß der König sich genötigt sieht, den Frieden zu Kalmar vom 31. Oktober 1285 zu schließen, der Hanse Kriegsentschädigung zu zahlen und ihr große Handelsvorteile zuzugestehen. Letzteres ist es, worauf die Politik der Hanse immer hinausgeht. Als Christof II. von Dänemark verjagt war, suchte er Beistand in Lübeck. Dieser wurde ihm gewährt und der König wieder zurückgeführt und auf den Thron gesetzt, wofür er dem gemeinen deutschen Kaufmann fast unbegrenzte Vorteile gewähren mußte. Ebenso 1343 König Magnus von Norwegen, obgleich er der Hanse feindlich gesinnt war.

Infolgedessen verschwindet um diese Zeit der skandinavische und russische Handel aus der Ostsee, der englische nimmt nur noch eine untergeordnete Stellung ein. Die Hanse beherrscht von der Newa bis zu den Niederlanden die See und den Handel.

Um diese Zeit macht die Hanse sich die schlechte Finanzwirtschaft Eduard III. von England zu Nutze und leiht ihm Geld, womit der König den Heereszug rüstet, mit dem er den großen Sieg bei Cressy gewinnt; dagegen verpfändet er der Hanse die Zölle auf Wolle, die Zinngruben in Cornwall u. s. w.

3. Große Zeiten der Hanse und ihr Niedergang.

Kriege gegen Waldemar III. 1362 beginnen dann die Kriege gegen Waldemar III., der Dänemark groß und mächtig gemacht hat. In einem Jahr wird die Insel Gothland erobert und Wisby samt dem deutschen Hof unter vielem Blutvergießen geplündert. Da sagt die Hanse mit Schweden und Norwegen Fehde an; Anfang Mai erscheint die Flotte der Hanse im Sunde, aber die Verbündeten bleiben aus; da greift der Admiral der Hanse allein Kopenhagen an und erobert es, dann geht er hinüber nach Schonen, das damals dänisch war, und belagert Helsingborg. Aber hier läßt er sich mit der Flotte von der dänischen überraschen und verliert zwölf große Koggen, das Heer muß sich mit Verlust einschiffen und er kehrt nach Lübeck zurück; dort findet ein scharfes Gericht statt und Admiral Wittenberg wird hingerichtet [s. Tafel X].

Hierauf folgt eine mehrjährige Waffenruhe, aber im November 1367 auf dem Hansetag in Köln beschließen 77 Städte, von Narwa bis Zierikzee, den Krieg gegen Waldemar mit aller Macht zu führen. Eine große Flotte wird gerüstet, die im April 1368 zunächst die Küste von Norwegen so nachdrücklich verheert, daß der König um Frieden bittet; dann fährt sie nach dem Sund, wo sie im Mai Kopenhagen, darauf Helsingör erobert und Waldemar zwingt, sein Land zu verlassen.

Am 24. Mai 1370 folgt dann der glorreiche Friede zu Stralsund, in dem neben einer großen Kriegsentschädigung der Hanse das Recht zugestanden wird, die Könige der nordischen Reiche zu bestätigen!

Das war eine große Errungenschaft, besonders groß für die Streitmacht nicht eines mächtigen Reiches, sondern eines Städtebundes!

Nach diesem ungeahnten Erfolge scheint die Hanse die See-Polizei außer Acht gelassen zu haben, denn die Seeräubereien mehrten sich derart, daß Wismar und Rostock es 1390 für angezeigt hielten, Kaperbriefe gegen Schiffe der drei nordischen Reiche auszugeben. Das machte die Sache aber um vieles schlimmer, denn jetzt bildete sich eine große feste Gesellschaft mit Hauptsitz in Wisby, die sich selbst „Likendeeler" nannten, aber unter dem Namen „Vitalien-Brüder" bekannt waren; sie bemannten ganze Raubgeschwader und plünderten alles, was nicht den beiden Städten gehörte. Sie blieben nicht blos beim Seeraub, sondern überfielen auch Bergen und fügten der Hanse so schweren Schaden zu, daß Lübeck 1394 eine Flotte von 35 Koggen dagegen ausschickte, jedoch ohne durchschlagenden Erfolg. Erst als der auch zur See damals starke „Deutsche Orden" von Preußen aus eine Flotte abschickte und ihnen Gotland und Wisby 1398 wegnahm, zogen sie nach der Nordsee ab, wo sie noch lange ihr Unwesen trieben. Einer ihrer verwegensten Führer, Claus Störtebeker, wurde 1402 durch ein großes Hamburger Schiff gefangen genommen und hingerichtet; aber ihr Ende fand dieses Räubervolk erst mit der Eroberung von Emden durch Edgar von Cirksena 1433.

Aber auch noch andere deutsche Seehelden der Ostsee sind hier anzuführen; der berühmte Danziger Bokelmann siegte bei Bornholm 1455 mit nur sechs Schiffen über 16 dänische, welche er nach und nach getrennt angriff, sechs von ihnen zerstörte und sechs als Prisen aufbrachte. Eine glorreiche Tat, die sein Besen-Abzeichen im Topp des Großmastes, als Plan der Säuberung der Ostsee von

Die Vitalienbrüder und Likendeeler; Seeraub in den deutschen Gewässern.

Feinden, wohl rechtfertigte; zeigte er doch taktisches höheres Verständnis in diesem Gefecht.

Ferner ist der Danziger Paul Beneke zu nennen, der z. B. 1473 englische Schiffe vor der Weichsel eroberte, dann an der flandrischen Küste mit großem Erfolg gegen Frankreich-Burgund focht, als im Dienste Englands stehend. Seine Schiffe „Peter von Danzig" und der „Mariendrache" waren von allen Seefahrern äußerst gefürchtet. Eine seiner vielen Trophäen ist das Bild von Hans Memling in der Marienkirche zu Danzig, das berühmte Altarbild des jüngsten Gerichts.

Die Namen solcher Männer haben ebenso guten Klang wie die von Georg Frundsberg oder von Jean Bart.

Niedergang der Hanse. Im Anfange des 15. Jahrhunderts begann der Bund bereits seinen festen Halt zu verlieren. Die hauptsächlichsten holländischen Häfen zogen es vor, unter Benutzung ihrer günstigen Lage näher dem Ozean, Handel auf eigene Hand zu treiben. Ein neuer Krieg der Hanse mit Dänemark 1427—35, in dem sie neutral blieben, brachte ihnen großen Vorteil und schädigte dadurch die Hanse, die im übrigen behielt, was sie hatte. Eine Lockerung des Bundes hatte sich aber auch darin gezeigt, daß Stralsund und Rostock einige Jahre vor dem allgemeinen Frieden einen Sonderfrieden mit Dänemark geschlossen hatten.

Von großer Bedeutung war auch der mißliche Umstand, daß vom Jahre 1425 ab der große alljährliche Zug der Heringe nach der Ostsee aufhörte. Auf der Südwestspitze Schonens waren bei Skanör und Falsterbo große Heringslager im Sommer und Herbst, die sogenannten Witten, errichtet, wo sich zehntausende von Fischern, Schiffern, Reedern und Kaufleuten aller Nationen einfanden.

Der Hering zog nunmehr nach der südlichen Nordsee und trug wesentlich zum Aufblühen der Niederlande bei, da bei dem regen Bedarf der ganzen Welt an Fastenspeise, besonders im Süden, die Heringe eine besonders bevorzugte Fastenspeise bildeten.

Zu welcher großen Ausdehnung die Fischerei gelangte und welche unerschöpfliche Quelle sie für den Wohlstand des Landes wurde, das beleuchtet deutlich die Zahl von rund 3000 Fahrzeugen, welche das kleine Holland nur zum Heringsfang zwei Jahrhunderte später aussandte, wodurch es jährlich einen Gewinn von 20 Millionen Mark hatte.

Danach folgte ein Kaperkrieg zwischen der Hanse und Holland, der erst nach fünf Jahren beigelegt wurde und die endgültige

Trennung der großen Hafenstädte von der Hanse zur Folge hatte. Die Handelsbedingungen für diese Häfen waren eben mit der Zunahme der Ausbreitung des Seeverkehrs zu verschieden von denen der Hanse geworden, deren Schwerpunkt in der Ostsee lag, als daß die enge Verbindung mit Vorteil für beide unter den damaligen Verhältnissen hätte länger bestehen können. Holland fing an, seinen Welthandel zu entwickeln.

Auch die Politik der Hanse zeigt jetzt nicht mehr die anfängliche Umsicht und Tatkraft; unzeitige Sparsamkeit kommt hinzu und sie äußert sich bezüglich der Flotte, die nur in ungenügender Stärke unterhalten wird. Als die drei nordischen Königreiche in einer Hand vereinigt werden und die Herzogtümer dazu, eine Macht, wie sie noch nie im Norden bestanden, läßt die Hanse das untätig zu. 1468 nimmt Eduard IV. von England der Hanse alle ihre Vorrechte, blos Köln nicht, das darauf aus der Hanse ausgeschlossen wird; in dem folgenden Kaperkriege erleidet die Hanse große Verluste, obgleich England derzeit eine Kriegsflotte nicht besitzt. Auch als ein Geschwader der Osterlinge den bald nachher aus seinem Lande vertriebenen König unrichtiger Weise wieder zurückbringt, schafft das keinen Nutzen, denn Eduard IV. bleibt der Hanse feindlich. Erst als darauf eine starke Hanseflotte die englische Küste und das Land viele Meilen einwärts verheert, eine Menge von Schiffen wegnimmt und die Besatzungen aufhängt, versteht sich Eduard IV. 1474 zu einem günstigen Frieden, in dem er der Hanse alle Vorrechte bestätigt und Kriegsentschädigung zahlt. Hier zeigt sich aufs deutlichste: die Mächtigkeit zur See ist es, was die Hanse erhält! *Einbußen im Ausland.*

Nur gegen einen Staat ist sie nicht wirksam, weil dieser noch gar keine Küste besitzt, Rußland. Als daher Iwan I. 1494 den deutschen Hof in Nowgorod, das er schon 16 Jahre vorher unterworfen, plötzlich überfallen und plündern, die dort wohnenden 49 Deutschen in Ketten legen und einsperren ließ, war das ein schwerer Schlag für die Hanse. Sie rief ausnahmsweise den Kaiser um Hülfe an, aber der blieb gut Freund mit den Russen. Derart war damals das Verhältnis des Reichs-Oberhauptes zu den Hansestädten!

Dem entsprach es auch, wenn nicht lange nachher König Johann von Dänemark sich vom Kaiser einen Acht-Brief gegen die Schweden erwirken konnte, wodurch die Hanse am Handelsverkehr mit diesen gehindert wurde.

Glücklicher Zug gegen Dänemark, 1509—1512. Der Zusammenhang des Bundes war um diese Zeit schon ganz gelockert. Als Lübeck Ende 1509 Dänemark den Krieg erklärt, schließen sich nur Rostock, Wismar und Stralsund ihm an; aber die deutsche Hanse-Flotte bewährt sich trotzdem hier nochmals trefflich. Sie verheert erst die dänischen Inseln furchtbar, liefert dann am 9. August bei Bornholm den Dänen ein Treffen, das nur deshalb unentschieden bleibt, weil die Stralsunder zu spät kommen; greift wenige Tage später vor Danzig eine holländische Handels-flotte an, der Convoi flieht, viele Schiffe werden genommen oder in Grund geschossen; am 18. August schlägt sie sich nochmals bei Hela mit der dänischen Flotte, die dabei ihr Flaggschiff verliert. Auch der Kaperkrieg wird von Lübeck und Kolberg aus mit Erfolg geführt, also die Überlegenheit zur See behauptet. Infolgedessen erhält die Hanse im Frieden von Malmoe Ende 1512 auch alle ihre Privilegien von neuem bestätigt.

In dem Kriege mit Dänemark, der dem Frieden von Malmoe vorherging, hatte die Hanse die Überlegenheit zur See noch einmal behauptet und infolgedessen alle ihre Privilegien aufs neue bestätigt erhalten. Aber in dem Vierteljahrtausend, das seit Gründung des Städtebundes vergangen war, hatten die politischen Verhält-nisse sich stark geändert.

Um 1260 waren die Könige der Staaten, mit welchen die Hanse zu tun hatte, von ihren Baronen und der Geistlichkeit in großem Maße abhängig gewesen und hatten oft genug mit ihnen in Fehde gelegen. Die Staatskunst war noch wenig entwickelt und es bestand keine geregelte Finanzwirtschaft. Der Seehandel war noch nicht sehr lebhaft und seine Bedeutung nicht genügend erkannt; ebensowenig die der Zölle. Anderenfalls hätten der Hanse die umfangreichen Vorrechte oder gar Monopole für den Handel, Freiheit von Zöllen u. s. w., die sie lange besaß, nie bewilligt werden können.

Seitdem aber war die Macht des Adels und der Geistlichkeit gebrochen, der Lehens- und Beamtenstaat war entstanden und da-durch die königliche Macht erstarkt oder auch absolut geworden. Der Seehandel hatte sich sehr gehoben und neuerdings bis Ost- und Westindien ausgedehnt; sein Einfluß auf die Staatswirtschaft machte sich immer mehr geltend, ebenso der Wert der Zölle. Die Könige wollten den Seehandel ihres Landes nicht mehr ausschließlich in fremden Händen, und zwar in den Händen einer fremden Macht, also jeden Wettbewerb ausgeschlossen sehen; sie wollten sich der

Befugnis, an ihren Landesgrenzen Zölle zu erheben, nicht länger begeben oder auch nur darin beschränken lassen. Auch die der Hanse in den fremden Staaten am Lande bewilligten, teils sehr weitgehenden Vorrechte, wie Exterritorialität und Asylfreiheit der Kaufhöfe, eigene Gerichtsbarkeit u. s. w. wurden immer drückender empfunden.

Wie bei den fremden Fürsten, so wurde auch bei den deutschen die Abneigung gegen das Verfahren der Hanse immer stärker. Zwar konnten sie Zollschranken gegen die Hafenstädte errichten, aber sie sahen sich vom Seeverkehr ganz abgeschnitten. Und diese schwere Beschränkung wurde ihnen mit zunehmender Einsicht in Finanz-Angelegenheiten ebenso wie die Selbständigkeit der in ihrem Gebiet liegenden reichen Freistädte mit dem Wachsen der eigenen Macht und Selbstherrlichkeit immer schwerer zu ertragen.

Die Zeit, in welcher Seehandels-Monopole sich aufrecht erhalten ließen, war eben mit dem Mittelalter vorüber, aber die leitenden Männer der Hanse erkannten nicht die Zeichen der neuen Zeit; sie hielten starr an den von den Vorfahren auf sie überkommenen Zielen und Maßnahmen fest.

Auch die Schiffahrtsverhältnisse hatten sich inzwischen sehr geändert; die Interessen der über die mehr als 2000 Kilometer lange Küste verteilten Hafenstädte waren immer weiter auseinandergegangen und Sonder-Interessen vorherrschend geworden. Infolgedessen hatten die vlämischen und holländischen Städte sich schon früher von der Hanse getrennt, dann war Köln ausgestoßen worden, der Zusammenhang zwischen den übrigen Städten hatte sich gelockert, die binnenländischen Städte kamen kaum mehr in Betracht, so blieb Lübeck mit den wendischen und vorpommerschen Städten fast allein noch übrig. *Lockerung des Hansebundes.*

Dazu kam das geistige Aufleben dieser Zeit, durch die großartigen überseeischen Entdeckungen angeregt und durch die Reformation zu einer tiefgehenden Erregung der Gemüter nicht blos auf religiösem, sondern auch auf sozialem Gebiet erweitert und vertieft; sodaß die bestehenden Verhältnisse fast alle ins Schwanken gerieten. Das wurde für die inneren Zustände der Hansestädte gefährlich, wie die geänderten politischen Verhältnisse für die äußeren. *Innere Zersetzung in den Hansestädten.*

Der Hansebund war von Kaufleuten ausgegangen und gegründet. Darunter sind aber nicht Kaufleute in dem bei uns üblichen Sinne zu verstehen, sondern „Großhändler", wie das in den Hansestädten auch heute noch der Fall ist. Kleinhändler oder Krämer, die ihre Waren auf der Straße ausboten (damals in Buden, wie in allen binnenländischen Städten noch jetzt), und die den Inhabern offener Läden der Gegenwart entsprechen, wurden in die Kaufmannsgilden nicht aufgenommen, ebensowenig Handwerker.

In den Händen dieser Gilden allein lag auch das Regiment in den Hansestädten. Dieselben bestanden allerdings nicht blos aus erblichen Familien, es bestand also kein abgeschlossenes Patriziat; neu aufkommende Großhändler konnten jeder Zeit in die Gilde eintreten. In Wirklichkeit aber kam das wohl nicht oft vor und jedenfalls lag die ganze Macht in den Händen der Begüterten, der Besitz war dafür maßgebend.

Diese Ausschließung der weniger bemittelten Stände hatte früher schon oft zu Mißhelligkeiten und Unruhen in den Städten geführt, namentlich von Seiten der Handwerker. Jetzt gab die durch die Reformation bewirkte tiefe Bewegung der Gemüter einen mächtigen Anstoß auch zu Änderungen auf sozialem und politischem Gebiet. Der infolgedessen in Oberdeutschland entstandene Bauernkrieg mit seinen betrübenden Ausschreitungen ist bekannt. Auch in den freien Reichsstädten begann es gewaltig zu gähren; der Ausbruch erfolgte jedoch erst später teils deswegen, weil gerade damals Ereignisse in den nordischen Reichen eintraten, welche die Hanse ganz nach Außen hin in Anspruch nahmen.

Abfall der Westerlinge. 1520 wurde Karl V., der schon König von Spanien war, im Alter von 20 Jahren zum deutschen Kaiser gewählt. Bei der Auseinandersetzung mit seinem Bruder Ferdinand behielt er nun die Niederlande für sich, zu denen er dann noch Westfriesland und Utrecht schlug; dadurch ging dies reiche Land mit der Küste von der Ems bis Dünkirchen, mit den Rhein-, Maas- und Scheldemündungen für Deutschland verloren und wurde in nahe Beziehung zu Spanien gebracht. Das kam natürlich dem Seehandel der Niederlande zugute und gleichzeitig wurde auch der niederländische Handel nach der Ostsee durch Christian II. von Dänemark begünstigt, der der Schwager Karls V. geworden war und außerdem einen bitteren Haß gegen die Hanse hegte. Er war ein gewalttätiger Mann mit hochgehenden Plänen; er beabsichtigte, ganz Schweden zu erobern, Schonen gehörte ihm schon, ferner den Handel der Ostsee ganz in Kopenhagen zu konzentrieren und die Stadt zum

Stapelplatz für den ganzen Osten zu machen, also den Hansehandel zum Lokalhandel herunterzudrücken.

Das gab der Hanse, obgleich ihr Bestand stark zusammen-geschrumpft war, noch einmal Gelegenheit, entscheidend in die Geschicke der nordischen Königreiche einzugreifen. *Das letzte Aufflackern.*

Gustav Wasa floh 1519 vor Christian II. nach Lübeck, das seine Auslieferung verweigerte, ihn vielmehr unterstützte und nach Schweden zurückbringen ließ. Christian II. unterwirft das Land, macht sich aber durch das Stockholmer Blutbad furchtbar verhaßt; als Gustav Wasa einen Aufstand erregt, wird er von der Hanse offen unterstützt. Die Flotte der Hanse verheert Bornholm, verbrennt Helsingör, bedroht Kopenhagen und hilft Stockholm belagern. Am 21. Juni 1523 übergiebt der dänische Kommandant die Schlüssel an den Admiral der Hanse, der Gustav Wasa als Gustav I. seine Hauptstadt überantwortete und der nun der Hanse als Belohnung große Vorrechte erteilte.

Schon vorher war mit Lübecks Unterstützung Friedrich I. von Holstein in Jütland an Stelle Christian II. zum König von Dänemark gewählt worden; die Flotte der Hanse eroberte nun Seeland für ihn und half Kopenhagen belagern, das sich am 24. April 1524 ergab, so daß auch der dänische König durch die Hanse zu seiner Hauptstadt und in den Besitz seines Reiches kam.

Christian II. war schon vorher geflohen; nach einigen Jahren aber machte er mit Hollands Hülfe den Versuch, zunächst Norwegen zurückzuerobern. Er landete, hatte schnell großen Erfolg, die Dänen zögerten, die Hanse aber schickte sofort eine Flotte gegen ihn ab, der es durch kräftiges Eingreifen gelang, ihn zur Ergebung zu zwingen. Aber er ergab sich nicht der Hanse, sondern seinem Oheim Friedrich I., der ihn dann ins Schloß von Sonderburg einsperrte und in harter Haft hielt, wo er 28 Jahre bis zu seinem Tode 1559 blieb.

So hatte die Hanseflotte Gustav Wasa auf den schwedischen Thron geholfen und ihn in seine Hauptstadt eingeführt, sie hatte den Sturz des dänischen Königs Christian II. bewirken und Friedrich I. statt dessen auf den Thron setzen, ihm seine Hauptstadt erobern helfen; sie hatte Christian II. dann nochmals gestürzt und bewirkt, daß er unschädlich gemacht wurde.

Das waren großartige Leistungen, aber es war nur noch ein letztes Aufleuchten der hanseatischen Seemacht; das Ende stand nahe bevor.

Jürgen
Wullenweber
in Lübeck. Schon vor diesem letzten Seezuge gegen Christian II. waren
1500 Unruhen in Lübeck ausgebrochen, um die patrizische Stadtverwaltung zu stürzen; das gelang auch bei wiederholten Anläufen,
die beiden Bürgermeister entflohen, und der Führer der Bewegung,
Jürgen Wullenweber, trat an die Spitze von Lübeck, womit er
zugleich die Leitung der Hanse übernahm.

Der Mann ist zum Helden von Dramen und Romanen gemacht
worden, aber unverdient. Hätte er neue Gedanken gehabt, um die
von allen Seiten bedrohte herrschende Stellung Lübecks in einer
den Anforderungen der neuen Zeit entsprechenden Weise zu festigen
und zu sichern, so würde man auch die Wahl seiner Mittel nicht
zu streng beurteilen. Aber sein Streben, nachdem er sich durch
revolutionäres Vorgehen die leitende Stellung verschafft hatte, ging
lediglich dahin, Lübecks Oberherrschaft zur See wieder herzustellen,
um durch Ausschluß anderer Nationen, namentlich Hollands, der
Stadt das Monopol des Seeverkehrs in der Ostsee zu sichern.
Als Hebel für seine Aktion sollten Protestantismus und Demokratie
dienen. Die übrigen Hansestädte sollten daher demokratisch
werden, was er auch durchführte, Dänemark wollte er zu einer
protestantischen Republik umwandeln und namentlich wollte er sich
zum Herrn des Sundes machen, der damals für den Verkehr
zwischen Ost- und Nordsee fast ausschließlich benutzten Straße.

Zu dem Zweck veranlaßte er zunächst Krieg gegen Holland
und schickte seinen Gehilfen Marx Meier, einen Landknechts-
Hauptmann, mit einem Geschwader nach der Nordsee, er selbst
ging mit einem anderen Geschwader nach dem Sund und forderte
Dänemark und Schweden zum Kriege gegen Holland auf; mit den
ihm gleichgesinnten Bürgern von Kopenhagen und Malmoe unterhielt er geheimes Einverständnis. Gustav I. aber schlägt das nicht
blos ab, sondern widerruft auch die der Hanse früher bewilligten
großen Privilegien, worauf Wullenweber nur mit Intriguen ant-
worten kann. In Dänemark ist Friedrich I. gerade gestorben,
die Wahl eines Thronfolgers verzögert sich; da bietet Wullenweber
im Bunde mit den genannten beiden Bürgermeistern die dänische
Krone dem Herzog Christian von Holstein an, der sie aber aus
diesen unbefugten Händen nicht annehmen will, sondern sich mit
Schweden, Dänemark und Holland (Burgund) gegen die Hanse
verbündet.

Die Grafen-
fehde 1534. 1534 beginnt Wullenweber den Krieg mit Erfolg. Um die
Dänen auf eine falsche Fährte zu bringen, fällt er verheerend in

Holstein ein, fährt dann mit einer Flotte von 21 Schiffen nach Kopenhagen, schließt die Stadt ein, nimmt eine Menge dänischer und schwedischer Schiffe, plündert die holländischen und erhebt Sund-Zoll. Infolge der angestifteten Verschwörung öffnen sich ihm Malmoe und die Häfen auf Seeland. Kopenhagen ergiebt sich und die dänische Flotte schließt sich ihm an; auch die kleineren dänischen Inseln fallen ihm zu, ebenso Schonen, überall beginnen die Bauern gegen den Adel zu wüten.

In Jütland aber wählt der Adel Christian von Holstein zum König von Dänemark als Christian III., und der holsteinische Adelsmarschall Graf Rantzau zieht sogleich vor Lübeck, belagert es, zerstört eine große schwimmende Batterie „Eiserner Heinrich“, die früher dänische Angriffe zur See erfolgreich abgewiesen, und bedrängt die Stadt so, daß Wullenweber eilig zurückkehrt. Aber er vermag die Belagerung nicht aufzuheben und erkauft sich nur einen Waffenstillstand mit Holstein.

Christian III. und Gustav I. vereinigen nun Truppen, schlagen Marx Meier bei Helsingborg Anfang 1535 und nehmen ihn gefangen; im Mai 1535 vereinigen sie auch ihre Schiffe, zu denen auch noch die preußischen unter dem herzoglich preußischen Admiral Johann Peine oder Preen stoßen, und die verbündete Flotte unter Peder Skram liefert nun der hansischen erst am 9. Juni ein unentschiedenes Gefecht bei Bornholm, dann schlägt sie diese am 14. Juni bei Assens im kleinen Belt; zwei Tage später nimmt sie ihr auf der Reede von Svendborg neun Schiffe fast ohne Gefecht weg und erscheint dann vor Kopenhagen, das gleichzeitig durch Christian III. zu Lande belagert wurde.

Wullenweber, der alle seine hochfliegenden Pläne schon nach zwei Jahren nahe dem Scheitern sieht, beruft einen Hansetag, um Hilfe zu erlangen und legt ihm die Frage vor: ob die Hanse es zugeben wolle, daß ein König in Dänemark ohne ihre Zustimmung herrsche?

Inzwischen haben die früheren Bürgermeister von Lübeck eine Entscheidung des Reichskammergerichts herbeigeführt, das die lübeckische demokratische Regierung mit der Reichsacht bedroht, und das genügt, um die Lübecker so zu erschrecken, daß sie Wullenwebers Absetzung und die Wiedereinführung der alten Stadtverwaltung bewirken! Das beweist die morsche Grundlage, auf der Wullenwebers kurze Herrschaft stand. Er ging dann nach der Weser, um Landsknechte für seine Zwecke zu sammeln, wurde aber von dem Bischof von Bremen gefangen genommen und später hingerichtet.

Gründe des Mißlingens. Sein Plan war nicht der neuen Zeit angepaßt, noch hatte er den tatsächlichen Machtverhältnissen in keiner Weise Rechnung getragen. Er hatte weder Bündnisse, noch Flotte und Heer vorbereitet, er glaubte durch eine Verschwörung mit andern Bürgermeistern in feindlichen Ländern und durch Aufwiegelung des Volks gegen die bestehende Ordnung große und dauernde politische Erfoge erreichen zu können; weder er selbst, noch sein Gehilfe Marx Meier waren Männer von hervorragender Bedeutung, seinem großartigen, aber phantastischen Unternehmen fehlte alles, was das Gelingen hätte sichern können und so ist es auch schmählich zum großen Schaden Lübecks u. s w. gescheitert, er selbst ist elend dabei zugrunde gegangen, nicht unverdient!

Das Ansehen Lübecks war nun so gesunken, daß, wie Gustav I. die hansischen Privilegien kurzerhand aufgehoben hatte, auch Christian III. von Dänemark sich bald nicht mehr daran kehrte. Um 1560 gingen dann auch die Ostseeprovinzen, deren Kolonisation durch Deutschland gerade 400 Jahre vorher begonnen hatte, für Deutschland verloren, ohne daß Kaiser und Reich nur einen Finger darum rührten! Iwan II. von Rußland eroberte Narwa und Dorpat (1558) und verbot der Hanse die Schiffahrt nach Livland; Esthland unterwarf sich Erich XIV. von Schweden, der die Hanse garnicht mehr anerkennen wollte, und Kurland wurde polnisches Lehen! (1561).

4. Die letzte Kraftperiode und das Ende der Hanse.

Der siebenjährige Krieg, 1563—1570. Gegen Schweden, das bald darauf eine hansische Handelsflotte kurzerhand wegnahm, führte Lübeck im Bunde mit Dänemark von 1563 ab noch einmal einen siebenjährigen Krieg, in dem, bezeichnend für die Verhältnisse, selbst Wismar, Rostock und Stralsund neutral blieben. Zu erwähnen ist eine dreitägige Schlacht zwischen Öland und Gothland am 30. Mai 1564, die mit einem Siege der Verbündeten unter dem dänischen Admiral Herluf Trolle endete. Die Dänen unter Otto Rud nahmen am letzten Tage dabei das besonders große und starke schwedische Flaggschiff „Makalös“, d. h. „Tadellos“, mit dem Admiral Jakob Bagge. „Makalös“

war 160 Fuß lang, hatte 175 Geschütze und 800 Mann an Bord. Tags zuvor hatte Bagge dreimal durch Auslegen langer Balken ein Entern seines Flaggschiffs verhindern können.

Der dänische Admiral Herluf Trolle ist der erste See- Taktik des dänischen Admirals Herluf Trolle 1559. befehlshaber im Norden, welcher den Versuch zu einer besonderen taktischen Flottengliederung unternommen hat. Er teilte seine Schiffe in Gruppen zu je dreien, indem einem größeren Schiffe zwei kleinere dauernd beigegeben wurden. Diese Gruppen wurden alsdann in der Art formiert, daß das stärkere Schiff in der Mitte segelte und etwa 4—6 Strich, d. h. 45—67°, zu beiden Seiten achteraus die beiden anderen Schiffe fuhren. Diese Gruppen segelten in der Weise hintereinander in Kiellinie, daß die Führerschiffe der einzelnen Gruppen eine genaue Kiellinie bildeten und deren Trabanten sich dadurch dieser Kiellinie an beiden Seiten staffelförmig anschlossen, daß die beiden kleinen Fahrzeuge jeder folgenden Gruppe immer weiter von ihrem Führer abstanden als die der vorhergehenden Gruppe.

Die ganze Flotte erhielt hierdurch die Form eines spitzen Keils mit großer Tiefe von etwa 2—3 Strichen, d. i. 22—33°, zu jeder Seite der mittleren Kiellinie der Führerschiffe. Die Schiffe segelten mithin in drei Kolonnen: die großen in der Mitte in Kiellinie, die kleinen an den Seiten in einer steilen Staffel.

Wegen der allzugroßen Verschiedenheit der Schiffe der Flotte, die zumeist nur aus eiligst zusammengestellten Kauffahrteischiffen bestand, sowie wegen ihrer schlechten Manövrier-Fähigkeiten und der geringen Erfahrung, Ausbildung und Seemannschaft ihrer Besatzungen, von denen nur die kleinere Hälfte aus Seeleuten bestand, mißlang dieser Versuch einer Formal-Taktik vollständig.

Besonders löste sich zu Beginn der Seeschlachten der Keil sofort ganz und gar auf und es entspannen sich lauter Einzelkämpfe, bei denen das Entern noch die Hauptsache war und während dessen sich selbst die zu einer einzelnen Gruppe gehörenden Schiffe nicht einmal genügend unterstützten.

Einer solchen nichts anderes als eine Sammlung bewaffneter und armierter Handelsfahrzeuge darstellenden Flotte dienten ferner noch 6—8 kleine Fahrzeuge zum Aufklären ringsum.

In der Geschichte der Seetaktik ist aber das Vorgehen von Herluf Trolle ein ganz besonders erwähnenswertes Ereignis, da erst ein Jahrhundert später in den englisch-holländischen Kriegen zum ersten Mal in der englischen Flotte der Begriff einer gegliederten Schlachtordnung und einer geordneten Schlachten-Kiellinie als Gefechtsformation für eine Flotte aufkam.

Bis dahin sammelten sich die Schiffe der einzelnen Unter-Abteilungen einer Segelflotte immer um die verschiedenen Flagg-schiffe in regellosem Haufen und fochten demgemäß ebenso ohne jegliche Ordnung in einer förmlichen Massenschlacht und zwar stets in ungeordnetem Schiffs-Gemenge; eine wirkliche bestimmte Flotten-Einteilung hat es überhaupt erst seit dem Jahre 1625 gegeben.

Fortsetzung des Krieges. Im nächsten Jahre gewannen die Schweden unter dem zum Oberbefehlshaber der Flotte ernannten General Clas Horn am 7. Juli zwischen Rügen und Bornholm mit 46 Schiffen gegen Rud mit nur 36 Schiffen, von denen 14 von Lübeck gestellt waren. Die vielen eng gedrängten und lange andauernden Einzelschiffskämpfe brachten die beiderseitigen Verluste auf die außerordentlich große Höhe von fast 7000 Toten und Verwundeten.

Das Flaggschiff „Jaegermesther" des dänischen Admirals hatte 1100 Mann Besatzung gegenüber den 620 Mann des Flagg-schiffs von Clas Horn „St. Erik". Ein Kampf des letzteren mit 60 Schiffen gegen 36 Schiffe der Dänen unter Lauritzen (die Lübecker befehligte deren Admiral Tinapel), hatte nördlich von Oeland Ende Juli 1566 kein Ergebnis, da Sturm und zu hoher See-gang herrschte. Lauritzen ankerte darauf unter Wisby, um dort seine wenigen Toten, in erster Linie einen adligen Kapitän, am Lande zu bestatten. In einer der folgenden Nächte nahm der Sturm so zu, daß elf dänische und sechs lübeckische Schiffe strandeten, wobei rund 6000 Mann ums Leben kamen, darunter drei Admirale und zwölf Kapitäne, unter die auch Lauritzen gehörte. Dies war Lübecks Flotten-Ende! (Man denke an die Verluste Roms durch Strandungen seiner Flotten.)

Clas Horn starb im nächsten Jahre an der Pest, die in all diesen Jahren überall schwer in der Ostsee aufgetreten war.

Aber Schweden war doch durch die fortgesetzte nachdrück-liche Offensive der Verbündeten und inneren Zwist so geschwächt, daß es ihnen dann die See überließ. Der durch Absetzung seines Bruders Erich XIV. auf den schwedischen Thron gekommene König Johann schloß dann am 13. Dezember 1570 zu Stettin mit Lübeck einen nicht ungünstigen Frieden, von Handelsmonopol und Zollfreiheit war nicht mehr die Rede. Aber dies alles war nur zum Schein, da die ausbedungene Kriegsentschädigung nicht gezahlt wurde. Sobald er sich nur fest auf seinem Sitz fühlte, gebärdete er sich als „Herr der Ostsee" und verbot der Hanse schon im nächsten Jahr den Handel mit Rußland. Zugleich richtete er einen Kaperkrieg gegen die Hanse ein, während er die Niederländer aus Rücksicht auf Spanien schonte. Der Hanse fehlte es an einer starken Flotte, um dem mit Erfolg entgegenzutreten; ihr Handel litt schweren Schaden, während die Niederlande reich wurden! Die Mächtigkeit zur See zeigte sich auch hier wieder als der entscheidende Faktor. Schweden gebot nunmehr über die Ostsee; das Recht, von den anderen Nationen durch Fieren der oberen Segel zuerst gegrüßt zu werden, ging vom Jahre 1580 von Dänemark auf Schweden über. Seine Flotte zählte schon 1570 mehr als 70 Kriegsschiffe, während z. B. England im Jahre 1603 nur 42 Kriegsschiffe besaß.

Kurz vorher hatte sich der Hanse noch einmal Gelegenheit zu einer großen politischen Tat geboten. 1567 war in den Niederlanden der Aufstand gegen Philipp II. ausgebrochen, der ihnen nach mehr als 40jährigen Kämpfen die Befreiung von spanischer Zwingherrschaft bringen sollte; zu Grunde lagen in erster Reihe politische, aber auch religiöse Motive. Die Aufständischen, Reformierte, flehten die Hanse um Hilfe an und so hätte diese den deutschen Stamm und das deutsche Land für Deutschland zurückgewinnen können, aber das wurde versäumt, die erbetene Hilfe verweigert, ebenso von allen lutherischen deutschen Fürsten; nur einzelne reformierte Fürsten im Westen von Deutschland standen ihnen bei. Die traurigen deutschen Theologen der damaligen Zeit hatten durch gehässige Spitzfindigkeiten die ganz unwesentliche Differenz zwischen den beiden Konfessionen so verschärft, daß sie einander als bittere Feinde gegenüberstanden. Und bei der Hanse kam noch der Brotneid dazu, es war dieselbe Engherzigkeit, mit der sie früher schon die Absicht oberdeutscher Kaufherren, Handelsunternehmungen von norddeutschen Häfen aus zu betreiben, vereitelt hatten.

Dafür wurde der Hanse bald die Fahrt nach Spanien durch die Holländer verboten, die Engländer stellten sich ebenfalls feindlich und nahmen 1589 im Tajo eine Flotte von 60 Hanseschiffen, die den Spaniern unter anderm auch Kriegsvorräte gebracht hatte, einfach weg. Als 1597 die Engländer aus dem deutschen Reich vertrieben wurden, übten sie Gegenseitigkeit und die Hanse mußte den Stahlhof räumen, der wohl 600 Jahre lang der Mittelpunkt des deutschen Handels mit England gewesen war.

Im Anfange des 17. Jahrhunderts machte Lübeck noch verschiedene Versuche, mit Rußland, mit Spanien u. s. w. wieder anzuknüpfen, aber ohne wesentlichen Erfolg; und der 30jährige Krieg richtete den letzten Rest deutscher Seemacht völlig zu Grunde, ja auch den deutschen Seeverkehr!

Gustav Adolfs Auftreten. Kürzlich ist der 300jährige Geburtstag Gustav Adolfs von Schweden im evangelischen Deutschland festlich begangen worden und wegen der Verdienste des Königs um den Protestantismus mit Recht; aber uneigennützig waren seine Pläne keineswegs. Wenn man auch von etwaigen Absichten auf die deutsche Kaiserkrone ganz absieht, jedenfalls beanspruchte er, der die russische Ostseeküste und die Herrschaft auf der Ostsee sich schon im Jahre 1617 im Frieden zu Stolbowa gesichert hatte, auch den Besitz der deutschen Ostsee-, wohl auch der Nordsee-Küste.

Die Lage der deutschen durchweg protestantischen Seestädte in diesem Kriege war eine traurige. Als Tilly nach Besiegung Christians IV. von Dänemark bei Lutter am Barenberge 1625 nach Norddeutschland vordrang und die Seestädte zu Lande bedrohte, sperrten die Dänen ihnen gleichzeitig den Seeverkehr, beziehungsweise erhoben sie, wie auch die Schweden, hohe Zölle vor allen deutschen Häfen von Pillau bis Hamburg. Diese sollen vor Danzig allein in dem einen Jahre 1635 über eine Million Taler (?) betragen haben.

Wallenstein beabsichtigt eine Reichsflotte zu gründen. Bemerkenswert war dann das Auftreten Wallensteins, wie überhaupt, so auch im Norden, als er 1627 bis zur Küste vordrang und zum Herzog von Mecklenburg ernannt wurde. Als hervorragender Mann erkannte er die Bedeutung der Seeherrschaft und ging daran, in Wismar eine deutsche Reichsflotte herzustellen, um den Krieg zur See gegen Gustav Adolf aufzunehmen. Jetzt, da es zu spät war, zeigte zum ersten Male ein deutscher Kaiser Interesse für die See und für eine deutsche Seemacht. Kaiser Ferdinand beanspruchte die Herrschaft über die deutschen Meere und ernannte Wallenstein zum General-Kapitän der Flotte und zum „General des ozeanischen und baltischen Meeres“ (Nord- und Ost-See). Die Hanse suchte er dadurch zu gewinnen, daß er ihr das Monopol des Handels mit Spanien anbot; auf einem zu dem Zweck im Februar 1628 einberufenen Hanse-Tage wiederholte der Kaiser seinen Antrag, indem er den Zustand in den deutschen Meeren, die Erhebung des Sund-Zolles u. s. w. als „schimpflich für das deutsche Reich“ bezeichnete. Andererseits aber drohten die

Dänen und Gustav Adolf ging so weit, zu verlangen; daß Deutschland kein Kriegsschiff bauen, die vorhandenen abrüsten und alle Küstenbefestigungen schleifen solle!

Die Hanse, aus Angst vor beiden Teilen, verschob die Entscheidung und kam später 1630 zu dem Beschluß: den Bund nicht weiter fortzusetzen, da er viel koste und wenig nütze!

Vorher waren Wallensteins Pläne schon durch den zähen Widerstand von Stralsund, das er vom 13. Mai bis 24. Juli 1628 vergeblich belagerte, durchkreuzt worden; es hatte sich mit Hilfe Gustav Adolfs, mit dem es sich in seiner Not verbündet hatte, gehalten, die schwedische Flotte hielt ihm die Wasserseite offen, brachte Verstärkungen und nahm an der Verteidigung teil.

1630 folgte dann die Landung des Königs auf dem Ruden und der Insel Usedom und sein siegreiches Vordringen. Kurz nach seinem Tode bei Lützen fiel Wismar nach längerer Belagerung in die Hand der Schweden und damit auch die von Wallenstein geschaffenen Anfänge der einzigen deutschen Reichsflotte.

Gustav Adolfs Politik wurde auch nach seinem Tode durch seinen großen Kanzler Oxenstjerna im Namen der unmündigen Königin Christine fortgesetzt; ihr Hauptziel war Deutschlands Schwächung, man könnte sagen „Vernichtung" zur See. Der Friede zu Münster und Osnabrück ließ von der ganzen früher deutschen Küste von der Newa bis nach Dünkirchen nur noch die beiden Häfen von Lübeck und Rostock und das hafenlose Hinter-Pommern von Kammin nach Westen, von rund 1370 Seemeilen nur noch etwa 100 in deutschen Händen, alles übrige der Elbe-, Weser-, Ems-, Oder- u. s. w. Mündungen war in schwedischem, dänischem, polnischem oder holländischem Besitz. *[Deutschlands Verdrängung von den Küsten der Nord- und Ostsee.]*

Dadurch ist Deutschlands Seewesen zu Grunde gerichtet, das deutsche Volk der See, die deutsche Küstenbevölkerung dem Seekriegswesen entfremdet worden; erst die Hohenzollern haben in 200jährigen Kämpfen und Mühen, wenn auch unter manchen Wechselfällen und Rückschlägen, das deutsche Küstenland innerhalb der engeren Grenzen des heutigen deutschen Reiches wieder deutsch gemacht und dem Reich eine Seemacht geschaffen — ihre Zukunft liegt im Schoß der Zeit und zum großen Teil in den Händen des deutschen Seeoffizierkorps!

Wir sahen, daß die Eigenartigkeit des Hanse-Bundes, ohne feste innere Organisation, ohne bestimmte und stetige Oberleitung, natürlich nicht imstande war, eine dauernde und festorganisierte *[Hansische Kriegsführung zur See.]*

Wehr zur See zu schaffen. Weder beim Bunde, noch bei den einzelnen Städten gab es eine Art stehender Marine. Denn selbst die zeitweise dauernd in Dienst gehaltenen „Fredekoggen" waren nur der Seepolizei wegen da.

Daß ein derartiges Vorgehen bei den verschiedenen Kriegsfällen dazu zwang, immer wieder von neuem die einzelnen Seestreitkräfte zusammenzustellen, daß selbst dann die Flotten kaum anders bezeichnet werden können, als mit dem Namen „Milizflotten", das liegt auf der Hand.

Dementsprechend war auch die Kriegsführung zur See im allgemeinen und im besonderen; sie war fast nur eine Kriegsführung an feindlicher Küste. Den Charakter von meistens unzusammenhängenden Expeditionen, Überrumpelungen, Brand.schatzungen und Repressalien haben alle diese Kriege gemeinsam aufzuweisen. Von einem planmäßigen, etwa seekriegswissenschaftlichen Vorgehen zur See, von einem eigentlichen Seekriege kann man nie sprechen. Es war dies auch nicht unbedingt erforderlich, da den Gegnern zu Beginn fast immer Kriegsflotten fehlten.

Auch hatte der Hanse-Bund, ja sogar die einzelne Stadt des Bundes, gegen feindlich gesinnte Länder und Fürsten noch andere Mittel zur Verfügung, ohne ihnen ihren Willen mit den Waffen in der Hand aufzuzwingen. Die Hanse beherrschte den Seehandel, namentlich den in der Ostsee, so sehr, sie war lange Zeit dort die gänzlich unbestrittene erste Handelsmacht, daß es oft genügte, gegen feindlich Gesinnte die Handels-Sperre, gewissermaßen eine Art Handels-Blockade, auszusprechen, um sie willfährig zu machen. Das von der Hanse Jahrhunderte lang festgehaltene Monopol des Seehandels in den nächstliegenden Ländern an den Küsten der Ost- und Nordsee, wurde von ihr mit rücksichtsloser Schärfe durchgeführt; einer eigentlichen Kriegsflotte zur Unterstützung hierfür bedurfte es nicht.

Anders wurden die Verhältnisse mit dem Erstarken der Staaten und der allmählich entstehenden unbedingten Gewalt der Fürsten. Die Hansen haben nicht erkannt, daß man dementsprechend sich anders organisieren und schon im Frieden für den Krieg rüsten müsse; sie verfielen in denselben Fehler wie später ihre Nachfolger, die Holländer.

Von einer Seestrategie, geschweige einer Seetaktik konnte daher zur Zeit der Hanse keine Rede sein; man muß förmlich nach einzelnen Beispielen auf diesem Gebiet suchen. Lübecks Admirale waren dabei fast in allen Fällen den ersten Familien der Stadt entnommen, ihre Bürgermeister, Ratsherren oder Kaufherren, also gebildete Männer. Ähnlich lagen die Verhältnisse bei den anderen Städten. Bei aller großzügigen Denkesweise auf politischem, besonders handelspolitischem Gebiet, ging ihnen aber ein wahres Verständnis für die Bedeutung der sicheren Seegeltung, ihr Erringen und ihre Erhaltung, so gut wie gänzlich ab. Es wurde immer nur so viel an Macht aufgeboten, als gerade zum Erreichen des nicht all zu weit gestellten Zieles durchaus nötig war. Hatte man dies erreicht, so wurde die Streitmacht sofort wieder aufgelöst. Seestrategie im Frieden ist von den Hansen nie betrieben worden.

Ohne einheitliche Leitung, nur einigen allgemein gültigen strengen Gesetzen unterworfen, hat sich ebenfalls die Handelsschiffahrt in ihren einzelnen Unter-Abteilungen zu großer Ausdehnung entfaltet. Es hat sich hierbei von den frühesten Zeiten an der wirtschaftlich-politische Charakter der Ostsee — und ähnlich zeitweilig auch derjenige der Nordsee — nur als der eines Durchgangskanals gezeigt, dessen Hauptabfluß-Gebiet der gesamte Nordosten Europas war. Das deutsch-baltische Geschäft wurde z. B. bis Goslar und Soest betrieben, obgleich letzteres der Nordsee näher lag; in letzterem Ort gab es noch bis in spätere Jahrhunderte hinein eine „Schleswiger Kompagnie".

Freier lagen die Handels- und Schiffahrts-Verhältnisse der Nordsee; nicht nur der geographischen Lage ihrer deutschen Küstenstädte wegen im allgemeinen, sondern auch aus dem Umstande, daß hier die Hanse durchaus nicht immer unumschränkte Gebieterin war, sondern einen schweren Konkurrenz-Kampf mit den andern See-Völkern zu bestehen hatte. In beiden deutschen Meeren traten nach und nach die rührigen Holländer das Erbe der Hanse an, bei deren fortschreitendem Verfall sich überall Zersplitterung der Kräfte zeigte und es schließlich nur noch einen hansischen Territorial-Küsten-Handel und Schiffahrt gab, wenigstens in der Ostsee. So haben z. B. Lübecks kaufmännische Geschäfte schließlich fast nur noch in Speditionen zwischen den Ostseehäfen und Hamburg bestanden und hatte Hamburg im Verein mit Bremen bald den Gesamthandel Deutschlands mit West- und Süd-Europa in Händen.

Der hansische Handel ist überhaupt meistens ausgesprochener Zwischenhandel gewesen; er hat sich besonders und vorwiegend mit Rohstoffen beschäftigt, auch hier war die Ostsee mit den Produkten ihrer Länder sehr ausschlaggebend. Anfangs kaufte der

Hansische Handelsschiffahrt.

15*

hansische Kaufherr immer selber ein, geleitete seine Waren auch selbst und verkaufte sie dann an Ort und Stelle selber. Der deutsche Kaufmann kam auf diese Weise überall herum in der Welt, gewann selbst Einsicht und guten Überblick über alle wichtigen Handels- und Schiffahrts-Verhältnisse. Aber selbst diese Kenntnis des Weltgetriebes und der Bedeutung der Seegeltung vermochte nicht dahin zu führen, eine Zentralgewalt für die gesamten nationalen See-Interessen zu schaffen; die Interessen des Einzelnen überwogen noch immer ganz und gar. Und so blieb es, selbst als die Fürsten und Völker ringsum erstarkten und sich nach und nach eine Wehr zur See schufen.

Der 30jährige Krieg vernichtete dann fast ganz den deutschen Handel und mit ihm die deutsche Schiffahrt; hinzu kamen die geänderten Handelsrichtungen zum Ozean und nach dem Westen Europas. Der nähere Westen übernahm dort die Führung, die er alsbald ganz nach dem äußersten Osten der Ostsee ausdehnte.

Seefahrts-Verhältnisse, Seekarten. Trotz der mangelhaften Kenntnis der Fahrwasser, der gänzlich ungenügenden Seekarten und „Seebücher", war doch, selbst bei den mangelhaft betakelten Handelsschiffen, die Sicherheit der Seefahrt immerhin noch als eine leidlich gute zu bezeichnen, allerdings in der Nordsee mit ihren schwierigen Küsten-Gewässern eine weniger gute. Selbst Lotsen konnten nicht überall die erforderliche Sicherheit gewährleisten.

Der erste Seekarten-Atlas nebst nautischen Angaben, als: Schiffahrts-Zeichen, Befahren der Gewässer, Vermeidung der Untiefen, Flut-Zeichen und dergleichen mehr, ist vom Jahre 1583; in holländischer Sprache herausgegeben und sechs Jahre später ins Deutsche übersetzt, gibt er nur unsichere allgemeine Anleitungen für die Navigierung der gefährlicheren Fahrstraßen, die für größere tiefgehende Schiffe fast ungenügend zu nennen sind. Auch die Segel-Anweisungen sind sehr allgemein und ganz oberflächlich, ohne Lotsen nicht zum Gebrauch allein ausreichend.

Die einzelnen Karten enthalten auch Vertonungen, d. h. Zeichnungen und Ansichten der Küste im Aufriß.

Auch im Haupt-Hanse-Gebiet, d. i. also in der Ostsee, konnte man zu der Zeit nur ungenügendes Material für die gesicherte Ausführung der Schiffahrt erhalten. Das erste, wirklich brauchbare gute „Seebuch" der Ostsee war ein nach langjährigen gründlichen schwedischen Vermessungen im Jahre 1695 in holländischer Sprache herausgegebenes Werk des schwedischen Kapitäns Petter Gedda.

Es enthält auf einzelnen Spezialkarten der Hafen-Ansegelungen die betreffenden, im Fahrwasser liegenden Tonnen nebst ihren Deck-peilungen verzeichnet, z. B. für den Sund und die Rügenschen Fahrwasser. Einzelne Land-Baaken sind auch schon verzeichnet. Aber zufriedenstellend ist die ganze Bezeichnung und Aufnahme nur in der Gegend von Wismar. Eigentümlich ist, daß die General-karten rechtweisend dargestellt sind, mit eingezeichneten miß-weisenden Kompassen und daß bei den Spezialkarten das Um-gekehrte der Fall ist; ebenso ist auffallend, daß auf den Spezial-karten die einzelnen Entfernungen unrichtiger sind als auf den größeren allgemeinen Übersichtskarten.

Die Schwierigkeiten damaliger Navigierung werden durch nichts treffender gekennzeichnet als durch die in der besonderen Vorrede enthaltene Bemerkung, daß gute Seekarten für eine sichere Navigierung von unentbehrlichem Nutzen wären und sie um so größere Bedeutung hätten, als Lotsen nicht überall zu bekommen seien.

Die ersten, wirklich den Verhältnissen entsprechenden guten (dänischen) Seekarten der Ostsee sind erst ebenfalls im letzten Jahrzehnt des 17. Jahrhunderts herausgegeben; sie waren weit besser als die bisher verwendeten holländischen und französischen Seekarten. Deutsche Seekarten ließen noch sehr lange auf sich warten.

Aber von den Belten gab es erst ein bis zwei Jahrhunderte später brauchbare Seekarten; allgemeine Einfahrtsstraße in die Ost-see war der Sund an der dänischen Seite.

Der merkwürdige deutsche Städtebund der Hanse zerfiel, nach-dem er 270 Jahre lang blühend und mächtig gewesen war, Könige ein- und abgesetzt und im europäischen Norden die leitende Rolle gespielt hatte, weil — wie gesagt — die ursprünglichen, rohen staatlichen Verhältnisse, auf die er gegründet war, sich in dieser langen Zeit stark geändert hatten. Denken wir zurück: heute vor 290 Jahren stand man im Anfang des 30jährigen Krieges! Man vergleiche damals und jetzt!

Was die Hanse anstrebte und worauf ihr Gedeihen beruhte, waren Handels-Monopole, Zollfreiheit und sonstige Vorrechte; alle auf den eigenen materiellen Vorteil und Ausbeutung anderer hin-zielend, die sich mit einem geregelten Staatswesen nicht vertragen. Sie waren auch von Anfang an, wenn nicht den fremden Re-gierungen, so doch den Kaufleuten, Rhedern, Seefahrern der

Schluß-bemerkungen.

betreffenden Staaten drückend und konnten nur durch überwiegende Macht, und zwar Seemacht, aufrecht erhalten werden.

Die Seemacht und sonstige Macht der Hanse, besonders auch die Macht des Geldes haben die Leiter des Bundes nun mit großem Geschick verwendet und sich die in den auswärtigen Kontoren erworbenen Kenntnisse der betreffenden Länder und der einfluß- reichen Personen sehr zu nutze gemacht. Die häufigen Thronfolge- streitigkeiten und sonstige innere Zwiste, sowie die vielen Kriege der Staaten gegeneinander haben sie klug zum eigenen Vorteil verwendet und sie verschmähten es auch nicht, derartige Vorgänge zu veranlassen und zu schüren. Es war eben kaufmännisches Geschäft: Gewinnsucht mit laxer Gesinnung bei Auswahl der Mittel. Eine Staatenbildung, die Förderung höherer Ziele — außer etwa des Kunsthandwerks — war nicht damit verbunden.

Der Bund wurde daher, außer durch ein allgemeines, nationales Gefühl, nur durch den gemeinsamen Vorteil zusammengehalten; und so lange dies der Fall, so lange bildete er eine starke Macht, und zwar eine Macht zur See. Mit den veränderten Verhält- nissen, dem erweiterten Seehandel und dem Erstarken der fremden und der heimischen Staaten gingen die Interessen naturgemäß auseinander, Sonderinteressen überwogen; die von der Mitte am weitesten entfernten Mitglieder sonderten sich ab oder wurden los- getrennt, die Einhelligkeit hörte auf und der treugebliebene Rest konnte den erstarkten fremden Staaten nicht mehr die Wage halten.

Um weiter zu bestehen, hätte der engere Bund sich auf freien Schiffsverkehr und Handel neu basieren müssen; dazu hätten die Seestädte aber des freien Verkehrs mit dem Hinterlande und eines starken Schutzes durch das Reich bedurft; auf diesen Gedanken ist zuerst Wallenstein gekommen, aber zu spät. Jetzt ist Deutsch- land einig, hoffen wir, daß es auch stark zur See sei!

Die Hanse als Hort des Deutschtums. Nicht vergessen soll man aber, daß die Deutschen Städte- bunde des Nordens und Südens, vor allem derjenige der Hanse, in Deutschland zu einer langen Zeit fast die einzigen waren, welche deutsches Wesen förderten. Das Deutschtum des Mittelalters hat trotz allem gerade bei diesem eigenartigen Hansebund seine beste Pflege und seinen Haupthort gefunden.

Deutsch und hansisch waren lange Zeit hindurch so gut wie identisch und gehörten eng zusammen; während Ganz-Deutschland sich befehdete, gab es hier gelegentlich ein kräftiges gemeinsames Zusammenwirken, auch um höhere und bedeutsamere Ziele zu erreichen; die Wogen der Reformations-Kämpfe verloren hier schließlich doch ihre zerstörende Kraft.

Die deutschen Städte, also auch die des Hanse-Bundes, sie vertraten zeitweilig fast einzig und allein den Gedanken an eine Weiter-Entwicklung des nationalen Volkstums und machten ihn teilweise zur Tat. Deutsche Kraft und Macht zeigten sie fast allein dem nahen und fernen Ausland gegenüber, sodaß die Geschichte dieses Städte-Bündnisses im allgemeinen doch einen großen Lichtquell in der Deutschen Geschichte darzustellen voll in der Lage ist.

Der allgemeine Fehler aller Deutschen, der des steten Haderns um all und jedes, er war auch ihr Erbteil; eine feste Hand und Kraft fehlte auch ihnen, um sie ständig und eng zusammenzuhalten.

5. Deutsche Seegeltungs-Bestrebungen außer der Hanse.

Im Jahre 1226 tritt der Deutsche Orden zuerst an den Ufern der Ostsee auf; zehn Jahre später trat der Rest des Ordens der Schwertritter, die schon zu Beginn des Jahrhunderts in Kurland, Livland und Estland Besitzungen erworben hatten, zu ihm über. Alle diese Gründungen fanden von der Seeseite her statt. *Der Deutsche Orden.*

Um 1250 handelt der Orden schon bis Flandern und England. Unter seinem Hochmeister Konrad von Jungingen wurde Gotland 1398 durch eine Flotte von 80 Schiffen mit 40 Rittern, 400 Reitern und 4000 Mann in Besitz genommen, nach 10 Jahren aber an die Königin Margarethe von Dänemark abgetreten. Die Hauptsache war aber hierbei die Zerstörung der Sitze der Vitalienbrüder auf Gotland gewesen.

Schließlich zerstörte eine Flotte der preußischen Städte die 45 Schiffe der Ordensflotte 1463 auf dem Frischen Haff und 1525 war die Ordens-Herrschaft endgiltig zu Ende; Preußen, Polen, Schweden, Dänemark und Rußland ernteten die verschiedenen Länderstrecken.

Das folgende gehört eigentlich in den nächsten Band hinein, soll aber im Zusammenhang in Kürze hier dargestellt werden.

Herzog Jacob Kettler von Kurland hatte sich vom Jahre 1610 an nach und nach eine Flotte von 44 Schiffen zu 30—80 Kanonen, sowie ferner 15 unarmierte Schiffe erbaut und besaß außerdem noch eine Handelsflotte von etwa 80 Fahrzeugen. *Kurlands See-Bestrebungen.*

Das Schloß von Goldingen, im Nordosten von Libau, bewahrt in Wand-Gobelins die Erinnerung an diese Flotte; die kurländische Flotte ist bei weitem stärker gewesen als die später kurbrandenburgische des Großen Kürfürsten. Die Stadt Mitau sollte durch einen Kanal zur Seestadt gemacht werden, so wie Brügge und Gent. In Danzig, Lübeck, Hamburg, London, Paris, Nantes hatte der Herzog Agenturen für seine See-Weltschiffahrt. 1640 hat Herzog Kettler sogar auf der Guinea-Küste ein Fort errichtet, also schon 43 Jahre früher als Kurfürst Friedrich Wilhelm von Brandenburg; 1654 wurde von ihm in Westindien auf der Insel Tabago eine Kolonie gegründet. Jakob I. von England hatte ihm diese Insel geschenkt, die aber nach dem Absegeln der kurländischen Kriegsschiffe bereits vier Jahre später von den Holländern genommen wurde.

1658 wurde Kettlers Macht vernichtet und verschwand seine kurländische Flagge, ein schwarzer Taschenkrebs auf rotem Grund, im Jahre 1681 vom Weltmeer und bald darauf ganz von der Ostsee.

Herzoglich Preußisches Auftreten in der Ostsee. Die Schiffe des Admirals Peine, die 1538 u. s. f. unter dem dänischen Admiral Peder Skram fochten, sind bereits erwähnt.

Außerdem hielten die Herzöge von Preußen einzelne Fahrzeuge auf dem Haff bereit; aber diese schauten untätig zu, als Gustav Adolf 1626 mit 150 Schiffen bei Pillau landete, der diese Schiffe, welche eine mehrfach schwarz und weiß gestreifte Flagge führten, für sich in Besitz nahm und deren Besatzung sowie Geschütze dem Kurfürsten zurückgab.

Einmal hat sich auch in späteren Jahren ein königlich polnisches Kriegsschiff 1637 bei Pillau gezeigt, um dort Zölle zu erheben und dabei ein kurzes Gefecht gegen das kurfürstliche Wachtschiff durchgeführt. Zwei fernere polnische Schiffe, die in See Zölle erhoben, ließ Dänemark im selben Jahre aufbringen und gab sie erst frei, nachdem Polen ihm sein Hoheitsrecht auf der Ostsee förmlich zugestanden hatte.

Ähnlich lag das Verhältnis des Herzogtums Preußen.

Förderung des Seewesens in All-Deutschland. Welche Unsumme von Intelligenz jeglicher Art sowie an mannigfacher Tatkraft im großen übrigen Deutschland überall im Beginn der neuen Zeit zu Tage getreten ist, davon mögen folgende kurze Angaben beredtes Zeugnis ablegen.

1473 wurden in Nürnberg die ersten, bis zum Jahre 1506 berechneten Ephemeriden, astronomische Jahrbücher, in welchen die Stellungen der Himmelskörper von Regiomontanus (Müller) berechnet waren, für nautische Zwecke herausgegeben.

1490 verfertigte Martin Behaim in Nürnberg den ersten Erd-globus, seinen „Erdapfel"; bereits vor dieser Fertigstellung hatte er das Astrolabium zum nautischen Quadranten für Gestirns-Messungen verbessert.

1506 fuhren Schiffe der Welsen und Fugger (aus Augsburg stammend) bis nach Westindien und den Molukken.

1510 entstand seltsamer Weise in dem weit im deutschen Binnenlande liegenden Nürnberg sogar eine eigene Zunft von Kompaßmachern.

1528—1531 erlangten die Welser, Esinger und Fugger von Kaiser Karl V. wichtige Kolonial-Gerechtsame in Venezuela.

1555 rückten sie mit ihren Söldnern bis an die Kette der Anden vor.

1569 entstand Gerhard Merkators „Weltkarte", die be-sonders für nautische Zwecke sehr nützlich war.

Welcher Art man schon im 16. Jahrhundert Pläne für eine deutsche Flotte erdachte, zeigt folgendes:

1570—1576 wurden die ersten „Flottenpläne" auf dem deutschen Reichstag beraten; man wollte auf die vielen hansischen Beschwerden in nach außen gerichteter tatkräftiger Form eingehen.

1570 beriet man zu Speier ebenfalls das sogenannte „Admirals-werk" in zwei Kommissionen; es handelte sich um die Schaffung einer Reichsflotte mit Ober- und Unter-Admiral, in erster Linie für die Nordsee.

1571 tagten zu Gröningen Herzog Alba und Herzog Adolf von Holstein sowie je ein Oberst des sächsischen und west-fälischen Kreises: „außer den 13 burgundischen Orlogsschiffen solle das Reich noch 7 fernere beschaffen und feste Kommissare in den Haupt-Hafenplätzen anstellen".

1576 aber wurde dieser Plan endgültig verworfen, weil die Reichsstände die Macht eines künftigen „Reichs-Admirals" fürchteten, welcher „bei auswärtigen Fürsten dem Reich allerhand Verlegen-heiten zuziehen könne und es in Deutschland nie üblich gewesen sei, einen Reichsadmiral zu haben; außerdem würden Flotte und Admiral zu viel kosten, es sei etwas ganz neues".

In der Nordsee und im Atlantik kam dann in der Folge die Convoy-Schiffahrt auf; die Handelsschiffe der Ostsee-Städte schlossen sich meist den Convoy-Geschwadern anderer Staaten an.

Schlußwort.　　　Es dürfte für jeden Deutschen immerhin von Nutzen sein, sich kurz einmal klar zu machen, wie viele verschiedene Anläufe das Deutschtum früherer Jahrhunderte vor und nach der Hanse-Periode gemacht hat, um sich nicht nur an den eigenen Küsten und in den heimischen Gewässern, sondern auch auf den Weltenmeeren und in ferneren Landen die ihm gebührende Geltung und Anerkennung zu verschaffen; ferner welche Umstände alle diese Bestrebungen wiederum haben zerfallen lassen, ohne daß sie irgend dauernde Erfolge aufzuweisen hatten. Was Deutschland früher so gut wie nie getrieben hat, das war: Seestrategie im Frieden.

An politischen Lehren sind diese Jahrhunderte für Deutschland sehr reich, besonders auch an solchen, welche sich auf das Wesen und die Bedeutung des Seehandels, der Seegeltung und Seemacht sowie der Kolonien beziehen.

Karte des Ärmelkanals und der angrenzenden Küsten mit Beschriftungen:

10°W · Dundalk · Irische See · Hull · 0° · 4°

Dublin · Liverpool · Texel

IRLAND · Holyhead · ENGLAND · NORD-SEE · Zuyder-See · Amsterdam

Limerick · Yarmouth · Lowestoft · Rotterdam

Waterford · St. Georges Kan. · Cardiff · London · Themse · Zierikzee

Cork · Bristol · Dover · Antwerpen

K. Clear · Milford Hfn. · Southampton · Portsmouth · Gravelinge · Brüssel

Plymouth · I. Wight · Dünkirch. · Calais · Boulogne · BELGIEN

Englischer Kanal

50° · Scilly In. · K. Lizard · Cherbourg · Dieppe · 50°

Havre

Normann. · In. · Seine · Paris

I. Quessant · Brest · St. Malo

FRANKREICH

Lorient · Vannes

Quiberon · Nantes · Loire · Orleans

Bai

von

Biscaya

L. de Ré · Rochelle

Rochefort

Bordeaux

45° · 45°

**ZUG
DER
ARMADA
1588**

0   50   100   150   200 Sm

Bayonne · Marseille · Toulon

K. Ortegal · Cette · Golf v. Lyon

Ferrol · Coruña · Santander

K. Finis-terre

Vigo · Barcelona

Oporto

PORTUGAL · Madrid · Minorca

40° · Valencia · Majorca · 40°

Peniche · SPANIEN · Iviza

Tajo · Lissabon

Cartagena

K. St. Vincent · Cadix · Malaga · K. de Gata · Algier

K. Trafalgar · Gibraltar · ALGIER

Str. v. Gibraltar · Tanger · Oran

10° · West v. Greenwich · Ost v. Greenwich · 6°

VII. Die Zeit der Armada.

1. Die Vorgeschichte des Armada-Seezuges.

Die Fortschritte im Schiffbau, in der Schiffahrt und im Waffen- Die neue
englische
Flotte
um 1500.
wesen waren bis gegen Ende des 15. Jahrhunderts sehr langsame;
dann trat eine schnellere Entwicklung, wie im allgemeinen auf
geistigem Gebiet, so auch im Seewesen und Seekriegswesen ein;
daher ein neuer Abschnitt, die „Neuere Zeit", nur darf man nicht
den heutigen Maßstab des Vorwärtsschreitens anlegen.

Mit der Vernichtung Richards III. in der Schlacht bei Bos-
worth (22. August 1485) war das Haus York im Mannesstamm
erloschen, der Streit der beiden Rosen beendigt und unter
Heinrich VII., Tudor (1485—1509) begann eine Zeit der Erholung für England, in der besonders Schiffahrt und Handel
gefördert und von diesem begabten Herrscher wieder der Grund
zu einer Königlichen Flotte gelegt wurde und zwar zu der
noch jetzt bestehenden. Denn wenn diese Flotte sich auch in den
ersten 120—130 Jahren noch sehr langsam entwickelte, ist sie doch
nie wieder, gleich derjenigen Alfreds des Großen oder Heinrichs V.,
ganz eingegangen.

1489 erbaute Heinrich VII. den „Regent", der nicht
weniger als 225 ganz leichte Geschütze an Bord führte (sogenannte
Feldschlangen oder Serpentinen, deren Geschoß nur ein halbes Pfund
wog); sie waren in den Kastellen und auf dem Hauptdeck aufgestellt. Dies Schiff verbrannte im Jahre 1512 in einem Seegefecht
vor Brest und ließ der König Heinrich VIII. zwei Jahre später
ein besonders großes Schiff bauen, das er „Henry Grace à Dieu"
nannte, das aber vom Volk, dem die normannisch-französische
Sprache nicht geläufig war, „The great Harry" genannt wurde;

es hatte schon vier Masten, wahrscheinlich jeder nicht mehr aus einem Stamm bestehend, sondern aus Untermasten mit ein bis zwei Stängen und mit einem kleinen Toppsegel nach Art des späteren Bram- oder Oberbram-Segels über dem großen Untersegel. Unter dem Bugspriet befand sich noch ein größeres Raasegel. Die Gefechts-Marsen oder Mastkörbe sind noch bis in viel spätere Zeit beibehalten worden. Dies Schiff wird als das erste der heutigen englischen Flotte angesehen. Die Armierung bestand, außer vielen leichten Kanonen, aus 13 schweren Geschützen (vom 18-Pfünder bis zum 42-Pfünder), die auf dem niedrigsten Deck aufgestellt waren, und ferner aus 8 Geschützen vom 3-Pfünder bis 9-Pfünder, lauter Bronzegeschütze. Die Besatzung war eine sehr starke, 700 Mann, die aus 300 Seeleuten, 50 Kanonieren und 350 Soldaten bestand; zur Bewaffnung letzterer gehörten noch 500 Bogen und Armbrüste. Im ganzen gab es 15 verschiedene Kalibergrößen an Bord.

Einführung der Schiffspforten in Frankreich. Eine durchschlagende Änderung im Bau und Bewaffnung der Kriegsschiffe brachte dann die Erfindung des Einschneidens der Breitseitpforten mit sich, die um 1500 durch den französischen Schiffbauer Descharges in Brest erfolgt sein soll. Er wandte diese zuerst (unter Louis XII., 1498—1515) bei einem großen Schiffe „Charente" an, das außer einer großen Menge kleiner Geschütze auch 14 Kanonen auf Rädern führte. Ein ähnliches Schiff war „La Cordelière", beide als verbesserte Gegenstücke gegen den „Great Harry" gebaut; schon damals entwickelte sich der noch heute fortdauernde Wettstreit der beiden Nationen auf diesem Gebiet.

Erstes Gefecht. Das erste bedeutende Gefecht zwischen diesen neuen Schiffen fand 1512 bei Le Conquet (vor der Einfahrt in den Goulet de Brest) statt. Das englische Geschwader soll stärker als das französische gewesen sein, zog aber den Kürzeren. Besonders bemerkenswert ist der Kampf zwischen dem „Regent" und dem großen französischen Schiff „La Cordelière" unter Portsmoger, dessen Name in „Primauquet" verballhornt, noch heute in der französischen Marine fortlebt. Die Schiffe enterten einander und flogen nach langem Kampfe beide in die Luft mit rund 1600 Mann.

Erstes englisches Schiff mit Stückpforten. Im Jahre 1515 unter Heinrich VIII. (1509—1547) wurde, wie schon angegeben, dann in England das erste Schiff mit Stückpforten gebaut, das den Namen „Henry Grace à Dieu" erhielt. Es war 1000 Tons groß und hatte außer Bugspriet (das sonst manchmal als Mast mitgezählt wird) vier Masten. Die

Bewaffnung bestand aus 27 größeren Kanonen in zwei Batterien; außerdem befand sich noch eine große Zahl kleiner Geschütze, 130-Pfünder, an Bord, wobei die 100 kleinen handguns garnicht mitgezählt sind. (Kleine Stabilität, Pforten tief.) Von solchen größeren Schiffen gab es aber immer nur einige wenige. Schon vorher hatte Heinrich VIII., den Grund zu einer festen Organisation der Marine gelegt, deren Bedeutung er voll würdigte. Für die Verwaltung richtete er eine oberste Behörde, die Admiralität, ein, die sich in ihrer Organisation mit zeitweiligen Änderungen bis heute erhalten hat. Der Haupt-Unterschied gegen jetzt ist der, daß damals ein see- und kriegserfahrener Mann als Lord High Admiral an die Spitze gestellt wurde, während heute zum ersten Lord der Admiralität, der annähernd dieselben Befugnisse hat, absichtlich immer ein Parlamentarier gewählt wird, der gute Konnexionen hat, aber weder vom Seewesen, noch von Kriegsführung etwas zu verstehen braucht. Zum ersten Lord High Admiral of England wurde 1512 Sir Edward Howard ernannt, der zum ersten Adelsgeschlecht in Norfolk gehörte.

Organisation der englischen Marine.

Die Zahl der zur Marine gehörenden Schiffe war noch eine sehr geringe; so gab es z. B. im Jahre 1522 nur fünf Schiffe über 500 Tons (davon je eins zu 800 und 1000 Tons); ein Jahr nach Heinrichs VIII. Tode zählte die Marine zwar 54 eigene Kriegsschiffe, aber nur zehn über 400 Tons; deren Bemannung betrug je 250—700 Mann. Alle hatten nur geringe See- und Segel-Fähigkeit, sie trieben stark seitwärts, der hohen Kastelle und ihrer plumpen Formen halber; ihre Takelage konnte aus diesem Grunde und ihres geringen Tiefganges wegen nur eine niedrige sein. Bei dunkler Nacht und in stürmischem Wetter waren sie kaum zu gebrauchen, jedenfalls das Fahren mit ihnen sehr gefährdet. Im Winter wurden sie stets außer Dienst gestellt, wie dies auch fast ausnahmslos mit allen Handelsschiffen geschah, die im Winter aufgelegt wurden.

Heinrich VIII. legte ferner den Grund zu einem besonderen Offizierkorps für die Flotte, zum Seeoffizierkorps. Damit war ein festes und sachgemäßes Fundament für eine regelmäßige Kriegsflotte geschaffen und ihr fortschreitendes Gedeihen gesichert.

Eine mächtige Kriegsflotte schuf Heinrich VIII. wie gesagt noch nicht, dazu waren die Finanzlage und die Zeitverhältnisse nicht angetan, aber er brachte doch die Zahl der großen Schiffe etwa auf ein Dutzend. Handel und Schiffahrt begünstigte er sehr und veranlaßte manche Entdeckungsreisen nach Nordamerika bis nach Florida und dem Eismeer.

Kaperei und Seeraub. Von Wichtigkeit für die Folgezeit war ferner der Kaperkrieg, der von Seiten Spaniens und Frankreichs gegen England ausbrach, nachdem der Papst den König infolge seiner Scheidung von Katharina von Arragonien exkommuniziert hatte. Im Kanal und vor dessen Eingang entstand ein wüstes, gesetzloses Treiben, die Fischerei und andere friedliche Gewerbe wurden vernachlässigt, alles ging auf Kaperei oder Seeraub aus, die Scilly-Inseln und einzelne irische Häfen wurden förmliche Raubnester. Der Handel der betreffenden Staaten litt schweren Schaden, vor allem aber der spanische nach den Niederlanden. In England bildeten sich Tausende von erfahrenen und verwegenen, waffengeübten Seeleuten; auch wurde die Schiffsbaukunst wesentlich gefördert, da für das Kaper- und Raub-Wesen Schnelligkeit und hohes Am-Winde-Liegen von besonderer Wichtigkeit waren.

Dies Seeräuber- und Kaper-Wesen war aber durchaus nicht nur dieser Gegend erb- und eigentümlich. Auf allen Meeren herrschte Unsicherheit, ähnlich wie zu Zeiten des Pompejus im Altertum. Das ganze Mittelalter hindurch und bis in die neueste Zeit hinein haben Seeräuber (und Freibeuter) überall auf den Meeren, zu Kriegs- und Friedenszeiten ihr Unwesen getrieben. Die Flotten der verschiedenen Staaten haben damit immer nur zeitweilig aufräumen können; noch im Jahre 1817 haben z. B. maurische Korsaren in der deutschen Bucht der Nordsee, nicht weit von der Küste, deutsche Kauffahrer gekapert und ein Jahr vorher war derartiges sogar in der Ostsee vorgekommen.

Daß natürlich die Seefahrer solcher Nationen, welche keine Flotten oder nur unbedeutende Marinen besaßen, hierunter am meisten zu leiden hatten, liegt auf der Hand. Das Seeräuber- und Piraten-Wesen war aber so international, könnte man sagen, das diejenigen, welche es als festes Gewerbe betrieben, vor nichts zurückschreckten. Und wenn dann dieser oder jener Staat sich zeitweilig in der Nähe seiner Küsten, für seine eigenen Kauffahrer sowohl wie für die der Neutralen, eine gewisse Sicherheit verschafft hatte, so war diese immer nur lokal. Auf den Ozeanen, im freien Welten-Meer, in entlegenen Gegenden, in Westindien, im malayschen Archipel u. s. w., da blühte der Seeraub zu solchen Zeiten um so mehr.

Hiergegen gab es nur zwei Mittel: die Handelsschiffe zu Convoy-
armieren und stärker zu bewaffnen, was fast allgemein geschah, System.
und wodurch sie sofort zum Kriegsdienst geeignet waren; dann
aber, sie durch Kriegsschiffe geleiten zu lassen, sie zu convoyieren.
Selbst kleinere Staaten-Gebilde, wie z. B. die Hansestadt Hamburg,
hielten später eigens zu diesem Zweck einzelne staatliche Kriegsschiffe. Diese geleiteten ihre zugehörigen Kauffahrer, zu denen
sich meistens auch solche anderer Staaten hinzugesellten, bis etwa
in die Gegend von Süd-Portugal, vielleicht auch in das Mittelmeer
hinein. Für die Ozean-Fahrt gab es solche festen Convoys im allgemeinen aber nur für die spanischen Silber-Flotten, von den
Kolonien in Mittel- und Süd-Amerika auf der Überfahrt zum
Mutterlande. Die Seepolizei auf dem Ozean, d. h. gleich außerhalb
des englischen Kanals und in gewisser Entfernung von den Küsten
Europas, sie konnte nicht die nötige Sicherheit mit sich bringen,
hier herrschte der Seeraub viele lange Jahrhunderte hindurch; ein
Convoyieren war hier fast ausgeschlossen.

In Europa waren die Hauptplage die Korsaren des Mittelmeeres, die Schiffe und Flotten der Barbaresken-Staaten an Afrikas
Nordküste; das ganze Mittelmeer und der östliche Teil des nördlichen atlantischen Ozeans waren ihr Operationsfeld, das sich oft
bis in die nächste Nähe der Küsten erstreckte, trotz aller Convoy-
Schiffe. Die Wikinger, Vitalien-Brüder und Likendeeler im Norden
sind bereits im vorhergehenden Abschnitt erwähnt.

Das ganze Seeräuber-Wesen, entsprechend dem Raubwesen
der Ritter am Lande, war deshalb nicht etwas so Ungeheuerliches
und Außergewöhnliches im Mittelalter und zu Beginn der neuen
Zeit, weil die Staaten und Völker mit ihren Kriegsflotten schon bei
den geringsten Anlässen und Streitigkeiten miteinander in ähnlicher
Weise vorgingen; Repressalien zu ergreifen, feindliche Handelsschiffe mitten im Frieden aufzubringen, wenn man sich ungerecht
behandelt wähnte, das war selbst für die Staaten als solche oft der
reine Selbstverstand, das war nichts anderes als eine berechtigte
Vergeltungsmaßregel für wirkliche oder vermeintlich erduldete
Ungerechtigkeiten seitens der andern. Daß in solchen Fällen auch
armierte Kauffahrer in ähnlicher Weise auftraten und in majorem
imperii gloriam auf eigene Faust Seeraub ausübten, wen kann das
Wunder nehmen?

Eine gesetzmäßig ausgeübte Kaperei, ein sich allmählich aus-
bildendes, auf allgemeinem Gebrauch beruhendes internationales

Vorgehen, ein Kaperwesen unter bestimmten Formen und Regeln (das nicht nur die Convoys, sondern auch einzelne Schiffe schonte), Vorschriften, denen sich die meisten fügten, dies alles bildete sich erst langsam nach und nach. Alle als legitimierte, anerkannte, Kaper fahrenden Schiffe, alle Freibeuter, sie mußten später zur Ausübung ihres Gewerbes (!) einen Freibrief, einen Kaperbrief ihrer Landesbehörde haben, sollten sie nicht von den die Seepolizei ausübenden Kriegsschiffen und den Hafenbehörden in ihrem Gewerbe gehindert werden. Prisen-Gerichte entschieden dann über die Rechtsgültigkeit der Prisennahme. Aber auch hier blieb für große Willkür Tür und Tor offen und auch heute sind die Nationen über manche Fragen sich noch nicht ganz handelseinig.

Zum Schutz des Seehandels hat in einzelnen Ländern vielfach ein Convoy-Zwang geherrscht; die Kauffahrer mußten sich in gewissen Terminen an bestimmten Orten sammeln und traten von dort gemeinsam in großen Scharen unter dem Geleite der besonders kommandierten Kriegsschiffe ihre Reisen an. In Kriegszeiten fanden dann natürlich öfter Gefechte zwischen diesen Convoy-Schiffen statt; auch zu wiederholten Malen mitten im Frieden.

In diese Zeit fällt auch die Erfindung der Schrägsegel oder Vor- und Achtersegel (zu Rye), welche kleineren Fahrzeugen, die schnell segeln sollten, besonders nützten, da man bis dahin nur Raasegel gebraucht hatte.

Franz' I. von Frankreich Seezug gegen England.

In einer gewissen Verbindung mit dem gegen Heinrich VIII. geschleuderten Bannfluch steht auch der zweite größere militärische Vorgang zur See aus der langen Regierung des Königs. Der Papst hatte, wie zur Zeit Johanns ohne Land, England Franz I. von Frankreich zugesprochen, „falls er es sich nehmen könnte". Dies und die in England vielfach bestehende Unzufriedenheit wollte Franz I. sich zu Nutze machen und sammelte von 1544 an in dem von ihm (1517) gegründeten Havre eine große Flotte zum Angriff auf England, die, abgesehen von vielen Fahrzeugen, aus rund 100 größeren Segelschiffen bestand. Dazu gehörten auch hier wiederum noch, wie seit Jahrhunderten, aus dem Mittelmeer herangezogene Galeeren, 23 Stück; jetzt französische Galeeren von der mit der Provence auf Frankreich übergegangenen Galeeren-Flotte unter Baron de la Garde.

Den Oberbefehl führte Admiral d'Annebaut; er hatte den Auftrag, die englische Flotte zu schlagen und festen Fuß auf Wight zu fassen; dann Portsmouth und Southampton zu nehmen und wenn möglich, auf London vorzugehen.

Bemerkenswert ist nun, daß er seine Flotte in drei ziemlich gleich starke Geschwader von 30—36 Schiffen teilte und sich selbst das Zentrum vorbehielt. Schon im Altertum war dies üblich und gegeben, aber hier bei einer Segelflotte zum ersten Mal. Die Galeeren verwendete er als leichtes besonderes Geschwader.

Im Kanal traf er keinen Feind; nachdem er daher eine kleine Landung gemacht, erschien er am 18. Juli vor Spithead, wo die englische Flotte nur etwa 60 Schiffe stark unter Lord Lisle zu Anker lag. In die Enge einzulaufen, um den Feind vor Anker anzugreifen, wo der Sieg ihm bei seiner doppelten Übermacht sicher gewesen wäre, fehlte es d'Annebaut an Entschlossenheit; und da die Engländer ihm nicht ins offene Wasser entgegenkamen, so blieb er mit seinen Seglern draußen, ankerte unter St. Helens und Angriffe der Galeeren. begnügte sich damit, das Galeeren-Geschwader vorzuschicken, das die Engländer aus der Ferne mit ihren schweren Bug-Geschützen beschossen. Als diese aber Anker auf gingen und unter Segel herankamen, zog de la Garde sich zum Gros zurück, worauf auch die Engländer wieder umkehrten und in Spithead ankerten; dem so stark überlegenen Feinde in die freie See entgegenzugehen, wie er es wünschte, war nicht ihre Absicht.

Am folgenden Morgen (19. Juli) bei Windstille gingen die Galeeren wieder vor, begannen unter diesen für sie besonders günstigen Umständen ein heftiges Feuergefecht, wobei sie auch ein großes englisches Schiff, die „Mary Rose", zum Sinken brachten; nach englischen Angaben durch Überkrängen bei Brise, da es niedrige Pforten hatte. Aber eine Entscheidung wurde nicht herbeigeführt, und als Brise aufkam und die Engländer wieder auf sie losgingen, traten die Galeeren eilig den Rückzug an, wobei sie das feindliche Feuer garnicht erwidern konnten, da sie keine schweren Heckgeschütze führten. Die Engländer müssen sehr schlecht geschossen haben, da sie dem Gegner keinen nennenswerten Verlust zufügten. In See gingen sie auch diesmal nicht, sondern blieben in der Enge liegen. D'Annebaut wartete Rückzug der Franzosen. draußen vergeblich mit seiner Flotte, die er zum Angriff in drei Kolonnen (Geschwader also in Kiellinie) formiert hatte.

Er berief jetzt einen Kriegsrat, der gewöhnliche Ausweg, wenn man nichts unternehmen will. Es folgte eine Landung auf Wight und nochmalige Beratung, ob man sich dort festsetzen und befestigen solle; davon wurde jedoch Abstand genommen und die große Flotte ging ostwärts ab. Die Engländer folgten von Ferne, es kam auch zu einem teilweisen Engagement, jedoch gleichfalls ohne Entscheidung; das war das ganze Ergebnis des großen Unternehmens, zu dessen Mißlingen auch eine Seuche auf der französischen Flotte beigetragen haben soll.

Betrachtung dieser Expedition gegen England. Hier hatten die Franzosen also das so oft angestrebte Ziel: die Beherrschung des Kanals und Gelegenheit zur Landung in England, durch überraschendes Auftreten mit einer großen Flotte erreicht; bei entschlossenem Angriff hätten sie die höchstens halb so starke englische Flotte vor Anker in Spithead vernichten können und selbst wenn das unterblieb, hätten sie sich auf Wight festsetzen und eine spätere große Landung dort zu sichern vermocht, aber der Mangel an Tatkraft und Entschlossenheit der Führung lassen die große Unternehmung ergebnislos gleich einem Schlag ins Wasser verlaufen.

Nur taktisch ist sie von einem gewissen Interesse, indem hier:

1) Die Einteilung einer Segelflotte in drei annähernd gleich starke Teile eintritt, von denen der Oberbefehlshaber sich den mittleren vorbehält, was bald allgemein wird;

2) die Rangierung der Geschwader, in Kiellinie zum Gefecht, zum ersten Male bei Seglern ausgesprochen vorkommt (wenn auch bei Sluys schon wahrscheinlich); sie wird von da ab immer mehr üblich, aber die Vorliebe für die alte sichelförmige Aufstellung erhält sich noch lange Zeit;

3) nochmals Galeeren in ozeanischen Gewässern vorkommen und hier zum Ferngefecht mit Geschützen verwendet werden;

4) vor allem kommt es bei dieser Unternehmung nicht zur Schlacht, aber doch zu mehreren Gefechten; hier bleibt es zum ersten Male beim Geschützkampf; das früher durchweg übliche Entern kommt garnicht vor.

Übergangszeit in der Entwicklung des Seewesens von 1545—1567. Die auf diese Unternehmung folgende Zeit war der Entwickelung der Flotten nicht günstig; es war die Zeit des Kampfes der römischen Kirche und der ihr ergebenen Fürsten gegen die Reformation, die überall zu großen Wirren und vielfach zum Bürgerkriege führte. Die französische Marine verfiel während der Hugenotten-Kriege gänzlich; erst 1625 legte der Kardinal Richelieu wiederum den Grund zu einer Kriegsflotte, der heutigen französischen Marine. In Spanien trat unter der

Schreckensherrschaft Philipps II. und der Inquisition immer tiefere geistige Finsternis ein. Dem Seewesen dieses Landes war durch die Besitznahme von Amerika und großer reicher Kolonien in Afrika und Asien ein Anstoß und Gelegenheit zur Betätigung gegeben, wie niemals vor- oder nachher dem eines anderen Staates; aber es blieb auf der alten Stufe stehen. Die holländische Schiffahrt entwickelte sich trotz des langen, unter furchtbaren Opfern geführten Unabhängigkeitskampfes gegen das mächtige Spanien in überraschender Weise unausgesetzt, aber man blieb beim Gebrauch bewaffneter Kauffahrer. In England war die Zeit unter Eduard VI. (1547—53) und Maria (1553—58) ebenfalls keine günstige für die Marine, und als sich das unter Elisabeth (1558—1600) änderte, fehlte es an Geld; immerhin wurde bezüglich des Schiffbaues und der Armierung den Anforderungen der Zeit in gewissem Maße Rechnung getragen, die Schiffe wurden länger und schlanker, sodaß sie eine starke Breitseit-Armierung tragen konnten und mit verbesserter Takelage schneller segelten und besser am Winde lagen. Es wurden lose Stängen zum Streichen mit Marssegeln eingeführt; der vierte Mast der großen Schiffe fiel fort; auf dem Bugspriet dagegen wurde ein kleiner Mast errichtet, der auch Raasegel erhielt; ebenso erhielt der dritte Mast, der Besahnsmast, jetzt Raasegel; Leesegel wurden auch schon eingeführt. Die turmartig hohen Aufbauten vorn und achtern, die große Windfänger waren und die Abtrift sehr vermehrten, erhielten sich nicht mehr in dem bisherigen Maße.

Die Zahl der vielen leichten Geschütze wurde mit der Einführung von schweren Kalibern geringer, diese wurden dann nur in den Hauptdecks aufgestellt; auf den vorne als Bug, hinten als Campagne oder Schanze befindlichen höheren Aufbauten, welche bald die Stelle der alten Kastelle einnahmen, wurden nur ganz leichte Geschütze verwandt. Auch wurden die Geschütze sachgemäßer aufgestellt, um sie freier verwenden zu können. Der Bau der Kriegsschiffe wurde so ein ganz anderer als der der Kauffahrer.

Vor allem aber regten sich unter dem klugen, Handel und Schiffahrt begünstigenden Regiment der Elisabeth noch mehr als vorher unternehmende Seefahrer, deren diese Zeit eine Anzahl hervorragender tüchtiger aufweist, wie Hawkins, Drake, Davis, Forbisher, Raleigh u. s. f. Gelegenheit, im Kaperkrieg sich hervorzutun, der stetig von Elisabeth begünstigt wurde, gab es vielfach. Der in der Seekriegsgeschichte am meisten hervortretende war Francis Drake, ein Mann von großer Begabung, ein geborener Seefahrer, vorzüglicher Navigateur und bahnbrechend auf diesem Gebiet, von außerordentlichem Unternehmungsgeist und verwegener Tapferkeit; dabei aber ein Mann ohne alle Skrupel, Seeräuber wie Seefahrer, überaus ehrgeizig, hochmütig und wenig zuverlässig. In dem Werke „Seekriege und Seekriegswesen" schildert Admiral Rittmeyer die Männer vom Schlage des Francis Drake, die „Seefahrer und Krieger in einer Person sein mußten", sehr charakteristisch mit den Worten: „sie betrieben Krieg, Raub, Geschäft, Entdeckung und Kolonisation nebeneinander".

Um 1540 geboren, fuhr er von jung auf zur See, machte schon frühzeitig als Sklavenfahrer mit Fahrzeugen von 25—50 Tons Reisen nach Westindien, wo er bald wegen unerlaubten Verkehrs (Schmuggels?) mit den Spaniern in ernsten Streit geriet. Um sich zu rächen, unternahm er 1572 mit zwei Schiffen von 70 und 25 Tons und zusammen 73 Mann Besatzung seine erste Raubfahrt nach der „Spanish Main", überall plündernd und verheerend, marschierte mit 18 Mann über die Landenge von Panama, bis er den Stillen Ozean erblickte. Das veranlaßte ihn zu seiner Reise um die Erde als des ersten Engländers und die erste nach Magellan. Ende 1577 ging er mit fünf Schiffen von 15 bis 100 Tons auf diese aus und kehrte nach drei Jahren, glücklicher als sein Vorgänger, nach vielen Kämpfen zur See und zu Lande, heim. Mit den Spaniern kämpfte er an der Westküste u. s. w., nachdem er im Pacific eine nördliche Durchfahrt vergeblich gesucht und merkwürdige Abenteuer erlebt; er kehrte mit seinem Schiff allein, aber mit reicher Beute, rund 12 Millionen Mark nach England zurück, wo Elisabeth ihn zum Ritter schlug an Bord seines Flaggschiffes „Golden Hind", ohne auf die von spanischer Seite gegen ihn erhobenen schweren Anklagen zu achten.

Das Verhältnis zwischen England und Spanien, schon seit der Thronbesteigung der Elisabeth nicht gut, gestaltete sich im Lauf der Jahre immer ungünstiger. In der Regel nimmt man religiöse Gründe als dafür maßgebend an, doch mit Unrecht. Sie haben die Gegensätze wohl verschärft, aber politische Rücksichten fielen schwerer ins Gewicht, bei dem Streit mit England in erster Linie die Frage des Seeverkehrs und der Seeherrschaft.

Wenn Philipp II. auch eine der wichtigsten Mahnungen seines Vaters, daß „wenn er seine Staaten in Frieden besitzen und seine Feinde zügeln wolle, er sich die Herrschaft des Meeres sichern müsse", nicht zu Beginn seiner Regierung befolgt und für seine Flotte wenig getan hatte, so war doch nach Lepanto ein Wandel eingetreten.

Die alles ausschließende Handelspolitik Spaniens, das fast die ganze überseeische Welt beherrschte (Philipp II. war seit 1581 auch König von Portugal), mußte gebrochen werden, wenn England reich und mächtig werden wollte. Anlaß ist dann von beiden Seiten genug gegeben worden. Die Spanier benahmen sich brutal und grausam gegen Engländer und deren Eigentum; nach Angabe Burleighs sind im Jahre 1562 26 Engländer in Spanien durch die Inquisition verbrannt worden. Aber Drake, der hierfür den Spaniern Rache schwor, und andere vergalten es nach Kräften und mit gerütteltem Maß; die englischen zahlreichen Freibeuterzüge erreichten großartige Erfolge und brachten erhebliche Reichtümer heim. Und Elisabeth unterstützte die aufständischen Niederländer erst unter der Hand, dann offen, wenn auch mit wenig Erfolg, da dort der unfähige Leicester kommandierte. Als Philipp II. dann alle englischen Schiffe in seinem Reiche 1585 mit Beschlag belegte, rüstete Elisabeth ein Geschwader von 21 Schiffen zu einem Raubzuge nach Westindien unter Drake aus, der erst Vigo plünderte, dann die Canaren und Cap Verden; danach San Domingo (damals wichtig) und Cartagena nimmt, die sich um große Summen loskaufen u. s. w., worauf er Ende Juli des nächsten Jahres nach Europa zurückkehrt.

Nun beschloß Philipp II., auf den früher von Don Juan d'Austria als General-Gouverneur der Niederlande gemachten Vorschlag, das in den Niederlanden stehende spanische Heer nach England überzusetzen und das Land zu erobern, einzugehen. Don Juan war infolge der ränkevollen, hinterhaltigen Politik Philipps, der seinen Vertrauten und Freund Escobero in Madrid hatte meuchlings ermorden lassen, vergrämt und aufgerieben frühzeitig gestorben. Jetzt stand Alexander Farnese (geb. 1546, Sohn von Margarethe von Parma, der natürlichen Tochter Karls V. und einer Vlämin), ein hervorragender Führer, der sich schon bei Lepanto ausgezeichnet und unlängst in den Niederlanden als Oberbefehlshaber große Erfolge erzielt, namentlich Antwerpen erobert hatte, dort mit einem erprobten Heere von 30—35000 Mann zu einer Landung bereit. England hatte dem nichts annähernd Gleiches gegenüberzustellen.

Kriegsplan Philipps II. zum Vorgehen gegen England.

Um das Heer nach England überzusetzen, dafür standen allerdings die vortrefflichen Häfen der Niederlande, namentlich Antwerpen, nicht zur Verfügung, denn der Zugang zur See war nicht frei. Dort trieben die Wasser-Guisen ihr Wesen, Spanien führte schon 20 Jahre gegen die Niederlande den Krieg zu Lande und währenddem blühte die niederländische Schiffahrt und lieferte dem Volke die Mittel zum weiteren Widerstande. Die Beherrschung der See durch die spanische Flotte hätte dem Aufstande den Lebensnerv abgeschnitten und ihn schnell zu Ende gebracht, aber es scheint nicht, daß das von dem mächtigen Philipp II. jemals in Erwägung gezogen worden wäre. So befand sich auch Vlissingen noch in feindlichen Händen; verständige Ratgeber forderten die Eroberung als Vorbedingung für das Gelingen des großen Planes, die Landung in England; aber Philipp II., der jede Einzelheit selbst bestimmte, wollte von keinem Aufschube wissen. Also wurden Dünkirchen und Nieuport für die Einschiffung bestimmt, zwei hafenlose Städte an der gradlinig hinlaufenden Küste, die nur durch Sandbänke einigermaßen geschützte Ankerplätze in offener See bieten. Dort wurden nun alle nötigen Vorbereitungen getroffen, im besonderen flachgehende Fahrzeuge für die Einschiffung der Truppen und alles Zubehörs hergestellt.

Bereitstellung der spanischen Flotte und des Landungsheeres. Für das Übersetzen fehlte jetzt blos noch die Gewinnung der Seeherrschaft und zu dem Zweck ordnete Philipp II. die Ausrüstung einer Flotte von solcher Stärke an, daß sie jeden Widerstand unfehlbar niederwerfen sollte.

Schon Anfang 1586 hatte er den Marquis von Santa Cruz zur Aufstellung eines Planes veranlaßt, den Führer der Reserve bei Lepanto, der dort das meiste zum Siege beigetragen hatte; bereits 1583 hatte Santa Cruz gegen die Niederländer ein ähnliches Vorgehen vorgeschlagen; aber die von diesem genannten Ziffern waren so hoch, er forderte ein Heer von über 94000 Mann und eine Flotte von über 550 Schiffen, darunter 150 große sowie 40 Galeeren, daß Philipp II. darauf nicht einging, ihn aber doch zum Führer der Unternehmung bestimmte, die mit Hülfe des in den Niederlanden befindlichen Heeres durchgeführt werden sollte.

Im Jahre 1587, nach dem Tode der Maria Stuart, sollte diese bestimmt ins Werk gesetzt werden und man begann sogleich mit den Vorbereitungen. Alle geeigneten Schiffe wurden in den spanischen und portugiesischen Häfen festgehalten oder herangezogen; außer spanischen auch portugiesische, neapolitanische,

venetianische, sowohl Segel- als Remenschiffe, auch einige Hanseschiffe befanden sich darunter. Lissabon wurde zum Sammelplatz
bestimmt; ferner wurden flachgehende Transportfahrzeuge fertig-
gestellt.

Die Nachrichten von diesen Rüstungen riefen in England Drakes Zug
natürlich große Sorge wach und gaben mit den Anlaß zur Hin- gegen Cadix,
richtung Maria Stuarts (8. Februar). D r a k e , mit Hawkins der Lissabon und die Azoren.
umsichtigste der englischen Führer zur See, machte sofort den
Vorschlag, o f f e n s i v gegen Spanien vorzugehen. Die Königin
stimmte dem zu, allerdings ohne dabei viel aufs Spiel zu setzen.
Mit vier königlichen Schiffen und 20 von London u. s. w. gestellten
armierten Kauffahrern ging D r a k e im April 1587 von Plymouth
in See, lief am 19. April in Cadix ein, wo der H e r z o g v o n
M e d i n a S i d o n i a keinen Angriff vermutete und nichts dafür vorgesehen hatte, schlug einige Galeeren ab und war nun Herr der
Rhede; er nahm oder zerstörte eine Menge von Schiffen (über 100),
darunter sechs von 1000 Tons oder darüber, die größten damals
vorhandenen, und ging am 21. April mit kleinem Verluste, aber
mit einer großen Zahl reicher Prisen wieder in See. M e d i n a
S i d o n i a hat für angezeigt gehalten, nach Sevilla zu reiten um
Verstärkungen zu holen! Danach fuhr D r a k e vor die Tajo-
Mündung und forderte den in Lissabon befindlichen S a n t a C r u z ,
den General-Kapitän der spanischen Flotte, zum Kampfe auf, den
dieser jedoch ablehnte, weil seine Schiffe noch nicht seeklar waren.
D r a k e ging darauf noch nach den Azoren, nahm eine große und
reich beladene spanische Caracke weg und traf Ende Juni nach
weniger als dreimonatiger Abwesenheit wieder in England ein.

Dies Unternehmen war selbst bei den Engländern für so tollkühn gehalten worden, daß der Kapitän eines der größten Schiffe
bald aus Furcht zurückkehrte und auch E l i s a b e t h einen Gegenbefehl erlassen hatte, der die Flotte aber nicht mehr erreichte.

2. Der Seezug der Armada.

Durch den Verlust so vieler Schiffe in Cadix war die Unter- Neuer
nehmung nach S a n t a C r u z ' Ansicht für das Jahr unmöglich Oberbefehls-
gemacht, obgleich P h i l i p p II. darauf bestand. Als ersterer aber haber für die Armada.
auf seiner Weigerung beharrte, wurde er von dem Könige so
schlecht behandelt, daß man die Krankheit, die ihn im Winter

befiel und welche tödlich verlief, allgemein dieser Ursache zuschrieb. In ihm verlor Spanien den einzigen zur Führung einer solchen Expedition fähigen Führer zur See.

Und nun fiel die Wahl Philipps II. auf keinen anderen als auf den Herzog von Medina Sidonia (der sich in Cadix eben erst so kopflos und unfähig gezeigt hatte), obwohl er vom Seewesen garnichts verstand und ihm auch alle Kriegserfahrung mangelte. Er besaß auch keinen Ehrgeiz und sträubte sich gegen die hohe Würde des Oberbefehls, aber der König bestand auf seinem Willen (Priester-Einflüsse, Aberglauben u. s. w.).

Stärke der Armada und ihre Einteilung. Die Armada hatte nach Santa Cruz' Absicht spätestens Ende März 1588 abfahren sollen, um die später im Jahre an der Küste von Portugal ständig wehenden Nordwinde zu meiden und um nach England zu kommen, ehe die dortige Flotte gerüstet wäre; aber der Wechsel im Oberbefehl, die Unfähigkeit des neuen General-Kapitäns und die Mangelhaftigkeit der Intendantur hatten zur Folge, daß sie erst Anfang Mai notdürftig seeklar wurde. Sie zählte 130 Schiffe von rund 62300 Tons Gehalt mit 2430 Kanonen und etwa 30500 Mann, darunter 8050 Seeleute (also etwa ein Viertel), 18973 Soldaten und 2088 Remen-Sklaven; der Rest von etwa 1400 bestand aus den Offizieren, einer großen Zahl junger Edelleute, die sich als Freiwillige eingeschifft hatten, um den Seezug mitzumachen und aus einer Menge von Priestern (300!) und Mönchen, während die Zahl der Ärzte nur 85 betrug.

Der Seezug war als Kreuzzug gedacht, sodaß z. B. die ganzen Besatzungen Beichte und Abendmahl vor der Abfahrt einnahmen. Ferner wurde verboten, während der Fahrt Glücksspiele auszuführen oder Zweikämpfe abzuhalten; schließlich wurden an Bord keine Weiber geduldet. Banner, Wimpel und Flaggen kirchlichen Gepräges führten die Schiffe mehrfach mit sich.

Das Gros der Flotte war in sechs Geschwader eingeteilt nach den einzelnen Provinzen, so das von Portugal, Biscaya, Castilien, Andalusien, Guipuscoa und der Levante, je 10—14 Schiffe von 1250—166 Tons, 52—12 Geschützen und 500—110 Mann Besatzung stark, denen zum Teil noch einige leichte Fahrzeuge als Avisos beigegeben waren. Unter den betreffenden 75 Kriegsschiffen befanden sich jedoch nur 19 von weniger als 300 Tons, 56 waren 500 Tons und darüber groß, davon 7 von 1000—1250 Tons, die größten Schiffe, die es damals überhaupt gab. Medina hatte das Portugal-Geschwader, Flaggschiff „San Martin", das schönste

Schiff der Welt; Diego Valdez war sein Mentor, Schiffbauer, seeerfahren, mißtrauisch, vorsichtig, Castilier; Admiral Pedro Valdes führte das Geschwader von Andalusien und Recaldo das der Biscaya, see- und kriegserfahrene bewährte Männer, u. s. f.

Dazu kamen:

1) eine Division von 4 großen und schwer bewaffneten Galeassen aus Neapel mit je 50 Kanonen, rund 335 Mann Besatzung außer den 300 Remern (5 Mann am Remen);

2) eine Division von 4 Galeeren aus Portugal mit nur je 5 Kanonen, rund 100 Mann Besatzung außer 220 Remern;

3) eine Menge von Vorratsschiffen, von denen 23 große von 650—160 Tons, alle armiert, bis zu 38 Kanonen und 280 Mann Besatzung, zu einem Geschwader zusammengefaßt waren, darunter mehrere Hanseaten;

4) endlich eine Menge von leichten Fahrzeugen, darunter 27 Stück von weniger als 100 Tons, meistens auch armiert, aber nur für Kundschafts- und Nachrichten-Dienst verwendbar.

Es waren bis dahin noch nie so viele und so große Segelschiffe zusammen gesehen worden und die Flotte machte daher allgemein einen überwältigenden Eindruck. Der Beiname der „Unüberwindlichen" (invincible) ist ihr aber amtlich nicht beigelegt worden; sie wurde offiziell mit dem Namen „La felicissima armada" angeführt. Die Gesamt-Herstellung der Expedition soll an Kosten rund 180 Millionen Mark verursacht haben.

Am 6. Mai 1588 ließ die Flotte sich nach Belem, Tajo-Mündung, hinuntertreiben, mußte dort aber 14 Tage lang auf günstigen Wind warten; erst am 20. Mai ging sie in See (alter Stil, zehn Tage Unterschied). *Die Armada geht in See.*

In England hatte man schon seit langem mit Vorbereitungen zur Gegenwehr begonnen, aber sie wurden nicht stetig und folgerichtig, anfangs sogar sehr nachlässig durchgeführt. Schon 1585 hatte Elisabeth den Lord Howard of Effingham (Charles) zu der hohen und unter den vorliegenden Verhältnissen besonders wichtigen Würde des Lord High Admiral ernannt, obgleich er Katholik und sie vom Papst in den Bann getan war; aber er gehörte, wie sie wohl wußte, zu den Katholiken, die ihr Vaterland und das Gebot ihres Souveräns höher achteten, als Weisungen von außen her. Er tat auch treu und eifrig, was er konnte, aber die *Gegen-Vorbereitungen in England.*

unzeitige Sparsamkeit und die Unentschlossenheit der Königin griffen fortwährend störend ein.

Um sie zu täuschen und hinzuhalten, hatte Philipp II. durch den Prinzen von Parma Unterhandlungen über die Beilegung der bestehenden Differenzen mit ihr anknüpfen lassen, die sich von Jahr zu Jahr hinzogen. Aber obgleich Elisabeth viel zu klug war, um diese List nicht zu durchschauen, und obgleich es an alarmierenden Meldungen über die ununterbrochen fortgehenden Rüstungen in Spanien nicht fehlte, war sie doch nicht zu dem gebotenen Ernst in der Anordnung von Vorkehrungs-Maßnahmen zu bewegen. Sie hegte stets die Hoffnung, der bevorstehende Krieg ließe sich, wie bisher, fern von Englands Küsten führen. Drakes Erfolge hatten sie darin bestärkt.

Es wurden zwar die königlichen Schiffe bereit gemacht und andere von den Seestädten aufgeboten, aber für das Beschaffen und Bereithalten von Vorräten, namentlich Dauer-Proviant und Munition, wurde nicht genügend Vorsorge getroffen. Die Königin verschloß sich der Richtigkeit des Wortes, das Howard an ihren Minister Walsingham schrieb: „Sparing and war have no affinity together". Das machte den Admiralen schwere Sorge, und es sollte große Gefahr für das Land und Unheil für die Mannschaften der Flotte zur Folge haben.

Lord Howard hatte vergeblich den Vorschlag gemacht, ständig sechs große und sechs kleinere Schiffe als Beobachtungs-Geschwader vor der spanischen Küste zu stationieren und diese Schiffe regelmäßig ablösen zu lassen. Drake wollte einen Seezug wie im Vorjahre unternehmen.

Elisabeth ließ aber, als die ersten Nachrichten vom Einlaufen der Armada in Corunna eintrafen, sogar die Abrüstung der größten Kriegsschiffe anbefehlen; Howard gelang es mit Mühe, diesen Befehl rückgängig machen zu lassen. Endlich stellten Königin, Seestädte und Private die Schiffe bereit, Truppen wurden im Süden zusammengezogen und dort Signal-Stationen errichtet.

Die englische Flotte. Die Zahl der schließlich bereitgestellten Schiffe, einschließlich von 23 während des Kampfes noch freiwillig hinzugetretenen, betrug nicht weniger als 197 mit nahezu 15000 Mann Besatzung; es waren aber größtenteils Handelsschiffe und Fahrzeuge; 88 von nur 90 Tons bis 120 Tons groß, mithin nur für Nebenzwecke brauchbar.

Von der königlichen Flotte waren 34 Schiffe u. s. w. von 12320 Tons mit 6300 Mann darunter; aber nur 26 von 100 Tons und darüber, und davon nur 13, also die Hälfte, von 500 Tons und mehr. Die Handelsschiffe, darunter viele Küstenfahrer, wurden teils von London und anderen Städten gestellt, teils gemietet.

An armierten Kauffahrern wies die Flotte etwa drei Dutzend auf, an kleineren Küstenfahrzeugen einige 80.

Die Zahl der Seeleute betrug auf den Kriegsschiffen etwa $2/_3$ bis $3/_4$ der Gesamt-Besatzung; die „Ark", das Flaggschiff von Howard, hatte z. B. bei 800 Tons Größe 270 Seeleute, 35 Kanonen und 125 Soldaten.

Wenn man nach den genannten Zahlen die durchschnittliche Größe der Schiffe auf beiden Seiten berechnet, so kommen auf das englische Schiff nur 165 Tons, auf das spanische aber 479 Tons oder fast dreimal so viel. Richtiger ist es aber, die für das Gefecht tauglichen Schiffe zu vergleichen; und wenn man hierbei auf spanischer Seite alle Schiffe von mehr als 300 Tons (weil die kleineren nur schwach armiert waren), auf englischer Seite dagegen alle Schiffe schon von 200 Tons aufwärts zusammenrechnet, so kommen auf ersterer Seite 86 Schiffe gegen nur 52 auf englischer Seite heraus.

Die spanische Armada ferner war konzentriert, während die englische Flotte gleichzeitig mit der Wache im Westen die Narrow Seas zu hüten hatte, um das Übersetzen des Prinzen von Parma mit dem spanischen Heere nach der Themse oder Foreland zu verhindern.

Mit der Ausrüstung der Flotte — abgesehen von den sonstigen Vorbereitungen für den Krieg —, also mit der Mobilmachung, war zu der ungewöhnlichen Zeit des 1. November 1587 schon begonnen worden; am 20. Dezember (nach sieben Wochen) war das Gros der Flotte seeklar gewesen, Howard mit dem Gros in den Downs, Drake mit 50 großen und kleinen Schiffen in Plymouth, am nächsten am Feinde.

Welche Art der Kriegsführung war nun wohl angezeigt? Die Offensive? Die Sachlage bietet große Ähnlichkeit mit der von 1804. Wie Napoleon I. bei Boulogne für sein großes Heer flache Transportfahrzeuge und Kanonenboote in Menge bereit hatte, so hier Parma bei Dünkirchen; zwar nicht so viele Truppen, aber genug, um das damals allein stehende England, das kein Heer

Kriegsplan Englands.

Drakes Bedeutung als See-Stratege.

besaß, zu überwältigen. Es fehlte nur die Seeherrschaft im Kanal für einige Tage. Und wie der Plan der französischen Regierung, beziehungsweise Napoleons dahin ging, die verschiedenen französischen Geschwader von Toulon, Brest und Rochefort zu vereinigen, um sich die Seeherrschaft zu sichern, so beabsichtigte Philipp II. das hier durch die Armada zu tun.

Drake zeigt weiten Blick für die Kriegsführung zur See, als er 1587 drängt, die Offensive zu ergreifen und als er dann mit einem verhältnismäßig kleinen Geschwader nach Cadix einläuft, den dortigen Teil der feindlichen Flotte zerstört, dann nach Lissabon geht und Santa Cruz mit dem Gros zum Kampfe herausfordert. Und da eine Flotte ein Werkzeug der Politik ist, so zeigt der, der die Flotte richtig zu brauchen weiß, auch staatsmännischen Blick. Wie Colomb richtig sagt, hat in England der Staatsmann sich nicht selten auf dem Quarterdeck befunden und der Stümper (blunderer) auf dem Ministersessel. So auch hier. Die Seeoffiziere haben die richtige Verwendung der Flotte vorgeschlagen und dringend angeraten: man solle nicht warten, bis der Feind an die englische Küste komme, sondern man solle die Offensive ergreifen, ihn in seinen Gewässern, in seinen Häfen aufsuchen; unvermutet, überraschend mit allem Nachdruck ihn angreifen oder dort festhalten.

Elisabeth und ihre Räte haben das damals zurückgewiesen und die Flotte in den Heimathäfen zurückgehalten, bis der Feind an die englische Küste herankam. Daß das nicht übel abging, davon habe ich die Ursachen teils schon erwähnt, teils werde ich sie darlegen. Und lange hat es noch gedauert, bis das Wesen der Kriegsführung zur See so weit erkannt wurde, wie Drake es damals erkannt hatte; erst nach zwei Jahrhunderten kamen nach vielfacher weiterer Kriegserfahrung die ersten englischen Admirale und Staatsmänner dahin, den Krieg in dem von Drake empfohlenen Sinne zu führen. Um Napoleon I. an der Landung in England, um sein Geschwader an der Vereinigung und Gewinnung der Seeherrschaft im Kanal zu hindern, behielten sie nicht die Flotte in Portsmouth und Plymouth zurück, sondern sie schickten sie, offensiv vorgehend, nach den feindlichen Küsten und ließen sie die feindlichen Kriegshäfen mit den Geschwadern darin blockieren.

Darum Ehre dem Andenken Drakes als dem ersten Strategen zur See seit Beginn unserer Zeitrechnung!

Aber auch von Howard ist der Plan nie aufgegeben gewesen, den Gegner an seiner eigenen Küste aufzusuchen; Mangel an Proviant, der kaum für 14 Tage ausreichte, sowie der Gegenbefehl der Königin, er solle nur vor dem Eingang des Kanals kreuzen, hatten ihn an der Ausführung seiner ursprünglichen, festen und richtigen Absichten gehindert. Seine dringenden Vorstellungen, daß er von dieser Stellung aus nicht im Stande sein würde, gleichzeitig die Küsten Irlands, den Bristol-Kanal und den englischen Kanal zu sichern, halfen nichts. Bis zum 23. Juni mußte er auf die mit dem Proviant kommenden Transportschiffe warten; Tags darauf war er schon in See; er selbst sicherte in der Mitte, Drake hatte die Stellung im Süden nahe Quessant, Hawkins bei den Scillys.

Vorausgeschickt sei hier, daß auch das Wetter den seetüchtigen Engländern im Jahre 1588 günstig war, da ganz außergewöhnlich stürmische schlechte Witterung herrschte, unter deren Einflüssen die Spanier nicht nur persönlich außerordentlich litten, Mannschaften wie Führer, sondern die ihnen auch das Manövrieren mit ihren Schiffen außerordentlich erschwerte. Da die Besatzungen der Schiffe der Armada außerdem mehr Soldaten als Seeleute aufweisen, so mußte dieser Umstand von ganz erheblicher Bedeutung für das strategische und auch taktische Vorgehen sein.

Das von Drake befürwortete offensive Verfahren war durchaus nicht so gewagt, wie die Königin mit ihren Räten annahm; denn die Überlegenheit der Armada war keineswegs so überwältigend, wie man damals fast allgemein glaubte und wie sie bisher auch meist dargestellt ist.

Kräfte-Verhältnis der Gegner.

Die englischen Schiffe sind oft mit Nußschalen gegenüber den mächtigen spanischen Schiffen, den schwimmenden Burgen, verglichen worden; in Wirklichkeit waren sie — Art gegen Art gesetzt — ebenso groß. Allerdings erschienen sie viel kleiner, weil die spanischen Schiffe noch nach alter Art die turmartig hohen Aufbauten vorn und hinten trugen; die waren zwar für den Enterkampf günstig, aber der Takelage hinderlich und boten großen Windfang. Infolgedessen und wegen ihres flachen Bodens waren die spanischen Schiffe unter Segel unhandlich, trieben stark ab und lagen auch nicht nahe am Winde, zumal sie keine Bugleinen (Buliens bowlines) hatten, um die Segel besser zu strecken.

Das Verdienst der englischen Seefahrer, welche Kaperei und Seeraub auch auf Reisen über den Ozean und um die Welt betrieben hatten, war es, daß ihre Schiffe länger, schmaler und tiefgehender, ohne die hohen Aufbauten, dafür aber mit verhältnismäßig großer, zweckmäßiger Takelage, mit Bugspriet, drei Masten und Schrägsegeln gebaut, daß sie also schärfer und stetiger waren und viel Segel tragen konnten, schnell und hoch am Winde lagen. Besonders Hawkins, der seit 20 Jahren Treasurer war, hat hier großes Verdienst.

Was die Zahl der größten Schiffe allein anbelangt, so war allerdings die Armada mit etwa 60 Schiffen den Engländern vierfach überlegen; aber wie gesagt, diese machten durchaus nicht einzig und allein die Stärke der Flotte aus.

Armierung und Besatzung der spanischen Schiffe. Was die Armierung betrifft, so führten die großen spanischen Schiffe zwar viele, aber meist leichte und kleine Geschütze. An Kanonen waren derzeit 42 bis 4-Pfünder üblich, in acht Stufen mit verschiedenen Bezeichnungen; außerdem leichte Geschütze (Falken) 3-Pfünder bis $1/2$-Pfünder. Der Spielraum betrug nicht weniger als $1/4$ des Kalibers; zum Nehmen der Höhenrichtung diente nur ein eingeteilter Keil oder der Quadrant; von großer Treffwahrscheinlichkeit auf andere als kurze Entfernungen war also nicht die Rede.

Die spanischen Schiffe führten meistens nur 4 bis 9-Pfünder, die Mannschaft war in der Bedienung der Geschütze wenig, im Schießen noch weniger geübt. Die englischen Schiffe dagegen waren viel stärker bewaffnet, namentlich die kleineren, von denen auf feindlicher Seite nur einige wenige leichte Stücke an Bord hatten. Ferner war die Munitions-Ausrüstung der spanischen Schiffe nur sehr knapp bemessen; bei den Spaniern galt eben die Kanone, wie neuerdings der Torpedo, für eine unedle Waffe; der Kampf von Mann gegen Mann, der Enterkampf war nach ihrer Auffassung und Taktik der allein richtige, passende, durch den sie bei Lepanto gesiegt hatten.

Die Mannschaften der Spanier endlich waren großenteils aus dem Mittelmeer, Schönwetter-Leute, an das Seefahren auf dem Ozean nicht gewöhnt; außerdem waren ihre Besatzungs-Etats an Seeleuten sehr gering bemessen, um so mehr Soldaten hatten sie an Bord, für das Entergefecht ganz richtig; schließlich war der Besatzungsstand bei weitem nicht aufgefüllt. Auf den englischen

Schiffen war das Gegenteil der Fall; ein angemessener Teil der Besatzung (8 Proz.) war am Geschütz ausgebildet, also die Artillerie verhältnismäßig gut bedient.

Zum Vergleich, der kennzeichnend für die beiden Nationen und wichtig für den Ausgang des Kampfes ist, will ich hier die spanischen und englischen Schiffe nebeneinander stellen, zwei der größten und zwei mittelgroße Schiffe, der für die Schlachtlinie bestimmten: *(Vergleichende Zusammenstellung.)*

Spanier: „N. S. de Rosario" 1150 t, 422 M., 41 Kan., 20-Pf. (20),
Engländer: „Triumph" 1100 t, 500 M., 44 Kan., 34·Pf. (6),
Spanier: „Anunciata" 703 t, 275 M., 26 Kan., 6-Pf. (18),
Engländer: „Nonpareil" 500 t, 250 M., 40 Kan., 23-Pf. (8),
    desgl. „Tiger" 200 t, 100 M., 30 Kan., 10-Pf. (10),
während die spanischen Schiffe unter 300 Tons nur 4—6 kleine Kanonen fuhren, also für ernstes Gefecht nicht zu brauchen waren.

Sehr ungünstig für die Geschütz-Verwendung war der Umstand, daß die Schießpforten bei den spanischen Schiffen sehr klein waren, zum Schutz gegen feindliches Gewehrfeuer. Der Raum, den die Geschütze demnach bestreichen konnten, war unverhältnismäßig gering, besonders konnten die zu luvard stehenden Geschütze nicht genügend tief gerichtet werden, noch dazu bei ihrer hohen Aufstellung auf den hohen Schiffen mit ihren noch höheren Kastellen. Da in Spanien die Kanone für eine nicht anständig zu nennende Waffe galt, war auch auf die Bedienung nicht genügend Sorgfalt verwendet; sodaß das spanische Geschützfeuer langsam und schlecht war. Handgemenge, Kampf von Mann gegen Mann, darauf ging das Bestreben der Spanier hinaus; wie im Altertum. (Kein Fortschreiten!)

Und während das Verhältnis der Seeleute zu den Soldaten auf der spanischen Flotte etwa gleich 1 zu 3 ist, so steht es auf den englischen Schiffen nahezu umgekehrt gleich 3 zu 1.
„Rosario", 1150 Tons, hat 118 Seeleute und 304 Soldaten,
„Ark" (Howard), 800 Tons, hat 300 Seeleute und 125 Soldaten.

Mithin lag bei der Seetüchtigkeit, der Schnelligkeit, des Luvhaltens, des Manövers, sowie der Armierung und Besatzung, der Vorteil durchweg auf Seiten der Engländer; und vor allem fiel die Qualität des Personals ins Gewicht, Admirale, Offiziere und Mannschaften waren durchweg seegewohnte, wetterfeste, see- und kriegserfahrene Männer, die mit ihren Schiffen auf See sich ganz zu Hause fühlten, während das bei den Spaniern nur zum Teil und nicht in dem Maße galt.

Die alte Mär von der außerordentlichen und vernichtenden Übermacht der Armada ist also nicht mehr aufrecht zu erhalten, was aber den Engländern ihren Ruhm nicht verkleinern wird. In England wußte man ziemlich genau, wie die tatsächlichen Verhältnisse beider Streitkräfte zu einander lagen und handelte dann demgemäß.

Instruktionen für Medina Sidonia. Die größte Schwäche auf spanischer Seite lag aber in dem Führer der Armada, Medina Sidonia, und darin, daß Philipp II. diesen — er hatte ihn wahrscheinlich deswegen gewählt — wie ein Kind gängelte. Er bestimmt selbst die Rationen für die Mannschaft und giebt eingehende Vorschriften über ihre sittliche Haltung und Religions-Übungen; dem Oberbefehlshaber erteilt er eingehende Weisungen über die einzuhaltende Strategie, Taktik und Politik. Die wichtigste dieser Instruktionen besagte, daß Sidonia direkt nach dem englischen Kanal fahren, sich dort unter der englischen Küste halten und nach North-Foreland (Downs) gehen solle, von wo aus er sich mit Parma in Verbindung zu setzen habe, mit dem er sich dann in stetem Einvernehmen halten solle. Im Falle eines starken Widerstandes der englischen Flotte läßt er ihm aber die Alternative, Wight zu nehmen und zu befestigen und Spithead und den Solent zu beherrschen, um dadurch einen Druck auf Elisabeth auszuüben. Auch andere Möglichkeiten sind noch erwähnt, auf die ich hier, als später nicht in Frage kommend, nicht eingehen will.

Wiederholt wurde auf die Gefahr der Untiefen an der französischen und flandrischen Küste hingewiesen und besonders zum Ausdruck gebracht, daß die Unterstützung des Heeres in den Niederlanden nur von der Basis der sicheren englischen Häfen aus erfolgen solle.

Strategisch ist sonst von einer unbedingten Erkämpfung der Seeherrschaft vor der Überführung des Heeres nicht die Rede; was aber um so mehr von Bedeutung war, da die niederländische Flotte die gesamte Transportflotte, welche Parma nebst vielen Landungs-Fahrzeugen gesammelt hatte, vollkommen in Schach hielt. Immer wird nur der Schutz des überzuführenden Heeres erwähnt, sowie die Sicherung der Verbindungen und schließlich die Verstärkung des Heeres durch abzugebende Landungskorps. Der Kampf sollte nur in dem Falle mit den gegnerischen Streitkräften zur See aufgenommen werden, falls ohne solchen die Überführung der Landungsarmee nicht gesichert werden könne.

Taktisch waren seine Ratschläge insofern richtig, als er ihn ermahnte, die Flotte zusammenzuhalten, sodaß die Teile einander unterstützen könnten, ferner stets die Luvseite zu halten und das Ferngefecht, das der Feind bei seiner besseren Geschützausbildung wahrscheinlich anstreben würde, zu vermeiden. Besonders sind für das Zusammenstoßen mit dem gefürchteten Drake einige Angaben gemacht worden.

Also einesteils Direktiven bis in die kleinsten Einzelheiten untergeordneter Art, wie für einen Subalternen, und andererseits das Anheimstellen großer Entscheidungen, die einen hocherfahrenen Admiral und General voraussetzen. Das mußte, auch abgesehen von seinem gänzlichen Mangel an Kenntnis des Seewesens und an Kriegserfahrung, dem ganz unfähigen General-Kapitän der Armada noch vollends den Kopf verwirren.

Sidonias erste See-Erfahrungen waren auch nicht günstig. Am 20. Mai aus dem Tajo ausgelaufen, traf er in See die um diese Zeit an der portugiesischen Küste herrschenden Nordwinde, welche dann, nach und nach auffrischend, die Flotte, die sich nach dem schlechtesten Segler richten mußte, weit nach Süden abtrieben. Am 31. Mai sprang der Wind nach Süd-Westen um; nun fuhr die Flotte auf Finisterre zu, inzwischen aber war infolge verdorbenen Proviants und faulen Wassers, das sich schon seit Monaten in den Fässern befand, Durchfall auf der Flotte ausgebrochen. In einem Kriegsrat bei Finisterre (3. Juni) sprachen die Vize-Admirale sich dahin aus, man müsse einen Hafen anlaufen, um die 500 Kranken auszuschiffen und Proviant und Wasser einzunehmen; aber da das dem Befehl des Königs entgegen war, konnte Sidonia sich nicht dazu entschließen [s. Tafel XI]. *Sidonia setzt sich in Bewegung.*

Jedoch das Wetter überhob ihn dessen; am 9. Juni kam harter Wind mit See auf und das veranlaßte ihn sofort, mit seinem eigenen, dem portugiesischen Geschwader und den Galeeren nach Corunna einzulaufen. Die übrige Flotte, die keinen Befehl erhalten hatte, zerstreute sich; einige Schiffe erlitten Havarie in der Takelage, andere wurden vom Schlingern leck und fanden sich bald ebenfalls in Corunna ein; mehr als ein Dutzend dagegen setzten die Fahrt fort bis nach dem Rendevous Mount Baß an der englischen Küste, kehrten dann aber wieder um, um das Gros zu suchen. Am 17. Juni fehlten noch 35 Schiffe, indessen fanden sie sich nach und nach alle wieder ein, die Schäden wurden ausgebessert, die Lücken *Einlaufen in Corunna.*

in der Besatzung ausgefüllt und Anfang Juli war die Armada, zu der noch ein Schiff hinzugekommen, wieder seeklar. Sie zählte jetzt 131 Schiffe mit 7—8000 Seeleuten, 17000 Soldaten, 2000 Remern und 1400 Offizieren u. s. w., im ganzen also rund 28000 Mann. Sidonia hatte bald nach dem Ankern in Corunna einen verzweifelten Brief an Philipp II. geschrieben, mit der Bitte, ihn abzulösen, da er sich unfähig für diesen Posten fühle; allein er mußte bleiben, trotzdem er in diesem Briefe auch dem König zum Frieden geraten hatte.

Über diese Ordre und die Instruktionen des Königs ist noch mehrfach zwischen Sidonia und Philipp II. verhandelt worden; die höheren Seebefehlshaber scheinen aber erst allmählich und auch nur teilweise hiervon unterrichtet worden zu sein, so daß ihre Bedenken und Verbesserungs-Vorschläge zu spät kamen.

Auch hat ein zeitweise reger Briefwechsel zwischen Sidonia und Parma stattgefunden, besonders um Ort und Zeit der Vereinigung der beiderseitigen Seestreitkräfte festzulegen. Hierbei stieß man auf Unklarheiten auf beiden Seiten, so auch darüber, ob vor oder nach der Vereinigung beider der Gegner aufzusuchen, zu schlagen und erst dann die Landung vorzunehmen sei. Sidonia hat die Vereinigung vor seinem Eintreffen in Margate gewünscht.

Der zweithöchste im Kommando, also der älteste spanische Seeoffizier, Admiral de Recalde, der Führer des Biscaya-Geschwaders, scheint allein die großen Schwierigkeiten dieser Expedition bestimmt erkannt zu haben; er hält einen Kampf mit den feindlichen Seestreitkräften für unbedingt erforderlich, meint dann, daß diese selbst nach einer größeren Niederlage doch wieder auftreten würden, man mit ihnen also dauernd zu rechnen habe. Für die Überführung der großen Landungsarmee Parmas scheint ihm eine einmalige Fahrt der Transportflotte durchaus unzureichend und wären hierzu mehrere Fahrten erforderlich u. s. w.

Aber geändert ward an den Instruktionen nichts; Sidonia beschloß später nur, beim Einlaufen in den Kanal, also etwa kurz vor dem 29. Mai, bei der Insel Wight so lange zu warten, bis die Nachricht da sei, das Parma zum Entgegenfahren bereit wäre; dann wollte er ihn bei Dünkirchen etwa' treffen. Später hat er sogar verlangt, daß Parma ihm bis Calais entgegen komme, da die Küste gar zu gefährlich für die Armada sei. Es scheint schließlich von ihm Wight zur Landung ausgesucht zu sein.

In England war inzwischen H o w a r d, als die Armada vom Tajö in See ging, mit einem starken Geschwader von den Downs — wo Lord S e y m o u r mit Admiral Winter und einem Geschwader zur Bewachung der Narrow Seas zurückblieb —, nach Plymouth ge- segelt und hatte sich mit D r a k e vereinigt, um die Spanier, deren Abgang man bald erfuhr, zu erwarten. Sie hatten dort gegen 90 Schiffe und Fahrzeuge, von denen aber wohl höchstens der dritte Teil über 200 Tons groß und zum ernsten Gefecht geeignet war.

Die Konzen-
tration des
Gros der
englischen
Flotte; erste
Maßnahmen.

D r a k e hatte schon seit März — er wußte, daß die Armada nach Santa Cruz' verständigem Plan schon Ende März hatte aus- laufen sollen — die Königin wiederholt um Erlaubnis gebeten, offensiv vorgehen und die Spanier in ihren Häfen angreifen und verbrennen zu dürfen: (sink, burn and destroy!) „Die Wahl von Zeit und Ort ist der halbe Sieg!" — aber vergeblich; E l i s a b e t h wollte den Kanal behütet haben. Er sowohl wie H o w a r d drängten nun auf Beschaffung größerer Proviant- und Munitions-Vorräte — gleichfalls ohne Erfolg; sie kreuzten zwischen Ushant (Ouessant) und Scilly, mußten aber wegen Mangel an Proviant bald zurück. Als dann die Nachricht nach England kam, daß die Armada zer- streut und havariert in Corunna eingelaufen sei, war E l i s a b e t h der Meinung, man könne die Flotte abrüsten; aber darauf ging H o w a r d nicht ein. Er wollte vielmehr jetzt nach Corunna und die Spanier angreifen, lief vom 8.—10. Juli auch mit Nordwest- Wind auf Finisterre zu, dann aber sprang der Wind nach Süden um und nun hielt er es für angezeigt, umzukehren, damit der Feind nicht etwa bei Nacht ungesehen an ihm vorbeiführe und den Kanal erreichte. Am 12. Juli, demselben Tage, an dem die Armada Corunna verließ, wieder in Plymouth eingetroffen, füllte er Proviant und Wasser auf und wartete auf Nachricht von den Avisos (barges), die er zu dem Zweck am Eingang des Kanals stationiert hatte. Da traf am 19. Juli abends ein solcher mit der Meldung ein, die feindliche Flotte, weit über 100 Schiffe stark, sei bei Lizard ge- sichtet, und beim Dunkelwerden wurde dies durch Feuer-Signale an der Küste entlang bestätigt. Sofort wurden die Schiffe, um nicht im Hafen vom Feinde angetroffen zu werden, gegen den frischen Wind, der Süd zu West war, aus dem Hafen heraus in den Plymouth-Sund, der damals noch ohne Wellenbrecher war, verholt; am andern Morgen kreuzten H o w a r d und D r a k e mit 54 Schiffen hinaus in See, dem Feind entgegen.

Marsch
der Armada. Die Armada war am 12. Juli von Corunna ausgelaufen und mit guter südlicher Briese am 15. nachts bis nach dem Eingang in den Kanal gekommen, hatte dann aber erst Windstille, und nach zwei Tagen stürmisches Wetter mit hoher See getroffen, in dem die Schiffe sich zerstreut hatten. Die 4 Galeeren waren nach der französischen Küste geflüchtet und erschienen nicht wieder; ein großes Schiff hatte sein Besteck verloren und soll erst in Havre wieder seine Stellung erkannt haben. Am 19. Juli fanden sich die übrigen 126 Schiffe alle wieder zusammen und setzten nun, in drei Divisionen in einem sich über 6 Seemeilen erstreckenden Halbmond rangiert, aber mit den Spitzen in der Kurslinie, die Fahrt mit Südwestwind fort. Die Vorhut führte ein besonders hochangesehener Admiral Leyva, die Nachhut Recalde, in der Mitte befand sich Sidonia. Um 4 Uhr nachmittags kam Lizard auf 9 Seemeilen Abstand in Sicht; das Erscheinen des feindlichen Landes feierte Sidonia durch Gebet und durch Hissen einer besonders prächtigen Flagge, die trotz des kleinen Pulvervorrats von der ganzen Flotte salutiert wurde. Am selben Abend schrieb der Herzog einen Bericht an Philipp II., der am folgenden Morgen durch einen Aviso abgeschickt wurde, in dem er meldete: Da er bis jetzt noch ohne Nachricht von Parma sei, so beabsichtige er bei Wight auf solche zu warten. Letzter Brief war für geraume Zeit die einzige Nachricht.

Wenn die Armada sofort weiter gesegelt wäre, hätte sie wahrscheinlich die englische Flotte überraschen und zum Enterkampf zwingen können; man hatte aber fälschlicherweise Lizard für Ramhead nahe bei Plymouth gehalten und stand daher nachts wieder von der Küste ab. In einem Kriegsrat beschloß man, die englischen Schiffe am nächsten Tage im Hafen anzugreifen.

In der Nacht wurde beigelegen und am 20. Juli die Fahrt langsam fortgesetzt; in der folgenden Nacht erhielt Sidonia die erste Nachricht vom Feinde, indem eingefangene Falmouth-Fischer mitteilten: Die englische Flotte sei auf die Nachricht von Annäherung der Armada am Morgen sofort in See gegangen.

3. Die Gefechte der Armada im Kanal.

Erstes
Zusammen-
treffen
beider
Flotten. Bei Tagesanbruch vor Plymouth kommt am Sonntag, den 21. Juli, der etwas westlich von Eddystone befindlichen Armada bei leichtem, westlichen Winde die englische Flotte hauptsächlich zu luvard in Sicht und zwar in zwei Teilen, Howard mit elf großen

Schiffen drei Seemeilen in Lee vom „S. Martin" aufkreuzend, um sich mit Drake zu vereinigen, der mit etwa 40 Schiffen von ihm getrennt luvwärts liegt. Sidonia macht nun der Flotte Signal: „an den Wind gehen", um sich zwischen beide Teile einzuschieben und sie getrennt anzugreifen; hier aber zeigt sich ihnen zum ersten Male die große Überlegenheit der Engländer im Segeln bei dem Winde. Die Briese frischt allerdings auf und das Wasser ist ruhig, aber mit erstaunlicher Schnelligkeit vereinigt sich Howard mit Drake, dann steht die englische Flotte nach See, segelt in Luv von der spanischen Nachhut vorüber und beschießt nun (etwa um 9 Uhr morgens) das schließende Flaggschiff Recaldes „Santa Anna" heftig und mit großer Wirkung. Dieser will entern, aber die englischen Schiffe weichen ihm bei ihrer Schnelligkeit und Manövrierfähigkeit mit Leichtigkeit aus; sie halten sich auf beliebigem Abstande und beschießen den Feind aus ihren schwereren und weiter tragenden Geschützen, bei dreimal größerer Feuer-Geschwindigkeit aus der Ferne aufs wirksamste, während sie selbst durch die kleinkalibrigen, langsam feuernden spanischen Kanonen keinen nennenswerten Schaden erleiden.

Zwei andere Divisions-Chefs kommen dem gefährdeten Recalde zu Hilfe, aber es ergeht ihnen nicht besser. Und wie empört die Spanier über diese unedle Gefechtsweise auch sein mögen, die Engländer bleiben bei ihrer neuen Taktik; sie verzichten auf das Nehmen feindlicher Schiffe, auf das ihnen sonst so sehr am Herzen liegende Prisenmachen, sie übereilen auch die Entscheidung nicht und setzen sich dem Entern, das der Gegner herbeiwünscht, nicht aus, sondern verwerten ihre überlegene Artillerie aus angemessener Ferne. (Ganz ähnlich wie am Yalu.) *Englische Taktik.*

Howards Absicht war, erst dann zum ernsteren Angriff überzugehen, wenn er die ganze Flotte, das ist also auch die im Osten des Kanals stationierten Geschwader, geeint habe. Bis dahin wollte er nur eine Landung unbedingt verhindern. Er kannte jetzt genau die Stärken und Schwächen seiner Gegner und handelte demgemäß zielbewußt.

Das dauert einige Stunden. Als der Wind dann auffrischt aus Süd-Westen und See aufkommt, da gibt Sidonia, der, wie alle Spanier sehr ungehalten ist, aber die Hoffnung aufgibt, den Engländern etwas anhaben zu können, Signal: „Abhalten, Kanal aufwärts steuern", also er überläßt dem Gegner das Gefechtsfeld und damit den Sieg. Dies Gefecht ist besonders kennzeichnen für Howards Verhalten und für den ganzen Verlauf des Krieges und richtig; derartig zu handeln erfordert nur viel Zeit, zumal die Minuten knapp sind. Aber Howard hat sich und die Kommandanten in der Gewalt.

Leyva setzt sich nun wieder an die Spitze, während „Santa Anna" mit Recalde die exponierte Position als Schlußschiff behält; Howard setzt das Gefecht nicht fort, sondern begnügt sich damit, aus Rücksicht auf den kleinen Munitionsvorrat, auf große Entfernung (2 Seemeilen) zu folgen. Aber obgleich die Armada nur langsam fährt, kann „Santa Anna" infolge der durch das englische Feuer erlittenen Schäden doch nicht Schritt halten und kommt in Gefahr, dem Feinde in die Hände zu fallen. Das will der Divisions-Chef Pedro Valdez auf „N. S. de Rosario" als braver Kamerad nicht leiden, sondern ihm zu Hilfe kommen; beim an den Wind gehen stößt er aber mit seinem Hintermann hart zusammen und verliert Bugspriet, Vorstenge u. s. w., sodaß er manövrierunfähig wird. Trotzdem signalisiert Sidonia der Flotte: „Weiterfahren!" Wie man annimmt, aus persönlicher Bosheit und bleibt dabei, trotz der ihm von anderen Chefs gemachten nachdrücklichen Vorstellungen.

Um 8 Uhr abends erfolgt dann (unaufgeklärt) auf einem anderen Flaggschiff „N. S. de la Rosa" eine schwere Explosion, die Achterdeck und Heck herausreißt und einen großen Teil der Besatzung tötet. Nach einzelnen Angaben soll hier ein Racheakt vorgelegen haben. Das Schiff ist ein völliges Wrack, so erübrigt den Spaniern nur, den Rest der Besatzung und des Inventars abzuholen, dann läßt man es frei treiben.

Beide Schiffe, „N. S. de Rosario" und „N. S. de la Rosa", mit die größten und besten der Armada, fallen so am nächsten Tage den Engländern in die Hände; das erstere freilich erst nach hartem Kampf, dann aber auch mit großer Beute, namentlich an Pulver, an dem es den Engländern sehr fehlt. Dieses wurde nach Dartmouth, jenes nach Weymouth geborgen. Soweit hatte Howard in diesem den Tag über andauernden Gefecht unbedingt einen kleinen Erfolg errungen, da die Spanier sogar 2 ihrer Flaggschiffe eingebüßt hatten. Vor allem wußten die Engländer jetzt, was sie leisten konnten und wie sie vorzugehen hatten.

So wirkte auch der Zufall zugunsten der Engländer mit, aber der ist es nicht allein, dem sie ihre Trophäen verdanken, sondern auch ihre große Tüchtigkeit; daher ist ihre Stimmung schon gehoben und der erste Tag gut bestanden.

Die Spanier dagegen sind aufs tiefste verstimmt und niedergedrückt, teils durch die erwiesene große taktische Überlegenheit der Engländer bezüglich der Schiffe und deren Handhabung, wie bezüglich der Waffen, teils durch die Unfähigkeit und Schlaffheit der eigenen Führung und schließlich noch durch den unglücklichen Zufall! Aber als stolze und tapfere Männer harren sie unbeirrt auf ihren Posten aus, bereit, die erste sich bietende Gelegenheit zum Enterkampf wirksamst auszunutzen. Am meisten erbost war, wie in der Regel, der, der das meiste verschuldet hatte, Medina Sidonia. Er wies jedem Schiffe einen bestimmten Posten in der Schlachtordnung an und drohte jedem Kommandanten, der seinen Posten nicht inniehielte, die Todesstrafe durch Hängen an, durchaus keine leere Drohung. Das eigenmächtige Ausbrechen des Pedro Valdez, das so unglücklich verlief, mag dazu den Anlaß gegeben haben. Ferner ließ er den bisherigen Leiter der Linie, Leyva, mit seinem Flaggschiff die Position als Schlußschiff an Stelle des stark mitgenommenen Recalde auf „Santa Anna" einnehmen.

Drake hatte während der Nacht vom 21.—22. Juli am Feinde bleiben wollen, scheint aber durch die Wegnahme des „Rosario" sehr aufgehalten worden zu sein; jedenfalls waren die Engländer weit zurückgeblieben, zudem war der 22. Juli windstill. Auch sollen ihn passierende deutsche Handelsschiffe, die er für seine Gegner hielt, zeitweilig irregeleitet haben. Ein weiteres Gefecht fand daher nicht statt, erst gegen Abend kamen die Engländer bis auf 3 Seemeilen heran. Als es die Nacht vom 22. zum 23. Juli auch noch still blieb, bestürmten die mehrfach genannten Führer gemeinschaftlich Sidonia, die erlittene Scharte auszuwetzen und die Engländer, die in der Stille ohne Ordnung trieben, durch die Galeassen angreifen zu lassen, für die jetzt die Gelegenheit günstig sei. Der Herzog hatte inzwischen eine besonders starke Nachhut unter Leyva gebildet und stimmte zu, aber der Angriff wurde so lässig betrieben, daß er nicht in der Nacht und auch bei Tagesanbruch noch nicht erfolgte. Um 5 Uhr morgens kam eine leichte Brise aus Osten auf, die bald auffrischte; damit war die Chance für die schweren Remenschiffe verloren.

Indessen hatten die Spanier jetzt die Luvseite gewonnen. Um sie ihnen abzugewinnen, stand Howard mit seinem Geschwader bei dem Winde nach Land zu; die Spanier taten dasselbe und

Verhalten in der Nacht und an den folgenden Tagen.

hielten dann, als Howard wendete, vor dem Winde auf ihn zu, sodaß er mitten unter sie geriet; aber dank der Überlegenheit der englischen Schiffe an Schnelligkeit und Manövrierfähigkeit und dem Geschick ihrer Kommandanten gelang es, bei der inzwischen frisch gewordenen Briese das von den Spaniern beabsichtigte Entern zu vermeiden und luvwärts zu gelangen. Das Feuergefecht dauerte dann noch lange Zeit fort und diesmal beteiligte sich auch das Flaggschiff des Oberbefehlshabers stark daran; es erhielt nicht weniger als 50 Schuß und war so leck, daß es noch die ganze Nacht durch ausbessern mußte.

Auch Drake mit seinem Geschwader hatte ein scharfes Gefecht mit einem Teil der Armada zu bestehen, zu einer Entscheidung kam es aber auf keiner von beiden Stellen. Die Munition der Engländer war fast ganz erschöpft. Gegend Abend flaute der Wind ab und ging durch Südost nach Südsüdwest herum; unter diesen Umständen hielt Howard, um nicht bei eintretender Stille in der Nacht durch die Galeassen angegriffen zu werden, es für ratsam, sich von den Spaniern auf eine größere Entfernung abzuziehen und zwar nach Land zu, um die Verbindung mit der Küste aufrecht zu halten, von wo er Munition u. s. w. erwartete. Keiner der Gegner hatte einen Erfolg aufzuweisen. Sidonia war sich jetzt aber darüber klar geworden, daß es unbedingt nötig sei, schon vor seiner Vereinigung mit Parma seine Gegner zu schlagen. Daher die öfteren Versuche, zum Angriff vorzugehen.

Am 24. Juli herrschte wieder Windstille und damit auch, dank Howards Vorsicht, Stille in der kriegerischen Handlung. Nachmittags kamen die Schiffe, die er an Land geschickt hatte, mit einer gewissen Menge Schießbedarf zurück, ebenso andere mit Freiwilligen; jetzt konnten die Engländer wieder ins Gefecht gehen und ihre neue Taktik fortsetzen, was am folgenden Tage bei leichter Briese bei der Isle of Wight geschieht. Howard hatte inzwischen seine Flotte anders eingeteilt und zwar in vier Geschwader, deren Führer er selbst, Drake, Hawkins und Frobisher waren.

Howard wehrt die Landung auf Wight ab. Sidonia hatte jetzt die St. Helens-Rhede südwestlich in Lee, konnte mithin unter der Insel ankern, auch dort landen, und mit der Flotte nach Spithead gehen. Um das zu verhindern, greift Howard, der sich immer möglichst zwischen der englischen Küste und der Armada hält, mit „Ark" und „Martin" an, geht dicht

heran und beschießt ihn heftig; da kommen Oquendo und
Recalde (nicht in „Sa. Anna") zu Hilfe und ersterer legt sich
schützend zwischen „Martin" und „Ark". Gleichzeitig wird der
Wind, der vorher schon abgeflaut hatte, stille (am 23. Juli hat er
die Engländer begünstigt, jetzt im Gegenteil), und Howard, dem
seine Genossen nun nicht zu Hilfe kommen können, sieht sich
allein den drei spanischen Flaggschiffen in nächster Nähe gegenüber. Diese glauben ihn schon in der Hand zu haben — da führt
„Ark" mit überraschender Schnelligkeit alle Boote (11 Stück?) zu
Wasser, die sich vor das Schiff legen und es vom Feinde weg-
schleppen. Bald kommt auch wieder eine leichte Briese durch, mit
der „Ark" abgeht und sich mit seinem Geschwader vereinigt.

Es wurde dann noch eine längere Kanonade unterhalten, der
erst das beiderseitige Knappwerden der Munition ein Ende machte;
sie blieb ohne besonderes materielles Ergebnis, aber Sidonia,
dessen Flaggschiff wiederum stark mitgenommen, sah sich durch
dies Gefecht doch veranlaßt, den ebenso wichtigen, wie für den
Ausgang der Unternehmung folgenschweren Entschluß zu fassen:
Von seinem Verweilen dort und von einer Landung auf Wight
abzusehen und seiner eigentlichen Bestimmung gemäß ostwärts
weiter zu fahren, nach Dünkirchen zu.

Er schickte Parma Nachricht hiervon mit der Aufforderung, Medina
sein Heer einzuschiffen, um beim Eintreffen der Armada sofort Sidonia
nach England überzusetzen und mit der Bitte, ihm Kanonenboote tritt mit
Parma in
zu Hilfe zu senden; auch bat er, Munition für Schiffsgeschütze Verbindung.
(wenigstens 4—9 pfündige) für ihn bereit zu halten, von der Parma
jedoch keinen Vorrat besaß, da er nicht dafür gesorgt hatte.

Außerdem fand am 25. Juli wie am 23. Juli noch ein anderes Weiterer
Gefecht getrennt von dem erwähnten statt, wie denn Drake in spanischer
der Regel für sich operierte. Recaldes eigentliches Flaggschiff Verlust.
„Sa. Anna", die am 21. Juli hart mitgenommen und am 23. Juli
wieder im Gefecht gewesen war, konnte die See nicht mehr halten
und ging für sich allein südwärts nach Havre, dem nächsten
neutralen Hafen. Drake wollte die Gelegenheit, eine Prise zu
machen, sich nicht entgehen lassen und griff sie an; aber die
Galeassen kamen ihr zu Hilfe und er wurde abgewiesen. Die
„Sa. Anna" setzte dann ihren Weg fort und kam auch vor Havre
an; beim Einlaufen jedoch geriet sie auf eine Bank und wurde
völlig wrack.

Die Armada in der Straße vor Dover; ankert vor Calais.

Der Wind blieb westlich und leicht. Die Spanier fuhren in der Nacht den Kanal aufwärts in guter Ordnung weiter; die Engländer, deren Munition wieder nahezu erschöpft war, mußten sich damit begnügen, von Ferne zu folgen. So ging es auch an den beiden nächsten Tagen, an denen Howard aber neue Munition erhielt und neue Schiffe zu ihm stießen. Am Nachmittag des 27. Juli langte die Armada in der Straße von Dover an [s. Tafel XII und XIII].

Die Spanier waren schon etwas mürbe durch das stete Drängen ihrer Gegner, denen gegenüber sie nur äußerst geringe Erfolge aufzuweisen hatten, wo hingegen die Engländer sich täglich verstärken konnten.

Ihr stetes Bestreben, zum Enterkampf zu gelangen, war nie von Erfolg gekrönt gewesen und doch hatten sie bereits vier große Schiffe eingebüßt; auch am 27. Juli hatten die Engländer sich nicht auf ein Gefecht eingelassen.

Dabei war von Parma noch immer nicht die schon längst erwartete Nachricht von seinem Auslaufen oder Bereitsein eingetroffen.

Dem Befehl Philipps II. gemäß hätte Sidonia nach den Downs gehen und dort ankern sollen, wo er unter gutem Schutz gelegen hätte; allerdings hätte er sich dort mit Lord Seymours Geschwader schlagen müssen, indessen war er dem weit überlegen. Dagegen sprach jedoch, daß dann Howard und Drake zwischen ihm und der niederländischen Küste sich befänden, daß er sich also nicht mit Parma hätte in Verbindung setzen können, worauf doch die ganze Unternehmung hinauslief. Diesen Fall hatte Philipps Weisheit nicht bedacht.

Um das fragliche Hauptziel zu erreichen, hätte Sidonia nun mit Flut und Wind nach der durch vorliegende Bänke wenigstens einigermaßen geschützten Rhede von Dünkirchen gehen können, 20 Seemeilen weiter; er hätte dort an einer befreundeten Küste gelegen, die von einem spanischen Heere besetzt war und ihm wenigstens frischen Proviant geliefert hätte, jedenfalls auch Pulver, und wäre er dort nicht in nächster Nähe der feindlichen Küste geblieben.

Sidonias Plan.

Anstatt dessen und trotz allem ging er nachmittags vor Calais zu Anker, wo die Flotte an der neutralen französischen Küste ohne allen Schutz lag, indem er darauf rechnete, daß Parma dort mit seiner Transportflotte und dem Heer bis zum 29. Juli um 8 Uhr morgens zu ihm stoßen würde. Dann, nach anderthalb Tagen sollte die Überfahrt nach England ins Werk gesetzt werden. Als letzten Boten sandte er ihm seinen Sekretär mit der dringenden Aufforderung, sofort zu kommen, es sei sonst bei noch längerer Verzögerung die Vereinigung äußerst unsicher, ja es sei sogar das ganze Unternehmen und vor allem die Armada selber sehr gefährdet.

Es ist heute schwer begreiflich, wie S i d o n i a — und nicht er allein, sondern wenigstens doch auch sein Mentor V a l d e z — das Ü b e r s e t z e n e i n e s H e e r e s n a c h E n g l a n d angesichts einer starken und in allen bisherigen Gefechten siegreichen feindlichen Flotte hat für durchführbar halten können. Aber die Ansichten darüber waren damals sehr unklare; auch in England war man noch jetzt, wo die englische Flotte den Kanal beherrschte, vor P a r m a s Landung in großer Sorge. (Invasionsfurcht wie heute!) Nur e i n z e l n e der alten, erfahrenen Seeoffiziere, H a w k i n s u n d D r a k e, sahen darin klar; ihr Ziel ging jetzt nur noch dahin, die Armada möglichst zu v e r n i c h t e n.

S i d o n i a hatte beim Ankern vor Calais auch angenommen, daß die englischen Schiffe mit Flut und Wind zwischen die seinigen treiben würden, aber darin hatte er sich getäuscht; die Engländer waren zu gute Seeleute und ihre Schiffe hatten gutes Ankergeschirr. H o w a r d ging mit seiner Flotte 1—1½ Seemeilen luvwärts zu Anker. S i d o n i a, um nicht mit der E b b e mit unklarem Anker auf ihn zu treiben, ließ des beschränkten Raumes willen die spanische Flotte sich v e r t ä u e n, d. h. mit zwei Ankern verankern.

Die englische Flotte ankert in der Nähe.

So lagen beide Flotten auf nur 2—3 Kilometer Abstand die Nacht durch und den folgenden Tag, Sonntag, einander gegenüber.

Den Engländern stand jetzt die Verbindung mit der Heimat offen und alle Hilfsmittel des Landes, namentlich der Cinque Ports und Londons, hatten sie zur Verfügung. Zunächst stieß S e y m o u r mit seinem Geschwader aus den Downs bei Dover zu H o w a r d, der nun 140 Segel unter seinem Befehl vereinigt hatte, davon freilich nur 49 fürs Gefecht geeignete.

Die Spanier waren also mit g r o ß e n S c h i f f e n noch immer weit überlegen, sie hatten zwar drei der größten und besten verloren, zählten indessen noch 82 Schiffe von mehr als 300 Tons. Das P e r s o n a l war freilich durch die Vorgänge der letzten acht Tage, die völlig Unerwartetes gebracht, verwirrt, unsicher gemacht und moralisch stark geschädigt.

Sie hatten jetzt alle Hände voll zu tun mit Schädenausbessern, Schiffe in Ordnung bringen u. s. w. Alle Mann waren auch den Sonntag über ununterbrochen beschäftigt mit Schiff-Reinmachen, Waffenputzen u. dgl. Dabei hielt Sidonia es für angezeigt, einen Fasttag anzuordnen, sodaß die Leute nichts Warmes zu essen bekamen.

Im Laufe des Tages kam enttäuschende Antwort von Parma, nicht aus Dünkirchen, sondern aus dem etwa 16 Seemeilen entfernten Brügge: Die Transportschiffe seien wohl in Dünkirchen, aber leck, und seine Truppen noch lange nicht zur Einschiffung bereit! Vor 14 Tagen sei an ein Auslaufen der Transportflotte nicht zu denken.

Hiernach hatte ein längeres Bleiben vor Calais keinen Zweck mehr; der Ankerplatz war offenbar gefährlich, aber Sidonia bleibt liegen.

Englischer Brander-Angriff, 28./29. Juli. Die Engländer benutzen die Pause zweckmäßiger: sie ergänzen die Munition möglichst und richten acht Brander her. Howard hatte am Abend des 28. Juli einen Kriegsrat mit Drake, Hawkins und Seymour — dann lassen sie die Brander um Mitternacht vor einer lebhaften westlichen Briese bei starkem Flutstrom auf die feindliche Flotte fahren. Unterwegs erst wurden sie angesteckt, die Besatzungen blieben so lange wie möglich an Bord und bargen sich dann in ihre Boote, während die Brander in vollen Flammen weiterliefen.

Bei den Spaniern brach infolge der schon teilweise eingerissenen Demoralisation eine Panik aus. Sidonia, statt Boote auszusetzen und die Brander zur Seite oder frei von den Schiffen schleppen zu lassen, macht Signal: „Sofort unter Segel gehen" und ging mit dem Beispiel voran. Zum Ankerlichten fehlte die Zeit, daher kappten sie beide Kabel, setzten Segel und standen nach See zu. Dabei kam eine Anzahl von Zusammenstößen und Havarien vor, indessen glückte es allen fortzukommen bis auf die Capitana der Galeassen-Division unter Moncada; diese war auf das Kabel eines anderen Schiffes getrieben, hatte sich die Ruder geklemmt und war manövrierunfähig geworden. Sie trieb nahe der Einfahrt in den Hafen von Calais auf Strand.

Sidonia tat nichts mehr, als daß er zwei Seemeilen weiter seewärts wieder zu Anker ging. Aber nur ein Teil seiner Schiffe, etwa 40, folgte seinem Beispiel und blieb in seiner Nähe; die übrigen hatten entweder keinen dritten Anker mehr oder sie hatten ihn nicht klar, kurz, sie konnten nicht ankern und trieben mit Flut und Wind weit nach Lee hin ab.

Das war der Anblick, der sich den Engländern bot, als der Tag anbrach. Howard, Calais zunächst, ließ die gestrandete Capitana durch Boote und Fahrzeuge angreifen, da das Wasser für „Ark" zu flach war, um nahe genug heranzukommen. Die Spanier wehrten sich mit großer Tapferkeit; als aber Moncada erschossen war, sprangen sie über Bord und schwammen oder wateten an Land, wobei viele umkamen. Dann plünderten die Engländer das Schiff, was der Gouverneur von Calais zuließ. Als sie aber versuchen wollten, es abzubringen (es lag auf französischem Gebiet), ließ er scharf schießen und zwang sie zum Abziehen.

Es dürfte hier der Ort sein, einmal die besonderen navigatorischen Schwierigkeiten zu beleuchten, welche die Armada zu überwinden hatte.

Nautische Schwierig-keiten; vorhandene Seekarten u. s. w.

Gute Seekarten und Seebücher gab es zu der Zeit noch nicht und der Verlaß auf die lokalen Lotsen war auch durchaus nicht zufriedenstellend.

Das beste zu der Zeit vorhandene Material war in dem im Jahre 1583, also 5 Jahre zuvor, in den Niederlanden in holländischer Sprache und 1586 auch in lateinischer Sprache erschienenen Werk niedergelegt, das ferner im Jahre 1589 in hochdeutscher Sprache herausgegeben wurde.

Es war dies der „Spiegel der Seefartt, von der Navigation des Occidentalischen Meers oder West-See, inhaltenten alle die Insuln in Franckreich . . . . Frießlandt, Hollandt . . . . . . ".

„Mit vnterschiedlichen Kuefferstuchen oder See-Carten fleissig zusammen getragen . . . . Durch den Kunstreichen, Hocherfahrnen vnd Weitberümten Piloten vnd Schifs-Stuerman Lucam Johannem Wagener von Enckhusen. Ambsterdam, Claussohn. Auß Niederlandischer in Hochteudtscher sprach getrewlich vbersetzt. Durch Richart Slotboem."

Ein Teil der Karte 4 dieses Atlas ist in der Anlage wiedergegeben [s. Tafel XIII.]; dieses kurze Stück zeigt klar die schwierige Lage an für die Flottenführer und Kapitäne größerer und tiefergehender Schiffe, hiernach allein Ort und Fahrt für die Schiffe zu bestimmen. Von einer sicheren und genauen Navigierung nur mit Hülfe solchen Seekarten-Materials kann natürlich keine Rede sein, weder unmittelbar an der „vertonten" Küste entlang, noch weiter nach außen zwischen den Bänken. Es kommen ferner noch die

ungenauen Angaben der Schiffskompasse hinzu, sowie die oberflächlichen Einrichtungen zum Messen der Schiffsgeschwindigkeit
u. dgl. m.

Ebenso steht es mit den zugehörigen Küsten-Beschreibungen
und Segel-Anleitungen, die in diesem Fall für die betreffende
Küstenstrecke folgendermaßen lautete:

„See Custen von Flandern sampt allen vertieffen vnd Bancken,
sich hin für bey Calis streckend".

. . . . . . „Item n. w. vnd n. w. z. w. von Dünkercken seindt
zwey oder drey böse Bancken, liegend von Landt, die eine zwey,
die ander drey grosser meylen und . . . . . . aber die ander Rüting
genennet, ist seer bös, vmb das sie bey nah im vaerwasfer lieget,
vnd sein beide mit lech wasfer nur zwey vadem tieff, man muß
allda fürsichtig sein . . . . . . Item bey der Custe von Vlandern
langes, mägt ihr ohne schaden zwischen dem Land vnd die Bancken,
auf funff oder sechs vadem durchsegeln, aber es ist nicht gutt für
grosse Schiffe. Vnd die Ströme vallen (die meiste zeit vom getye)
zwerricht vber die Bancken, so woll bey Ebbe als bei Vloet."

Und um den Seefahrenden besonders vorsichtig und grausig
zu stimmen, heißt es an einer ferneren Stelle: „vnd da ist funff
vadem wasfers, vnnd es rauschet da alzeit vom vberfallen der
Ströme".

Daß nach solchem Material, wo noch der Umstand hinzukommt,
daß auch die einmal angegebene Lage der Bänke auf der Karte
keine unbedingt sichere genannt werden kann, nicht mit großem
Verlaß seitens der ganzen Armada zu navigieren war, dürfte klar
auf der Hand liegen.

Diese deutsche Ausgabe, d. h. in deutscher Übersetzung, ist
mit Widmungen an Herzog Ulrich zu Meckelnburg und Herzog
Johan Fridrich zu Stättijn-Pommern versehen als derjenigen
beiden deutschen Fürsten, die durch die Lage ihrer Länder an der
Küste und die von ihren Untertanen betriebene Schiffahrt am
meisten von allen deutschen Fürsten Interesse für die Bedeutung
des Seewesens hätten.

Alle in diesem Werke zu Anfang niedergelegten, die Seefahrt
betreffenden Erklärungen und Erfahrungen sind ebenfalls nur ganz
allgemeiner Art. Und auf diesem oberflächlichen Stand blieb das
Seekartenwesen noch sehr lange stehen. Die etwa ein Jahrhundert
später erschienenen Atlanten und Karten sind nicht viel brauch-

barer zu nennen, weder die schwedischen noch die holländischen.
Von letzteren sei eine Ausgabe besonders angeführt: „De Zee-Atlas
of Water-Waerelt", Amsterdam, 1667.

Während H o w a r d hierbei, der alten Taktik genau folgend, *Schlacht bei Gravelines (Grävelingen) 29. Juli.*
verweilte, hatten D r a k e und H a w k i n s sich e i n e h ö h e r e A u f -
g a b e gestellt. S i d o n i a war um 5 Uhr morgens Anker auf gegangen bei Nordwest-Wind und steuerte bei dem Winde mit seinen
40 Schiffen nordnordostwärts. Die übrigen 70 waren etwa sechs
Seemeilen weit in Lee und hielten denselben Kurs; die v l ä m i s c h e n
B ä n k e in Lee drohten beiden gefährlich zu werden. D r a k e
beschloß unter Ausnutzung der Verhältnisse die spanische Flotte
geteilt anzugreifen, zuerst S i d o n i a und ihn zu vernichten. Er
hatte erkannt, daß jetzt, in der unmittelbaren Nähe von P a r m a s
Heer, es vor allem darauf ankomme, die Armada, wenn irgend
möglich, zu vernichten.

Er fuhr mit raumem Wind auf S i d o n i a zu und engagierte
ihn mit „R e v e n g e" aus nächster Nähe; seine Schiffe folgten, dann
H a w k i n s, später scheinen auch S e y m o u r und W i n t e r sich
beteiligt zu haben. Es war dies Gefecht, das die Engländer die
„Schlacht bei Gravelines" nennen, das einzige rangierte und das
heftigste von allen; es entschied das Geschick des großen Seezuges
endgiltig. Die Spanier hatten ihre alte Halbmond-Ordnung wieder
einigermaßen eingenommen und begann die Seeschlacht etwa gegen
9 Uhr morgens.

Der Kampf beschränkte sich wiederum auf eine K a n o n a d e,
auf Pistolenschußweite, die Engländer hielten Luv und gaben dem
Feinde keine Gelegenheit zum Entern. Das Feuer war so stark,
daß der Rauch alles verhüllte und die Berichte infolgedessen noch
unzureichender sind, als sonst. Aber doch ist folgendes sicher;
um Mittag war auf „S. Martin" die Hälfte der Besatzung tot, das
Schiff so leck geschossen, daß es dem Sinken nahe war; da wurde
es durch zwei Paladine, L e y v a und O q u e n d o, die zu Hilfe
kamen, noch gerettet. Die Spanier fochten alle tapfer, aber bald
geht ihnen die Munition völlig aus, die von Anfang an knapp war,
manches Schiff hat keinen Schuß mehr und bleibt nur noch Scheibe,
trotzdem streicht k e i n e s die Flagge. Am Nachmittage müssen die
Engländer dann aus demselben Grunde das Gefecht aufgeben. Auf
englischer Seite war der Verlust verhältnismäßig gering.

Um 6 Uhr abends hielt S i d o n i a nach schweren Verlusten ab;
er war inzwischen frei von den naheliegenden Bänken der Küste.

Sein Verlust soll etwa 16 Schiffe mit rund 5000 Mann Besatzung betragen haben.

Schließlich gelangten auch noch zwei große Galeeren den Holländern in die Hände, die sich gegen Ende der Schlacht eingefunden hatten und den Engländern wacker mithalfen.

4. Rückkehr der Armada und weitere Vorgänge.

Sidonia segelt in die Nordsee. Die Briese aus Nordwest frischte bald auf, am andern Morgen wehte es hart. Die Spanier hatten die Schäden in der Nacht tunlichst ausgebessert und sich mit den 70 Schiffen in Lee vereinigt. Die Zahl der Schiffe betrug noch immer über 100, aber teils waren sie stark beschädigt und das Personal war jetzt völlig demoralisiert. Die Flotte trieb sichtlich auf die vlämischen Bänke zu, Drake folgte immer 1 Seemeile luvwärts, schon waren sie auf 5 Faden Wasser, da sprang der Wind plötzlich gegen die Sonne nach Südwesten zurück, und die Spanier waren gerettet, sie lagen jetzt frei nach der Nordsee hinein. Nachmittags hielt Sidonia Kriegsrat; Oquendo, Recalde und andere, von Scham und Wut erfüllt, stimmten dafür, nach dem Kanal zurückzufahren und zu fechten, auch Parma zu holen. Aber das lehnte Sidonia mit Rücksicht auf die starken Beschädigungen vieler und der besten Schiffe, die Überlegenheit der englischen Schiffe und Geschütze, den Mangel an Munition und die Demoralisation der Besatzung ab und entschied sich nach einem längeren Kriegsrat dafür, die Expedition als gescheitert aufzugeben und möglichst bald nach Spanien zurückzukehren; jedoch nicht durch den Kanal, sondern nördlich um Schottland herum. Der einzige Gedanke war nur noch: die Rettung der Armada. Dies war das geschichtliche Ergebnis des großen Seezuges.

Rückzug der Armada, ihre schweren Verluste. Und so geschah es; der Kurs wurde auf die Orkneys gesetzt und mit Südwest-Wind nordwestlich gesteuert, die Engländer, ohne Munition, folgten von Ferne; sie vermuteten, daß Sidonia in den Firth of Forth einlaufen würde, um zu reparieren und sich mit den Schotten zu verbünden. Als die Armada aber dort glatt vorbeilief, kehrte Howard um und fuhr nach den Downs zurück — in der sicheren Überzeugung, daß von den Spaniern nunmehr nichts unternommen werden würde —, wohin er Seymour schon gleich nach der Schlacht zur Bewachung Parmas zurückgesandt hatte. Den

Abzug der Engländer müssen die Spanier als eine Art Befreiung empfunden haben, aber ihre Leiden fingen damit erst recht an. Der Proviant war knapp, knapper noch das Wasser, da die Fässer an Deck meist zerschossen waren. Daher wurde die Mannschaft auf kurze Rationen gesetzt: $1/_2$ Pfund Brot, $1/_2$ Liter Wasser und $1/_2$ Liter Wein. Täglich starben eine Menge von Leuten an Entbehrungen. Am 11. August hatte die Flotte, außer 3000 Verwundeten von den Gefechten her, 3000 Kranke an Scharbock und Durchfall.

Und unter solchen Umständen hielt Sidonia, darin zeigt sich die Kreatur Philipps II., es für angemessen, ein Strafgericht abzuhalten und seinen Zorn an Untergebenen auszulassen. Er ließ eine Anzahl seiner Kommandanten wegen Feigheit vors Kriegsgericht stellen; mehrere wurden zu schweren Strafen verurteilt. Einen der Kommandanten, der allerdings gegen das Verbot, am Flaggschiff vorbeizufahren, verstoßen hatte, aber nur deshalb, um die Flotte nicht nachher warten zu lassen, weil er nötige Havarieen beigedreht ausführen mußte, ließ er an der Nock der Raa aufhängen und zum besonderen Schimpf noch das betreffende Schiff mit der Leiche unter der Raa um die ganze Flotte fahren.

Bis zu den Orkneys, wo Sidonia endgültig beschloß, im Norden herumzugehen, blieb die Armada zusammen, dann aber bekam sie schlecht Wetter und zerstreute sich. Viele der Schiffe, die nicht genug Westen gemacht hatten, kamen in den Herbststürmen nicht frei von der irischen Westküste und scheiterten. Was von der Besatzung nicht im Wasser umkam, wurde größtenteils von den wilden Iren totgeschlagen; nur wenigen, die von den englischen Behörden gefangen genommen waren, glückte es, meist nach schrecklichen Leiden, nach der Heimat zurückzukehren.

Von den Schiffen der Armada gelangte gerade nur die Hälfte, 65, nach Spanien zurück mit etwa 9—10000 Mann; zwei Drittel der Besatzung waren geblieben. Von den verlorenen etwa 65 Schiffen waren 7 im Kanal und 19 während der Rückfahrt gestrandet, 35 verschollen. Der Menschenverlust betrug rund 20000 Mann. Und nach der Rückkehr starben sie infolge der ausgestandenen Entbehrungen noch zu Hunderten. Auch Recalde und Oquendo überlebten die Rückkehr nur um wenige Tage, Leyva war unterwegs schon umgekommen, er hatte sich bei zwei Strandungen zu retten vermocht, erst bei der dritten fand er seinen Tod in den

Wellen; die besten gingen zugrunde. Aber Sidonia wurde von Philipp II. ehrenvoll aufgenommen.

Verhalten der Engländer. Die englische Flotte unter Howard blieb noch einige Zeit in den Narrow Seas, statt zu einem großen Zuge gegen Spanien verwendet zu werden, das verteidigungslos dalag. Gegen Ende August brach infolge der schlechten Verpflegung unter der Besatzung die Pest aus und forderte viele Opfer. Im September wurden die Kriegsschiffe abgerüstet, die Handelsschiffe entlassen — das war die damalige Tatkraft und Folgerichtigkeit der englischen Regierung in der Kriegsführung zur See.

In einer Staatsrat-Sitzung am 3. November 1588 endlich befahl Elisabeth die Abhaltung von Dank-Gottesdiensten für die Abwehr der Armada und das Prägen von Denkmünzen zur Erinnerung an dies große Ereignis. Sie trugen die durch Schillers Gedicht „Die unüberwindliche Flotte" auch bei uns bekannt gewordene Inschrift: „Afflavit Deus et dissipati sunt", nach der vorstehend gegebenen Darstellung ein geschichtliches falsum; denn die Zerstreuung der Armada durch Sturm fand erst lange nachher statt, nachdem bereits englische Schiffe und englische Seeleute sie in mehrtägigen Kämpfen überwunden und zur Abfahrt in fremde Gewässer gezwungen hatten.

Elisabeth war eine hervorragende Königin und während ihrer 45jährigen Regierung hat England unter schwierigen Verhältnissen einen mächtigen Aufschwung genommen; aber als Mensch hatte sie viele große Schwächen, und deren eine war, daß sie mit Ängstlichkeit darauf achtete, daß keiner ihrer Untertanen zu groß wurde. Hier hat sie das ohne Zweifel bezüglich Howards gezeigt, der, der vornehmsten englischen Adelsfamilie angehörig, in der hohen Stellung als Lord High Admiral of England, jetzt mit der Flotte das Königreich vor Invasion, vor Unterjochung durch die Spanier gerettet hatte.

Bedeutung der englischen Flotte. Aber indem Elisabeth Howards Verdienst verkleinerte, verkleinerte sie das der Flotte, denn die Flotte war es und sie allein, die den großen Plan Philipps II., England durch die Armada und das spanische Heer in den Niederlanden zu unterwerfen, durch ihre Seekriegstüchtigkeit und Ausdauer zuschanden gemacht hat.

Die Abwehr der Armada war eine epochemachende geschichtliche Tat; wie gesagt, neben dem negativen Ergebnis der Sicherung Englands hat sie auch das positive: daß sie die spanische, bis dahin die erste Seemacht der Erde, gebrochen hat. Zwar war es kein Trafalgar, auch wurden die Folgerungen nicht gezogen. England war noch nicht reich und seine Regierung noch nicht einsichtig genug, um durch Schaffung und richtige Verwendung einer großen Kriegsflotte gleich das Meer zu beherrschen. Aber die Überlegenheit der englischen Marine über die des damals größten seemächtigen Staates war unzweifelhaft und für immer festgestellt.

Erst im nächsten Jahre fand man sich in England bereit, zur Abwehr künftiger spanischer Seezüge sich gegen die feindliche Küste selbst zu wenden. Außer vielen von Privaten unternommenen Seezügen gegen Spaniens Handel, soll der im Frühjahr 1589 beginnende große Seezug Drakes nachher noch besonders geschildert werden.

Unter den durch hervorragende Private unternommenen Expeditionen sind besonders die Unternehmungen Cliffords anzuführen, der bereits vor der Armada zwei solcher Züge geleitet hatte; er hat nicht weniger als 20 solcher Expeditionen, die oft bis zu 20 Schiffe stark waren, von 1586 bis 1598, geleitet. Nach Portugal und Westindien führte er meistens seine Seezüge aus, und hat besonders den Betrieb der Silberflotten Spaniens oft sehr empfindlich gestört.

Dieser Kleinkrieg war für die Schädigung Spaniens von ganz außerordentlicher Bedeutung, während er die Engländer sehr bereicherte. So hat z. B. einmal im Jahre 1590 der Wert eines einzigen spanischen Schiffes, das den Engländern in die Hände fiel, 3 Millionen Mark betragen.

Alle diese Seezüge, man könnte sie ruhig Raubzüge nennen, erstreckten sich nicht nur auf das Gebiet des Nord-Atlantischen Ozeans und dessen Küsten ringsum; sie wurden bis südlich von Rio de Janeiro unternommen und waren ihnen nicht nur die Spanier, sondern auch die Portugiesen und gelegentlich andere eine willkommene Beute. Ob mit einzelnen Schiffen oder mit Geschwadern, ob mit königlicher Unterstützung oder mit Erlaubnis der Regierung unternommen, blieb sich gleich. Hauptsache war: Erringen von Reichtümern und Befriedigen der Lust an Abenteuern.

Diesen mehr regellosen Seezügen reihten sich dann größere staatliche Expeditionen an; von Drake wird noch besonders gehandelt. Auch Hawkins und Frobisher führten solche Expeditionen zu wiederholten Malen. *Die Expedition gegen Cadix.*

Im Jahre 1596 wurde eine Flotte von 150 Schiffen mit über 14000 Mann Besatzung, darunter die größere Hälfte aus Soldaten bestehend, unter der Führung des Lord High Admiral Howard of Effingham und des Count Essex, als sogenannter „joint-admirals", d. h. den Oberbefehl „gemeinsam" ausübenden Führern, gegen Spanien gesandt.

Man hatte bestimmt in Erfahrung gebracht, daß all diesen kleineren Seezügen gegenüber — welche die schwere Niederlage der Armada hauptsächlich ausgelöst hatte — Spanien neuerdings wieder kräftig zur See rüstete und man befürchtete nun in England eine neue Invasion, und zwar vorerst am meisten in Irland. Dieser galt es zu begegnen, umsomehr, da auch Calais wieder in die Hände Spaniens geraten war.

Diese große Flotte war zusammengesetzt aus: 17 Kriegsschiffen, von denen 7 über 500 Tons groß waren (mit 30—60 Geschützen); ferner aus 24 holländischen Schiffen, von denen 18 über 400 Tons Größe hatten (mit 16—24 Geschützen); der Rest bestand aus armierten Kauffahrteischiffen. Die holländischen Schiffe waren auch nur armierte Handelsschiffe, eigentliche Kriegsschiffe gab es damals noch nicht in den Niederlanden.

Als Aufgabe war beiden Befehlshabern gegeben, daß sie die Stärke des Gegners erkunden sollten, Schiffe und Schiffs-Material zerstören, unbefestigte Küstenstädte plündern und einnehmen, feindliche Kauffahrer auf See wegnehmen. Ernstes aufs Spiel zu setzen, wurde ihnen dabei verboten.

Die am 1. Juni absegelnde Expeditions-Flotte traf unbemerkt am 20. vor Cadix ein; eine vorausgesandte Aufklärer-Abteilung hatte alle entgegenkommenden und sich überhaupt nur zeigenden Schiffe weggenommen. Cadix wurde sofort besetzt, nach heftiger Gegenwehr, die Schiffe im Hafen wurden zerstört, reiches Material erbeutet, der Stadt eine Geldzahlung auferlegt. Es hat infolgedessen der spanische Gesamtverlust volle zwei Millionen Dukaten betragen.

Statt nun die Stadt, welche am Nordende einer langen schmalen Halbinsel liegt, besetzt zu halten und als Stützpunkt für die Zukunft zu benutzen — man denke an Gibraltar —, wie dies Essex und der holländische Admiral vorschlugen, wurde auf Wunsch der übrigen Führer bald wieder heimgekehrt. Statt eines sich unbedingt glänzend erweisenden Erfolges war nur ein Augenblicks-Erfolg zu verzeichnen, wenn auch ein großartiger.

Die weitere Folge war, daß im Frühjahr 1597 bereits eine spanische Landungsflotte, die in großer Schnelligkeit ausgerüstet worden war, mit Truppen unbemerkt nach Irland auslief und voraussichtlich großen Erfolg gehabt haben würde, wenn nicht schwere Stürme sie zur Umkehr genötigt hätten. Eine neue englische Flotte wurde nun sofort unter Essex' Befehl in Dienst gestellt; ihr erstes Vorgehen vereitelte ein schwerer Sturm. Als sie dann Mitte August von neuem in See ging mit der Absicht, die Häfen an der Nordwestspitze Spaniens und alsdann die Azoren heimzusuchen, hatte sie nur geringen Erfolg aufzuweisen. Man bemerkte die Schiffe sofort an der Küste, da sie zu nahe herangelaufen waren und weil nunmehr eine Überraschung vor Corunna ausgeschlossen war, ging Essex sofort weiter nach den Azoren. Er wollte eine dieser Inseln besetzen, um sie als Stützpunkt beim Abfangen der Silberflotte zu benutzen. *Fernere Vorgänge zur See in den nächsten Jahren.*

Mit großem Geschick und mit klarem seestrategischen Verständnis ward diese Lage sofort von den Spaniern ausgenutzt. Diese benutzten das Freisein der See, vor allem der Kanal-Mündung und der englischen Küsten, um nun wiederum einen Hafen im Westen Englands für sich zu nehmen, als Operations-Basis im allgemeinen und besonders zum Vorgehen gegen die zurückkehrende Essex-Flotte. Aber ein schwerer Sturm vereitelte auch diesmal das richtig angesetzte Unternehmen, dessen glückliche Durchführung große Erfolge hätte zeitigen lassen.

Essex war ebenfalls nicht glücklich, da die große Silberflotte von 40 Schiffen unbemerkt nach der Azoren-Insel Terceira gelangte, wo sie in der Lage war, sich in deren befestigtem Hafenplatz aller englischen Angriffe erfolgreich zu erwehren. Infolgedessen kehrte Essex mit seiner großen Flotte heim; die Erfolge waren nur äußerst geringe.

Auch in den folgenden Jahren wurden auf beiden Seiten Expeditionen ausgerüstet, deren Stärke und schnelle Herrichtung besonders auf englischer Seite bemerkenswert ist. Aber besondere Erfolge und nennenswerte Ergebnisse sind hierbei nicht zu erwähnen. Es lag dies zum Teil auch daran, daß die schwebenden Friedens-Unterhandlungen hemmend auf tatkräftiges Vorgehen einwirkten.

Nur eine spanische Expedition zu Ende des Jahres 1601 sei hier noch angeführt; es gelang den Spaniern, trotzdem ein starkes englisches Beobachtungs-Geschwader an der spanischen Küste lag und wie in den Vorjahren auch mehrere englische Privat-Unternehmungen wiederum ihr Unwesen trieben, trotzdem unbemerkt auszulaufen. Das Ziel war wieder Irland, wo zur Unterstützung der Rebellion Truppen glücklich gelandet wurden, die aber später vor den Engländern kapitulieren mußten.

Die in den nächsten Jahren ausgesandten Beobachtungs-Flotten-Abteilungen richteten nichts Besonderes aus, ebensowenig die mehrfach sich anschließenden holländischen Hülfsgeschwader und nach dem Tode der Königin Elisabeth schloß dann Jakob I. Frieden mit seinem spanischen Gegner, verbot auch gleichzeitig das Auslaufen der vielen englischen privaten Freibeuter-Unternehmungen.

Klar und deutlich hatte sich überall gezeigt, daß England jetzt seinem alten Gegner Spanien zur See überlegen war; wie bereits erwähnt, hatte der unglückliche Ausgang der Armada-Expedition diese neue Lage gezeitigt und die neuen Verhältnisse der Seegeltung früher zur Reife gebracht, Spaniens Wehrmacht zur See war niedergeworfen, der Ruhm und Ruf Spaniens als erste Seemacht der Welt gebrochen. Und dennoch hätte Jakob I. richtiger gehandelt, Spanien noch weiter zu demütigen, wozu er die Mittel in der Hand hatte und die Gesamt-Lage besonders günstig war.

5. Fernere Taten Drakes.

Zug gegen Spanien.

Im Jahre 1589 unternimmt Drake mit General Norris einen großen Seezug gegen Spanien; auch sechs holländische Schiffe waren bei der Flotte, die etwa 12000 Mann an Besatzung zählte. Er läuft in Corunna ein, nimmt oder zerstört mehrere große Schiffe und Vorräte am Lande, unter anderem 150 Kanonen, die für eine neue Unternehmung gegen England bestimmt gewesen sein sollen. Das englische Heer schlägt das spanische Entsatzheer; dann fahren sie südwärts, plündernd und verwüstend. In Peniche bei Cap Carvoeiro, 40 Seemeilen nördlich der Tajo-Mündung, schifft Norris sich mit Truppen aus und marschiert auf Lissabon, rückt ein mit dem Prätendenten, der aber keinen Anklang findet. Dann — er war kein Wellington — schiffte er sich bei Cascaes nahe Cap Roca vor der Tajo-Mündung, wohin Drake inzwischen mit der Flotte gekommen war, wieder ein. Dieser hat währenddem eine Menge von Kauffahrern genommen, unter anderem auch eine Flotte von 60 Hanse-Schiffen (früher erwähnt), unter dem Vorwande, dass sie den Spaniern Kriegsvorräte gebracht hätten. Dann wurde noch

Vigo genommen und geplündert; infolge anhaltend stürmischen Wetters kehrt er nach England zurück.

Norris hatte wenig geleistet und die Hälfte der Truppen verloren — nicht fähig und anscheinend kein fester Plan —, aber Drake hatte mit der Flotte großen Erfolg gehabt, der vermutlich verhältnismäßig noch größer gewesen wäre, wenn er mit der Flotte allein gehandelt hätte.

Unternehmungen von Heer und Flotte gemeinsam scheitern oft durch:

    a) Zwietracht;

    b) falsche Anlage.

In der nächsten Zeit blieb Drake am Lande und zeichnete sich im Parlament als Redner aus, sodaß er bei seiner sonstigen Begabung und dem Ansehen, das seine Leistungen ihm gesichert hatten, großen Einfluß gewann. Elisabeth machte währenddem das Experiment, zum Abfangen der spanischen Silberflotte ein starkes Geschwader unter dem Befehl zweier vornehmer Dilettanten, die gegen die Armada brav mitgefochten, aber keine Seeleute von Beruf waren, nach den Azoren zu schicken. Da sie aber dort durch überlegene spanische Flotten angegriffen und, da sie es zum Entern kommen ließen, geschlagen wurden, so fiel das Flaggschiff „Revenge" (Drakes Schiff gegen die Armada) nach langem harten Kampf in die Hände der Gegner.

Dauernd aber litt es Drake nicht am Lande und so unternahm er 1595 zusammen mit dem schon mindestens 75 Jahre alten Hawkins auf einem Geschwader von 26 Schiffen nochmals wie in jungen Jahren einen Raubzug nach Westindien. Spanien aber, durch Schaden klug geworden, hatte die Städte stark befestigt und starke Garnisonen dort stationiert. So leicht wie früher ward der Erfolg den Engländern nicht gemacht, und der Angriff auf Gran Canaria und San Juan de Portorico abgeschlagen. Aber sie nahmen doch mehrere Häfen (La Hacha, Santa Martha u. s. w.), die geplündert und verbrannt wurden. Dann aber in Puerto Bello am Isthmus greift ein Fieber um sich, das viele wegnimmt. Der alte Hawkins war schon vorher gestorben, jetzt in See am 28. Januar 1596 erlag auch Drake dem Fieber; seine Leiche ward nach seemännischem Brauch im Meer versenkt. *Zug nach Westindien, sein Ende.*

Das Geschwader kehrte dann, nachdem es unterwegs noch den Angriff überlegener spanischer Streitkräfte abgeschlagen hatte, nach England zurück.

Drake ist als einer der bedeutendsten Seefahrer, die je gelebt haben, bekannt. Er war aber nicht das allein, er hat nicht bloß als solcher bahnbrechend gewirkt, als Freibeuter große Erfolge erzielt und dem englischen Seewesen dadurch die Wege gewiesen und gebahnt, sondern er hat sich auch als Führer in der Schlacht bewährt durch Initiative; er steht in der Kriegsführung zur See als der erste da — abgesehen vom Altertum —, der ihr Wesen richtig erkannt und der die kühne Offensive, den überraschenden Angriff eifrig befürwortet und selbst mit großem Erfolg ausgeführt hat. Er war darin seiner Zeit weit voraus und hat erst lange Zeit nachher Nachfolger gefunden. Seine Verdienste um die Niederlage der Armada sind bereits mehrfach geschildert worden; die Erfolge Englands sind mit zum größten Teil das Ergebnis der stets tatkräftigen Handlungsweise Drakes.

Er war der größte Führer zur See seiner Zeit; England hat ihm viel zu danken.

6. Schlußbetrachtungen.

Strategie. Das spanische offensive Vorgehen in dem ganzen Armada-Feldzug läßt sich gut in Parallele setzen mit Napoleons Invasionsplänen gegen England im Jahre 1804. In beiden Fällen waren die zur Invasion bestimmten großen Truppenteile in der unmittelbaren Nähe der englischen Küste bereit, in beiden Fällen hing der Erfolg von dem glücklichen und geschickten Auftreten der Flotten ab, die in beiden Fällen schließlich versagten.

Es fragt sich in dem vorliegenden Falle: genügte die spanische Flotte, um das erstrebte Endziel zu erreichen? Die vorhandenen Geldmittel waren enorm, die Zahl und Größe der verwendeten Schiffe mehr als genügend, ebenso deren Besatzung. Aber — und nun kommen viele Aber — die Schiffe sowohl wie deren Besatzungen standen weit hinter den englischen an Güte zurück. An Schnelligkeit und Manövrier-Fähigkeit sowie beim Aufkreuzen waren die englischen ihnen sehr überlegen, sodaß die bessere Seefähigkeit der spanischen Schiffe dem gegenüber nicht sehr ins Gewicht fällt. Die Bewaffnung ist schon eingehender erörtert worden, sie war sehr verschiedenartig bei beiden Gegnern.

Die Besatzung war auf den spanischen Schiffen sehr zahlreich, auch waren die Mannschaften sämtlich tapfere Männer und

Soldaten, dahingegen nur mittelmäßige Seeleute. Dann vor allem die Führung! Jedwede Erkundung vorher war vernachlässigt worden.

Das Klima kam im allgemeinen zwar nicht in Betracht — konnte mutmaßlich nur bei der Rückkehr sehr störend und schadenbringend sein —, aber sonst war die Jahreszeit günstig. Einzig bedenklich war, daß zu der Zeit an der portugiesischen Küste Nordwinde herrschen, die leicht Schiffe veranlassen, sich nach Corunna zurückzuziehen.

Der allgemeine Kriegsplan war, wie wir sahen, von Philipp II. ohne jedes Verständnis für die Bedeutung der Seeherrschaft aufgestellt; für das Gefecht waren die von ihm gegebenen Instruktionen zwar entsprechend ausgeführt, aber die Entscheidung war hier nicht hineinverlegt.

Der General-Befehl für die Flotte hatte gelautet, daß sie nach Dünkirchen fahren solle. Das war grundfalsch. Er hätte heißen müssen: sich erst die Seeherrschaft durch Vernichtung der englischen Flotte zu sichern. Grundlage jedes kriegerischen Erfolges ist das Gefecht! Daß Sidonia die Flotte zusammenhalten solle, war ein richtiger Grundsatz, das war ein guter Befehl; es war aber keine taktische Offensive ihm anbefohlen, kein Gefecht angeordnet. Da die Kundschaftung eine mangelhafte und die Dirigierung der Flotte eine falsche war, so konnte auch an eine Überraschung von spanischer Seite nicht gedacht werden, sonst wäre schon vor Plymouth, gleich zu Beginn des Seezuges, ein großer Erfolg zu verzeichnen gewesen.

Daß die Engländer sich in der Defensive hielten, war ebenso falsch; sie hätten die Armada erst in Lissabon, dann in freier, offener See, schließlich in Corunna und wieder zum zweitenmal auf hoher See angreifen müssen und können, und zwar stets mit voller Aussicht auf Erfolg. Hätte Elisabeths unangebrachte Sparsamkeit die Rüstungen nicht beeinträchtigt, so hätte jedenfalls noch weit mehr erreicht und weit energischer vorgegangen werden können. Eine Defensive führt freilich den Vorteil mit sich, daß die Entscheidung an die eigene Küste verlegt wird; auch gilt, wie am Lande, so auch auf der See, der Grundsatz: Jeder Angriff schwächt sich im Fortschreiten. Die Entfernung des Kriegsschauplatzes von der Operationsbasis ist stets von großer Bedeutung und so war es auch in diesem Falle hier.

Durch die defensive Haltung der englischen Seestreitkräfte, die nicht, wie im Vorjahre, an den spanischen Küsten selbst operierten, waren aber auch für die Spanier manche Nachteile mit in Kauf zu nehmen:

1) verloren sie dadurch viel an Zeit, was allerdings infolge der englischen Sparsamkeit diesmal weniger schadete;

2) verloren sie dadurch einige ihrer Schiffe;

3) büßten sie bei Offizieren und Mannschaften mancherlei moralische Werte ein und schließlich

4) gaben sie, da sie von ihrer Operationsbasis ganz getrennt waren, auch die Verbindungslinie nach dieser auf.

Durch letzteren Umstand trat dann ein:

a) daß keinerlei Ersatz an Vorräten, an Schiffen und Schiffsmaterialien, an Mannschaften und besonders an Munition zu beschaffen war und ferner, daß sie

b) keine irgendwie gesicherte Rückzugslinie besaßen.

Die Engländer hingegen konnten ihre Verbindungen mit den Küstenplätzen überall unterhalten, sie bekamen alles, was ihr Land ihnen nur bieten konnte. Wenn sie an gewünschtem Ersatz auch nicht genug, vor allem nicht von der so unbedingt nötigen Munition erhielten, so war dies lediglich nur eine Folge des überall, auch in England, zutage tretenden Mangels an Umsicht; die unzeitige englische Sparsamkeit rächte sich hier sehr. Es lag die Schuld lediglich an der mangelhaften oder besser gesagt fehlerhaften Verwaltung einzig und allein.

Wenn auch die Instruktionen Sidonias nicht ganz besonders oder unbedingt ein Kämpfen, ein Erringen der Seeherrschaft vorschrieben, so war ihnen jedenfalls ein solches nicht gerade verboten worden. Die Erfahrungen der ersten Tage des Zusammentreffens mit den englischen Seestreitkräften hätten ihn belehren müssen, daß es vor allem erst auf eine Lahmlegung, ein Niederkämpfen und am besten und sichersten auf eine Vernichtung der englischen Flotte ankomme; daß das Hauptziel der Truppen-Landung in England erst in zweiter Linie zu bedenken sei. Hierin liegt sein besonderes und schwerstes Verfehlen.

Daß einzelne hervorragende englische Admirale die strategische Lage richtig beurteilten und durchaus von Anbeginn offensiv vorgehen wollten, ist schon mehrfach hier erwähnt worden; selbst als sie darauf hinwiesen, daß solch offensives Handeln, daß eine Offensive mit der feindlichen Flotte als erstem hauptsächlichsten

Angriffs-Objekt, die sicherste Grundlage auch für den gleichzeitig durchzuführenden Handelskrieg sei, daß Handelsangriff und Handelsschutz gleichzeitig dadurch zu vereinigen wären, waren sie mit ihren Ansichten nicht durchgedrungen.

Kennzeichnend für Elisabeths Wertung der von ihrer Flotte errungenen strategischen und zumeist taktischen Erfolge, waren ihre Fragen nach der gewonnenen Beute und nach der Zahl hervorragender Gefangener, von denen man Lösegeld erlangen könne. Für sie war demnach ihre Flotte mehr zum Gelderwerb und zur Plünderung des Gegners, als zur Durchführung des eigentlichen Krieges von Nöten. Ihr Ruhm und Ruf als klar blickende Seekönigin läßt sich jedenfalls nicht mehr aufrecht erhalten; englische neuere Werke haben dies auch zum Ausdruck gebracht.

Bei der Schilderung der Streitmittel und der Bewaffnung der Taktik. Schiffe ist wiederholt auf die beiderseits mangelhafte Munitions-Ausrüstung hingewiesen worden, wodurch das taktische — und auch das strategische Handeln — öfter sehr beeinflußt worden ist.

Wetter und Seegang waren für das taktische Verhalten wenig, beziehungsweise garnicht von Belang; der Wind war wechselnd und meistens flau, öfter herrschte Stille.

Die Aufgabe, das Gefecht zu entwerfen und die vorhandenen Streitkräfte dementsprechend zu verwenden, blieb den Engländern allein überlassen, da die Spanier trotz ihrer strategischen Offensive kein Gefecht durchzuführen beabsichtigten. Und für ein etwaiges Gefecht hatte Sidonia, wie alle anderen Spanier überhaupt, nur den Enterkampf nach der althergebrachten Schablone im Sinn. Obgleich Philipp II. ihn vor jedem Eingehen eines Ferngefechtes und der Stellung in Lee gewarnt hatte, tat Sidonia doch nichts, um sich vor beiden zu wahren. Die anbefohlene Ordnung des althergebrachten Halbmondes soll er stets innegehalten haben! — Galeeren-Schablone! —

Die Engländer dagegen nutzten die schnelle Beweglichkeit und gute Manövrier-Fähigkeit ihrer Schiffe, ihr Vermögen des Hochliegens am Winde sowie ihre überlegene Artillerie vortrefflich aus und dies — zumal hier in diesem Falle zum ersten Male — mit höchstanerkennenswerter Konsequenz in allen Gefechten und zweifellos mit Erfolg.

Aber bei ihnen traten auch einige ganz besondere Mängel sehr in die Erscheinung; sie hatten:

1) keine Schlachtordnung;

2) blieben sie nicht ordentlich mit ihren Schiffen und Fahrzeugen beisammen;

3) verhinderte bei ihnen ihr Munitionsmangel einen durchschlagenden Erfolg.

Auch konnten sie einzelne Teil-Erfolge nicht gehörig verwerten, verstanden es nie, ihren Gegner zu verfolgen, sondern waren nur bestrebt, ihm zu folgen.

Aber obgleich bis zum 29. Juli, bis zum Tage der Schlacht bei Gravelines, der materielle Erfolg in den verschiedenen Gefechten kein großer war, so hatten sie immerhin doch einen wesentlichen moralischen Erfolg über ihren Gegner errungen. Man denke sich in die Lage der Spanier als eines stolzen, tapferen Volkes versetzt, das bis dahin die Stelle der ersten Nation der Welt einzunehmen sich einbildet und dies nicht ganz mit Unrecht; nun drängt ihnen ein viel schwächerer Feind einen Tag nach dem andern seinen Willen unablässig und erfolgreich auf, bekämpft sie in einer ganz neuen, nach ihrer Ansicht höchst unvornehmen (!) Weise, fügt ihnen ständig großen Schaden zu, bleibt aber dabei immer hinter ihnen und sie stets bedrohend. Die Unfähigkeit ihrer Führer tritt hierbei den Spaniern klar vor die Augen! Wie dies in den meisten Fällen stets der Fall ist, giebt die moralische Schädigung hauptsächlich den Ausschlag. —

Howard hält sich geschickt immer zwischen der Armada und der heimischen Küste, von der er dauernd Verstärkung an Schiffen und Ergänzung seiner geringen Munitions-Vorräte erhält; zuletzt stoßen sogar noch kleine Brander-Fahrzeuge zu ihm.

Der Mangel einheitlicher Führung tritt auf englischer Seite am meisten am 29. Juli in der Schlacht bei Gravelines (Grävelingen) zutage, in welcher der heftigste und entscheidenste Kampf, den Drake und Hawkins eingehen und entschlossen bis zu Ende durchführen, von beiden auf eigene Hand unternommen wurde. Dadurch, daß alle eines Sinnes sind, wird aber dieser Mangel an einheitlicher Führung ganz ersetzt. Alle haben ein und dasselbe Ziel im Auge, die Unterführer erweisen sich als tüchtige Männer, um auch auf eigene Faust sachgemäß und energisch zu handeln.

Das ist der Geist, der später in Englands Flotte wieder voll von Nelson belebt wurde und dem England seine größten Erfolge zur See zu verdanken hatte!

Als Lehren ergeben sich hiernach aus allem folgende: Lehren.

a) Bezüglich des Materials:

1) man muß dasselbe dauernd auf der Höhe der Zeit halten;

2) den Stand der Gegner hierin muß man genau kennen, um nicht überrascht zu werden.

b) In Hinsicht auf das Personal:

1) mit dem Kampf zur See ist dies so vertraut als nur irgend möglich zu machen und zwar durch möglichst dem Ernstfall angenäherte größere Übungen (unsere heutigen Manöver);

2) das gesamte Flotten-Personal ist mit einem Geist, dem der energischsten Offensive zu beseelen; stets hat die Parole unumstößlich zu lauten: „muß Sieg werden!" Die Führer müssen mit den Intentionen ihres Chefs eingehend vertraut gemacht werden, sie müssen es verstehen lernen, auch ohne besondere Befehle in jedem besonderen Einzelfall sachgemäß zu handeln.

c) Den Kriegsplan betreffend, so muß dieser:

1) unter sachverständiger Erwägung aller einschläglichen Verhältnisse auf beiden Seiten festgestellt werden;

2) er muß den eigenen Streitkräften von vornherein ein erreichbares und angemessenes wichtiges Ziel setzen;

3) wenn die Streitkräfte fern von der Heimat und deren Stützpunkten operieren, so muß für sie eine neue, sei es feste, sei es schwimmende Basis, geschaffen werden;

4) falls keine strategische Offensive angezeigt erscheint, so muß die taktische angestrebt werden, man darf aber nicht den feindlichen Angriff im Hafen hinter noch so sichernden Sperren abwarten;

5) die materielle Übermacht ist es durchaus nicht, die entscheidet, der moralische Erfolg giebt den Hauptfaktor ab.

Es zeigt sich klar, wie dies Sidonia in seinem Berichte an den König auch besonders angeführt hat, daß „die englische Flotte mit ihrer eigentümlichen Kampfesweise Überlegenheit bewiesen habe; ihre Stärke läge in Seemannschaft und Artillerie; die spanische Stärke, der Enterkampf mit Handwaffen, hätte nicht zur Geltung gebracht werden können". Erwähnt man ferner noch, daß die Engländer das Fahrwasser mit seinen Strömungen und Untiefen genau kannten, so sind hiermit alle Dinge erwähnt, aus denen sich die taktische Niederlage der Spanier zusammensetzte.

Die glänzende Niederlage, welche der Zug der Armada erfuhr, ist nicht nur ein bedeutender Wendepunkt in der Geschichte Spaniens gewesen, dessen Weltmachtstellung von da an reißend abwärts geht, sondern überhaupt in der Geschichte der Seevölker. Man kann mit Admiral von Maltzahns Worten mit Fug und Recht sagen, daß der Seekrieg, der in den Armada-Kämpfen seine Entscheidung fand, ein Höhepunkt im Völkerleben genannt werden kann.

Jetzt war der Bann gebrochen, der auf dem größeren interozeanischen Handels- und Schiffahrtsverkehr lag; mit Englands Eintritt in die Reihe der großen Seemächte, mit dem rivalisierenden freieren Verkehr zur See im allgemeinen, wo allerdings zuerst das damals schon zur See vorherrschende Holland im Seehandel einstweilen ganz an die Spitze trat, war ein neuer frischerer Geist in Handel und Wandel eingezogen.

Von nun an beginnt die Loslösung der Kriegsflotte von der Handelsflotte energischer einzusetzen; man erkannte, zwar noch nicht gleich, aber doch allmählich die Bedeutung einer stehenden Flotte und zwar war es vor allem England, das dadurch in den Kriegen des kommenden neuen Jahrhunderts die bewaffnete Segel-Handelsflotte seines wichtigsten Gegners zu überwinden vermochte.

Einstweilen beherrschten die See-Interessen Englands jetzt auch seine auswärtige Politik; dies war von besonderer Bedeutung, da ja nach Spaniens Niederlage die Seewege überall, besonders nach Westindien sowie Südamerika und der äußersten Levante, für die beiden jetzt in erster Linie mit Spanien rivalisierenden neuen Seemächte, das ist England und die Niederlande, frei wurden. Der formelle Friede 1604 zwischen Spanien und England, der zwölfjährige Waffenstillstand zwischen Spanien und seinen aufständischen niederländischen Provinzen, machten ungezählte Kräfte in diesen Ländern frei, die sich nun auf dem Weltmeere zu betätigen die gewünschte beste Gelegenheit fanden.

Damit war aber der Keim gelegt zu den schweren und ernstesten Verwickelungen, die sich dann bald, nach dem beendeten 30jährigen Religionskriege in Europa, in den drei Kriegen Englands mit den Niederlanden, in denen endgiltig um die Vormacht-Stellung zur See in der Welt gerungen wurde, Luft machten.

Jetzt war auch die Zeit gekommen, ganz mit den veralteten militärischen Kampfesweisen zur See zu brechen; eine neue Zeit der Kriegsführung zur See brach herein, die Segelschiffs-Taktik begann sich allmählich zu entwickeln.

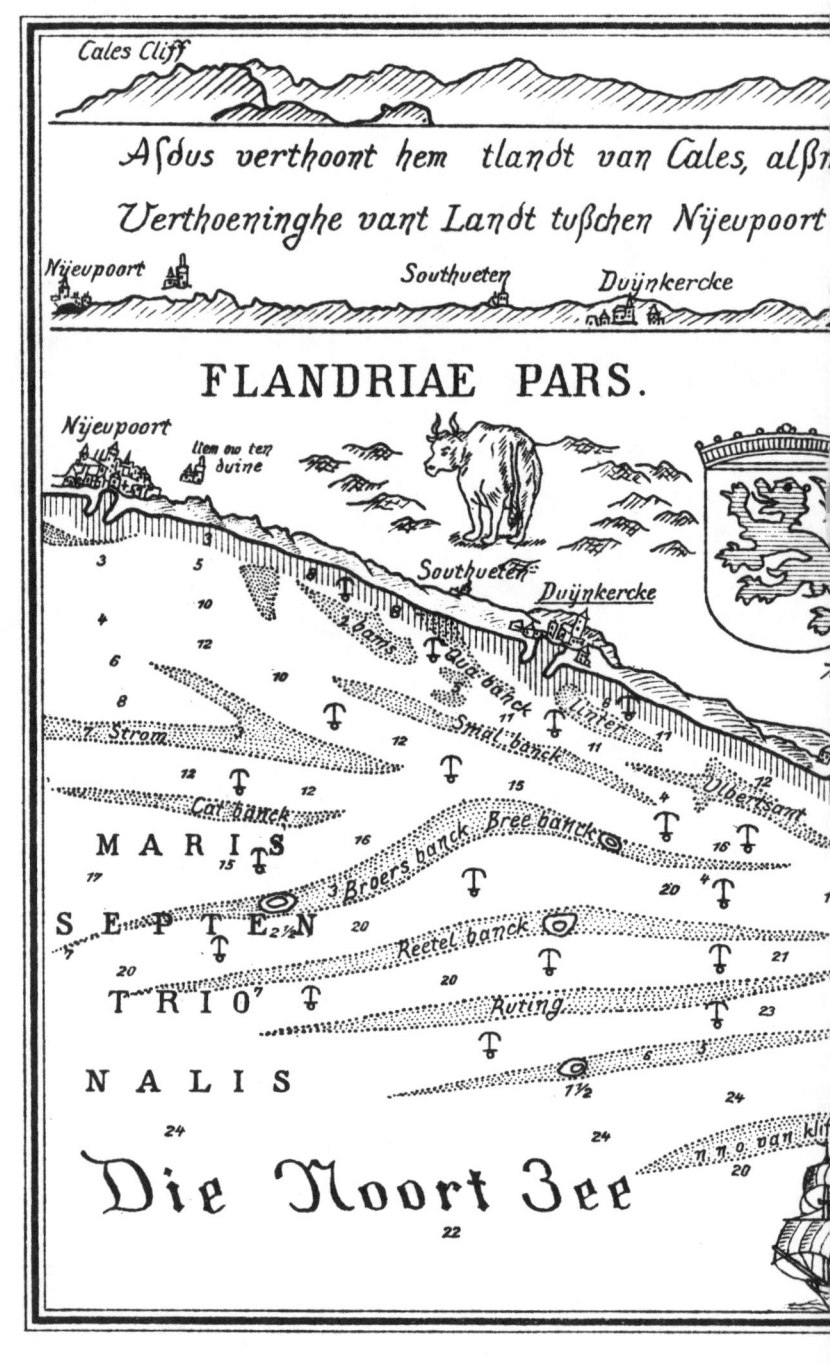

Cales Cliff

Aſdus verthoont hem tlandt van Cales, alſɪ

Verthoeninghe vant Landt tuſchen Nijevpoort

Nijevpoort Southveten Duijnkercke

FLANDRIAE PARS.

Nijevpoort

liem ov ten
duine

Southveten Duijnkercke

3 5 10 12 1 bant ʒuld banck Inter 7

4 6 10 12 Smal banck 11 11

8 7 Strom 12 11 Olbertsant 6

12 12 15 4 16

MARITS 16 t Broers banck Bree banrk 4 1

17 15 20 20

SEPTEN 2½ Reetel banck 21

20 20 20

T R I O' Ruting 23

NALIS 7½ 6 3

24 24 n. n.o van kl

22 20

Die Noort Zee

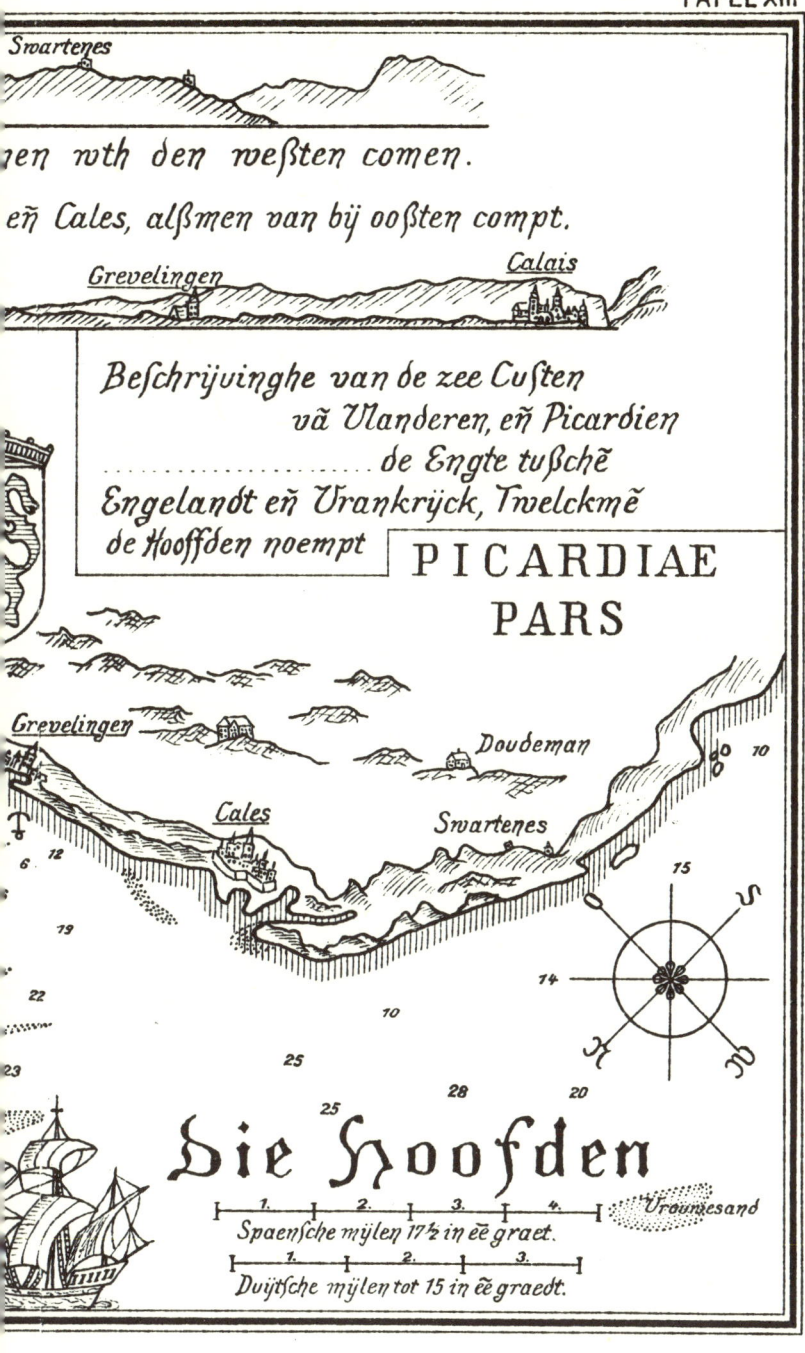

Swartenes

ıen rvth den weßten comen.

eñ Cales, alßmen van bij ooßten compt.

Grevelingen   Calais

Beſchrijvinghe van de zee Cuſten
vã Vlanderen, eñ Picardien
.... de Engte tußchẽ
Engelandt eñ Vrankrijck, Twelckmẽ
de Hooffden noempt

PICARDIAE
PARS

Grevelingen

Doudeman

Cales

Swartenes

Die Hoofden

Vroumesand

Spaenſche mijlen 17½ in ẽẽ graet.

Duijtſche mijlen tot 15 in ẽẽ graedt.

Register

Abantus, Flottenf., oström.

im Hellespont bei Chrysopolis: II, 111.

Achillas, Seebef., äg.

auf dem Nil gegen Cäsar: II, 73, 74.

Adherbal, Adm., karth.

Sieg bei Drepanum: II, 34—36, 40; entsendet Kartholo: II, 38; als Führer: 50.

Adolf, Herzog von Holstein

Reichs-Marine-Kommissar: II, 233.

Agathokles, Tyrann, syrak.

seine Herrschaft: II, 6; Zug nach Afrika: II, 7.

Agrippa, Seefeldherr, röm.

baut die Liburnen: II, 70; erstes politisches Auftreten: II, 76; als Flottenchef: 76; Kriegshafen-Gründung: 77; Schlacht bei Mylae: 78; seine Taktik: 78, 79; im Landkrieg: 79; Schlacht bei Naulochus: 80, 81; sein maritim-technisches Schaffen: 83; schiffbauliche Neuerungen: 89; Strategie des Klein-Kriegs: 89, 90; vor Actium: 91, 92; See-herrschaft: 94; Schlacht bei Actium: 96—99; seine Strategie und Taktik: 100, 101; seine Leistungen: 101, 102; scharfe Erfassung der Lage: 103; Zusammenwirken mit den Unterführern: 104; Vergleich von Actium mit Eknomos: 105; Verhalten gegenüber Octavianus: 105; fernere Taten: 105, 106; sein Ende: 106; seine allgemeine Bedeutung: 106, 107; höchste Höhe der Flotte: 108; Vergleich von Actium mit Lepanto: 142.

Alfred, der Große, König, engl.

gegen die Normannen, Gründer der engl. Flotte: II, 164.

Ali, Adm., türk.

bei Lepanto: II, 138, 139; sein Fehler: 145.

Alkibiades, Feldh., ath.

erstes Auftreten: 252; Kriegsplan: 253; Zug nach Sizilien: 254; Heimberufung: 255; sein Verrat: 256; wieder in Athen: 283.

D'Annebaut, Adm., franz.

Oberbefehlshaber der Flotte (1544): II, 240; bei Wight: 241, 242.

Antonius, Marcus, Triumvir, röm.

Dreimännerbund: II, 75; gegen Octavianus: II, 77; Vorbereitungen zum Kriege: 85; fehlerhafte Strategie: 86, 87; seine Schiffe: 88;

Bagge, Jakob, Adm., schwedischer
   Niederlage bei Gothland: II, 233.
Balmuchet, Geschwaderchef, franz.
   bei Sluys: II, 179, 180.
Barbarigo, Adm., venet.
   Unterführer bei Lepanto: II, 137, 138; sein Fall: II, 140.
Barbarossa, Chaireddin, Adm., türk.
   siegt mit der türk. Flotte: II, 125; sein Ende: II, 126.
Barbenoire, Adm., franz.
   bei Sluys: II, 179, 180.
Barkas, Feldh., karth.
   siehe unter H a m i l k a r.
Behaim, Martin, Bürgermeister, deutscher
   sein Erdglobus: II, 233.
Belisar, Feldh., röm.
   Flotte gegen die Vandalen: II, 112.
Beneke, Paul, Kap., deutscher
   siegt bei Weichselmünde und vor Flandern: II, 212.
Bokelmann, Seebef., deutscher
   siegt glänzend bei Bornholm: II, 211.
Bonaparte, Gen., franz.
   besetzt Venedig: II, 149, 150; Vergleich von 1804 mit C ä s a r s Landungs-
   versuch: II, 158; Vergleich von 1804 und 1588: II, 251, 252, 280.
Blockade
   Allgemeines: 11, 15; größte Blockade: 15; Kimon bei Thasos: 198,
   214; der Athener auf dem Nil: 201; vor Aigina und Samos: 214;
   von Samos: 218; von Poteidaia: 223, 224, 231; P e r i k l e s' Handels-
   Blockade gegen Megara: 224; von Syrakus: 257.
      Von Syrakus (310 a. Chr.): II, 7; von Lilybaeum, mit Blockade-
   brüchen (250 a. Chr.): II, 30—38, 42, 44; von Drepanum (249 a. Chr.):
   41, 42, 44; vor Syrakus (214 a. Chr.): 56; von Karthago (148 a. Chr.): 59;
   A r u n t i u s vor dem ambrakischen Meerbusen (31 a. Chr.): 92; von
   Byzanz (195 n. Chr.): 111; Darrazza (1083 n. Chr.): 116; Tyrus
   (1125): 117; Zara (1203): 118; Venedig durch D o r i a (1380): 119;
   Almeria (1147): 120; Konstantinopel (718): 123; Konstantinopel (1422):
   124; Rhodus (1522): 125; Famagusta (1571): 128; Zierik Zee (1304):
   173; Calais (1347): 182; La Rochelle (1371): 185; Lübeck (1234):
   204; Kopenhagen (1534): 219; Wismar (1628): 225; die Wasser-
   Guisen (1588): 246.
Brander-Fahrzeuge
   bei Syrakus: 270, 271, 278; vor Karthago: II, 59; in der röm. Flotte:
   II, 61; G e n s e r i c h s Brander: 112; äg. Brander: 121; Brander und
   griechisches Feuer bei Konstantinopel: 123; bei Zierik Zee: 175, 176;
   Angriff auf die Armada: 268.

Brasidas, Feldh., spart.

bei Naupaktos: 235—237; bei Pylos: 250, 251.

Brutus, Decimus, Feldh., röm.

siegt bei Vannes: II, 154—157.

Bündnisse, Conventionen und **Neutralitäts-Verträge.**

Allgemeines über neutrales Wesen: 12, 14, 15, 17, 18; peloponnesischer Bund: 93; griech. Eidgenossenschaft: 142; delisch-attischer Bund: 185, 195, 205; hellenischer Bund: 208; Erweiterung des peloponnesischen Bundes: 225. —

Rom-Karthago: II, 9, 10; H i e r o n y m u s von Syrakus und H a n n i b a l: II, 55; Dreimännerbund (Triumvirat): 75; A n t o n i u s und C l e o p a t r a: 85; Venedigs Bündnisse: 116—118; Frankreich-Türkei: 126; christliche Mächte gegen die Türkei: 129; Schwierigkeiten bei Bündnissen von Seemächten: 129, 136, 144; Bund der Liga: 145; Frankreich-Genua: 177, 185, 186; der Hansebund: 203—208; Hanse-Bündnisse: 209, 210, 214, 217, 218, 224; Kalmarische Union: 213; Lübeck-Dänemark: 220.

de Burgh, Hubert, Gouverneur, engl.

bei Dover: II, 170—173.

Cäsar, Imperator, röm.

bei Pharsalus: II, 73; in Ägypten: II, 73, 74; gegen die Veneter: 155, 157; gegen Britannien: 158.

Cato, Schriftst. röm.

Ausspruch über Seefahrer: II, 5.

Catulus, Lutatius, Cons., röm.

geht mit der Flotte nach Sizilien: II, 41, 42; siegt bei den ägatischen Inseln: II, 43, 44; seine Wahl zum Führer: 46.

Cerda, della, Flottenf. span.

im Canal bei Winchel Sea: II, 183, 184.

Chaireddin, Adm. türk.

siehe unter B a r b a r o s s a.

Christian II., Kön., dän.

seine Absichten: II, 216; Kampf gegen die Hanse: II, 217.

Christian III., Kön., dän.

Kämpfe gegen die Hanse: II, 219, 220.

Christian IV., Kön., dän.

Sperrung der deutschen Seestädte: II, 224.

Christof II, Kön., dän.

Verhältnis zur Hanse: II, 210.

Claudius, Pulcher, Cons., röm.

siehe unter P u l c h e r.

Claudius, Kais., röm.

Englands Eroberung: II, 158.

Claudius, Gagius, Cons., röm.
>vor Messana: II, 13, 14.

Cleopatra, Herrscherin von Ägypten
>Verhältnis zu A n t o n i u s: II, 85, 86; ihre Flotte: II, 86; Hülfe für A n t o n i u s: 87; ihr Kriegsplan: 94; bei Actium: 96, 97; ihr Ende: 99.

Clifford, Seefahrer, engl.
>seine Raubzüge: II, 275.

Coelius, Unterführer des A n t o n i u s, röm.
>bei Actium: II, 96, 97.

Colomb, Kap. und Schriftst., engl.
>sein Urteil über Staatskunst: II, 252.

Colonna, Adm., päpstlicher
>Unterführer von D o n J u a n d'A u s t r i a: II, 131; Stellung in der Flotte: II, 136; als Flottenchef: 145.

Conificius, Feldh., röm.
>landet bei Tauromenium: II, 79.

Constantinus, Kais., oström.
>Alleinherrscher im Osten: II, 111.

Conventionen
>siehe unter B ü n d n i s s e.

Crispus, Seebef., oström.
>Schlacht bei Chrysopolis: II, 111.

Cruz, Santa, Adm., span.
>siehe unter S a n t a C r u z.

Dandolo, Adm., venet.
>Niederlage bei Curzola: II, 120.

Darius, Kön., pers.
>erste Regierungszeit: 112, 113; Heerwesen: 114; Zug gegen die Skythen: 115; erster und zweiter Perserzug: 124—135; sein Ende: 136.

Datis, Feldh., pers.
>im zweiten Perserzug: 131—133.

Demochares, Freigelassener, röm.
>Flottenführer des P o m p e j u s: II, 78; bei Mylae: II, 79; bei Naulochus: 80, 81; mangelhafte Taktik: 83, 84.

Demosthenes, Seebef., ath.
>bei Pylos: 249, 250; bei Korkyra: 261, 264, 265; vor Syrakus: 268—270, 273, 274.

Descharges, Schiffbauer, franz.
>Erfinder der Breitseitpforten: II, 236.

Dionys, Heerführer, von Phokäa
>siegt bei Lade: 126—128; seine Taktik: 170.

Dionys, Herrscher, syrak.
>gegen die Etrusker: II, 7.

Don Juan d'Austria, Flottenchef, span.
siehe unter D'Austria.

Doria, Pietro, Adm., genuesischer
besetzt Chioggia, kapituliert: II, 119.

Doria, Oberto, Adm., genuesischer
siegt bei Meloria: II, 120.

Doria, Andrea, Adm., genuesischer
seine Kämpfe: II, 125, 126; vor Korfu: II, 129; bei Lepanto: 137, 138; nach der Schlacht: 144.

Drake, Sir Francis, Adm., engl.
erstes Auftreten: II, 244; Raubzüge gegen Spanien: II, 245; Expedition gegen Cadix und die Azoren: 247; Seezugplan 1588: 250; Unterführer von Howard: 251; Bedeutung als Seestratege: 252, 253, 259; in Spanien gefürchtet: 257; im Kanal gegen die Armada: 257, 261, 264—266; bei Calais: 268; bei Gravelines: 271, 272; Seezug 1589: 278, 279; Zug nach Westindien 1595: 279; sein Ende: 279; seine Bedeutung: 280; seine Selbständigkeit: 284.

Duilius, Cajus, Cons., röm.
Enterbrücken: II, 19; Heerführer: II, 19; siegt bei Mylae: 20—24, 50; scharfer taktischer Blick: 100; Auffindung seiner columna rostrata: 110.

Eduard III., Kön., engl.
Feindseligkeiten gegen Frankreich: II, 176, 177; sein Kriegsplan: II, 178; geht bei Sluys vor: 178; Schlacht bei Sluys: 179—181; nimmt Calais: 182; Verfall der Flotte: 182; siegt bei Winchel Sea: 183—185; weiterer Verfall der Seemacht Englands: 185; Grüße seines Flaggschiffs: 189.

Eduard IV., Kön., engl.
Stellung zur Hanse: II, 213.

Eduard VI., Kön., engl.
Entwicklung des Schiffbaus: II, 243.

Elisabeth, Königin, engl.
Entwicklung des Schiffbaus: II, 243; Kaperkrieg-Begünstigung: II, 243; ihre Regierung: 244; Rüstungen gegen Spanien: 245; Gegenbefehl gegen Drakes Cadix-Seezug: 247; Ernennung des Lord Howard zum Lord High Admiral: 249; mangelhafte Rüstungen: 250; falsche Seestrategie: 252, 259, 274, 279, 281; Behandlung Howards: 274; Stellung ihrer Flotte: 283.

Eluläus, Kön. von Tyrus
erste bekannte Seeschlacht der Geschichte: 80, 81.

Eroberung von Städten
siehe unter Landschlachten.

Essex, Graf, Adm., engl.
Expedition gegen Cadix: II, 27; seine ferneren Raubzüge: II, 277.

Eurybiades, Heerführer, spart.

führt spart. Flotte nach Artemision: 144; Oberbefehlshaber der griech. Flotte: 145; bei Artemision: 147—150; nach Salamis: 162.

Eurymedes, Seebef., griech.

bei Syrakus: 261, 269—271.

Eustach, der Mönch, Seebef., franz.

seine Flotte: II, 170; Schlacht bei Dover: II, 170—173.

Farnese, Alexander, Feldh., span.

in den Niederlanden: II, 245.

Ferdinand, Kais., deutscher

beansprucht Herrschaft über die deutschen Meere: II, 224.

Flandern, Graf von

Feldzüge: II, 173; Schlacht bei Zierik Zee: II, 174—176.

Franz I., Kön., franz.

Krieg gegen England: II, 240—242.

Friedensschlüsse und Waffenstillstände

fünfjähriger Waffenstillstand zwischen Sparta und Athen: 217; 30jähriger Friede des P e r i k l e s: 211; Friede des N i k i a s: 251; Friede zu Athen: 284. —

Zwischen A g a t h o k l e s und Karthago (310 a. Chr.): II, 7; nach dem I. punischen Kriege (241 a. Chr.): II, 46; nach dem II. punischen Kriege (201 a. Chr.): 57; L e p i d u s und O c t a v i a n u s (35 a. Chr.): 82; Venedigs heimlicher Frieden mit der Türkei (1573 n. Chr.): 146; Friede von Campo formio (1797): 149; Waffenstillstand England-Frankreich (1340): 181; Dänemark-Lübeck (1254): 204; Kalmar (1285): 210; Waffenruhe im Norden (1362): 210; Stralsund (1370): 211; Dänemark-Hanse (1435): 212; England-Hanse (1474); 213; Malmö (1512): 214; Stettin (1570): 222; Stolbowa (1617): 224; Bedeutung des Westfälischen Friedens für Deutschlands See-Interessen: 225; J a k o b s I. mit Spanien: 278.

Friedrich I., Kön., dän.

Kampf mit der Hanse: II, 217.

Fugger, Kaufherren, deutsche

Schiffahrtsbetrieb (auch der W e l s e r): II, 233; Kolonie-Gründung (auch W e l s e r und E s i n g e r): II, 233.

Gabinius, Volkstribun, röm.

lex gabinia: II, 65.

Garde, Baron de la, Adm. franz.

Galeeren-Befehlshaber: II, 240, 241.

Gedda, Petter, Kap., schwed.

Seekartenwerk: II, 228.

Gellius, Unterführer des Antonius, röm.

bei Actium: II, 96, 97.

Gelo, Tyrann, syrak.

bietet Athen ein Bündnis an: 143.

Genserich, Kön. der Vandalen

schafft eine Flotte, siegt durch Brander: II, 112.

Gioja, Flavio, Seef. italienischer

Erfinder des Kompasses: II, 190; dessen Verbesserung: II, 191.

Grimaldi, Adm., franz.

Seezug gegen Flandern: II, 174; Schlacht bei Zierik Zee: II, 175, 176.

Gustav Wasa, Kön., schwed.

Kampf mit der Hanse: II, 217—219.

Gustav Adolf II., Kön., schwed.

seine Absichten: II, 224; seine Forderungen an das dänische Reich:
II, 225; Landung bei Pillau: 232.

Gylippus, Feldh., spart.

erstes Auftreten: 258; vor Syrakus: 259; Aktionsplan: 260; nimmt
die Werke der Athener: 262; Kreuzzug: 263; Aktionsplan für die
II. Schlacht bei Syrakus: 266; holt Hülfe herbei: 269; Sperrung der
Bucht: 271; Tüchtigkeit: 279; Kühnheit: 280—282.

Hamilkar, Barkas, Flottenf., karth.

Oberbefehlshaber: II, 25; bei Eknomos: II, 26—31; bei Karthago: 31;
bei Sizilien: 42—46; seine Kriegsführung: 52.

Handel, See-

Aufgaben der Kriegsflotten: 20, 21; Kolonial-Politisches: 23—25;
Seehandel im Altertum: 70—79; der Griechen: 97—100, 103; nach
Salamis: 181; Peiraieus als Handelshafen: 180, 181, 216; Handels-
Politik des Perikles: 218; Handelssperre von Poteidaia; 224. —
Handel der Etrusker und Karthager: II, 6; Störung des röm.:
II, 25, 43; Störung des karth.: 41; Politik und Strategie: 47, 48;
der Seeräuberkrieg: 63—65; Wieder-Belebung durch des Pompejus'
Vorgehen: 67; Phönizier als Vermittler: 110; erster Handel Venedigs:
113; der Araber: 114, 115; Venedig: 115, 116, 122; Genua: 119;
Türkei: 125; allgemeine Schädigung durch die Türkei: 126; Handels-
Schutz: 128; Schutz durch Kriegsschiffe nötig: 149; Segelschiffs-
Handel entsteht am Atlantik: 153, 154; England als Stapelplatz: 159;
germanische Stämme verachten den See-Handel: 161, 167; Störung
durch die Normannen: 161—163; Alfreds des Großen Erkenntnis:
164; König Johanns Verständnis: 168; Wegnahme engl. Handelsschiffe durch Frankreich (1138): 177; Küstenraub und engl. franz.
Plünderungs-Züge: 177; Störung der engl. Schiffahrt durch Eduard III.:
182; persischer Handel nach dem Norden: 183; Der Kongreß: 190;
portug. Handel: 193; der Hanse: 200; Entwicklung des deutschen

Seehandels: 202; hansischer Verkehr: 204, 205; Ostseehandel: 208,
210, 213—215; der Niederländer in der Ostsee: 216; Lübecks: 218;
Niedergang: 222—224; hansischer Handel: 227—230; Kurlands: 232;
Süddeutschlands: 233; Förderung durch Heinrich VII.: 235; Handels-
Sperre: 236; Handels-Störung durch Kaperei: 238; Konvoy-System:
239, 240; Zeit Elisabeths: 243, 276; span. Handels-Politik: 245.

Hannibal, Adm., karth.

bei Lipara: II, 20; bei Mylae: II, 20—24, 50.

Hannibal, Seebef., karth.

Blockadebruch, bei Lilybaeum: II, 33.

Hannibal, der Rhodier, Seefahrer, karth.

Blockadebruch, bei Lilybaeum: II, 34—36.

Hannibal, Feldh., karth.

im II. punischen Kriege: II, 52; falsche Kriegsführung: II, 53, 54;
im Süden Italiens: 55; seine Kriegführung: 57, 58.

Hanno, Seebef., karth.

bei Eknomos: II, 29; fährt nach Sizilien: II, 44; Niederlage bei den
ägatischen Inseln: 44—46.

Harold, Kön., engl.

Kämpfe gegen die Normannen: II, 165, 166.

Hasdrubal, Feldh., karth.

im II. punischen Kriege: II, 52—55.

Haseptu, Ramaka, Königin, äg.

Seezug nach Arabien: 65, 66; Abbildung ihrer Schiffe: 120.

Hawkins, Adm., engl.

Unterführer Howards: II, 253; sein Wirken als Treasurer: II, 254;
klare Erkenntnis: 267, 268, 271; Zug nach Westindien, sein Tod: 279;
seine Selbständigkeit: 284.

Heinrich II., Kön., engl.

erobert Irland: II, 168.

Heinrich IV., Kön., engl.

Verhältnisse zur See: II, 186.

Heinrich V., Kön., engl.

Gesetze gegen Seeraub: II, 185; Flottengründung: II, 186; Landung
in Frankreich: 187; Größe der Flotte: 189.

Heinrich VII., Kön., engl.

fördert Schiffahrt und Handel, Flottengründung: II, 235.

Heinrich VIII., Kön., engl.

Schiffbau zu seiner Zeit: II, 235, 236; Flotten-Organisation: II, 237.

Heinrich, Prinz, der Seefahrer, portug.

sein Wirken: II, 193.

Heinrich I., Kön., deutscher

Sachsen keine Seefahrer mehr: II, 200; sein Wirken im Küsten-
gebiet: II, 202.

Kanut der Große, Kön., dän.

Flotten-König, beherrscht England: II, 165; deutscher Städte-Gründer: II, 202.

Kaperwesen und Seeraub

Allgemeines: 18; See-Polizei: 19, 20; dorische Seeräuber: 102; Seeraub der Phokäer: 111; der Samier: 111, 112; D i o n y s von Phokäa: 128; H i s t i a i o s : 128; zur Zeit des P e r i k l e s : 229. — Seeräuberei der Etrusker und Karthager: II, 6; röm. Kaperei: II, 41—43; Roms Schädigung durch Kaperei: 48; im Seeräuberkrieg: 63—65; die Istrier: 113; Schutz der Venetianer: 113; maurische Seeräubereien: 120; C h a i r e d d i n B a r b a r o s s a : 125; allgemeines Seeraub-Unwesen um 1550: 126; Handelsschutz: 128; Seeraub bei den germanischen Stämmen: 161; Normannen (Wikinger): 161; K a r l s d e s G r o ß e n Seewehr und Küstenwachen: 162; Plünderungszüge der Normannen: 163; an den engl. Küsten: 172; Seeraub und Küstenraub in England und Frankreich: 177, 181; spanische Seeräubereien im Kanal: 183; Räubereien von d e l l a C e r d a : 183; „Seeraub" im allgemeinen: 185; H e i n r i c h s V. Gesetze gegen Seeraub: 185, 186; lübsche Seepolizei: 204; hansische Kaperei: 209; Vitalienbrüder (Liekendeeler): 211; Kaperkriege Holland-Hanse: 212, 213; England-Hanse: 213; in der Ostsee: 214; Schweden-Hanse: 223; England-Hanse (1589): 223; Fredekoggen, hansische: 226; in der neuen Zeit: 238; Convoy-System: 239, 240; Kaperkrieg zur Zeit E l i s a b e t h s : 243, 244; Raubfahrten von S i r F r a n c i s D r a k e : 244, 245; die Wasser-Guisen: 246; D r a k e s Raubzug nach Cadix und den Azoren: 247; Raubzüge Privater: 275; Expedition gegen Cadix 1596: 276; Raubzüge des Grafen E s s e x : 277, 278; D r a k e s Zug gegen Spanien: 278; gegen Westindien: 279.

Karl der Große, Kais., deutscher

Maßnahmen gegen die Normannen und Sarazenen: II, 162.

Karl V., Kais., deutscher

im Mittelmeer: II, 125, 126; Vater des D o n J u a n d'A u s t r i a : II, 129, 130; Stellung zu Deutschland: 216.

Kartholo, Adm., karth.

entsetzt Lilybaeum: II, 40—42; als Führer: II, 50.

Kettler, Jakob, Herzog von Kurland

Flotten-Gründung: II, 231; Schiffahrts-Bestrebungen, Gründung von Kolonien: II, 232.

Kimon, Staatsm. u. Feldh., ath.

als Flottenführer: 183; Einnahme von Byzanz: 187; bei Eion: 188; gegen T h e m i s t o k l e s : 190; Zug gegen X e r x e s : 193, 194; Politisches: 199; Zug gegen Zypern, sein Ende: 207.

Kleisthenes, Staatsm., ath.

See-Miliz: 108.

Kriegsflotten

Landschlachten, Eroberung von Städten

Aigina (457): 204; Koroneia (477): 211; Poteidaia (429): 231; Mytilene (427): 248; Pylos (425): 249, 250; Amphipolis (422): 251; Athen (404): 284.

Himera (480 a. Chr.): II, 6; Gela (317): II, 9; Heraklea (280): 11; Ausculum (280): 11; Beneventum (275): 11; Tarentum (272): 11; Rhegium (270): 12; Messana (264): 15, 16; Aleria (258): 24; Clupea (257): 30; Tunis (255): 31; Panormus (251): 32; Cannae (216): 53; am Metaurus (218): 54; Syrakus (212): 56; Zama (202): 57; Karthago (146): 60; Coracesium (67): 67; Pharsalus (48 a. Chr.): 73; Byzanz (195 n. Chr.): 111; Malamocco (800 n. Chr.): 114; Tyrus (1125): 117; Zara (1203): 118; Almeria (1147): 120; Damiette (1148): 121; Konstantinopel (1453): 124; Rhodus (1522): 125; Nizza (1544): 126; Dscherbe (1560): 126; Malta (1565): 127; Famagusta (1571): 128, 137; Tunis (1575): 147; Venedig (1797): 150; Hastings (1066): 165, 166; Cressy (1346): 181; Poitiers (1356): 181; Calais (1347): 182; Azincourt (1415): 186; Niederdeutsche nehmen Lissabon (1147): 201; Friesen nehmen Cadix (1217): 201; Damiette (1218): 201; Kopenhagen (1362): 210; Kopenhagen (1368): 211; Emden (1433): 211; Stockholm (1523): 217; Kopenhagen (1524): 217; Kopenhagen (1534): 219; Helsingborg (1534): 219; Narva (1558): 220; Lutter am Barenberge (1625): 224; Wismar (1630): 225; Cadix (1596): 276; Lissabon (1589): 278; St. Martha (1595): 279.

Lauritzen, Adm., dän.

bei Gothland: II, 222.

Leotychides, Kön., spart.

seine Fehler (479): 175; bei Mykale: 176; in Thessalien: 189.

Lepidus, Triumvir, röm.

Dreimännerbund: II, 75; hilft Octavian: II, 77; auf Sizilien: 82; sein Ende: 82.

Leyva, Adm., span.

Unterführer Sidonias: II, 260; im Kanal: II, 262, 263; bei Gravelines: 271; sein Tod: 273.

Licinius, Kais., oström.

Flotte im Hellespont bei Chrysopolis: II, 111.

Liekendeeler

siehe unter Vitalienbrüder.

Lisle, Lord, Adm., engl.

bei Wight: II, 241.

Loewenherz, Richard, Kön., franz.

seine Kreuzzugsflotte: II, 168.

Louis, Dauphin, franz.

Seezug gegen England: II, 170, 171.

Lucius, Seebef., röm.

bei Actium: II, 97.

Ramses II., Kön., äg.
  Kanal zwischen dem Roten und dem Mittelmeer: 68.
Ramses III., Kön., äg.
  Schlacht auf dem Nil: 67.
Ranke, Geschichtsschreiber, deutscher
  Bedeutung der Seefahrten und Kriege: 61; Ausspruch über Königin
  Haseptu: 66.
Rantzau, Graf, Heerführer, holsteinischer
  belagert Lübeck: II, 219.
Recalde, de, Adm., span.
  Unterführer von Medina Sidonia: II, 249; sein klarer Einblick:
  II, 258; im Kanal: 260—262, 265; im Kriegsrat: 272; sein Tod: 273.
Regiomontanus, Gelehrter, deutscher
  Herausgeber der nautischen Ephemeriden: II, 233.
Regulus, Attilius, Cons., röm.
  bei Eknomos: II, 25—30; Niederlage bei Tunis: II, 31.
Requesens, Staatsm., span.
  Berater des Don Juan d'Austria: II, 131, 144.
Richelieu, Kardinal und Staatsm., franz.
  Gründer der franz. Marine: II, 242.
Rittmeyer, Adm. und Schriftst., deutscher
  Anführung aus seinem Werk „Seekrieg und Seekriegswesen": II, 242.
Roger, Kön. von Sizilien
  Bündnis mit Venedig, seine Taten: II, 117.

Salisbury, Lord, Adm., engl.
  Schlacht bei Damme: II, 169.
Salmanassar, Kön., assyrischer
  an der syrischen Küste: 80.
Santa Cruz, Adm., span.
  Unterführer des Don Juan d'Austria: II, 138; bei Lepanto: II,
  138, 139; Kriegsplan gegen England: 246—248; sein Ende: 248.
Schiffahrt
  Anfänge jeglicher Schiffahrt: 62; in Ägypten: 63, 64; der Phönizier:
  66—70; der Griechen: 94—97; der Phönizier: II, 3; der Kar-
  thager: II, 4, 6, 13; Roms: 10; Störung der römischen Schiffahrt:
  25, 41—43, 48; Mängel der römischen Schiffahrt: 32; Störung durch
  die Seeräuber: 64; Seeverkehr und Luxus: 73; Störung durch das
  Auftreten des Pompejus: 75, 76; Notwendigkeit dauernden starken
  Schutzes: 113; Araber ungeeignet: 114; Venedigs Schiffahrt: 122;
  Dardanellen-Fahrt: 125; Geburtsstätte der Segelschiffahrt: 153, 154;
  langsame Entwicklung: 154; Englands günstige Lage: 159; Segel-
  Schiffahrt mit Kiel-Fahrzeugen: 160; Verzicht der Angelsachsen: 161;

Seemacht siehe unter **Seeherrschaft.**

Seeraub siehe unter **Kaperwesen.**

See-Schlachten und Gefechte. (Der siegende Teil ist zuerst genannt.)

See-Taktik

See-Zeremoniell
Seezüge
Selim, Sultan, türk.
Septimius Severus, Kais., röm.
Servilius, Proconsul, röm.
Seymour, Lord, Adm., engl.
Skram, Peder, Feldh. und Adm., dän.
Sidonia, Medina-, Herzog von, Adm., span.
Siloco, Mahomet, Adm., türk.
Solon, Staatsm., ath.
Sperren, des Fahrwassers

Städte-Eroberungen
siehe unter Landschlachten.
Störtebeker, Claus, Seeräuber, deutscher
in der Nordsee: II, 211.
Suleiman II., Sultan, türk.
beruft Chaireddin: II, 125; gegen Cypern: II, 127; gegen Venedig: 128;
sein Tod: 144; seine Energie: 145.
Sulla, Cons., röm.
im Osten des Mittelmeers: II, 63.
Swein, Kön., dän.
erobert England: II, 165, 167.

Taktik, See-
siehe unter See-Taktik.
Themistokles, Staatsmann und Flottenf., ath.
Erkenntnis der Bedeutung der Seeherrschaft: 137, 138; Flottengesetz:
139; Bau von Kriegshäfen: 140; seine Strategie: 143, 144; die Seele
der Operationen: 145, 146, 150; Taktik und Strategie: 150, 151;
Kriegslist: 153; bei Salamis: 154; späterhin: 162, 163; als Staatsmann: 179; Befestigung der Kriegshäfen: 179—181; Verzicht auf das
Kommando der Flotte: 183; politische Kämpfe: 189—191; sein Ende:
191; seine Bedeutung: 192.
Theodosius der Große, Kais., oström.
verbietet Unterweisungen im Schiffbau u. s. w.: II, 111; Flotte gegen
Aelius: II, 112.
Tinapel, Adm., lübeckischer
bei Gothland: II, 222.
Tolmides, Flottenf., ath.
im Westen Griechenlands: 205; bei Koroneia: 211.
Trajan, Kais., röm.
sendet Schiffe in den indischen Ozean und persischen Meerbusen: II, 110.
Transportflotten
siehe unter Kriegsflotten.
Trolle, Herluf, Adm., dän.
siegt bei Gothland: II, 220; seine Formal-Taktik: II, 221.

Uluch, Ali, Adm., türk.
Unterführer des Kapudan-Pascha Ali bei Lepanto: II, 138—141, 143,
145; nach der Schlacht: II, 144, 145; Flottenchef: 145, 146; in Tunis: 147.

Valdez, Diego, Staatsmann, span.
Ratgeber des Medina Sidonia: II, 249, 267.
Valdez, Pedro, Adm., span.
Unterführer von Medina Sidonia: II, 249; im Kanal: II, 262, 263.

Abkürzungen für das Register.

äg. = ägyptisch.
ath. = athenisch.
dän. = dänisch.
engl. = englisch.
franz. = französisch.
griech. = griechisch.
hans. = hansisch.
holl. = holländisch.
karth. = karthagisch.
pers. = persisch.
port. = portugiesisch.
röm. = römisch.
schwed. = schwedisch.
span. = spanisch.
spart. = spartanisch.

syrak. = syrakusanisch.
türk. = türkisch.
venet. = venetianisch.

Adm. = Admiral.
Cons. = Consul.
Feldh. = Feldherr.
Flottenf. = Flottenführer.
Gen. = General.
Kap. = Kapitän.
Kais. = Kaiser.
Kön. = König.
Schriftst. = Schriftsteller.
Seebef. = Seebefehlshaber.
Staatsm. = Staatsmann.

Bemerkung: Den Seitenzahlen des zweiten Teils ist eine römische II vorgesetzt; folgen viele Angaben für den zweiten Teil, so ist diese II nur die ersten Male angeführt worden.